acken
Langeron
Hohe Straße
Parthe
utte
Äußeres Hallesches Tor
Souham
Hallesches Tor
olzmarkt
Georgenvorwerk
Hinter-Tor
Bülow
Rietschke Bach
Reudnitz
Volkmarsdorf
ühl
Georgen-Pförtchen
Schnecken-Bg.
Blindes Tor
Marmont
Rathaus
Nikolai-Kirche
Bülow
Grimmaer Tor
Pauliner Kirche
Äuß. Grimmaer Tor
Anger
Johannis-Kirche
Spitaltor
Bülow
Roßplatz
Crottendorf
Macdonald
Sandtor
Johannis-Vorstadt
Pulverhäuser
niatowski
Windmühlentor
eterstor
Bennigsen
Straßenhäuser
Bennigsen
Bennigsen

Hermann Schreiber
Das Volk steht auf

HERMANN SCHREIBER

Das Volk steht auf

Europas Befreiungskampf gegen Napoleon

Gustav Lübbe Verlag

Bergisch Gladbach
Schutzumschlag: »Die Völkerschlacht bei Leipzig«, STERN/Peter Thomann
Karte: Roland Winkler
Gesamtherstellung: Friedrich Pustet, Regensburg

Printed in West-Germany
ISBN 3-7857-0315-5

Bildquellen: Bechstein, Ludwig, Dreihundert Bildnisse und Lebensabrisse berühmter deutscher Männer, Leipzig 1890 (Mit freundlicher Genehmigung der »Bibliophilen Taschenbücher«, Harenberg Kommunikation);
Henne am Rhyn, Otto, Kulturgeschichte des deutschen Volkes, Berlin 1893;
Jubelkalender zur Erinnerung an die Völkerschlacht bei Leipzig, Leipzig o. J.;
Kraemer, Hans, Deutsche Helden aus der Zeit Kaiser Wilhelms des Großen, Berlin, Leipzig, Stuttgart, Wien o. J.;
Meyers Universum, 1833–1864.

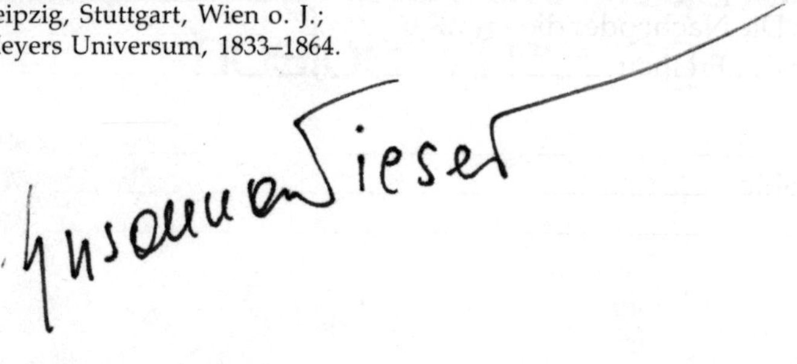

Inhalt

Vorwort über einen alten Traum

Genau tausend Jahre nach dem Europa umfassenden Reich Karls des Großen war dieser kleine Erdteil abermals in der Hand eines einzigen Mannes, des Kaisers Napoleon. Die Franzosen sehen bis heute den großen Karl – *Charlemagne* – nicht als Deutschen an, sondern empfinden ganz richtig, daß er beiden Völkern zugehörte, den beiden großen Völkern des mittleren und westlichen Europa, an das sich damals wie heute die slawische Welt, schweigend, drohend und schwer zugänglich, im Osten anschloß.

Die Vorkämpfer eines friedlich geeinten Europa haben mit den zwei großen Kaisern nur sehr wenig gemein, ob sie nun Adenauer oder Bidault, Coudenhove-Kalergi oder Spaak heißen, aber sie haben in uns allen einen Traum zu nähren verstanden, der wie das Kindheitsglück unseres alten Kontinents anmutet: die sehr ferne Erinnerung an jene Zeiten, da Deutschland und Frankreich noch nicht getrennt waren, da sich die Erben Karls des Großen das gewaltige Reich noch nicht geteilt, den Erdteil noch nicht zerstükkelt hatten.

Die großen Worte, die großen Träume und die großen Männer, die so große Reiche in unserem Jahrhundert wieder herbeizwingen wollten, sie sind auf ein berechtigtes Mißtrauen und sehr viel Skepsis gestoßen, und was aus dem jüngsten Versuch, Europa gewaltsam zu einigen, geworden ist – der blutigste aller Kriege –, daran erinnern wir uns noch allzu genau. Auch Napoleon Bonaparte, seit 1804 Kaiser der Franzosen, war zutiefst davon überzeugt, eine Sendung zu haben und die Errungenschaften der Französischen Revolution jenen Völkern bringen zu müssen, die unter ihren absolut regierenden Fürsten vom Fortschritt des Geistes und der Gesellschaft ausgeschlossen geblieben waren.

Daß Napoleon dies nicht als Revolutionär tat, sondern als Kaiser, und nicht als Europäer, sondern als Franzose, das waren jene profunden Irrtümer, die ihn das Ziel verfehlen ließen und endlich zum Aufgeben zwangen. Er hatte seine imposante Rechnung nicht auf ein Europa der Vaterländer gestellt, wie sein großer Landsmann Charles de Gaulle, sondern er hatte Deutschen, Italienern, Spaniern und zuletzt sogar Russen zugemutet, ihre Vaterländer zu vergessen und sich statt dessen der Suprematie des französischen Geistes zu unterwerfen.

Nun ist zuzugeben, daß Frankreich damals noch eine sehr viel größere Anziehungskraft besaß als heute. Seine Sprache hatte das Lateinische in der Geltung abgelöst, jenes Latein, das im Reich Karls des Großen noch die Gemeinsprache aller Bildung, aller Schulen, aller Klöster und der Verwaltung gewesen war. Napoleons Gesetzbücher waren die modernsten Europas und Vorbild für jene junge Großmacht, die jenseits des Atlantiks soeben entstanden war. Und Napoleon selbst war an Bildung, Verstand, Arbeitskraft und intellektuellem Horizont den Monarchen, die ihre Throne ererbt hatten, unendlich überlegen, ja er hatte mit seiner Person so deutlich neue Maßstäbe gesetzt, daß sich nach seiner zweiten Abdankung weder Rußland noch Österreich in den Gedanken fügen wollten, auf den Thron eines Napoleon nun wieder einen Bourbonen zu setzen.

Europa wurde anders *unter* Napoleon, und es war anders *nach* Napoleon. Die große Revolution hatte Wind gesät und sollte Sturm ernten, aber da sie eine französische Revolution war und von französischen Armeen durch Europa verbreitet wurde, wehte der Sturm, den sie erntete, ihr schließlich ins Gesicht. Der große Korse, Europäer von einem kleinen Eiland, das nach und nach so ziemlich allen europäischen Mächten untertan gewesen war, hatte sich doch immer als Franzose gefühlt. Er hatte die Etrusker und Griechen, die Römer, Vandalen, Mauren, Genuesen, Österreicher und Briten, die seine Insel zeitweise besetzt hatten, vergessen und sich nur jenem Frankreich zugewandt, das ihn zum Offizier, zum General, zum Feldherrn und endlich zum Kaiser gemacht hat. Betrachtet man seine Anlagen, vergleicht man sie mit jenen seiner Geschwister, so möchte man tatsächlich dem einst sehr dauerhaft umlaufenden Gerücht glauben, die schöne Letizia Buonaparte habe während ihres Lebens in Corte den großen Pasquale Paoli erhört, den genialen Vorkämpfer eines freien Korsika, einen Mann, der militärisches Genie und souveränen Ordnungssinn, das gesetzgeberische Ingenium und glühendes Selbstvertrauen in seiner Persönlichkeit vereinigte. Aber Napoleon wurde nicht der Paoli Europas, auch wenn ihn so manches geknechtete Volk wie die Polen, die Dalmatiner, die Basken zeitweise dafür halten mochten. Und er brachte letztlich nicht mehr zuwege, als daß die Vaterländer dieses von ihm unterjochten Erdteils sich an ihm rieben, in ihrem Widerstand gegen Napoleon zu sich selbst fanden und in ihrem Befreiungskampf ihre eigenen Kräfte zu ermessen lernten.

Die Französische Revolution und Napoleon zogen jene Zäsur durch die Jahrhundertwende, die das in vielem so sterile neunzehnte Jahrhundert mit den Geburtswehen einer neuen Welt erfüllte. Und das, was 1830 und 1848 weithin sichtbar wurde, das hat eben zwischen 1807 und 1814 angehoben, blutig und voll Leidenschaft, bitterernst und doch von unbändigen Hoffnungen erfüllt. Auf der Suche nach dem Bild jener Besatzungszeiten und ihrem Leben stößt man auf viele Einzelheiten, von denen wir uns heute kopfschüttelnd sagen: So schlimm war das doch garnicht! In gewissen mittelamerikanischen Kleinstaaten sterben an einem einzigen Tag mehr Menschen im Bürgerkrieg, als Napoleon in sieben Jahren in ganz Deutschland erschießen ließ. Aber es war eben nicht die Zahl, es war die Zeit. Erwachte Völker wollen aufstehen; aus dem Schlaf gerüttelt, rieben sie sich die Augen und sahen die Welt urplötzlich ganz anders, als man ihnen erzählt hatte, daß sie sei. Das begab sich in jenen Jahren, von denen man uns sehr oft nur die Daten der Schlachten nennt und die Hekatomben an Gefallenen.

Wir stehen vor einer einzigartigen Situation. Europa hat die Botschaft der großen Französischen Revolution empfangen, aber nicht annehmen dürfen. Europas Fürsten haben sogar gegen die neuen Ideen mobilisiert, obwohl diese doch ausschließlich den Thronen gefährlich geworden wären und keinem jener Männer, die nun unter den verschiedensten Fahnen gegen Frankreich zogen.

Das Unerwartete geschah: Die bankrotte Nation, die ihren König geköpft und ihren Adel außer Landes gejagt hatte, sie siegte an allen Fronten mit Generalen, die Unteroffiziere gewesen waren, deren Namen niemand kannte und die der frischgebackene Kaiser durchaus überflüssiger Weise mit Herzogstiteln verbrämte, die niemand ernst nehmen konnte – nur die Siege, die sie errangen, die waren Geschichte und nicht mehr wegzuleugnen.

Diese Siege und was aus ihnen folgte, mußte Europa annehmen, und langsam denkende Monarchen wie Preußens Friedrich Wilhelm III. oder auch Österreichs Kaiser Franz, die schlugen noch Schlachten, als längst feststand, wer sie gewinnen mußte.

Verdeckt unter der lastenden Besatzung, beobachtet, eingeengt, drangsaliert und ausgeplündert, so besann sich die Völkerfamilie Europas nicht auf den Kontinent – der gehörte Napoleon –, sondern auf die Vaterländer, die er den Besiegten vergeblich auszureden versuchte. Eine heimliche und doch gewaltige Erneuerung setzte ein. Wir werden schildern, wie sie vom Geist zur Macht schritt, wie sie siegte und wie sie zunächst um die Früchte dieses Sieges betrogen wurde. Es war ein schicksalhafter Prozeß für die Deutschen, für die Polen, für die Italiener und für die Spanier, und keine dieser Nationen wäre geworden, was sie ist, ohne das Feuer, durch das Napoleon sie zu gehen zwang. Er war, ganz ohne Zweifel, jene Kraft, die Böses will, aber letztlich Gutes schafft – Gutes allerdings, das nur sehr zaudernd in die Welt trat.

Der Rost des Mittelalters

Nah und fern zugleich, unvergeßlich und doch in vielem schon vergessen, gleicht das große Vorspiel der Befreiungskriege heute mehr einer heroischen Oper als einem historischen Vorgang. Nur wenige der Solisten sind uns noch wirklich gegenwärtig: allen voran der Heldentenor aus dem Süden, Napoleon B(u)onaparte, dem der schmelzende Bariton des schönen Zaren Alexander entgegentritt, während Preußens König wohl nur einen düsteren Baß zugewiesen erhalten kann und Kaiser Franz von Österreich kaum eine andere Rolle spielt als die des Notars in der Buffo-Oper.

Senken wir uns von den gekrönten Häuptern auf die nächste Ebene, dann steht es um die Kenntnisse noch viel übler. Clausewitz allenfalls hat so etwas wie eine Renaissance erlebt, seit man gezwungenermaßen wieder vom Kriege spricht; aber er ist, wenn unsere Darstellung einsetzt, erst siebenundzwanzig Jahre alt und damit viel zu jung für entscheidende Aktionen. Dafür ist Blücher, der spätere Marschall Vorwärts, beinahe schon tot: ihn hat die bestürzende Niederlage der Preußischen Armee bei Jena und bei Auerstedt nicht nur körperlich, sondern auch seelisch gefällt, er sieht einen riesigen Elefanten in seiner engen Wohnung, schreibt unbotmäßige Briefe an seinen König und wird es, nach der allgemeinen Überzeugung, nicht mehr lange machen.

Zwischen ihnen stehen die Männer, denen man gemeinhin, ohne des russischen Winters und der Metternichschen Politik zu gedenken, das Verdienst an der Befreiung Deutschlands von der Vorherrschaft Napoleons zuschreibt: der Reichsfreiherr vom Stein, Sohn eines Kurmainzischen Geheimen Rates und Kammerherrn, also kein Preuße; Gerhard Johann David (später von) Scharnhorst, Sohn unbemittelter Pächtersleute aus Bordenau in Hannover, also auch kein Preuße, ja angesichts der hannoversch-preußischen

Heinrich Friedrich Karl *Freiherr vom und zum Stein* (links)
Gerhard Johann David von *Scharnhorst* (rechts)

Gegensätze eher ein Gegner; August Wilhelm Anton Graf Neidhardt von Gneisenau entstammt einer österreichischen Adelsfamilie aus dem idyllischen Umkreis von Eferding im Innviertel, kam aber in Sachsen zur Welt. Erst mit Leopold Hermann Ludwig von Boyen stoßen wir auf einen rechten Preußen, nicht aus der Mark, sondern aus dem Ordensland, aus dem alten Städtchen Kreuzburg.

Schon daraus ersehen wir, daß in jenem alten Europa, das Napoleon sich unterwarf, die Nationen und die Grenzen zwischen ihnen eine andere Rolle spielten, als wir es heute erleben. Obwohl wir imstande sind, den ganzen Raum unseres kleinen Kontinents binnen Stunden zu durcheilen, obwohl wir grenzüberschreitende Gemeinschaften mit gemeinsamen Parlamenten und Kommissionen haben, ist die Selbstverständlichkeit, mit der damals Deutsche in Rußland lebten und arbeiteten, Italiener in Paris oder Rheinländer in Österreich Furore machten mit diesem alten Europa hinabgegangen. Die nationalen Sprachen, in denen verständigte sich so recht und schlecht das Gesinde; aber es erkühnte sich glücklicherweise nicht, sie auch zu schreiben. Allen, die tatsächlich lesen und schreiben konnten, denen standen auch die internationalen Medien zu Gebote, die französische Sprache und die lateinische Bildung. Die Sprachen, die Maria Theresia beherrschte, ja fließend diktierte und schrieb, würden heute jeden Außenminister vor Neid erblassen lassen, und die Umgangsformen, die Talleyrand, Metternich, Hardenberg, Humboldt oder auch ein Feldmarschall wie der Fürst Schwarzenberg als selbstverständlich empfanden, weil sie Brücken schlugen und gemeinsame Ebenen schufen, sie würden heute nur noch als Theaterrequisiten angesehen und sind längst in der Versenkung verschwunden.

Zu den Schattenseiten dieser Welt gehörte, daß Geburt und Traditionen ungleich mehr zu besagen hatten als Geist, ja Genie, als Begabung und Eignung, als Eifer und Ehrgeiz. Napoleon war zweifellos eine Ausnahmeerscheinung nicht nur in seinem Jahrhundert, sondern wohl im ganzen zweiten Jahrtausend unserer Zeitrechnung. Aber er hätte es natürlich wesentlich schwerer gehabt, wären seine Gegner nicht als simple Erben auf ihre Throne gelangt und hätten die gegnerischen Feldherren nicht so oft ihren Marschallstab zu einem Gutteil der hohen Geburt verdankt. Ob er nun, wie man munkelte, der Sohn des großen Pasquale Paoli war oder nur eines kleinen, aber wendigen Advokaten – die schöne und kluge Mutter, eine der großen Frauen der Geschichte, sie bleibt ihm und sie kann ihm niemand nehmen. Und damit haben wir ein Elternpaar, jung und frisch und voll von dem natürlichen Schwung dieser wilden Insel und folglich unendlich jenen Fürsten überlegen, unter denen schon die normale Intelligenz ein Glücksfall ist. Im Jahrhundert zuvor hatte es noch einige jener Glücksfälle gegeben, überraschend, wenn sie aus der legitimen Erbfolge auffielen, wie Friedrich II. und Joseph II., verständlicher schon, wenn hervorragende Feldherren illegitimen Verbindungen entsprangen wie Moritz von Sachsen, Maréchal de France (Sohn Augusts des Starken mit Aurora von Königsmarck) oder der Graf Rutkowski (Sohn Augusts des Starken mit der im türkischen Feldlager vor Budapest erbeuteten Sklavin Fatime).

Das ist nun wieder vorbei, es war ein kurzes Aufblitzen genealogischer Glücksfälle am Ende des Ancien Régime, ein letzter, viel zu später Impetus, der die Revolutionäre von Paris nicht mehr beeindrucken konnte. Das Vierteljahrhundert seit der kampflosen Kapitulation der Bastille und der Befreiung ihrer wenigen Insassen hat zudem deutlich gemacht, daß es neben den Herren an der Spitze ganz neue Kräfte gibt. Nicht die stehenden Heere im festen Sold, wohltrainiert, übertrainiert und durch Spießrutenlaufen überdiszipliniert sind die Sieger gewesen, sondern jene seltsamen Armeen, für die man gar keine Bezeichnung hatte, so daß man sich erst eine zurechtmachen mußte: die Sansculotten.

Mochten ihre Hosen zerschlissen gewesen sein (*sans culotte* = ohne Hose) und die Stiefel ganz gefehlt haben, sie hatten den Armeen der Kaiser und Könige, die den blutigen Wirbel in Paris gewaltsam beenden wollten, eine Niederlage nach der anderen bereitet, und zwei dieser Niederlagen nahmen den Charakter eines Debakels an: die Kapitulation der Österreicher unter dem bayrischen Feldherrn Mack von Leiberich 1805 bei Ulm und die Niederlage der Preußen unter dem greisen Herzog von Braunschweig bei Jena und Auerstedt 1806. Die Armeen der Französischen Revolution wurden nun zwar von einem Kaiser geführt, aber sie waren noch immer Volksarmeen, und so, wie der Kaiser aus dem Volk kam, so waren auch seine Marschälle und Generale meist aus dem Volk aufgestiegen und hatten nicht selten vom Unteroffizier aufwärts und binnen weniger Jahre jene Stufenleiter der Militärränge absolviert, die vordem, unter Frankreichs Königen, in der Regel beim Oberstleutnant endete. Der Oberst, der Inhaber des Regiments, kam aus einem geschlossenen Kreis adeliger Familien . . .

Die Niederlage von Ulm, der weniger eine Schlacht, als einige Umgehungsmanöver vorausgingen, war zwar ungleich beschämender als die Niederlage in der blutigen Schlacht von Jena und Auerstedt, in der sich viele Truppenteile ungemein tapfer schlugen; aber Österreich war die Großmacht und darum blieb Ulm zumindest äußerlich weitgehend folgenlos. Preußen dagegen war eine Mittelmacht und geriet durch die schwere Niederlage in die ernsthafte Gefahr, von der Landkarte zu verschwinden. Österreich hatte seine Geltung auch auf eine Reihe anderer Institutionen aufgebaut als das Heer, es hatte einen Kaiser, eine Vielzahl von Völkern, eine etablierte Herrschaft vom Ärmelkanal bis auf den Balkan; Preußen mußte nach dem schweren Schock umdenken, denn seine Armee war das gewesen, wofür das Land und seine Herrscher gelebt und gearbeitet hatten, seit es Brandenburg-Preußen überhaupt gab.

In einem Denkprozeß, der uns Hochachtung abnötigt, erkannte die kleine Gruppe preußischer Reformer, daß neue Reglements, neue Kampftechniken und simple Schulungsmaßnahmen nicht ausreichen würden, um aus der preußischen Armee ein gegen Napoleon taugliches Instrument zu machen. Die Erkenntnis, daß keine Armee moderner sein könne als der Staat, den sie verteidigt, klingt uns sehr einfach in die Ohren, stellte aber im monarchischen Preußen an sich schon eine Revolution dar. Das, was Stein, Scharnhorst und ihre Helfer vorsichtig und klug lediglich als Reformen bezeichneten, erkannten ihre Gegner vom ersten Augenblick an als eine Revolution. Aber da das Unwahrscheinliche gelungen war – nämlich dem König klarzumachen, daß zwischen Zusammenhalt und Schlagkraft der Armee auf der einen, der Geschlossenheit der Sozialstruktur auf der anderen Seite ein ursächlicher Zusammenhang bestehe –, ging die große Arbeit der Reform, der Erneuerung des preußischen Staates und damit auch seiner Armee, trotz zahlloser Quertreibereien, in der unglaublich kurzen Zeit von nur fünf Jahren über die historische Bühne.

Wenn wir uns vor Augen führen, wie lange in modernen Demokratien vergleichsweise lächerlich einfache Probleme in der Schwebe und ungelöst bleiben, daß zum Beispiel das Problem der Fehlbelegung von Sozialwohnungen eineinhalb Jahrzehnte lang keine Lösung fand, dann gewinnt man nicht nur ein zutreffendes Bild von der Tatkraft dieser Männer, sondern auch eine Vorstellung von der Tiefe der Erschütterung durch die Niederlage und von der Härte ihrer Folgen. Preußen sah sich von einem mitleidslosen und gierigen Feind in seiner Existenz bedroht, und die Reform war seine Überlebenschance, was die Radikalität mancher Maßnahme erklärt und erst möglich machte.

Oft beschrieben und in den großen Lebensbeschreibungen der Reformer wiederholt dargelegt, brauchen die nun einsetzenden Maßnahmen zur Erneuerung des preußischen Staates hier nicht mehr im einzelnen aufgeführt zu werden. Sie bildeten ja auch nur eine Voraussetzung der Befreiung, sie waren noch nicht die Befreiung selbst.

Da Napoleon seinen hartnäckigsten Gegner und Frankreichs Erzfeind England auf der Insel nicht angreifen konnte, bekriegte er um so gnadenloser Hannover, jenes Kurfürstentum, aus dem die britische Königsfamilie kam. Nach Napoleons Siegen von 1805 wurde Hannover darum zur Gänze seiner Selbständigkeit beraubt und Preußen zugeschlagen, das im Januar 1806 auch tatsächlich einmarschierte. Preußen war nun so groß wie nie zuvor, es hatte mit Hannover dicht bevölkerte und reiche Gebiete gewonnen und zählte etwa zehn Millionen Einwohner – eine freilich kurze Herrlichkeit, denn zwischen der Inbesitznahme von Hannover und der Katastrophe von Jena und Auerstedt liegen schließlich nur neun Monate. Das verblüfft jeden modernen Betrachter: Napoleon konnte Österreich und Hannover einzeln schlagen, er konnte Preußen dadurch isolieren, daß er ihm Vergünstigungen wie den großen Landzuwachs von Hannover zukommen ließ und schließlich, als Preußen sich zwischen alle Stühle gesetzt hatte, dieses auch noch vernichten. Das Jahr 1806 brachte zwar ein weithin sichtbares militärisches Debakel, aber erst die klägliche preußische Außenpolitik der Jahre 1803 bis 1806 hatte es möglich gemacht. Die deutsche Uneinigkeit, die inneren Rivalitäten im Deutschen Kaiserreich und das provinzielle Denken so vieler deutscher Fürsten hatten Frankreich trotz einer brutalen und somit durchsichtigen Außenpolitik den Weg dafür bereitet, mit gesammelter Macht jeden seiner Gegner einzeln zu schlagen, statt ihrer vereinten Kraft gegenübertreten zu müssen.

Napoleon hatte so viele Eroberungen gemacht, daß er seine potentiellen Gegner durch Abtretungen ködern konnte. Er versprach in Geheimverhandlungen, Hannover an Großbritannien zurückzugeben, und brachte durch die Zusage preußisch-polnischer Gebiete den Zaren dazu, dem nun alleinstehenden Preußen nur halbherzig zu helfen und vor allem viel zu spät. Nie hat ein fremder Souverän die deutsche Zwietracht kühner und rücksichtsloser für seine Zwecke genützt als jener Advokatensohn aus Korsika; doch daß die deutschen Kabinette sich widerstandslos und ohne den geringsten Versuch der Selbstbesinnung gegeneinander ausspielen ließen, das ist ungleich überraschender als die durch Napoleons Feldherrngenius hinreichend erklärten Siege der französischen Armeen. Daß im November 1806 dann der schlesische Graf von Haugwitz in einen komfortablen Ruhestand versetzt wurde, traf nur einen der Verantwortlichen und auch ihn nicht völlig zu Recht, denn er hatte schließlich schon 1804, an der Seite einer noch intakten österreichischen Armee, gegen Napoleon antreten wollen.

Die an der Niederlage mitschuldigen, nach Jena und Auerstedt mutlos und zum Teil sogar würdelos agierenden hohen Offiziere trafen härtere Strafen, obwohl sie zum größten Teil in aussichtslosen Situationen kapituliert und dem König zwar nicht seine Festungen, aber immerhin das Leben seiner Soldaten gerettet hatten. Die Reformer begnügten sich eben darum auch mit einer vergleichsweise geringen Liste von Betroffenen, auf der allerdings die am höchsten Gestellten am besten wegkamen: der Fürst von Hohenlohe, der bei Prenzlau mit 12000 Mann kapituliert hatte, oder Friedrich Wilhelm, Graf von der Schulenburg, der in Berlin die sich anbietenden Freiwilligen mit dem bekanntgewordenen Ausspruch zurückgewiesen hatte, daß nun Ruhe die erste Bürgerpflicht sei.

War schon die Kapitulation bei Prenzlau unverständlich, weil sich die Preußen auf freiem Feld einigen französischen Kavallerieregimentern ergaben, so boten die Festungen ein noch deutlicheres Beispiel innerer Schwäche, wenn Magdeburg, Stettin und Küstrin auf die erste Aufforderung hin kapitulierten, ohne den Versuch eines wenigstens hinhaltenden Widerstandes; hingegen wurden Danzig, Graudenz und Kolberg tapfer verteidigt.

Die Haltung der Armee war also nicht einheitlich, und es war vor allem nicht so, daß die späteren Reformer die tapfer Durchhaltenden, die Reformgegner aber die Kapitulanten waren. Kalckreuth, einer der heftigsten und bis zur Intrige gehenden Gegner der Reformen, verteidigte Danzig bis zu dem Augenblick, da er weder Munition noch Lebensmittel mehr hatte, während etwa Scharnhorst und Blücher sich bei Lübeck gefangengeben mußten und Grolman, der jüngste der Reformer, dem Debakel von Prenzlau nur entging, weil er gerade als Kurier unterwegs war.

Diese Beispiele, die sich um Dutzende vermehren ließen, zeigen deutlich, daß individuelle Sanktionen zur Bereinigung der Lage ungeeignet waren und keinesfalls ausgereicht hätten, selbst wenn die Strafen im einzelnen härter gewesen wären. Männern wie Stein, aber auch Scharnhorst, dem der König besonders vertraute, gelang es, Friedrich Wilhelm und vor allem seine kluge Frau davon zu überzeugen, daß jeder Feudalstaat gegen die von den stürmischen Sympathien des Volkes getragene französische Kriegsmaschinerie um eine Epoche zurückliegen und in einem unkorrigierbaren Nachteil bleiben müsse. Die Geschichtsschreibung hat der Königin Luise das Hauptverdienst daran zugeschrieben, daß ihr Gemahl die Notwendigkeit so außerordentlich tiefgreifender Veränderungen in seinem Staat einsah. Tatsache ist, daß Luise sich schon vor der großen Doppelschlacht erbittert gegen alle wehrte, die sie nach Berlin schicken wollten, und daß sie statt dessen in zwei Kutschen, mit geringer Begleitung, stets in der Nähe des königlichen Hauptquartiers blieb – so daß sie nicht geringe Schwierigkeiten hatte, den Franzosen zu entgehen. Sie wie der König verdankten es letztlich Blücher und Knesebeck, daß die in Thüringen eifrig herumstreifenden Franzosen diesen guten Fang nicht machten, und aus der Gemeinschaft dieser schweren Tage nach Jena resultierte eine Vertrautheit vor allem zwischen dem König und Knesebeck, die in den kommenden Jahren auch den Gang der militärischen Entscheidungen mitbeeinflußte.

Die Königin Luise war stärker als andere Fürstinnen am politischen Geschehen interessiert und durch ihre hohe Intelligenz auch in der Lage, zu urteilen und Informationen zu verwerten. Viele Gespräche, die aufgezeichnet wurden, unter anderem mit dem sonst rücksichtslos urteilenden und intellektuell sehr anspruchsvollen Publizisten Gentz, lassen dies ebenso deutlich erkennen wie ihre Briefe. Sie war nicht nur durch den Schlachtentod des Prinzen Louis Ferdinand, sondern auch durch die Enttäuschungen nach der großen Schlacht tief getroffen. So hatte der Festungskommandant Oberst von Ingersleben ihr und dem König am 26. Oktober 1806 in die Hand versprochen, Küstrin tapfer zu verteidigen – aber schon am 4. November erfuhr das Königspaar, daß Ingersleben kapituliert hatte, so gut wie kampflos und so schnell wie Erfurt, Spandau, Hameln, Plassenburg und Nienburg. Dieser Schock wirkte ebenso tief wie die wenigen guten Nachrichten andererseits Hoffnung für die Zukunft weckten: das Husarenstück des Sekondeleutnants Heinrich von Hellwig, der mit fünfzig Reitern eine Kolonne von achttausend Gefangenen überfiel, die Bewacher niederkämpfte und mit den Befreiten die Grenze nach Hessen überschritt.

Im Mai 1807 schrieb Luise an ihren Vater, den Herzog von Mecklenburg-Strelitz: »Die Sendung des vortrefflichen Blücher nach Pommern, der Patriotismus, der jetzt in jeder Brust sich regt und von welchem die Reserve-Bataillons, die erst seit Monaten organisiert sind und teils schon vorgehen, teils schon gut gefochten haben, ein neuer Beweis sind – alles dies belebt mit neuen Hoffnungen. Ja, bester Vater, ich bin überzeugt, es wird noch einmal alles gut gehen und wir werden uns noch einmal glücklich wiedersehen. Die Belagerung von Danzig geht gut, die Einwohner benehmen sich außerordentlich; sie erleichtern den Soldaten die großen Lasten, indem sie ihnen Wein und Fleisch im Überfluß reichen, sie wollen von keiner Übergabe sprechen hören; sie wollen lieber unter Schutt begraben werden, als untreu an dem König handeln; ebenso halten sich Kolberg und Graudenz. Wäre es mit allen Festungen so gewesen!«

Das war jenes Danzig, das unter dem großen Friedrich noch auf seine Neutralität gepocht hatte und erst 1793 zu Preußen gekommen war. Danzigs Verteidiger Graf Kalckreuth war Preußens Unterhändler in Tilsit, und er war es auch, der die schöne Preußenkönigin zu der berühmten Entrevue mit Napoleon überredete, dem Bittgang einer reizvollen Frau für ihr Land. Sie war keine Gräfin Walewska – die sich zunächst ja auch für ihre Heimat opferte, ehe sie den Korsen lieben lernte –, sondern sie war und blieb Herrscherin, eine jener Frauen, für die Napoleon zeitlebens nicht mehr war als ein gewalttätiger Parvenu. Aber sie tat, was immer sie mit ihrer Selbstachtung vereinbaren konnte und vielleicht sogar ein wenig mehr, denn Napoleon berichtete in zwei aufeinanderfolgenden Briefen an Josephine Beauharnais:

»*Ma chère*, die Königin von Preußen hat gestern bei mir gespeist. Ich mußte mich vorsehen, denn sie wollte mich dazu bewegen, ihrem Manne noch größere Konzessionen zu machen. Doch war ich artig und hielt dabei an meiner Politik fest. Wenn Du diesen

Brief liesest, wird der Friede mit Preußen und Rußland abgeschlossen und Jérôme als König von Westfalen über drei Millionen Untertanen anerkannt sein.«

Am nächsten Tag berichtete Napoleon etwas privater: »Die Königin von Preußen ist in der Tat höchst anmutig, von bezaubernder Freundlichkeit gegen mich. Aber werde nicht etwa eifersüchtig; ich bin ein Wachstuch, über welches dies alles nur weggleitet. Es würde mich teuer zu stehen kommen, den Galanten zu spielen.«

Er tat es denn auch wirklich nicht, enttäuschte, wie man weiß, die Erwartungen des Königs und der Königin von Preußen aufs tiefste und gewährte trotz der Bitten Luises bei einem letzten Zusammentreffen nicht einmal den Brückenkopf Magdeburg, sondern nur die strikte Elbgrenze. Nur dem »ritterlichen Eintreten« des Zaren (um den sich Napoleon wohlweislich sehr bemühte) habe es Preußen zu danken, daß Jérôme nicht auch König von Preußen geworden, sondern dieser Staat den Hohenzollern verblieben sei. Der Kammerherr von Schladen berichtet, daß Talleyrand »aus einer Brieftasche mehrere Stückchen Papier zog, welche bereits alle Artikel des Traktats *(d. h. des Friedens von Tilsit)* einzeln enthielten, dieselben den Bevollmächtigten vorlas, denen er kaum erlaubte, sie näher zu besichtigen, und ihnen darauf erklärte, es sei dabei kein Nachlaß *(keine Verbesserung der Bedingungen)* zu erwarten, denn dies sei Napoleons Wille . . . der Kaiser der Franzosen wünsche so schnell wie möglich nach Paris zurückzukehren, daher das Werk des Friedens bis übermorgen beendet sein müsse«.

Nun gab Luise alle Hoffnung auf und schied am 8. Juli 1807. »Es ist beschlossen worden«, schreibt von Schladen, »die Königin solle Napoleon nicht mehr sehen. Sie nahm bereits gestern *(an der Abendtafel des Kaisers)* Abschied von demselben und soll bei dieser Veranlassung lebhafte Auseinandersetzungen mit ihm gehabt haben. Auch der König scheint seine Gefühle gegen Napoleon ausgesprochen zu haben. Heute erschien hier *(der aus altem französischem Adel stammende Marschall)* Duroc, um Ihrer Majestät im Namen seines Kaisers eine glückliche Reise zu wünschen. Auch zu ihm äußerte sie sich: sie habe es nicht für möglich gehalten, so getäuscht zu werden.«

Wenige Frauen der deutschen Geschichte genießen so ungeteilte Verehrung, eine so allgemeine Achtung der Historiographen wie die Königin Luise, und doch ist die Naivität dieser Politik, sind die Erwartungen, die man hinsichtlich des russischen Bundesgenossen und des französischen Gegners hegte, ungemein kennzeichnend und im Grunde Bankrotterklärungen. Die Demütigung, die man damals in dem Diktat von Tilsit sah, lag im Grunde schon darin, daß eine Militärmacht wie Preußen an den Charme der Königin appellieren mußte, um den Bestand des Staates zu retten, und wenn man es dann tatsächlich Napoleon verübelt, daß er wegen einer liebenswürdigen Frau und einer Stunde angenehmster Konversation militärische Erfordernisse wie etwa die Elbegrenze nicht aufgeben wollte, so ist auch dies eine unzulässige Romantisierung der Vorgänge am Ende eines harten und blutigen Krieges. Auch ein Selbstherrscher wie Napoleon empfindet die Verantwortung gegenüber dem eigenen Volk und darf einem potentiellen Gegner wie den gefährlichen Preußen nicht Brückenköpfe zugestehen, nur weil eine schöne Frau darum bittet; es konnte sehr wohl sein, daß Tausende von Franzosen mit ihrem Leben für solch einen Konversationsabend bezahlen mußten.

Da auch Rußland nicht geholfen, sondern nach der ersten Niederlage bei Friedland an der Alle bereits um Waffenstillstand nachgesucht hatte; außerdem der Zar von den Tagen mit Napoleon sichtlich beeindruckt war und sein Land ebenfalls Friedensjahre brauchen würde, war es nun endgültig klar, daß Preußen sich werde selbst helfen müssen; Selbsthilfe aber konnte in dieser Lage nichts anderes bedeuten als eine Erneuerung. Der alte Staat war ebenso tot wie jene alten Zeiten, in denen die Fürsten einander auch einmal einen Gefallen taten, und am vollständigsten war das galante achtzehnte Jahrhundert hinabgegangen, in dem man von Paris bis Petersburg, von Berlin bis Wien noch Dekolleté-Politik betreiben und Frauen wie die Pompadour, Marie Antoinette und andere höfische Schönheiten in das Weltgeschehen nachdrücklich eingreifen konnten.

Die Erleuchtung, deren man bedurfte, konnte nicht aus der märkischen Streusandbüchse kommen; die traditionelle Sterilität dieser Kerngebiete hatte schließlich die fritzische Selbstgenügsamkeit konserviert und sie erst bei Jena und Auerstedt zerplatzen

August Wilhelm Anton Graf *Neidhardt von Gneisenau*

lassen. Rheinländer, Hannoveraner, Neupreußen wie der aus Bochum stammende Karl Wilhelm Georg von Grolman oder der oberösterreichische Graf Neidhart von Gneisenau begannen zu arbeiten, aber alles, was sie zu formen und zu erneuern hatten, war natürlich brandenburgisch-preußisch, und so konnten die schweren Konflikte nicht ausbleiben. Günstig war nur der Zeitpunkt, denn der Sturz der alten Monarchie, das Versagen des alten Systems waren so gewaltig und augenfällig gewesen, daß vom Arbeiter bis zum Handwerker, vom Kleinbauern bis in die gebildeten Kreise eigentlich jeder begriffen hatte: hier muß sehr vieles anders werden.

Nun gibt es uralte Zusammenhänge zwischen dem Wehrgedanken und der persönlichen Freiheit. Das Wort vom Ehrendienst, vom Ehrenkleid und so weiter, 1807 durch keinen Mißbrauch entwertet und noch lange nicht zur Phrase erstarrt, verlangte den vollen Menschen und damit den freien Mann. Man konnte nicht mit Leibeigenen gegen eine Armee kämpfen, die mit der Marseillaise auf den Lippen in den Kampf zog. Mit der Leibeigenschaft, der Erbuntertänigkeit, der Sklavenexistenz auf adeligem Grund und Boden gerieten jedoch die Grundfesten der mittelalterlichen Ordnung ins Wanken, in der Brandenburg-Preußen und seine Gesellschaft dahinlebten, seit es den Staat gab.

Die neuen Organisationsformen, die Stein, aber auch Hardenberg mit ihren Helfern empfahlen und endlich auch verwirklichten, ersetzten das alte Feudalsystem, das der König und seine großen Familien gemeinsam gebildet hatten, durch eine auf den ersten Blick unverdächtige Verwaltungsgliederung, in der sich Gemeinden und Provinzen weitgehend selbst regierten. Damit waren nun aber viele Mitsprachemöglichkeiten gegeben, Möglichkeiten, die fortan keineswegs nur der Adel nutzen konnte, sondern beinahe das ganze Volk. Den tiefsten Einschnitt aber, die am heftigsten bekämpfte Neuerung, brachte das Gesetz »Über den erleichterten Besitz und den freien Gebrauch des Grundeigentums« vom 9. Oktober 1807, das erste der Steinschen Gesetze, das zahllose Pächter zu Besitzern machte und dem landwirtschaftlichen Arbeiter die Möglichkeit eröffnete, in voller Freiheit eigenen Grundbesitz zu erwerben, zu behalten und weiterzuvererben. Die staatlichen Domänenverwaltungen gingen mit gutem Beispiel voran und verkauften aus Staatsbesitz sehr viel Grund, günstig zumeist, gelegentlich sogar zu symbolischen Beträgen, was den Staatskassen ein wenig Zustrom brachte und sogleich eine breite Schicht kleiner Grundbesitzer schuf, die an der neuen Ordnung lebhaft interessiert war.

Das Edikt vom 9. Oktober brachte natürlich die Gefahr mit sich, daß überschuldeter Adelsbesitz nun zwangsversteigert und dem Zugriff von Kredithaien ausgesetzt wurde; darum schützte ein allgemeines Moratorium die belasteten Güter in den kritischen Jahren der preußischen Not und bewahrte den Grundbesitz des Adels vor dem Ausverkauf. Die alten Familien, die ihre Leibeigenen verloren und mit ihnen zum Teil harte Auseinandersetzungen hatten, durften nach so umsichtigen Ergänzungsverordnungen immerhin sicher sein, daß ihr König sie nicht vergessen hatte. Daß der Reichsfreiherr vom Stein, ein Mann, dessen Geschlecht seit vielen Jahrhunderten nur den Kaiser über sich gehabt hatte, dennoch nicht beliebt war, das kann man dem durchaus nicht auf Rosen gebetteten preußischen Landadel nicht verdenken.

Nach den Neuordnungen auf dem Land erließen Stein und Hardenberg eine neue Städteordnung. An ihr hatte man bis zum November 1808 gearbeitet, denn hier ging es um sehr fest sitzende Traditionen, um das Zunftwesen, den Zunftzwang und andere Instrumente der Etablierten. Andererseits aber brauchte der Staat die tüchtigen Fernhändler, wie sie in den Städten saßen, dringender als je und durfte ihnen die Erwerbsmöglichkeiten nicht beschneiden. Mit Magdeburg und Halle war Preußens Salzproduktion an Westfalen gefallen, über See kam nichts wegen der Kontinentalsperre. Das schlichte Salz, in frühen Hohenzollernzeiten auf der Havel quer durchs Land geschippert, mußte auf Wagen in teuren Fuhren aus Kolberg oder Lüneburg nach Berlin gekarrt werden – ein Beispiel unter vielen!

Diese Erschwernisse des Handels und der ganzen Versorgung waren um so verderblicher in ihren Auswirkungen, als sich ja durch die Besatzung das Gewicht und die Lebenszentren weitgehend verlagert hatten. Der König und seine Minister hatten sich in den schmalen freigebliebenen Teil des Reiches, praktisch auf Ostpreußen, zurückgezogen und versuchten, vom äußersten Nordosten aus das ganze Gebiet Brandenburg-Preußens in ein neues

Staatswesen zu verwandeln und ihm anstelle der bis dahin weitgehend rechtlosen Untertanen das zu geben, was Frankreich längst hatte: ein Volk.

Das geschah nicht aus purem Edelmut, obwohl am Idealismus der Reformer ebensowenig zu zweifeln ist wie an den guten Absichten der Königin und ihres Gemahls; es geschah in Hinblick auf die große Auseinandersetzung, die kommen mußte, weil Deutschland ja nicht unter der fremden Herrschaft bleiben sollte. Und wenn die Reformen auch binnen weniger Jahre kein neues preußisches Heimatgefühl, kein Gefühl der Mitverantwortung schaffen konnten, so sahen die von den Niederlagen und der Besetzung des Landes wie betäubten Bewohner nun doch, daß die Regierung sie nicht allein ließ, daß sie eben tatsächlich und unter schwierigsten Verhältnissen *regierte*. Nichts wäre schlimmer gewesen, nichts hätte die Verzweiflung stärker vertiefen können als die allerhöchste Untätigkeit, wie sie weiter im Westen bei so manchem der ebenfalls besiegten Rheinbundfürsten als das Gebot der Stunde angesehen wurde.

Die bevorstehende große Auseinandersetzung mußte wohl mit der Waffe geführt werden. Keine Volksabstimmung und kein neuerlicher Bittgang würde einen Napoleon aus Deutschland abdrängen oder zum Verzicht auf eroberte Gebiete bewegen können. Waffen aber hatte Preußen nur noch ganz wenige. Geschütze, Gewehre, Pferde, Wagen, alle Ausrüstungen und Reserven waren dem Feind in die Hände gefallen. Man mußte bei der Heeresreform praktisch bei Null beginnen, und wer bei Null beginnt, der konnte alles neu machen, was gewisse Vorteile mit sich brachte.

Die neuen Kriegsartikel vom August 1808 bedeuteten für die Armee und ihren Offiziersstand eine Revolution, die an Radikalität alle zivilen Neuordnungen übertraf. In einem besonderen königlichen Befehl wurden alle Unterschiede der Geburt und Herkunft als für die Besetzung von Offiziersstellen unerheblich erklärt. Hingegen wurden jene Kenntnisse aufgezählt, die für die Erlangung einer Offiziersstelle unerläßlich seien. Damit hatte Preußen gegenüber Frankreich gleichgezogen. Dort hatte man unter den Bourbonen seit Jahrhunderten die Offiziersstellen an bevorrechtete Familien zum Kauf ausgeschrieben, und als die Revolution diese Prozedur außer Kraft setzte, die sich schon in den Kriegen gegen

Friedrich den Großen als ruinös erwiesen hatte, wurden ungeahnte Kräfte frei und Napoleon konnte sich auf eine mittlere militärische Führung stützen, die ihm bis zum letzten Augenblick treuer ergeben blieb als selbst seine Marschälle. Wie tief dieser Eingriff aber die gewachsenen Strukturen des Preußenstaates verändern würde, das war 1808 noch kaum abzusehen. Preußen war schließlich ein Staatswesen, in dem die Könige jede der Offiziersfamilien kannten, in dem der König sich auch für jede dieser Familien verantwortlich fühlte und die Söhne kaum viel anderes tun konnten, als Offiziere zu werden. Das, was nun begann, war also eine Operation am offenen Herzen des Preußenstaates, und durch ihre Folgen mußte sich die gesellschaftliche Struktur im Lauf der kommenden Generationen nachhaltig verändern.

Weniger riskant waren die Eingriffe ins Reglement selbst, denn dieses war tatsächlich so überaltert, daß es fallen mußte: die überharten, entwürdigenden Strafen aus Zeiten, da die Soldaten noch gepreßt worden waren und nur die Angst vor dem Spießruten(oder Gassen-)laufen sie bei der Truppe hielt. Die Strafgewalt der Offiziere wurde eingeschränkt, der einfache Mann war seinen nächsten Vorgesetzten nicht mehr auf Gedeih und Verderb ausgeliefert, die körperlichen Züchtigungen blieben ganz bestimmten entehrenden Verbrechen zugeteilt.

Mit all dem war viel gewonnen, aber es handelte sich doch um strukturelle Maßnahmen, deren Wirkungen sich erst in Jahren zeigen würden. Die Schlagkraft der besiegten Armee jedoch mußte schnell und gleichsam aus dem Nichts wiedergeschaffen werden, und dafür ließen sich die Reformer um Scharnhorst einen besonderen Trick einfallen: das sogenannte Krümper-System. Napoleon hatte dem unterworfenen Gegner nämlich nur 42000 Mann zugestanden (woraus man sieht, wie lächerlich niedrig das 100000-Mann-Heer der Weimarer Republik angesetzt war, die zehn Mal so viele Einwohner zählte wie Preußen 1807). Diese 42000 Mann vermehrte Scharnhorst dadurch, daß er die ausgebildeten Mannschaften relativ schnell durch neue Rekruten ersetzte, die nun ausgebildeten Soldaten aber nicht einfach ins Berufsleben entließ, sondern ohne Waffen für den Festungsbau, Schanzarbeiten und andere Dienste einsetzte, gegen die Frankreich nicht viel einwenden konnte. Sie standen auch in dieser Weiterverwendung unter

Offizieren, sie konnten im stillen gewisse Übungen verrichten, um das Gelernte zu bewahren, und das Potential an felddienstfähigen und ausgebildeten Soldaten erhöhte sich langsam, aber ständig. Anstelle der ihm zustehenden 42 000 Mann hatte Preußen auf diese Weise beinahe die dreifache Anzahl zur Verfügung, als im Frühjahr 1813 der Krieg gegen Frankreich neu ausbrach. Das System entstammt nicht dem Gehirn eines Herrn Krümper, sondern bezog seinen Namen von den Schanzarbeitern, die man damals Krümper nannte.

Bei heutigen Überwachungsmethoden wäre es vermutlich unmöglich, eine Besatzungstruppe, die überall im Land ihre Kasernen und Büros hat, auf diese Weise zu täuschen; in den Jahren 1807–1813 funktionierte die geheime Aufrüstung dennoch. Einer der Gründe dafür lag in der von Jahr zu Jahr wachsenden Überheblichkeit der Franzosen, die auf allen Kriegsschauplätzen zwischen Italien und der Memel siegreich geblieben waren und sich darum in Sicherheit wiegten. Der andere Grund lag darin, daß Französisch damals als Sprache eine ungleich stärkere Position hatte als heute. Preußens zurückgetretener Außenminister Graf Haugwitz hatte seine Memoiren ebenso selbstverständlich in französischer Sprache verfaßt wie hundert Jahre zuvor ein Graf Flemming, der Außenminister Augusts des Starken war. Auch abgesehen von der Frankophilie des großen Friedrich war Französisch die in ganz Europa herrschende Sprache der Offiziere, der Festungstechnik, der Diplomaten und des Adels. Keinem der Besatzungsoffiziere wäre es in den Sinn gekommen, das schwierige Deutsch des unterworfenen Preußen zu erlernen, und darum entging den Besatzern und Bewachern eben ein Großteil jener kaum geheimzuhaltenden Aufrüstungsaktivitäten. Es bedurfte schon direkter Denunziationen, wenn die Franzosen etwas merken sollten, und daran fehlte es leider nicht: Auf dem Höhepunkt heikler Verhandlungen über die Kriegslasten Preußens im Herbst 1808 legten die französischen Unterhändler ein ganzes Bündel aufgefangener Briefschaften auf den Tisch, in denen der Freiherr vom Stein einem Bankier in Altona eine günstige Darstellung von Preußens Finanzlage gab und gegenüber dem schwer durchschaubaren Abenteuerdiplomaten Fürst Wittgenstein Eröffnungen über geheime preußische Widerstandsaktivitäten machte. Diese bei einem so klugen und so hochgestellten Mann überraschende Unvorsichtigkeit – die Entsendung eines Kuriers mit unverschlüsselten Geheimmitteilungen nämlich – kostete Stein das Ministeramt, und die Reformpartei war ihres besten Kopfes beraubt. Napoleon ließ den am stärksten kompromittierenden Brief Steins in seinem Staatsblatt, dem *Moniteur*, veröffentlichen, mit eigenen Kommentaren, die sich vor allem an die Deutschen richteten und ihnen zeigen sollten, wie die Männer dieser neuen preußischen Regierung den teuer erkauften Frieden gefährdeten.

Stein war nicht zu halten, er ging nach Österreich, aber auch dort nahm man, obwohl der Krieg gegen Frankreich noch im selben Jahr 1809 ausbrechen sollte, zunächst noch so viel Rücksicht auf Napoleon, daß Stein gebeten wurde, nicht in Prag zu überwintern, wo er zusehr *en vue* gewesen wäre, sondern in Brünn. Zudem bedeutete man ihm, sich aller politischen Aktivitäten zu enthalten, wolle er nicht aus den habsburgischen Ländern ausgewiesen werden. Einen untätigen Stein konnte sich freilich niemand vorstellen, und so fanden sich denn nach und nach all jene Reformer, die sich bei Napoleon unbeliebt gemacht hatten, in Österreich oder Rußland zusammen, um von dort aus mit ihren weniger prominenten Vertrauten in Preußen weiterzuarbeiten. Immerhin hat die Entlassung Steins die gewaltige, in Berlin, Königsberg und anderen Zentren zu leistende Arbeit so erheblich erschwert, daß der Freiherr vom Stein auch aus dem engsten Freundeskreis bittere Vorwürfe zu hören bekommen hatte: Sein Kurier, ein treuer Mann namens Koppe, war inzwischen so bekannt geworden, daß die Konservativen, die um den Grafen Kalckreuth gescharte Partei der härtesten Reformgegner, es sehr einfach hatten, den Franzosen einen Hinweis zu geben. Überdies hatte Koppe seinen Weg quer durch das von Spionen und Zwischenträgern wimmelnde Berlin genommen, wo es eine starke frankreichfreundliche Partei unter Intellektuellen und Künstlern gab. Sehr viel Unvorsichtigkeiten also in einem entscheidenden Augenblick, Unvorsichtigkeiten, die vielleicht mit daran schuld trugen, daß Preußen im Kriegsjahr 1809 nicht an die Seite der Österreicher treten konnte.

Für Stein selbst hatte der unbedachte Akt, der durch eine bis heute dem General Kalckreuth in die Schuhe geschobene Denunziation zur Katastrophe wurde, entscheidende Folgen. Aus dem besetzten Preußen heraus konnte er praktisch nur nach Österreich reisen; unter der kleinlichen Tyrannis des Kaisers Franz zuerst in Brünn, dann in Troppau lebend, verlor Stein zwar nicht die persönlichen Kontakte, aber doch die unmittelbare Anschauung des Geschehens und der Entwicklung. Als Österreich sich nach seiner Niederlage mit Napoleon arrangiert hatte und eine Erzherzogin zur Kaiserin von Frankreich geworden war, durfte Stein dann endlich die provinzielle Existenz aufgeben und nach Prag übersiedeln. Er wurde weiterhin überwacht, aber er konnte nun doch aus der Isolierung heraustreten und seiner Familie die Umwelt einer blühenden, auch kulturell aktiven Großstadt bieten. In Prag war es, wo Stein mit dem heimatlosen Hasser Pozzo di Borgo zusammentraf, an dessen Seite er später den Zaren beraten sollte.

Das Bild Preußens in seinen schwersten Jahren ist, etwas näher besehen, also keineswegs einheitlich. Die großen Namen, von denen man immer wieder hört, gehören zu Männern, die gar nicht aus Preußen stammen, und die großen alten Familien des Landes wehren sich teils aus Eigensinn, teils aus Engstirnigkeit; sie wehren sich mit allen Mitteln und ohne Rücksicht auf die äußere Lage in einem byzantinisch anmutenden Kampf um die eigenen Rechte, der die Wiedergeburt des Staates gefährdet.

Wäre es anders, hätte das Jahr 1807 also plötzliche Einmütigkeit gebracht, man hätte nicht verstehen können, warum ein Kleist in Magdeburg mit 20000 Mann kapitulierte, da der Feind vor der Festung nur 30000 Mann hatte und noch kein Belagerungsgeschütz! Man mußte es als üblen Spuk bezeichnen, daß aus dem belagerten Küstrin, beinahe uneinnehmbar inmitten seiner Sümpfe, noch Boote ausgeschickt werden konnten, um die Franzosen zur Kapitulationsverhandlung einzuholen, oder daß ein General namens Schöller in Hameln Napoleons Bluthund Savary noch zur Eile drängte, um nur ja recht schnell seine Festung übergeben zu können. Die Grenze zwischen alt und neu, zwischen Resignation und Hoffnung, zwischen Konservativismus und Reformwillen verlief mitten durch das Herz des preußischen Staates, ja durch die Herzen seines Adels und seiner besten Bürger. Ernst Moritz Arndt, einer der gefährlichsten Feinde Napoleons und doch ein Bewunderer seines Genies, schrieb über Preußens Zusammenbruch:

»Ich habe das Spiel und Schicksal des Krieges in der Nähe gesehen, bin mitten unter den Zersprengten und Flüchtigen gewesen, habe die entsetzliche Not und Verwirrung begriffen und die allgemeine Klage gehört. Haufen Soldaten, zu Fünfzigen und Hunderten, von einem Fähnrich oder einem alten Unteroffizier geführt, strichen ohne Rat und Befehl umher, und Offiziere mit Wagen und Gepäck, mit Pferden und Gold, auch wohl mit Weibern und Kindern, waren vorangereist und hatten sich zu Müttern und Großmüttern, zu Brüdern und Vettern, zu Tanten und Basen gerettet. Widerspreche, wer es wagen darf! Und dies in einem Staate, wo der Edelmann das Vorrecht des geborenen Befehlshabers hat und also auch das Vorrecht des ersten und tapfersten Todes haben muß.«

Es war unendlich viel zu tun, und unter dem, was zu tun war, gab es Dinge, die so schnell gar nicht getan werden konnten, wie etwa die Umerziehung des von Arndt so hart beurteilten, durch sein Versagen bloßgestellten Adels. Und da wir heute wissen, daß dies gelang, in sehr vielen Fällen auch bei älteren Offizieren, da uns das Jahr 1813 beweist, daß der alte Kleist in Magdeburg und der nach rühmlichen Taten in Danzig so zaghaft zaudernde Kalckreuth mit wenigen Gleichgesinnten zur bedeutungslosen Minderheit absanken, muß es zwischen 1807 und 1813 doch noch etwas anderes gegeben haben als nur obrigkeitliche Maßnahmen, als Edikte, Gesetze und Reformen. Es gab Beispiele, die ja bekanntlich viel schneller wirken als alles Papier, und es gab Wagnisse, die eine viel deutlichere Sprache redeten als die beredtesten Flugschriften.

Das Beispiel gaben neben den Freikorpsführern und couragierten Zivilisten wie dem alten Nettelbeck zu Kolberg vor allem die königliche Familie selbst. Friedrich Wilhelm III. lebte zunächst in Memel, einem Verbannungsort für unbotmäßige Staatsbeamte, ein paar preußische Mauern am Rande der deutschen Welt. Die königliche Familie hatte dort einige wenige Zimmer inne und aß von Steingut, denn das Gold- und Silbergeschirr mußte Geld bringen und brachte es auch: eineinhalb Millionen Taler aus Holland. Was aufgetischt wurde, war ebenso einfach, und an barem Geld fehlte es oft in demütigendster Weise, auch noch nach der Übersiedlung in angenehmere Verhältnisse in Königsberg. Daß die vom ganzen Volk verehrte Königin Luise im Juli 1810 im Alter

Ernst Moritz Arndt (links)
Friedrich Ludwig *Jahn* (rechts)

von nur vierunddreißig Jahren starb, wurde als ein Opfertod verstanden und im allgemeinen Bewußtsein mit der Katastrophe des Staates, der Not des Preußenvolkes in ursächlichen Zusammenhang gebracht. Es trug dazu bei, daß sich auch bis dahin abwartende, ja skeptische Naturen den Zielen der Reformer anschlossen und für Preußen zu hoffen begannen.

Die äußeren Entwicklungen, die Anwesenheit der Besatzung, die Reduktion eines freien Preußens auf ein paar Quadratmeilen im äußersten Nordosten, dies alles hatte das Ende jener Lethargie herbeigeführt, die auch viele durchaus rechtschaffene Naturen und vor allem weite Kreise der Intelligenz befallen hatte. »Der alte Heim«, wie die Berliner den begnadeten Diagnostiker Dr. Ernst Ludwig Heim nannten, notiert zum 28. September 1806: »Beim Minister von Hardenberg zu Tempelberg sieben Meilen von hier gespeist. Von Politik ist viel gesprochen worden. Ich schwieg zu all diesen Reden stille.« Und zum Unglückstag von Jena schreibt Heim: »Heute war über dieses Unglück jedermann in der größten

Bestürzung. Ich, der ich die Ungewißheit aller menschlichen Dinge recht gut kenne, mich hat dieser Vorfall nicht aus meiner gewöhnlichen Verfassung gebracht. Ich bedaure nur unseren braven, ehrlichen und rechtschaffenen König und sein ganzes Haus und die vielen Witwen . . .«

Nun, nach den Jahren der Reformen, war allen klargeworden, daß die verlorene Doppelschlacht sehr viel mehr war als ein Vorfall und mehr in Bewegung gesetzt hatte als bloß militärische Gegenmaßnahmen. Die Reformer arbeiteten sich mühsam, von Quertreibereien aller Art gehemmt und persönlich bedroht, durch das ganze alte rostige Staatsschiff und gelangten 1810 endlich an die heikelste Grenze, die des Kircheneigentums. Wenige Monate nach dem Tod der frommen Königin, die so harte Notwendigkeiten aber wohl eingesehen hätte, hob eine Verordnung die Klöster und die Domstifte auf, zog Ordensgüter ein und übertrug dem Staat die Pflicht, fortan selbst für das kirchliche Schulwesen und die mildtätigen Stiftungen zu sorgen. Das Grundeigentum von hundertfünfzig Klöstern, sieben Domkapiteln und ebenso vielen Collegiatstiften wurde veräußert, das heißt, die bis dahin im Grunderwerb doch einigermaßen beschränkten Bürger konnten sich nun reichlich mit Eigenland versorgen. Ausführungsverordnungen, die den nun nicht mehr leibeigenen, aber immer noch wirtschaftlich abhängigen Bauern gegen den Grundeigentümer schützten, ergänzten das Gesetzgebungswerk über die bäuerlichen Lebens- und Besitzverhältnisse, und das Judengesetz vom 11. März 1812 schloß die sensationelle Reihe der Erneuerungs-Gesetze ab. Die Juden, die an sich in Preußen weniger drangsaliert worden waren als in vielen anderen deutschen Ländern, erhielten endlich die Staatsbürgerschaft und damit die Erlaubnis, bürgerliche Gewerbe zu wählen, Häuser und Grundstücke zu erwerben. Sie waren zwar noch immer nicht völlig den christlichen Bürgern gleichgestellt, aber der Fortschritt war deutlich und wurde von den bedeutenden Judengemeinden Preußens dankbar begrüßt – ein sehr wichtiger Vorgang, weil die Franzosen im Sinn ihrer eigenen Revolution in den großen jüdischen Zentren von Frankfurt und Hamburg, aber auch im ganzen Königreich Westfalen eine sehr weitgehende Emanzipation der Juden gestattet hatten. Hätte Preußen in diesem Punkt auf einer einschränkenden oder gar diskriminierenden Politik beharrt, so hätten sich die Sympathien bedeutender Bankhäuser, aber auch der Wirtschafts- und Börsenkreise den Franzosen und den von ihnen eingesetzten Machthabern zugewandt.

Die *Konstitution für die Juden,* wie das Gesetzeswerk genannt wird, läßt deutlicher als die anderen Reformen erkennen, daß die große Erneuerungsbewegung allgemein eine liberale Tendenz hatte und nicht nur zweckgebunden dem militärischen Erstarken dienen sollte. Brandenburg-Preußen als neuer Staat gedachte nicht auf ein so lebhaftes und vielseitiges Element wie die Juden zu verzichten, aber sie sollten, wie man heute sagen würde, voll integriert werden. Es ist gewiß ein Kuriosum und dennoch für die preußische Geschichte kennzeichnend, daß die Konstitution von zwei erprobten Antisemiten ausgearbeitet wurde, von dem Freiherrn von Schrötter, einem knochentrockenen Bürokraten, der bis dahin das alte »Juden-Reglement« mit besonderer Schärfe überwacht hatte, und von dem Kriminalrat Brand aus Königsberg, der zwar für die Gleichberechtigung der Juden war, aber in ihr das Instrument zur völligen Auflösung der jüdischen Gemeinden sah, also ein Auf- und Untergehen im Staatsvolk in die Wege leiten wollte. Gegen die beiden Herren traten die Häupter der großen Judengemeinden vor allem von Breslau und Berlin auf sowie jene Königsberger Juden, die sich die Anwesenheit des Königs in der Stadt zunutze gemacht hatten, um sich Gehör zu verschaffen.

Der Entwurf, der noch allerlei Seltsames vorsah wie das Verbot der Schläfenlocken und die Verpflichtung, erworbenes Land auch durch jüdische Landarbeiter zu bewirtschaften, wurde verschiedenen Autoritäten zur Begutachtung vorgelegt, und es war Wilhelm von Humboldt, der eine Reihe der von rechts geäußerten Bedenken zerstreute.

»Wer vom Knecht zum Herrn wird«, schrieb er in seiner Stellungnahme, »der macht einen Sprung, denn Herren und Knechte sind ungewöhnliche Erscheinungen. Aber wem man bloß die Hände losbindet, die erst gefesselt waren, der kommt nur dahin, wo alle Menschen von selbst sind.« Damit hatte er der Natürlichkeit, Überfälligkeit und Unbedenklichkeit der Emanzipation das Wort geredet, aber er erkannte auch, was Brand wollte und daß dies keineswegs utopisch sei: »Man mache«, schließt er seine Ausführungen, »die Bande zwischen den einzelnen jüdischen

Kirchen recht locker, befördere durch natürliche und billige Toleranz vielmehr Schismen, und die jüdische Hierarchie wird von selbst zerfallen . . . Ihr *(der Juden)* Übertritt, der jetzt, wo sie ihre unterdrückten Mitbrüder verlassen . . . nur unter besonderen Umständen zu entschuldigen ist, wird alsdann wünschenswert, erfreulich und wohltätig sein.«

Humboldt war also auf den Höhen seiner Existenz doch auch der Meinung, die der Königsberger Kriminalrat Brand vertrat: Integrierte Juden würden aufhören, ein Staat im Staat zu sein, ja sie würden sogar, sobald man sie nicht mehr bedrängte, die Schranke zum Christentum als weniger hoch ansehen, ihre eigene Religion verlassen und keine inneren Reserven gegen den Übertritt mehr empfinden. Humboldt, der zahlreiche jüdische Kontakte hatte, erweist sich damit als ein ausgezeichneter Prophet, denn vor allem die jüdische Oberschicht beeilte sich tatsächlich »möglichst bald jene Eigentümlichkeiten der jüdischen Lebensführung loszuwerden, die als Ausdrucksformen nationaler Absonderung aufgefaßt werden konnten . . . unter den Berliner Juden begann nämlich der Plan religiöser Reformen an Boden zu gewinnen, der . . . dem Begehren entsprang, das Judentum der ihm fremden Umgebung anzupassen« (Dubnow).

Es gab denn auch über die Rekrutenaushebung hinaus viele Hunderte von jüdischen Freiwilligen, es gab hohe Auszeichnungen der Befreiungskriege für die Juden, und neben jüdischen Offizieren taten auch viele jüdische Krankenschwestern Dienst, ganz zu schweigen von den hohen Summen, die das wohlhabende jüdische Bürgertum für die Rüstungen spendete. Die kulturelle Emanzipation der Juden vor allem in Berlin führte aber zu einer tiefen Krise des preußischen Judentums. Die Salons der Henriette Herz, der Schwestern Mendelssohn und der Rahel Levin sahen die besten Köpfe der Zeit in Gesellschaft geistvoller und schöner Jüdinnen. Henriette Herz hatte eine vielbeachtete Liaison mit Schleiermacher, einem der Denker der preußischen Befreiung, und bei Dorothea Mendelssohn verkehrten beide Humboldts. Es waren die jüdischen Frauen, die der Verführung der deutschen Romantik am schnellsten erlagen, und es waren ihre eigenen Erfolge in den Salons, die sie der alten jüdischen Religion abtrünnig machten.

»Man kann einer gedrückten, verfolgten Religion getreu bleiben«, heißt es in einem Brief aus dem Hause Mendelssohn, »man kann sie seinen Kindern als eine Anwartschaft auf ein sich das Leben hindurch verlängerndes Märtyrertum aufzwingen – so lange man sie für die allein seligmachende hält. Aber sowie man dies nicht mehr glaubt, ist es eine Barbarei.«

Ein Zitat von wenigen Sätzen, ein winziges Stück aus den Korrespondenzen des kosmopolitischen, der Kunst aufgeschlossenen Bankhauses Mendelssohn, Paris und Berlin – wir sehen, auf welch hohem intellektuellen Niveau sich dieser Wandel vollzog. Aber auch hier war es schließlich die Verheißung der Freiheit, die den Patriotismus zurückbrachte, waren es neue Rechte, die erst die Bereitschaft schufen, nationale Pflichten auf sich zu nehmen, und sei es bis in die Schlacht.

Der Imperator und der Dichter

Von den vielen zündenden Verszeilen deutscher Freiheitslyrik stammt nicht eine einzige von Deutschlands größtem Dichter. *Mit Mann und Roß und Wagen hat sie der Herr geschlagen,* Verse eines ewigen, ehernen Rhythmus, fand ein unbekannter Gymnasiast, andere unvergeßliche Gedichte schrieb die Jugend jener Zeit beim Aufbruch oder im Angesicht des Todes. Dennoch ist die Begegnung zwischen Napoleon und Goethe im Jahr 1808 und mitten in Deutschland eine der großen Szenen der Welt- und der Geistesgeschichte, und wir widmen ihr ein Kapitel, weil nichts dergleichen heute vorstellbar wäre in der unpersönlichen, ja unmenschlichen Konfrontation von Machtblöcken und Kriegsmaschinen unserer Tage.

Die schwungvolle Poesie der Befreiungsphase und die beredten Flugschriften der vielen Napoleon-Gegner trüben unseren Blick für die Beurteilung jener Jahre nach Jena und Auerstedt, in denen ein Gutteil der Deutschen sich mit den neuen Verhältnissen zu arrangieren suchte. Das Heilige Römische Reich Deutscher Nation existierte im Grunde nur noch auf dem Papier. Der Deutsche hatte also kein großes Vaterland mehr, sondern viele kleine, und nicht wenige deutsche Fürsten empfanden in der Stunde, da die deutschen Vormächte Österreich und Preußen geschlagen waren, die Versuchung, die Situation zu nützen.

Für diese übrigens durchaus unterschiedlichen Einstellungen deutscher Mittel- und Kleinherrscher gegenüber dem französischen Sieger hat die nationale Geschichtsschreibung zwischen 1830 und 1945 stets sehr schnell das Wort Verrat zur Hand gehabt. Dieses Urteil verkennt den Umstand, daß die deutschen Teilstaaten souveräne Staatswesen waren, vor allem seit dem Augenblick, da Kaiser Franz die deutsche Königskrone niedergelegt hatte und keine Neuwahl eines deutschen Königs erfolgt war. Den ersten Schritt in jene neue Richtung, die man heute wohl als eine realistische Politik bezeichnen würde, hatten die Mitglieder des Rheinbunds getan und dem Regensburger Reichstag ihren Austritt aus dem Verband des Heiligen Römischen Reiches Deutscher Nation angezeigt. Kaiser Franz in Wien hatte die Konsequenz aus diesem Massenaustritt deutscher Staaten gezogen, und der Rest der deutschen Fürsten war praktisch verwaist und damit frei für alle neuen Koalitionen.

Auf diesem Hintergrund, auf einer zu diesem Zeitpunkt immerhin schon zwei Jahre währenden friedlichen Entwicklung zugunsten Napoleons gewann der Kongreß von Erfurt nicht nur besondere Bedeutung, sondern erhielt auch einen versöhnlich-festlichen Charakter: Das Monstrum Napoleon, der Mann aus dem Nichts, der Usurpator deutscher Länder und neue Herr Europas zeigte sich mitten in Deutschland jenen Fürsten und Höflingen, von denen jeder einzelne eine glanzvollere Ahnenreihe hatte als der Korse und zweifellos auch eine ungleich bessere Kinderstube.

Wir haben heute vergessen, wie zentral Erfurt einst lag; es war die Stadt im Kernraum, im Herzen Deutschlands; schon Bonifatius war dies aufgegangen, als er hier im Jahr 742 im damaligen *Erphesfurt* ein allerdings nur kurzlebiges Bistum begründete. Der Wohlstand des alten Erfurt kam jahrhundertelang von den Straßen, die sich hier kreuzten: die *via regia*, die alte königliche Haupthandelsstraße, führte von Frankfurt am Main nach Erfurt und von dort weiter nach Leipzig und Breslau; andere wichtige Straßen führten aus Nürnberg, aus Böhmen und aus Magdeburg in die Senke des Gera-Flusses.

Seit 1802 preußisch, war Erfurt im September 1808 nun also eine von Frankreich besetzte Stadt, eine Stadt, die jeder Deutsche kannte, in die jeder reisen konnte und die sich für einen Kongreß darum in besonderem Maße anbot. Napoleon traf sich mit dem Zaren im Kranz all jener Fürsten, die teils schon dem Rheinbund angehörten, teils mit deutlichem Verlangen den neuen Glanz, die Rangerhöhungen und Gebietsvergrößerungen betrachteten, die Napoleon seinen deutschen Verbündeten hatte zuteil werden lassen. Beinahe drei Wochen lang, vom 27. September bis zum

14. Oktober, tagte darum in Erfurt ein Kongreß, der im Grunde keiner war: Die Festivitäten überwogen bei weitem die konkreten Aufgaben, die er vorfand, denn Napoleon war ohnedies nicht der Mann langer Verhandlungen. Er hatte seine Verbündeten mit einem Machtzuwachs ausgestattet, der in keinem Verhältnis zu ihren vergangenen Verdiensten oder zu dem von ihnen zu erwartenden Nutzen stand, und er hatte sich bei der Angliederung von Gebieten und Gebietsteilen um die Lokalgeschichte, die Stammestraditionen oder gar die Neigungen und Sympathien der neu zugeordneten Landeskinder beinahe noch weniger gekümmert als die Friedensdiktatoren von Versailles oder von Saint-Germain.

Immerhin scheint das Verlangen, nach tiefem Niederbruch, nach Schlachten und Besatzungselend zu einer gemeinsamen Hoffnung zu gelangen, Franzosen und Deutsche einander angenähert zu haben, noch ehe das große Spektakel von Erfurt in Szene ging. Im September 1808, wenige Wochen vor diesem Kongreß, notiert der Göttinger Historiker Karl Ludwig von Woltmann: »Herr von Goethe trägt sich mit der Idee, in dem bevorstehenden Winter einen Kongreß ausgezeichneter deutscher Männer in Weimar zustande zu bringen, damit sie über Gegenstände der deutschen Kultur sich gemeinschaftlich beraten.«

Ein besseres Barometer für die Situation der deutschen Kultur läßt sich wohl kaum denken. Goethe empfand die Notwendigkeit, im Augenblick der politischen Ohnmacht und der tiefsten Ratlosigkeit der »ausgezeichneten deutschen Männer« (zu denen die Fürsten ja nicht unbedingt gehörten) eine Gemeinschaftsaktion zu unternehmen. Und er durfte damals, in seinem sechzigsten Lebensjahr, immerhin sicher sein, daß seine Persönlichkeit stark genug sein werde, um ein behutsames, unpathetisches, vielleicht nicht einmal sehr patriotisches Gefühl der Erneuerung, die Hoffnung auf einen zunächst geistigen Wiederaufstieg in die Herzen pflanzen zu können. Der Vorsatz war in Goethe offensichtlich langsam gereift, denn schon im Mai dieses Jahres 1808 hatte er zu Riemer nach allgemeinen Ausführungen über Europa und Frankreich geäußert: »Sonst, der Mensch, auf sich allein gestellt, suchte er Hilfe bei anderen: in Burgen, Schlössern, bei Freunden. Jetzt, in der öffentlichsten Kommunikation hilflos, und nur durch sein Inneres zu trösten und *(ihm)* zu helfen.« Davor hatte Goethe die deutsche Situation mit der lateinischen Wendung *omnis in propatulo* charakterisiert, das heißt: alles sei offen, alles im Vorhof. Der Deutsche empfinde sich unbehaust und heimatlos.

Der Dichter aus der alten Reichsstadt, dessen lebhafte Erinnerung an die Kaiserkrönung Josephs II. wir kennen, empfand die Notwendigkeit, nach dem Verzicht des gewählten und gekrönten Oberhauptes, das Reich der Deutschen auf einer geistigen Ebene neu zu erschaffen oder doch zu bewahren, und es war vielleicht die Begegnung mit Napoleon, die ihn auf den Gedanken eines eigenen goethischen Kongresses der »ausgezeichneten Deutschen« in Weimar verzichten ließ.

Während sich viele kleine Geister um den großen Korsen drängten, hat Goethe diese Begegnung zweifellos nicht gesucht. Der weimarische Geheimrat und spätere Kanzler Friedrich von Müller, einer der anregendsten Gesprächspartner Goethes, hatte in den Jahren 1806 und 1807 bei Napoleon nicht nur die Milderung der Kriegs- und Besatzungslasten durchgesetzt, sondern vor allem die Erhaltung der Selbständigkeit des Herzogtums Sachsen-Weimar. Er berichtet zum 29. September 1808 und den folgenden Tagen:

»Der Herzog berief in diesen Tagen unsern Goethe nach Erfurt, der nach seiner eigentümlichen Sinnesweise sich bisher ganz fern gehalten hatte. Es war mir gelungen, eine bequeme Wohnung in der Nähe des Herzogs aufzufinden, und Goethe blieb mehrere Tage in Erfurt. Das französische Theater gewährte ihm unsäglichen Genuß, und es war höchst interessant, ihn nach jeder Vorstellung noch stundenlang bei dem Herzog über die Eigentümlichkeiten der französischen Tragiker und dramatischen Künstler sprechen zu hören; er war dabei stets in der höchsten Aufregung, voll Feuer und hinreißender Beredsamkeit.

Napoleon hatte schon mehrmalen den Wunsch blicken lassen, daß die Herzogin von Weimar ihm und seinem kaiserlichen Gast Alexander I. einen Ball zu Weimar geben möchte. Der Herzog überlegte hin und her, welche noch weiteren Festlichkeiten und Anordnungen schicklicherweise getroffen werden müßten, wenn so hohe Gäste nach Weimar kämen.

Der Herzog forderte Goethe auf, auszusinnen, was etwa am würdigsten zur Verherrlichung der bevorstehenden und merkwürdigen Tage in Weimar geschehen könnte. Goethe gab wirklich auch mehre*(re)* höchst großartige und imposante Ideen an; teils aber hätte ihre Ausführung zuviel Zeit erfordert, teils erschienen sie in der Tat zu gigantisch. Der Herzog beschloß daher, sich außer einem Festmahle und Hofballe auf eine große Hirschjagd am Ettersberg, für den ersten Tag der kaiserlichen Anwesenheit, und für den anderen Tag auf eine andere große Jagd auf den Bergen gegen Jena hin zu beschränken, da Napoleon gewünscht hatte, dem Kaiser Alexander das Schlachtfeld von Jena zu zeigen.«

Wir finden Goethe demnach als *Maître de Plaisir*, also in der Eigenschaft seiner ersten Weimarer Jahre, und in seinen Vorschlägen für Napoleon-Festivitäten in Weimar muß wohl auch einiges von seiner Begeisterung für das französische Theater Gestalt geworden sein, weswegen Herzog und Herzogin sich schließlich auf das übliche Minimalprogramm zurückzogen, die Jagden, die Alexander noch eher interessierten als Napoleon, und den Ball, der sich nicht vermeiden ließ, weil der Korse ihn ausdrücklich bestellt hatte – nächst dem Triumph auf dem Schlachtfeld liebte er nichts so sehr wie den Glanz der Bälle, auf denen schöne Frauen ihm seine Siegerrolle bestätigten.

»Bei Frau von der Recke«, berichtet Friedrich von Müller am 2. Oktober 1808 weiter, »lernte Goethe den Minister Maret kennen, auf den er einen außerordentlichen Eindruck machte und der davon dem Kaiser erzählte, worauf Napoleon ihn sogleich am 2. Oktober zu sich einladen ließ. Die Audienz dauerte fast eine volle Stunde. Ich hatte Goethe bis ins Vorzimmer begleitet und harrte dort seiner Rückkehr. Nur Talleyrand, Berthier und Savary waren bei dieser Audienz gegenwärtig; gleich nach Goethes Eintritt in das kaiserliche Kabinett kam auch noch der Generalintendant Daru hinzu.«

Maret, dessen Ruhm ein wenig hinter dem der militärischen Helfer Napoleons zurücktritt, war politisch seine rechte Hand. Er war ein kluger und hochgebildeter Advokat am Parlament von Burgund gewesen, hatte in der Publizistik der Revolution seinen Geist leuchten lassen und war als Gesandter Frankreichs in Neapel in österreichische Gefangenschaft geraten und gegen die im *Temple* gefangene Tochter Ludwigs XVI. und der Marie Antoinette ausgetauscht worden. Im Jahr nach den Ereignissen von Erfurt wurde er zum Herzog von Bassano gemacht.

»Der Kaiser saß an einem großen runden Tisch frühstückend«, berichtet Müller weiter, obwohl er in diesem Fall nicht mehr Augenzeuge war. »Er winkte Goethe, näher zu kommen, und fragte, nachdem er ihn aufmerksam betrachtet hatte, nach seinem Alter. Als er erfuhr, daß Goethe im sechzigsten Jahre stehe, äußerte er seine Verwunderung, ihn noch so frischen Aussehens zu finden, und ging alsbald zu der Frage nach Goethes Trauerspielen über, wobei Daru Gelegenheit nahm, sich näher über sie auszulassen und überhaupt Goethes dichterische Werke zu rühmen, namentlich auch seine Übersetzung des *Mahomet* von Voltaire.«

Es folgte eine längere Erörterung zunächst über dieses Stück, dem Napoleon allerlei vorzuwerfen hatte, dann allgemein über das Theater, die Goethe wie Müller wohl ein wenig überraschten, denn nach der herrschenden Auffassung war Napoleon ein rücksichtsloser Kriegsmann, dessen Beziehungen zu den Künsten in erster Linie durch seine bekannten Verhältnisse zu italienischen Sängerinnen und Pariser Schauspielerinnen gegeben waren. Friedrich von Müller fährt darum mit einem gewissen Nachdruck fort:

»Nun auf das Drama zurückkommend, machte Napoleon mehrfache sehr bedeutende Bemerkungen, die den Beweis lieferten, daß er die tragische Bühne mit der größten Aufmerksamkeit gleich einem Kriminalrichter betrachte, und die deutlich genug zeigten, wie tief er das Abweichen des französischen Charakters von Natur und Wahrheit empfinde. Auf die Schicksalsstücke übergehend, mißbilligte er sie höchlich: sie haben einer dunkleren Zeit angehört; was will man jetzt mit dem Schicksal? Die Politik ist das Schicksal.«

Ein aktiver Geist konnte sich mit der geheimnisvollen Vorbestimmung, wie sie durch Schicksalstage und Geisterstunden gegeben schien und von einzelnen Dramatikern trochäisch-grausig auf die Bühne gebracht wurde, naturgemäß nicht abfinden. Es waren vielleicht diese Worte, mit denen Napoleon ein Fazit aus der Diskussion zog, die Goethe später bestimmten, diesen Mann als den *Daimon* anzusehen, der – ob im Guten oder im Bösen – eben schöpferisch tätig werden müsse.

»Auf einmal stand Napoleon auf, ging auf Goethe zu und fragte mit gemäßigterer Stimme nach Goethes Familie und seinen Verhältnissen zu den verschiedenen Personen des herzoglichen Hauses. Die Antworten, die er erhielt, übersetzte er sich sogleich nach seiner Weise in entschiedenere Urteile. Doch bald wieder auf das Trauerspiel zurückkommend, sagte er: Das Trauerspiel sollte die Lehrschule der Könige und der Völker sein; das ist das Höchste, was der Dichter erreichen kann (*und wörtlich setzte er, zu Goethe gewendet, hinzu*): Sie zum Beispiel sollten den Tod Cäsars in vollwürdiger Weise, großartiger als Voltaire, schreiben. Das könnte die schönste Aufgabe Ihres Lebens werden. Man müßte der Welt zeigen, wie Cäsar sie beglückt haben würde, wie alles ganz anders geworden wäre, wenn man ihm Zeit gelassen hätte, seine hochsinnigen Pläne auszuführen.«

Ein bemerkenswertes Thema, und ein Interesse für Cäsar und dessen frühes Ende, in dem vielleicht Ahnungen mitschwingen. Napoleon steht an der Wende seines Schicksals, die einerseits Spanien bringt, andererseits die erste Niederlage seiner Truppen in einer von ihm selbst kommandierten Schlacht auf dem Schlachtfeld von Aspern bei Wien. Noch kann er dies nicht wissen und von den Blutopfern, die Spanien ihm jahrelang abfordern wird, nur eine vage Vorstellung haben. Aber daß er eine Cäsar-Tragödie über dessen Tod hinaus verlängern lassen will, damit die Welt begreife, was sie an Cäsar verloren habe, das ist doch zumindest auffällig.

Nach Müllers Bericht sagte Napoleon dann unvermittelt zu Goethe: »Kommen Sie nach Paris! Ich fordere es durchaus von Ihnen. Dort gibt es größere Weltanschauung, dort werden Sie überreichen Stoff für Ihre Dichtung finden.« Jedesmal, wenn er sich über etwas ausgesprochen hatte, setzte er hinzu: *Qu'en dit Monsieur Göt'?* Als dann Goethe endlich abtrat, hörte man den Kaiser bedeutsam zu Berthier und Daru sagen: *Voilà un homme!* Friedrich von Müller hat in diesem Bericht zwei Gespräche Napoleons mit Goethe zusammengezogen, die am 2. und am 6. Oktober stattfanden, aber uns geht es ja nur um die Inhalte und um die Tatsache, daß der Schrecken der Schlachtfelder, der in Tausenden von Flugschriften und Karikaturen den Deutschen als ein blutdurstiges Monstrum vor Augen geführte Emporkömmling Napoleon, sich zweimal und ausgiebig mit Deutschlands größtem Dichter über Gegenstände unterhält, die mehr der Sphäre Goethes als der

Napoleons zugehören, und daß der französische Sieger diesen großen Dichter der geschlagenen und heimlich immer noch feindlichen Nation nach Paris einlädt, ganz offensichtlich in der Absicht, Goethe dort eine Situation zu geben. »Goethe«, setzt Friedrich von Müller hinzu, »beobachtete lange ein tiefes Schweigen über den Hergang bei dieser Audienz, sei es, weil es überhaupt in seinem Charakter lag, sich über wichtige, ihn persönlich betreffende Vorgänge nicht leicht auszusprechen, sei es aus Bescheidenheit und Delikatesse. Daß aber Napoleons Äußerungen ihm einen mächtigen Eindruck hinterließen, konnte man ihm sehr bald abmerken, obschon er selbst den Fragen seines Fürsten nach dem Inhalte der Unterredung geschickt auszuweichen verstand. Die Einladung nach Paris insbesondere beschäftigte ihn noch geraume Zeit recht lebhaft; er fragte mich mehrmals nach dem ungefähren Betrag des Aufwandes, den sie wohl erfordern würde, nach den verschiedenen, für ihn nötigen Einrichtungen in Paris, Zeiteinteilungen usw.«

Aus den Gesprächen der nächsten Tage geht hervor, daß Goethe noch eine zweite, dringlichere und privatere Einladung erhielt, nach Paris zu kommen: Der berühmte Schauspieler Talma, Abgott des feinen Publikums in der *Comédie Française*, war mit seiner Frau oft bei Goethe zu Gast und lud den Dichter ernsthaft nach Paris in sein Haus ein: ganz Paris würde die Talmas um diesen Gast beneiden. Die Talmas deuteten auch an, daß sie aus Goethes *Werther* eine Tragödie zu ziehen und auf die Pariser Bühne zu bringen wünschten. Es wurde, wie zu erwarten, die Frage nach dem autobiographischen Gehalt des berühmten Buches gestellt, und Goethe zog sich mit dem bewundernswerten Wort aus der Affäre, daß in den Helden des *Werther* zwei Personen eingegangen seien, von denen nur eine zugrunde gegangen sei, während die andere überlebt habe, um die Geschichte zu schreiben. Doch (und dies sagte Goethe auf deutsch) »so etwas schreibt sich indes nicht mit heiler Haut«.

Die anstrengenden Tage von Erfurt und Weimar, die intensiven Kontakte zwischen Goethe und Wieland auf der einen, Napoleon, Talma und den Ministern auf der anderen Seite haben weit mehr als nur literarhistorische Bedeutung. Goethe gab sich in diesen Tagen voll aus, wir wissen, daß er einmal bei einem Frühstück, bei dem die Frau von Stein einen Bericht erwartete, kurzerhand in einem Sessel einschlief, und wir besitzen auch von französischer Seite, vor allem von dem klugen und beredten Talleyrand, genaue, die Worte bewahrende Aufzeichnungen über die verschiedenen Begegnungen vor allem Goethes mit dem großen Korsen. Das Fazit aus diesen Gesprächen zog Goethe erst im privaten Kreis, und es ist politisch, nicht etwa literatur- oder geistesgeschichtlich, wie man nach den Sujets der Gespräche vermuten würde. Dieses Fazit beweist uns, daß Goethe dem Kaiser der Franzosen nicht etwa nur als Dichter und Hofmann gegenüberstand, sondern als Exponent deutscher und weimarischer Interessen. Er war – nicht nur gegenüber Napoleon – behutsam, aber mit Nachdruck für seinen Fürsten, ja sogar für den vom Zaren verbannten Kotzebue (!) eingetreten, er hatte Napoleon auch unerschrocken klargemacht, daß ganz Deutschland sehr viel von ihm erwarte. Die Szenerie, der große Hintergrund ähneln ein wenig der Situation von Vichy-Frankreich gegenüber Hitler, nur daß die zum Teil bedeutenden germanophilen französischen Autoren wie André Germain, Louis-Ferdinand Céline und andere in der kleinbürgerlichen Begrenztheit der nazistischen Machthaber naturgemäß keine Gesprächspartner finden konnten.

Erst eine Woche nach den letzten Gesprächen mit Napoleon äußerte Goethe sich offener, ja unverblümt, und zwar bei dem Ehepaar von Wolzogen und in Gesellschaft des Legationsrats Falk, eines Pädagogen und satirischen Schriftstellers von Rang, der darüber wie folgt berichtet:

»Er *(Goethe)* verglich den Kaiser mit einem Juden, der wie mit einem Probiersteine durch die Welt geht, alle Menschen anstreicht und sodann gelassen nachsieht, ob es Gold, Silber oder Kupfer ist. Bildet euch nur nicht ein, klüger zu sein als er – sagte Goethe zu einem der Anwesenden –, er verfolgt jedesmal einen Zweck; was ihm in den Weg tritt, wird niedergemacht, aus dem Wege geräumt, und wenn es sein leiblicher Sohn wäre. Wenn die anderen Fürsten und Großen sich gar vielen Abneigungen und Zuneigungen überlassen, so liebt Napoleon alles, was ihm zu seinem Zwecke dienen kann, so sehr es auch von seiner individuellsten Gemütsstimmung abweicht, wie ein tüchtiger Konzertmeister, der – wenn jeder Liebhaber sein Instrument hat, dem er den Vorzug gibt – ohne

Liebe wie ohne Haß sie alle für sein Orchester zu benutzen weiß. Darum kommt es auch auf eins heraus und bringt schlechterdings dem Individuum keinen Vorteil, ob man von ihm gehaßt oder geliebt wird. Er liebt den Herzog von Weimar gewiß nicht, ohne daß derselbe sichtlichen Nachteil davon verspürt, und denen, die er liebt, wird ebensowenig Vorteil daraus erwachsen.«

Über Goethes bekanntem Wort zu Arndt (»Schüttelt nur an euren Ketten, der Mann ist euch zu groß, ihr werdet sie nicht zerbrechen«) werden diese allgemeineren und in gewissem Sinn prophetischen Äußerungen oft übersehen, vielleicht auch, weil die Dresdener Äußerungen zu Arndt nur ein halbes Jahr vor der Völkerschlacht von Leipzig allzu deutlich zeigen, daß Goethe sich sein Napoleon-Bild 1808 schuf und entgegen allen Entwicklungen, die sich darauf einstellten und die auch ein Goethe verfolgte, vor allem am Bild des Menschen Napoleon festhielt. Es ist kennzeichnend für das Europa jener Jahre und seine Gesellschaft, daß die persönlichen Kontakte noch solche Bedeutung und so nachhaltige Wirkungen haben konnten, und so wie jahrzehntelang ganz Deutschland nach Weimar pilgerte, um den Mann zu sehen, von dem ja damals weder die Presse noch ein Fernsehen eine hinreichende Vorstellung zu geben vermochten, so legten die persönlichen Kontakte über die Politik des ganzen Zeitalters einen Raster unverrückbarer Koordinaten.

Als Napoleon längst geschlagen und verbannt ist, findet sich in Goethes Äußerungen über ihn noch keine Spur irgendeiner Abschwächung noch auch nur des Versuches, das eigene Urteil früherer Jahre zu revidieren, zu erläutern, zu kommentieren. 1828 bezeichnet Goethe ihn als »Immer erleuchtet, immer entschieden« und sagt: »Sein Leben war das Schreiten eines Halbgottes von Schlacht zu Schlacht und von Sieg zu Sieg«, ein Beweis dafür, daß sich in der Rückschau nicht die moralischen Schwächen, die Goethe an Napoleon entdeckte, stärker in den Vordergrund geschoben hatten, sondern ganz im Gegenteil das Einmalige an der Persönlichkeit des Feldherrn und Kaisers. Und als Kommentar zu den Jahren Napoleons auf Sankt Helena und zu der unwürdigen Haft, in welcher der Korse dort gehalten wurde, sagt Goethe am 8. März 1826 zu Riemer:

»Warum büßt er? Was hat er wie jener Prometheus den Menschen gebracht? Auch Licht: eine moralische Aufklärung. Er hat die Unzulänglichkeit der übrigen Regenten aufgedeckt. Er hat einen jeden aufmerksam auf sich gemacht. Den bürgerlichen Zustand des Menschen, seine Freiheit und was diese betrifft, ihren möglichen Verlust, ihre Erhaltung, ihre Behauptung hat er zum Gegenstand der Betrachtung, des Interesses von einem jeden gemacht. Er hat dem Volk gezeigt, was das Volk kann, denn er hat sich ja an die Spitze desselben gestellt.«

Nicht sonderlich militärisch interessiert, war für Goethe jene Wirkung Napoleons wichtiger, die über den aktuellen Anlaß von Sieg oder Niederlage hinausging. Zu Napoleon selbst sprach er gewiß nicht nur aus Höflichkeit von den Hoffnungen der Deutschen, und nach Napoleon wertete er die in der neueren Geschichte singuläre Tatsache eines Aufstiegs aus dem Volk und an die Spitze aller Fürsten als den Beginn einer neuen Ära und als den Anstoß, die Beziehungen zwischen dem Bürgertum und seinen Freiheiten neu zu überdenken. Das Wort von der Unzulänglichkeit der übrigen Regenten sprach Goethe immerhin noch zu Lebzeiten seines Freundes und Gönners Karl August, nunmehr Großherzogs von Sachsen-Weimar, ein mutiges Wort für einen Minister und zugleich die offenherzige Diagnose, denn es ließen sich bei allem Schwung der Befreiung doch keine größeren Gegensätze an Weitblick, Energie und Intelligenz denken als sie sich zwischen Napoleon auf der einen und seinen Hauptwidersachern Friedrich Wilhelm von Preußen beziehungsweise Kaiser Franz erwiesen hatten.

Die vielfach bedauerte Einstellung Goethes zur deutschen Befreiungsbewegung, sein offensichtliches Mißverstehen dieser nationalen Emphase hat, neben dem natürlichen Generationskonflikt, in Goethes Verhältnis zu Napoleon und dessen Persönlichkeit eine unverrückbare Ursache. Der Dichter, dem zeit seines Lebens so wenig Ebenbürtige begegneten, ja der wohl nur bei Schiller den echten Eindruck der Kongenialität hatte, konnte wohl nicht anders, als dem Zauber Napoleons zu erliegen, von dem man weiß, daß er, wenn er wollte, sehr liebenswürdig sein und seine Gesprächspartner völlig in den Bann seiner Persönlichkeit ziehen konnte.

Napoleon in Erfurt also, Höhepunkt eines Jahres? Viel mehr: Höhepunkt eines einzigartigen Lebenslaufes; aber Höhepunkte sind Wendepunkte, und gerade das ahnt niemand, kann niemand ahnen. Als an der Wende 1808/09 sich ein Wiederaufflackern des französisch-österreichischen Gegensatzes abzeichnet, als Preußen und Rußland von österreichischen Rüstungen Kunde erhalten, erheben sich vor allem im besetzten Preußen viele Stimmen für die Revolte – eine Erhebung, die natürlich der Zar unterstützen müßte. Aber der Herrscher aller Reußen ist ebenso geblendet von Napoleon wie Goethe, er sieht wohl den Höhepunkt, nicht aber die Wende. Nichts wäre einfacher, als aus der heutigen Kenntnis der Geschehnisse und späteren Entwicklungen den einen den Lorbeer des Weitblicks zuzuerkennen, den anderen jedoch die Stechpalme der Kleinmütigkeit. Immerhin war der richtige Weg sichtbar, nicht für alle, aber für viele, und am meisten irrten wohl die Österreicher in der Überschätzung ihrer eigenen Kräfte. Es scheint, daß der einzelne, ob er nun Zar war oder Dichter, Napoleon besser zu ergründen verstand als die politische Führung eines ganzen Staates, und beinahe kann man in diesem Zusammenhang das *Journal de l'Empire* verstehen, wenn es einen aufgefangenen konspirativen Brief des Freiherrn vom und zum Stein veröffentlicht, und die redaktionellen Kommentare zu dem von Napoleon selbst gekürzten Steinschen Text mit dem Fazit beschließt:

»Wie viele von uns vernichteten Mächte sind von unserer eigenen Hand wieder emporgehoben worden! Wir hatten ein Recht auf ihre ewige Erkenntlichkeit, und wir haben bloß Undankbare verpflichtet und gerettet. Diese verschrobenen und verderbten Menschen, die die Ehre und die Interessen ihrer Herren und ihres Vaterlands verraten, sind glücklicherweise ohne Mut, ohne Talente, ohne Mittel und ohne irgendein Gefühl von dem, was groß und gerecht ist; sie wechseln zehnmal am Tage ihre Pläne, und der geringste Wind, der sich in der Luft bewegt, zerstreut alle die kleinen Blättchen ihrer Politik.«

Die deutsche Situation ist nicht simple Zersplitterung, und sie ist auch mit dem Wort Ratlosigkeit nicht zu kennzeichnen. Die »kleinen Blättchen« der antinapoleonischen Politik können eben nicht größer sein, die Pläne gegen ihn nicht stabiler und nicht weiterblikkend, weil sie alle, die sich gegen ihn zu vereinen trachten, eben sehr viele Individualitäten sind, während er – wie Goethe es durchaus zutreffend erkannt hat – das Genie der Entschiedenheit besitzt, weil er selten zaudert. Die Initiative liegt fast ausschließlich bei ihm, wer immer gegen ihn etwas unternehmen will, muß abwarten, was er tut, und ehe Napoleons Aktionen von Petersburg bis Königsberg, von Erfurt bis Wien durchgesprochen werden konnten, hat er längst neue und entschiedene Taten gesetzt.

Das schlimmste daran ist, daß es sich um kein Sandkastenspiel handelt, sondern daß Preußen besetzt ist und unter den Lasten der Besatzung beinahe schon ebensosehr leidet wie unter den Kontributionen, die Napoleon durch seine Intendanten und Gouverneure überall erheben läßt. Der Kaiser, der sein eigenes Land so zur Ader gelassen hat wie vor ihm höchstens der Sonnenkönig, denkt nicht daran, ein unterworfenes Land zu schonen, und während er mit Wieland und Goethe, mit schönen Frauen und devoten Fürsten parliert, stehen im Hintergrund stets die Männer, die für ihn das Geld zu neuen Rüstungen eintreiben.

Was Napoleons neuem Adel vom ersten Augenblick an klar war, weil er eine große Umwälzung erlebt hatte, das begriffen die deutschen Fürsten nicht, weil sie in ihren alten Familien die alten Ansprüche verzweifelt hochzuhalten suchten. Stein mit seinem nationalökonomischen Blick erkennt die Schwächen des alten Europa, gegen das eine neue Zeit aufsteht, wenn er schreibt:

»Ist Österreich unterjocht, so findet Frankreich in der Benutzung seiner Trümmer, in dem passiven Gehorsam der elenden, für ihr persönliches Dasein nur besorgten deutschen Fürsten, in dem aufrührerischen Geist der zwölf Millionen Polen die Mittel, Rußland noch mehr zu verkleinern.« Aber es ist der gleiche Irrtum, wie man ihn historisch stets nur Napoleon anlastet, wenn Stein dann fortfährt: »Dieses dünnbewohnte, gewerblose *(Ruß)*land, wird nur einen schwachen Widerstand leisten, ein Land, das ein schwacher, sinnlicher, durch mehrere verunglückte, leichtsinnig angefangene, leichtsinnig aufgegebene Unternehmungen abgeschreckter Fürst vermittelst einer dummen, schwerfälligen, verderbten, in alles eingreifenden Bürokratie beherrscht, wo die große Masse der Nation Sklaven sind, ein solches Land wird den Kampf mit dem gebildeten Europa nur kurze Zeit bestehen.«

Stein schrieb diese Worte vor seinem Zusammentreffen mit dem Zaren, den er allerdings schon hinreichend zu kennen meinte, und setzte über die bevorstehenden Gespräche zwischen dem Zaren

Kaiser Alexander I. von Rußland (links)
Clemens Wenzel Lothar *Fürst Metternich* (rechts)

und Napoleon ein vorwegnehmendes Urteil in seine Denkschrift vom 8. September, zu dem man allerdings zu diesem Zeitpunkt auch kommen konnte, wenn man nicht Steins Scharfblick besaß:

»Die Zusammenkunft des Kaisers Alexander mit dem Kaiser Napoleon trübt die Aussichten nur noch mehr – was kann aus dem Zusammentreffen eines vom Handeln abgeschreckten, lenksamen, weichen Charakters mit einem felsenfesten, rastlosen und ruchlosen Manne entstehen als blindes Hingeben des Ersteren in den verruchten Willen des letzteren.«

Denkschriften waren zwar nicht so gefährdet wie Briefe, die aufgefangen werden konnten; aber die gleichen Männer, die den Franzosen so manchen Brief Steins verrieten, sorgten auch dafür, daß die Franzosen seine Denkschriften kennenlernten – früher oder später. Und da Napoleon ein Sendungsbewußtsein hatte, da er überzeugt war, auch Deutschland etwas Gutes zu tun, mögen ihn Worte wie »verrucht«, auch wenn man sie ihm erst übersetzen mußte, zweifellos aufs äußerste erbost haben.

Napoleons erste Niederlage

Der größte deutsche Dichter und der berühmteste deutsche Arzt, der alte Goethe und der alte Heim, waren sich in der Bewunderung Napoleons einig, und Heim gab sogar zu, daß er sich zum pflichtgemäßen Haß gegen den Unterdrücker geradezu zwingen müsse. Ernst Moritz Arndt und vielen anderen Publizisten ging es ähnlich. Auf das in viele winzige Staaten aufgespaltene, von vielen Generationen durchaus mittelmäßiger Fürsten nicht gerade verwöhnte Deutschland übten der Schwung der Revolution ebenso große Anziehungskraft aus wie die suggestive Persönlichkeit dieses Kaisers aus dem Nichts. Denn wer aus dem unbekannten und halbwilden Korsika kam, der hätte ebensogut vom Mond auf den Thron von Versailles fallen können . . .

»Wir hätten noch ein Jahrhundert ohne Revolution ausgehalten«, schreibt der Weltumsegler und spätere Universitätsprofessor Georg Forster 1791 an seinen Freund Heyne, »der Krieg beschleunigt ihren Ausbruch um mehr als fünfzig Jahr; allein der deutsche Adel ist ganz blind vor Wut, und statt den Zeitpunkt wahrzunehmen, um durch vernünftige Entsagungen alles zum Vergleich zu ebnen, hetzt er die Fürsten zum Krieg gegen Frankreich, zur Ausübung willkürlicher Gewalt gegen die Untertanen, und beschleunigt also die Gährung. Er tut hier, was der französische Adel bei der ersten Zusammenberufung der Stände tat; er wird sich selbst zuschreiben müssen, wenn es ihm nicht besser geht als jenem.«

Die Exaktheit der Voraussage von 1791 auf 1848 ist ebenso verblüffend wie die Klarheit des Blicks, ungetrübt durch nationale Ressentiments. Und weil nicht wenige so denken wie Forster, braucht es eine Weile, ehe Napoleon tatsächlich und für den ganzen deutschen Raum zum Ungeheuer wird. Während sich die Gegnerschaft gegen den Korsen und Frankreich langsam aufheizt, während die Preußen noch Klostergüter und Staatswaldungen verkaufen, um die Kriegsentschädigung an Frankreich bezahlen zu können, zieht im Süden der deutschen Staaten schon die nächste kriegerische Auseinandersetzung mit Frankreich herauf.

Man fackelte damals nicht lange. Napoleon verstand zwar von beinahe allen Dingen mehr als seine Gegner auf den deutschen Thronen, aber was er immer noch am besten beherrschte, das waren die Armeen, das waren die großen Schlachten. Nun, als Kaiser, hatte er die volle Herrschaft über das ganze gewaltige Instrument des Krieges. Keine Konsul-Kollegen, kein Direktorium, keine Intrige hinderte ihn, zu tun, was er selbst für richtig fand; und für seine Soldaten war er in Italien, am Rhein und bei vielen anderen Gelegenheiten zum Abgott geworden. Die Kapitulation des Generals Mack mit einer kriegstüchtigen, aber völlig ausmanövrierten Armee im Jahr 1805 hatte in ganz Europa die Überzeugung befestigt, daß die Franzosen in diesem historischen Augenblick nicht zu schlagen seien; selbst Napoleons Marschälle betrugen sich auf den Schlachtfeldern wie Halbgötter und schienen die Meisterschaft ihres Herren oder sein Geheimnis des Siegens mit ihm inzwischen zu teilen.

Je näher die Akteure mit Napoleon zu tun haben, desto tiefer sind sie davon überzeugt, daß man mit Frankreich Frieden halten und verhandeln müsse; und so kommt es an der Wende 1808/09 zu der seltsamen Konstellation, daß Österreichs Botschafter in Paris, der Graf Metternich, stolz auf seinen Friedenswillen ist, während seine Kaiserin die drei aufeinanderfolgenden Niederlagen Österreichs gegen Napoleon nun wettmachen möchte, da der Korse sich in dem großen und schwer zu durchdringenden Land Spanien engagiert und im Dezember eine beträchtliche Armee nach Madrid geführt hat. Österreich hat drei Kriege gegen den großen Friedrich verloren, und es hat drei ungünstige Friedensschlüsse mit Frankreich hinnehmen müssen, aber es ist zäh. Wenn die Kaiserin Ludovika auch keine Königin Luise ist, nicht an Schönheit, nicht an Geist und nicht mit der gleichen souveränen Kenntnis der Angelegenheiten ausgestattet, so ist diese dem Kaiser eben angetraute Einundzwanzigjährige aus dem Haus Österreich-Modena doch energisch, flinken Geistes und ihrem hofrätlichen Gemahl an Temperament weit überlegen. Sie wird noch jünger sterben als Luise, sie wird nur neunundzwanzig Jahre alt werden, aber in dieses kurze Leben packt sie mehr Engagement hinein, als man in der Familie Habsburg im allgemeinen von angeheirateten Damen erwartet. Sie wird Metternichs Friedenspolitik durchkreuzen.

Auch Österreich hat aus den Niederlagen Lehren gezogen. Groß genug, durch die Abtretungen der letzten Friedensschlüsse nicht in seinem Kern gefährdet zu werden, hatte es in den drei Jahren seit dem Frieden von Preßburg (Dezember 1805) unablässig gerüstet und zumindest auf militärischem Gebiet einige jener Reformen ebenfalls vollzogen, die man in Preußen für nötig hielt, zum Beispiel die Aufstellung einer Landwehr. Die treibende Kraft all dieser Bemühungen war Johann Philipp Graf von Stadion, jener Minister, der für das Kriegsjahr 1805 die große Koalition zwischen England, Rußland und Österreich zustande gebracht hatte, die dann auf dem Schlachtfeld von Austerlitz im französischen Artilleriefeuer zerstob.

Stadion war überzeugt, daß ein Mann wie Napoleon keine zweite und gar ebenbürtige Macht in Europa bestehen lassen würde, und die Querelen zwischen Napoleon und dem Papst machten deutlich, daß dem Korsen auch die alte Institution des Kaisertums an der Donau ein Dorn im Auge sein werde. Daß Napoleon sich ernsthaft um die Hand der russischen Großfürstin Katharina bewirbt und, als diese an einen anderen Bewerber vergeben wird, sich nicht beleidigt zurückzieht, sondern sich um die Großfürstin Anna bemüht, das sind für Österreich Signale. Hat nicht Napoleon gemeinsam mit dem Zaren ein Friedensangebot an England gerichtet, von Erfurt aus, auf seinem großen Fürstentag? Österreich soll isoliert werden, und sobald es isoliert ist, vernichtet.

Die Antwort Metternichs sind – wie sollte es anders sein – zunächst Intrigen. Man glaubt in Wien noch immer, das feinere Garn spinnen zu können und das Raffinement der Geheimdiplomatie gepachtet zu haben. Talleyrand und Napoleons Polizeiminister Fouché sind die zwei unabhängigen Geister an der Seine, zwei Männer, die Napoleon nicht sonderlich mögen, die er wiederholt brüskiert hat, die er aber nicht entbehren kann (ja beide sind für

Frankreich so unentbehrlich, daß selbst die Bourbonen auf diese zwei Supergehirne nicht verzichten werden). Fouché wie Talleyrand haben vom Spanienabenteuer abgeraten, dort sei nicht viel zu holen, das militärische Engagement hingegen unabsehbar. Je deutlicher sich zeigte, daß sie mit dieser Warnung recht hatten, desto mehr nahm Napoleon sie ihnen übel.

Die Intrige, die Metternich beinahe unter den Augen des Furchtbaren aufzieht, ist bühnenreif in ihrer Mischung aus Frechheit und Raffinement, und Napoleon benimmt sich denn auch, als er dahinterkommt, wie der Elefant im Porzellanladen. Fouché und Talleyrand allein hätten ihn nicht so verärgern können, aber Metternich hat noch die hübsche Caroline zur Hand, die jüngste Schwester Napoleons, eine Dame *avec la cuisse légère,* wie die Franzosen dezent sagen. Es steht fest, daß sie zu Metternich in intime Beziehungen getreten ist, und es ist auch sicher, daß ihr Mann, Joachim Murat, nicht nur einer der tapfersten Marschälle des Korsen war, sondern auch der ehrgeizigste. Wer ihn aber an Ehrgeiz übertraf, das war die hübsche Caroline, von der Talleyrand gesagt hatte, sie trüge den Kopf Macchiavellis auf dem Körper einer schönen Frau. Den beiden, die längst auf besondere Ehren warteten, war Spanien entgangen, der Thron, den Napoleon drei Männern angeboten hatte, ehe Joseph ihn dann doch akzeptierte. Inzwischen hatte Joseph aus Madrid bemerkenswerte Briefe geschrieben, unter anderem den Satz: »Ich bin nicht entsetzt über meine Lage, aber sie ist einzigartig in der Geschichte, denn ich habe nicht einen einzigen Anhänger!«

Caroline durfte sich also glücklich schätzen, diesen Thron nicht erhalten zu haben, aber sie war besessen, sie war beinahe verrückt geworden durch ihre Rolle als Lieblingsschwester des Kaisers, sie terrorisierte die Pariser Gesellschaft, sie ließ ihr mißliebige Frauen aus den Salons und Ballsälen entfernen, sie hatte nach dem General Junot den österreichischen Gesandten in ihr Bett geholt und nach Metternich gar einen Hohlkopf von altem Adel, der Adjutant ihres Gatten war. Diese Frau fühlte sich in Neapel, wo ihr Mann nun doch endlich König geworden war, so sehr als Verbannte wie ein Menschenalter zuvor der geistvolle Abbé Galiani, der nach Jahren in der Botschaft zu Paris nach Neapel zurückberufen worden war. Und während Murat vermutlich der tüchtigste Herrscher wurde, der je auf diesem Thron saß, und mit seinen Ministern in diesem Räuberstaat Ordnung machte, Straßen baute und für die Volksgesundheit sorgte, sehnte sie sich nach Ehren, Liebhabern und Salontriumphen an der Seine und zürnte dem Mann, der sie nach Neapel geschickt hatte, ihrem Bruder Napoleon.

Napoleon weilte in Spanien, und in seinem Rücken verbündeten sich zwei Männer, die beide seine Feinde waren, bis dahin aber auch selbst miteinander verfeindet gewesen waren: der Polizeiminister Fouché und Talleyrand, der erste Diplomat seines Landes, der Franzose, auf den der Zar in Erfurt mehr gehört hatte als auf den Kaiser selbst.

Die beiden waren in vielem Gegensätze. Fouché kam von unten, er hatte sich während der Revolution mit dem Blut von Tausenden befleckt, aber er war ein so braver Familienvater, wie es später Himmler sein wird; er lebte persönlich bescheiden, ja kleinbürgerlich und hortete sein großes Vermögen im stillen. Ein Spitzel aus Leidenschaft, wußte er über jeden Mann und jede Frau von einiger Bedeutung so genau Bescheid, daß er sie alle in der Hand hatte, und seine Polizeiorganisation war der Machtkörper Frankreichs, der am besten funktionierte.

Talleyrand haßte diesen platten und niveaulosen Spürhund, ja er hatte einmal gesagt, daß ihm in Gegenwart Fouchés schlecht würde. Nun aber, da Frankreich kriegsmüde war und Napoleon tief drinnen im gärenden Spanien, da kam es zu einer merkwürdigen Unterredung zwischen den beiden: Sie sprachen von jenem Mönch namens Jacques Clément, der Heinrich III., den seinen Lüsten verfallenen König von Frankreich, aus tiefem Abscheu vor dessen Sündhaftigkeit ermordet hatte. Auf Fouchés vorsichtige Andeutung, daß es solche Naturen eben leider nicht mehr gebe, hatte Talleyrand süffisant geantwortet, auch die religiösen Gefühle seien eben im Niedergang begriffen.

Das war ein vorsichtiges Sondierungsgespräch, was die Ausdrucksweise betraf, aber es war unvorsichtig nach Zeit und Ort, denn die *Assemblée*, auf der es stattfand, wurde auch von Madame Letizia besucht, der Mutter des Korsen, und weder Fouché noch Talleyrand hatten angenommen, die alte Dame, die Französisch nur mit einem haarsträubenden Akzent sprach, würde verstehen, was mit jenem Clément gemeint sei.

Truppenparade in den *Tuilerien* von Paris

Aber mit dem sechsten Sinn der Mütter ahnte Letizia Bonaparte Gefahr für ihren *Nabulio* und schrieb, was sie gehört hatte, nach Spanien. Etwa gleichzeitig schrieb Talleyrand einen Brief an Murat nach Neapel, in dem offenbar – die Literatur kennt seinen Text nur aus Berichten – von den Gefahren die Rede war, denen sich der Kaiser im gärenden Spanien aussetze und der in der Frage gipfelte, ob Murat bereit sei, im Eventualfall die Nachfolge Napoleons anzutreten. Weder Fouché noch Talleyrand hatten an einen Bourbonen gedacht, denn das Volk war mit der Revolution und den Veränderungen seither durchaus zufrieden, nur eben mit den Kriegen nicht. Murat war ein Mitglied des Clans, er hätte also die Bonapartisten gebracht, ohne doch die dämonische Intelligenz des Napoleon-Bruders Lucian zu besitzen; Murat war ein tapferer, verdienter, gutaussehender und beliebter Nachfolger, mit dem Fouché hinsichtlich der Innen- und Talleyrand hinsichtlich der Außenpolitik leichtes Spiel gehabt hätten. Napoleon befand sich, von seiner Mutter nach Paris gerufen, bereits auf der Heimreise, als ihm in Valladolid, also unweit der Grenze, eine Abschrift dieses

Briefes zugetragen wurde. Eugène Beauharnais, Vizekönig von Italien und Befehlshaber der Italienarmee, hatte den Brief abgefangen.

Es war Winter, die Straßen in Spanien, die Pässe in den Pyrenäen und die Straßen von Frankreich waren in einem erbärmlichen Zustand. Aber Napoleon reiste von Valladolid nach Paris knappe fünf Tage, traf am Morgen des 23. Januar 1809 in den Tuilerien ein, und es kam zu der großen Szene, in der Napoleon, angesichts der scharfen Zunge Talleyrands vorsichtig um den Kernpunkt herumredend, zunächst von Talleyrands Bereicherungen sprach, dann auf den Verrat zu sprechen kam und schließlich drohte, ihn an das Gitter der Tuilerien hängen zu lassen. »Sie verdienten es, daß ich Sie wie Glas zerbreche, ich habe die Macht dazu, doch ich verachte Sie zu sehr, um mir diese Mühe zu machen . . . Sie sind nur Scheiße in einem Seidenstrumpf!«

Talleyrand, blaß, wortlos, erkannte, daß zumindest der Kopf gerettet sei, und wurde sicherer, als Napoleon die Beleidigungen mediterran-primitiv damit fortsetzte, daß er Talleyrand auf einen Liebhaber seiner Frau ansprach, ihn also einen *Cocu* nannte und sich erkundigte, warum Talleyrand versucht habe, diese Sachlage vor seinem Kaiser geheimzuhalten. »In der Tat, Sire«, antwortete Talleyrand, »ich habe es keinen Augenblick lang für möglich gehalten, daß ein Bericht darüber für den Ruhm Eurer Majestät oder gar den meinen von Bedeutung sein könnte.«

Das war der glatte, höfliche Diplomat, der Mann, den Napoleon nicht vernichten konnte, ohne gegenüber Europa tiefe Zwistigkeiten und Gefahren im eigenen Lager zuzugeben. Also ging der Kaiser, ohne das Todesurteil ausgesprochen zu haben, und wandte sich nur an der Türe zu einer letzten Drohung um: Sollte es eine Verschwörung geben, an der Fouché oder Talleyrand beteiligt seien, so würde er beide zermalmen. Mit anderen Worten: Napoleon wußte, daß es noch keine Verschwörung gab, daß nichts anderes vorgefallen war als Intrigen zwischen einer amourösen Frau und zwei Virtuosen des politischen Ränkespiels.

Napoleon zeigt Metternich fortan die kalte Schulter; schon am 2. Februar wird er nicht mehr dem engsten Kreis zugezogen, sondern muß beim *Cercle* mit einer Hofdame vorlieb nehmen, und es wird schwierig für ihn, die Nachrichten zu sammeln, die Graf

Stadion in Wien so dringend braucht. Ob Talleyrand die »mehreren hunderttausend« Francs noch bekommen hat, die er von Metternich begehrte, weil der Kaiser ihn ruinieren wolle, bleibt unklar.

Talleyrands Rache bestand darin, daß er Metternich einen bis ins einzelne gehenden Aufmarschplan der französischen Truppen gegen Österreich zustellte. Metternich schrieb mit berechtigtem Stolz an den Grafen Stadion: »Seine Kaiserliche Hoheit, der Generalissimus *(d. h. der österreichische Oberkommandierende Erzherzog Karl)* kennt nunmehr die französische Armee ebenso in allen Einzelheiten, wie er nur unsere kennen kann.«

Das ist aber auch die letzte Information, die an Metternich gelangt; auch seine Frau wird nun völlig isoliert. Napoleon macht Ernst und unterbindet auch die Kontakte zwischen Metternich und Talleyrand, obwohl Talleyrand doch eigentlich gar keine militärischen Ämter hat: er ist nur einfach gefährlich.

Der österreichische Generalissimus, wie Metternich sich ausdrückt, gehört allerdings zur Friedenspartei. Der Erzherzog Karl ist zwar auch der Meinung, daß es zum Krieg mit Frankreich kommen müsse, weil eine Großmacht wie Österreich sich nicht ohne Revanche dreimal hintereinander geschlagen geben dürfe. Aber er ist Militär genug, um ähnlich wie die Preußen und die Russen einzusehen, daß ein Napoleon in diesem Augenblick nicht besiegt werden könne – nicht durch eine nur halb aufgerüstete Koalition und schon gar nicht durch einen einzelnen Staat, und sei es das Kaisertum Österreich.

Obwohl es dem österreichischen Geschäftsträger am preußischen Hof nicht gelingt, Friedrich Wilhelm III. als Bundesgenossen zu gewinnen, überschreiten die Österreicher am 10. April 1809 den Inn nach Westen und dringen damit in das Territorium des frankreichhörigen Bayern ein. Zugleich rücken österreichische Truppen unter dem Erzherzog Johann in Tirol ein, wo ihnen großer Jubel entgegenschlägt, denn die Tiroler haben die bayrisch-französische Besetzung bislang aus eigenen Mittel und unter großen Opfern nur unzureichend bekämpfen können.

Aber der Jubel ist von kurzer Dauer. Die Aufrufe an die Bayern, sich doch als Deutsche zu fühlen und sich gegen Napoleon zu erheben, verhallen ungehört. Zu oft hat man gegen den Kaiser in

Wien Krieg geführt, zu gut sind noch die Panduren in Erinnerung, die Maria Theresia in Bayern allzu freizügig gewähren ließ. Und hatten die Franzosen nicht aus den ewig unzufriedenen bayrischen Kurfürsten endlich Könige gemacht, so daß das ganze Bayernland sich zum erstenmal als gleichwertig ansehen durfte?

Der Erzherzog rückte also feierlich nach Westen vor, Napoleon aber reagierte mit der gewohnten Schnelligkeit. Die Nachricht, daß Österreich marschiert, erreicht ihn am Abend des 14. April, als der Kaiser sich schon zu Bett begeben hat. Er wird geweckt, ist sofort hellwach und befiehlt die Abreise für Mitternacht. Es wird dann zwar vier Uhr morgens, aber schon zwei Tage später, am 17. April, ist Napoleon in Donauwörth, ein Tempo, das selbst die Eisenbahnen erst gegen Ende des Jahrhunderts zu überbieten vermögen, und schon am 22. und 23. April siegen die Franzosen bei Eggmühl und Regensburg.

Was in Paris noch eine Posse war, wird zum Trauerspiel, denn der Erzherzog Karl ist schon durch die ersten Niederlagen so entmutigt, daß er einen Unterhändler zu Napoleon schickt. In dem Brief, der Geschichte machen wird, heißt es: »Ich bin geschmeichelt, Sire, die Aufgabe zu haben, den größten Heerführer des Jahrhunderts zu bekämpfen; ich wäre glücklich, wenn mich das Geschick dazu erwählt hätte, meinem Vaterland die Wohltaten eines bleibenden Friedens zu sichern.«

Das ist deutlich, und Napoleon weiß fortan, daß er diesen Mann nicht mehr zu fürchten braucht. Er antwortet gar nicht, sondern marschiert unbesorgt um seine Nordflanke, in der die ganze österreichische Armee steht, am Südufer der Donau geradewegs auf Wien zu. Kaiser Karl erfährt all dies nur lückenhaft und verspätet; nur die junge Kaiserin Ludovica versucht, gegenzusteuern und vertraut sich dem Erzherzog Johann an:

»Ich kenne Sie, Freund, und rechne auf Ihnen«, schreibt sie, woraus man erkennt, daß die junge Fürstin aus Modena selbst zur Feder gegriffen hat. »Ich gestehe, ich fordere viel, bis ich wen schätze; hingegen dauert meine Achtung ewig und Sie besitzen selbe . . . Nein, Sie müssen alles wissen, und wenn es Ihnen niemand schreibt, so erfahren Sie die Wahrheit stets von mir. Sie wissen, daß der Kaiser *(= ihr Mann)* dem unglücklichen Plan gemäß, bei der Bagage *(dem Train)* der Armee zu verbleiben, bis

Schärding gegangen war; alldort ließ man ihn, ohne ihn von der mindesten Operation zu benachrichtigen; er wußte gar nichts. Karl *(der Oberkommandierende Erzherzog)* schickte ihm keine Berichte, man vergaß, daß er unser Herr ist . . . Nach der unglücklichen Affaire vom 23. *(April, gemeint ist die Niederlage bei Eggmühl)* schickte Karl den *(Freiherrn von)* Spiegel zum Kaiser mit einem Brief, welcher bloß enthielt den Vorschlag, uns vor Napoleon niederzuknien.«

Der Mut der jungen Kaiserin kann die Lage nicht mehr retten, ja der Erzherzog hatte eigentlich noch Glück im Unglück, denn Napoleon hatte nach dem Sieg von Eggmühl ganz gegen seine Gewohnheit den Vorstellungen seiner Marschälle stattgegeben und von der Verfolgung des geschlagenen Gegners abgesehen. Nur, weil die Franzosen durch die Eilmärsche des Vortages so überraschend auf dem Kampfplatz erschienen waren, hatte ein so vollständiger Sieg errungen werden können; aber eben darum waren die Truppen auch so ermüdet, daß sie nicht mehr eingriffen, als der Erzherzog seine Armee auf Schiffbrücken über die Donau führte und in Sicherheit brachte. Man hat die blitzschnellen Improvisationen Napoleons in diesem April des Jahres 1809 als seine genialsten Schlachten bezeichnet, ja Napoleon selbst stellte den Sieg von Eggmühl über den von Marengo. Aber daß er den gegen die Donau gedrückten Feind dann doch noch entrinnen ließ, das bereitete ihm wenige Wochen später bei Wien seine erste Niederlage in offener Feldschlacht.

Durch die Donau getrennt, marschieren die beiden Heeressäulen nach Osten, nördlich der Donau eine geschlagene Armee, die schon zweimal um Waffenstillstand nachgesucht hat, aber keiner Antwort gewürdigt wurde, südlich der Donau Napoleon, der in diesem Frühjahr von einer ungeheuren Aktivität beseelt und zudem vom Zorn beflügelt ist. Obwohl aus seinen Befehlen an die Truppen in Bayern deutlich hervorgeht, daß er mit einem österreichischen Angriff rechnete, ja ihn auf wenige Tage genau voraussagte, gibt er sich nun als der betrogene Biedermann, der den Friedensversicherungen des Kaisers von Österreich geglaubt habe. Die Lothringer – wie er die Habsburger absichtlich und verächtlich nennt – seien, seiner Meinung nach, ebensowenig zum Regieren geeignet wie die Bourbonen, eine Äußerung, aus der man beinahe schließen möchte, der Korse habe bereits überlegt, welchem seiner Brüder er den Kaiserthron an der Donau zusprechen werde.

Am 13. Mai, einen Monat nach seinem Aufbruch aus Paris, zieht Napoleon in Wien ein. Er hat für diesen 1400 Kilometer langen Weg mit seinen Armeen nicht viel länger gebraucht als eine Postkutsche. Marie Antoinette zum Beispiel war in der Gegenrichtung sehr viel langsamer gereist, obwohl sie keine Schlachten schlagen und nicht den Umweg über Regensburg nehmen mußte. Die Donau ist Napoleon willkommen; nie zuvor hatte er einen so prächtigen Nachschubweg, die Transporte für seine Truppen fahren flußabwärts, die für den Feind hingegen müssen den Strom bezwingen. Ein weiterer Erzherzog – man hat deren ja genug – sollte Wien verteidigen, Maximilian, der Schwager des Kaisers, aber er kommt über eine wunderschöne Proklamation nicht hinaus. Am 13. Mai 1809 beginnt Napoleon, tätig wie immer, in Schloß Schönbrunn zu regieren, kaum daß er sich die Zeit nimmt, für privateste Bedürfnisse eine junge Wienerin heranholen zu lassen. Er ist amourös gestimmt, einmal, weil er seine glänzendsten Siege errungen hat, zum andern, weil er Briefschaften nach Paris aufgefangen und den Brief einer Dame an Metternich gelesen hat, einer sehr offenherzigen Dame, die dem Botschafter die glühendsten Bekenntnisse abgibt, zugleich aber auch bedenkliche Eröffnungen über das Absinken der Siegeszuversicht, über den Mangel an kriegerischer Energie in Österreich in diesen Liebesbrief hineinschreibt: »Laß Dich doch wegjagen«, rät sie dem in Paris zurückgehaltenen Botschafter, »denn hier wird man niemals zu einem entscheidenden Entschluß kommen. Alles in allem hat Napoleon nicht Unrecht, sie *(die österreichische Regierung)* brauchen fünfzehn Jahre, um sich vorzubereiten und mindestens ebensoviel Zeit, um zu sagen, wir sind bereit.«

Die Frau, die sich so unverblümt äußert, ist die schöne Fürstin Bagration, eine der geistvollsten, in ihrer exotischen Schönheit und starken erotischen Ausstrahlung geradezu dominierenden Frauen der Wiener Gesellschaft, wütend eifersüchtig auf die vielen Amouren des eleganten Diplomaten und, wie das in Wien so ist, selbst in tausend Intrigen verstrickt. Noch ist ihre große Zeit nicht gekommen: Auf dem Wiener Kongreß wird sie als gleißend-sündiger Engel zwischen Staatsoberhäuptern und Ministern hin und herschweben. Inzwischen aber hat sie Napoleon – der sich um die privaten Ausführungen gar nicht kümmert – immerhin den Beweis dafür geliefert, daß die Kriegspartei an der Donau nicht allzu stark ist.

Aber die Armee, die Napoleon bei Eggmühl entrinnen ließ, die gibt es noch. Und während sich der Korse in Schönbrunn berichten läßt, wer denn am stärksten den Krieg schürt, marschiert die geschlagene Armee, durch die Nähe Wiens zu neuen Taten angefeuert, am nördlichen Donauufer auf, immerhin noch 75000 Mann, denen Napoleon 90000 entgegensetzen kann. Aber er kann die große Stadt Wien, mit 240000 Einwohnern die größte Deutschlands, nicht völlig von Truppen entblößen; also ist es doch recht unvorsichtig, kaum stärker als der Gegner und im Angesicht der Österreicher den Donauübergang zu versuchen.

Der 23. Mai ist entschieden kein Glückstag für den Korsen. Nur die Kette der glänzenden Erfolge, die er in diesem Krieg bis dahin errungen hat, erklärt die Überheblichkeit, mit der Napoleon sich um die Anwesenheit des Feindes überhaupt nicht kümmert, sondern über den breiten Strom zu setzen beginnt. Aber der Erzherzog, gewiß kein Mann von ungeheurer Tatkraft, hat wenigstens Kriegsgeschichte studiert; er weiß, wie der Prinz Eugen in ähnlicher Situation bei Zenta die Türken zu Paaren trieb, und er greift die Franzosen rücksichtslos an, kaum daß sie einen Fuß auf das nördliche Donauufer gesetzt haben. Die Truppen geben im Angesicht ihrer Residenz, beinahe unter den Augen der auf den Wällen und in den Dachluken Ausschau haltenden Wiener, zahlreiche Beispiele äußerster Tapferkeit, und auch der Erzherzog schont sich nicht.

Die Franzosen werden geworfen, verlieren beinahe die Hälfte ihres Effektivbestandes, dazu eine Menge Pferde und sehr viel Material, das in den morastigen Ufern steckengeblieben ist oder auf der Flucht nicht geborgen werden kann. Die Donauinsel Lobau wird zur Zuflucht einer geschlagenen französischen Armee, und ihr Feldherr, der Kaiser Napoleon, schläft geschockt und erschöpft dreißig Stunden lang, so daß sein Stab bereits darüber berät, wer an seiner Stelle die Armee aus dem Debakel herausführen soll.

Aber es gibt kein Debakel, denn die siegreichen Österreicher werden von keinem General geführt, der gelernt hätte, was nun zu tun sei, sondern von einem Erzherzog, der seit dem ersten Tag dieses Feldzuges nur auf einen baldigen Frieden hofft. Nur zwischen ihm und seinem Generalstabschef, dem heute vergessenen Freiherrn von Hiller, der sein Leben in Brody begann und in Lemberg beendete, kam es zu den erbittertsten Schlachten dieses Krieges. Hiller versuchte Seiner Kaiserlichen Hoheit klarzumachen, daß man den Gegner auf der Lobau angreifen und auf dieser Buschwald-Insel mitten in der Donau vernichten, ja Napoleon gefangennehmen könne. Es müßte mit dem Teufel zugehen, wenn dies nicht gelänge. Nun, es war vielleicht nicht der Teufel, sondern nur ein simpler Flußgott, der die Donau just um so viel ansteigen ließ, daß der Erzherzog den Übergang nicht wagte, und als die Donau wieder sank und Napoleon immer noch schlief, da wagte er die amphibische Operation erst recht nicht. Napoleon war gerettet, obwohl er nicht wußte, wie; er fleht allen Segen des Himmels auf den Erzherzog herab, nur als der Erzherzog bei einer anderen Gelegenheit einmal andeutet, daß er und Napoleon schließlich beide Generale seien, da lächelt der Korse mehr verächtlich als verärgert.

»Sie können sich nicht vorstellen«, sagte Napoleon später im Rückblick auf die Nacht nach Aspern, »in welchem Zustand sich meine Armee befand und welchen Unglücksfällen wir zwangsläufig ausgesetzt gewesen wären, hätten wir es mit einem energischen, unternehmenden Feind zu tun gehabt.« Im *Mémorial de Saint-Hélène* lesen wir, daß Napoleon über diesen Tag zu Las Cases sagte: »Der Feind beging den unverständlichen Fehler, seinen Vorteil nicht gleich auszunützen, sondern uns im Besitz dieser Insel, der Lobau, zu belassen, die zwar in seiner Reichweite lag, uns aber doch eine gewisse Sicherheit gab. Ohne diesen Umstand hätten wir den schließlichen Triumph nicht errungen.«

Der Freiherr von Hiller, der all dies mit ansehen mußte und nicht ändern konnte, nahm seinen Abschied, aber man hat ihn wenigstens nicht zum Sündenbock für das erzherzogliche Versagen gemacht: 1813, bei der großen böhmischen Armee unter dem Fürsten Schwarzenberg, war auch Hiller wieder dabei und durfte, wenn auch ohne Glanz, bis zum Feldzeugmeister avancieren . . .

Roland Dorgelès hat für den seltsam hinhaltenden Krieg, den Hitler bis zum Mai 1940 gegen Frankreich führte, den Begriff *Drôle de Guerre* geprägt; ein wenig drollig nimmt sich auch die Galanterie aus, mit der Napoleon, der ja noch keineswegs mit seiner Habsburgerin verlobt ist, sich 1809 der Stadt seines zukünftigen Schwiegervaters nähert. Während die Wiener ihn von den Bastionen aus beschießen, rühmt sich der Korse in seinen auf Sankt Helena diktierten Memoiren, daß er mehr die Stadt habe schonen wollen als die Habsburger. Und als er erfährt, daß seine Granatwerfer die krank in der Hofburg liegende junge Erzherzogin Marie Louise stören, läßt er das Feuer sogleich auf andere Stadtteile legen. Wien sei besser als jede andere Hauptstadt geeignet gewesen, verteidigt zu werden – durch die Bastionen, die ja erst ein halbes Jahrhundert später niedergelegt wurden und durch den breiten Donaustrom –, niemand also hätte Napoleon, wie er sich ausdrückt, einen Vorwurf daraus machen können, wäre die ganze schöne Kaiserstadt im Mai 1809 in Flammen aufgegangen.

Es fehlte tatsächlich nicht viel, und die Stadt wäre, hundertundzwanzig Jahre nach der letzten Türkenbelagerung, doch noch zugrunde gegangen. »Der Donner der Kanonen, das Platzen der Kugeln, das Fallen des Fensterglases und der vielen Dachziegel erzeugte ein Getöse, das nicht nur auf die Nerven der Frauen und Kinder erschütternd einwirken mußte«, schreibt der vierzehnjährige Eugen Graf Czernin, also selbst noch ein Kind. »Eltern, Tanten und zum Besuch gekommene Freunde flüchteten in meine Zimmer, da diese die einzigen gewölbten in unserem Hause waren . . . Nach kurzer Zeit stand eines unserer Nachbarhäuser, das Haus unseres Vetters Grafen Johann Palffy, in Flammen. Die Feinde richteten nach der Stelle, an welcher Feuer ausgebrochen war, besonders ihr Wurfgeschütz, daher kam es, daß unsere friedliche Wallnerstraße besonders viel zu leiden hatte. Über dreißig Granaten trafen unser Haus, acht schlugen durch das Dach. Wir sahen beständig die feurigen Kugeln durch den nächtlichen Himmel fliegen.«

Die Wallnerstraße liegt in unmittelbarer Nähe der Hofburg; wenn Napoleon tatsächlich das Feuer von seiner künftigen Braut weg- und auf andere Teil Wiens dirigiert hätte, wäre die Nacht auch für die Grafen Czernin und Palffy wesentlich ruhiger verlaufen. Das Czerninsche Palais wurde gerettet, weil der Adel ja stets auch über die Fronten hinweg Kontakte zu unterhalten verstand:

»Zum Glück hatte mein Vater zufällig *(!)* erfahren, daß ein Bombardement wahrscheinlich stattfinden werde, und danach seine Anstalten getroffen. Sein Haushofmeister, früher Stallmeister, ein auch als Schriftsteller berühmter Hippolog namens Justinus, war ein sehr energischer Mann und hatte an diesem Abend seinen Mut durch den Genuß von ein paar Flaschen kräftigen Rebensafts zu vermehren gewußt. Die strengsten Anordnungen wurden durch ihn getroffen. Jeder Diener hatte seinen bestimmten Posten, den er bei Strafe nicht verlassen durfte; nasse Decken und feuchte Matratzen wurden sogleich auf die einbrechenden Granaten und auf rauchende Stellen geworfen und somit jeder Brand verhindert . . . Um vier Uhr morgens weckte mich einer der letzten Schüsse, indem gerade zum Ende der Beschießung eine Granate die Kuppel einschlug, welche zur Beleuchtung einer Wendeltreppe diente.«

Der Raum der Hofburg war also während der siebenstündigen Beschießung der Stadt im Zielgebiet gelegen, und die Verwüstungen müssen beträchtlich gewesen sein:

»Der kriegerische Geist der guten Wiener war am 12. Mai so ziemlich erloschen. In den mit Trümmern von Ziegeln, Fensterscheiben und Granaten angefüllten Gassen ertönte kein Waffenlärm mehr . . . Das Ansehen der Stadt hatte sich plötzlich vollkommen verwandelt.«

Czernin erzählt dann, daß Erzherzog Maximilian d'Este, der mit der Verteidigung von Wien beauftragte Bruder der Kaiserin, zwar Napoleons Aufforderung zu Übergabeverhandlungen zwecks Schonung der Stadt mit großer Geste zurückgeschickt, sich dann aber selbst aus dem Staub gemacht habe, »die Stadt ihrem Schicksal überlassend. Wie sehr man Besonnenheit und Umsicht vergessen hatte, davon gaben zahlreiche Vorfälle traurige Beweise. Hätte man die Hausbesitzer und Bewohner . . . gewarnt, es wäre kaum ein Gebäude abgebrannt . . . Eine furchtbare Vergeßlichkeit hatte sich der Militärbehörden bemächtigt. Sie vergaßen, daß in den Gängen der kaiserlichen Burg eine große Menge Pulverfässer aufgehäuft waren *(!)*. Sie vergaßen bei ihrer eiligen Flucht sogar zwölf Generale, die von dieser letzteren keine Ahnung hatten und daher in Gefangenschaft gerieten. Sie vergaßen Vorräte, Menschen, Geld, nur ihre eigene Sicherheit nicht. Auch die Rückzugslinie, die Praterauen zu besetzen, fiel ihnen nicht ein.«

Bemerkungen wie diese mag der junge Graf in der Familie aufgeschnappt haben, aber sie stimmen mit dem überein, was Napoleon später, im Rückblick, anmerkt: daß es ein unverzeihlicher Fehler der Österreicher gewesen sei, die Verbindung zwischen Wien (das damals mit seiner Häusermasse noch nicht bis an die Donau stieß) und dem großen Strom nicht zu sichern, so daß die Franzosen die Stadt einschließen konnten. Überhaupt, sagt Napoleon wenig höflich, sei die Hauptschwierigkeit jenes Feldzugs für ihn darin gelegen, daß man zwar normale strategische Reaktionen voraussehen kann, daß es aber sehr schwierig war, sich vorzustellen, welche Fehler der Herr Erzherzog an diesem Tag begehen würde.

Nun, obwohl kein Zweifel an den überlegenen Talenten des Feldherrn Bonaparte gestattet ist, so ist doch der mokante Ton in diesem Passus der Erinnerungen nicht besonders angebracht. Erstens hat Napoleon bei Eggmühl den hart angeschlagenen Gegner ebenfalls entrinnen lassen, wenn auch im vollen Bewußtsein, den ermüdeten Truppen zuliebe einen Kunstfehler zu begehen, und zweitens brachte der Fehler von der Lobau schließlich die Rettung der französischen Armee.

Aspern war vorüber, die Siegesnachricht war unterwegs zu den tapferen Tirolern und zu den weniger tapferen Rückzüglern, die es immerhin bis Budapest geschafft hatten, was auf beträchtliche Schnelligkeit schließen läßt. Aber schon schien sich das Blatt zu wenden. Die Franzosen hatten in den kühlen Mainächten auf der an den Rändern überschwemmten Donauinsel keine komfortablen Rastplätze gehabt, aber sie waren immerhin am Leben geblieben und hatten ihre Wunden verbinden können – und sie hatten ja die große Stadt Wien erobert, mit allen ihren Hilfsquellen, die Stadt, die Österreichs Armee auch nach dem Sieg von Aspern nicht wiedereroberte: Man blieb vorsichtig auf dem Nordufer des breiten und reißenden Stromes. Die Nachschubbrücke für die Franzosen wurde nicht erobert, sondern durch schwerbeladene Frachtkähne, die man die Donau hinabtreiben ließ, zum Einsturz gebracht, so daß sich bei den Franzosen auf dem nördlichen Donauufer, im

Brückenkopf von Eßling, schnell Munitionsmangel einstellte. Dennoch war Napoleon, als er nach seinem langen Heilschlaf erwachte und noch immer keine Verfolger vorfand, von einer bemerkenswerten Ruhe. Man hat ihm nachgesagt, daß er nach einer unentschiedenen, aber auch nach einer verlorenen Schlacht ganz einfach noch einmal von vorne begänne. Er tat also, als habe keine Schlacht stattgefunden, verließ sich auf das große Wien, in dem er eher 240000 Einwohner verhungern lassen konnte als seine 90000 Mann an Truppen, und sandte Kuriere an alle Truppenteile, die er noch erreichen konnte: an Bernadotte, der sich angesichts der prekären Lage nicht zu tief nach Böhmen hineinwagen durfte, an Eugène de Beauharnais, der bei Bruck an der Mur stand und sich nun in Eilmärschen nähern sollte, und sogar an den Marschall Marmont, der die dalmatinischen Truppen immerhin bis Fiume herangeführt hat.

Wäre der Erzherzog ein energischer, schnell entschlossener Heerführer gewesen, so hätte dies alles keinen Sinn gehabt: von

Österreichische Truppen aus den Befreiungskriegen
(v. l. n. r.): Jäger, ungarischer Infanterist, Dragoner, deutscher Grenadier, Husar, Ulan

Fiume nach Wien, das sind zehn starke Marschtage, und wer von solch einer Truppe dann noch kämpfen konnte, das weiß der Himmel. Aber Napoleon meinte, seinen Gegner genugsam zu kennen, das heißt inzwischen auch die Fehler vorhersehen zu können, die jener begehen würde, und leider hat er damit tatsächlich recht. »Der erste Grundsatz des Krieges besteht darin, eine Schlacht stets mit all jenen Truppen zu liefern, die man auf dem Schlachtfeld zu vereinigen imstande ist« – eine jener vielen, unendlich einfach klingenden Maximen, in denen sich Napoleon doch dem Kriegsschulwissen seiner Gegner stets überlegen zeigt. Er zieht heran, was er hat, ob er es noch einsetzen kann oder nicht. Und das Unglaubliche geschieht: *L'Archiduc,* wie er Karl stets nennt, gibt ihm tatsächlich die Zeit dazu . . .

Ja, der Korse nimmt sich sogar die Zeit und die Muße, seinem Stiefsohn Beauharnais väterliche Ratschläge zu geben. Zwar ist dessen Gegner, der Erzherzog Johann, ebenso jung, aber die Österreicher operieren im eigenen Land, und da könne es Überraschungen geben. Es sind nie Befehle, die Napoleon an die nun bei Wiener Neustadt stehenden 56000 Mann Eugens hinausgehen läßt, sondern besorgte Ratschläge: über die Stärke der Vorhut, über die Notwendigkeit, geschlossen zu marschieren (obwohl der Erzherzog Johann noch viel zu unerfahren ist, um schnell zu wenden und eine isolierte Marschkolonne des Gegners zu überfallen). Tatsächlich treibt Eugen die Österreicher weiter vor sich her, nach Westungarn, schlägt sie bei Raab und zwingt sie, auf Komorn zurückzugehen.

Die Franzosen in Wien besinnen sich auch auf all das, was der Gegner zurückgelassen hat. Aus den reichen Beständen des Wiener Arsenals bauen sie eine neue Brücke, und nun bessert sich die Lage für die Armee auf der Lobau, vor allem aber für die 20000 Verwundeten, die dort liegen.

Napoleon, dessen starke Seite zweifellos nicht die Marine ist, läßt in aller Eile vier Kanonenboote bauen und eine schwimmende Batterie, um die Donau zu beherrschen; kein General der Donaumonarchie hindert ihn daran. Am 4. Juli, um zehn Uhr abends, sechs Wochen nach der Niederlage von Aspern und Eßling, haben die Franzosen vier Brücken über die Donau geschlagen und beginnen mit dem Übergang auf das Nordufer. Es stürmt und starke

Regengüsse erschweren die Operation, aber auch das Störfeuer der österreichischen Artillerie.

Napoleon registriert mit einiger Überraschung, daß die zum Zeitpunkt des Flußübergangs weitgehend wehrlosen Truppen nicht angegriffen werden, erfährt dann, daß die 35000 Mann aus Ungarn noch nicht eingetroffen sind, die der Erzherzog Johann heranführen soll, und entschließt sich zur Schlacht, damit die Erzherzoge ihre Truppen nicht gegen ihn vereinigen können. Er selbst hat inzwischen sogar die Truppen aus Dalmatien herangezogen, er kann nicht mehr stärker werden. Unbekümmert um die Schwierigkeiten des Terrains und die guten Stellungen der Österreicher befiehlt Napoleon den Angriff, erreicht aber am ersten Kampftag, dem 5. Juli, gar nichts: Sowohl Eugène de Beauharnais als auch Bernadotte müssen die eroberten Dörfer wieder räumen. Vor allem mit Bernadotte ist Napoleon unzufrieden und löst das Korps des Gascogners auf.

Noch ist nichts verloren, aber auch nichts gewonnen; Napoleon muß sich sagen, daß die Österreicher sich hier, im nördlichen Vorfeld ihrer Hauptstadt, ganz anders schlagen als in Bayern und daß auch das Gelände für die Gewohnheiten der Franzosen nicht günstig ist: Die Verbindung, die sie aufrechterhalten müssen, ist die zu der feindlichen Hauptstadt, sonst werden sie in freiem Feld isoliert und laufen Gefahr, völlig vernichtet zu werden. Wäre diese Hauptstadt Madrid, so würde sie sich nun gegen Napoleon erheben, wäre sie Moskau (aber das ahnt Napoleon noch nicht), so würde sie brennen. Nun, Wien ist keines von beiden. Die Wiener stehen in ihren Dachluken und sehen zu, was sich begibt, und der Anblick lohnt sich auch am zweiten Schlachttag.

Obwohl er es nur Bernadotte zeigt und dem Stiefsohn nach wie vor mit Geduld entgegenkommt, setzt Napoleon am 6. Juli nicht mehr auf die geschlagenen Korpskommandanten vom Vortag, sondern schickt seine besten Generale vor, den dicken, aber mit ungeheurer Energie begabten Davout und Massena, der bei Aspern und Eßling so tapfer gekämpft hat, einen Mann, den Napoleon eigentlich nicht mag, weil er der Sohn eines jüdischen Weinhändlers aus Nizza ist und dauernd Weibergeschichten hat, aber dessen maßloser Ehrgeiz eben auch zu unbändigem Angriffsschwung zu werden vermag.

Davout erfüllt auch alle Hoffnungen, aber Massena gerät schon am Vormittag in Schwierigkeiten. Erzherzog Karl nämlich hat erkannt, daß die Franzosen mit der guten alten Donau nicht auf bestem Fuße stehen; darum läßt er auf dem rechten Flügel angreifen, wo sich seine Soldaten an die Donau lehnen können und durch den breiten Strom vor Flankenangriffen und Umgehungsmanövern der französischen Reiterei sicher sind. Die Österreicher stoßen tief in die Truppen Massenas hinein und erreichen die erste der von Napoleon geschlagenen Donaubrücken, also die Nachschubadern und Rückzugswege des Feindes. Der linke Flügel der Franzosen ist zerschlagen und besitzt nur noch geringe Kampfkraft, als Napoleon, um eine Katastrophe zu verhindern, in eigener Person zwischen den zurückgehenden Truppen auftaucht.

Angesichts der bedrohlichen Situation zieht der Kaiser die demoralisierten Soldaten Massenas aus der Schlacht und schickt sie nach Eßling zurück, damit die dortigen Brücken in die Lobau nicht durch einen Handstreich verlorengehen. Dann wirft er seine eigene Garde und alle Kavallerie in die Schlacht, die er heranrufen kann. Die Österreicher rücken dennoch weiter vor, auch die Division Nansouty vermag keinen Widerstand zu leisten, da greift Napoleon, der alte Artillerist, zum letzten Mittel: er läßt erst zwanzig, dann vierzig und endlich hundert Geschütze auffahren, obwohl es ein höllisches Durcheinander hinter den Kampflinien gibt, bis die Kanonen in Stellung gebracht und die Gespanne wieder aus der Schußlinie geführt sind. Aber wenn es nicht gelingt, die Österreicher in ihrem Vorstoß längs der Donau zum Stehen zu bringen, ist ohnedies alles verloren. Darum beginnen die Feuerschlünde zu donnern, in der Mitte muß Davout sich selbst helfen, am rechten Flügel genügt es zunächst, zu halten. Es ist Alexandre Marquis de Lauriston, der dieses Artilleriewunder vollbringt, ein bemerkenswerter Mann, in Indien geboren, Neffe des Finanzzauberers John Law und wohl selbst auch ein wenig Hexenmeister; denn als alle hundert Rohre feuern, da bleiben die Österreicher endlich stehen, der Angriff gerät ins Stocken und der Kaiser kann die Infanteriereserven heranholen. Die Armee ist gerettet.

Obwohl Napoleon nun den braven Macdonald auf dem linken Flügel zur Verfügung hat, bleibt er selbst hier, an dieser gefährdeten Stelle, der er zu spät seine Aufmerksamkeit geschenkt hat: er wollte eben in der Mitte durchbrechen, auf die Höhen von Deutsch Wagram. Es wird Nachmittag, ehe dies gelingt, ehe Davout und Eugène de Beauharnais die österreichischen Stellungen so hart bedrängen, daß der Erzherzog seine Truppen zurücknimmt. Es geschieht in voller Ordnung, es ist ein Abmarsch ohne Verluste an Material und ohne Panik. Im Gegenteil: Diese Panik bricht gegen Abend bei den Franzosen aus, weil sie ein paar Reiter-Vortrupps aus Richtung Ungarn schon für die Armee des Erzherzogs Johann halten und überzeugt sind, nun, am Ende des zweiten Schlachttages und nach den furchtbaren Verlusten dieser hin und herwogenden Kämpfe, zwischen zwei Feuer zu geraten. »Die panischen Schrecken«, schreibt Marschall Marmont, der ja zeitweise neben dem Erzherzog Johann einhermarschiert war, »sind ein trauriges Anzeichen für den Niedergang der Kampfmoral einer Armee. Sie sind manchmal auch bei französischen Truppen zu beobachten gewesen, aber niemals in ihrer guten Zeit. Die Armee von Austerlitz und die von Jena haben kein solches Beispiel gegeben.«

Wer weiß, was Marmont in seinen Memoiren noch alles anzumerken gehabt hätte, wäre die ganze Armee des Erzherzogs Johann so schnell gewesen wie ihre Kavalleriespitzen. Johann hatte erst am 5. Juli den Befehl erhalten, mit seiner Armee in die sich entwickelnde Schlacht bei Wagram einzugreifen. Man muß sagen, daß ein Blücher die sechzig Kilometer schneller zurückgelegt hätte, schnell genug, um am Vormittag des 6. zur Stelle zu sein, als Napoleons Lage äußerst heikel war. So aber brachte Johann die schnellsten Verbände seiner Armee, nämlich 13000 Mann, erst am Abend des 6. Juli in den Rücken der Franzosen, zu einem Zeitpunkt, da Erzherzog Karl seine Truppen bereits aus ihren Stellungen gelöst hatte und nach Norden marschieren ließ. Die Brüder blieben wegen dieses schicksalhaften Mißgeschicks, das Österreich den Sieg kostete, lange Zeit verfeindet und versöhnten sich erst im Jahr 1810.

Aber auch bei den Franzosen war die Lage keineswegs rosig. Zu geschwächt, um dem Feind nachzusetzen, konnten die Franzosen erst in den nächsten Tagen mit einzelnen Korps gegen die nach Norden abrückenden Österreicher vorfühlen und wurden jedesmal von den Nachhuten blutig zurückgewiesen; Massena und

Marmont holten sich trotz aller Bravour nur Niederlagen, und es zeichnete sich ab, daß um die Thaya-Übergänge ähnlich harte Kämpfe entbrennen würden wie an der Donau. Und wenn der Übergang gelingt, dann müssen die Franzosen in dem ihnen völlig unbekannten hügeligen Mähren Krieg führen, müssen einen erstarkten und ungeschlagenen Gegner nach Böhmen hinein verfolgen, wohin der Nachschub der Randgebirge wegen nur unter größten Schwierigkeiten gelangen kann.

Napoleon ist des Risikos müde. Er hat binnen drei Monaten sechs Schlachten geschlagen, die Entfernung von den Versorgungsbasen wird immer größer, die in Wien zurückgebliebene Besatzung ist viel zu klein, um diese große Stadt in Zaum zu halten, falls es zu Unruhen kommen sollte. Der Korse, der bis dahin alle Friedensfühler unbeantwortet ließ, signalisiert Verhandlungsbereitschaft.

Am 12. Juli wird der Waffenstillstand geschlossen, mit dem der Krieg praktisch zu Ende geht. Napoleon sieht von der Vernichtung des Gegners ab, was neu an ihm ist, und spätere Kommentatoren wie der Graf Yorck von der Wartenburg werden feststellen, daß sich eine gewisse Erschlaffung, ein Nachlassen der schöpferischen Spannung bemerkbar gemacht hatten, vielleicht auch zunehmendes Unwohlsein, über das der Kaiser in manchen Briefen aus jenen Monaten klagt.

Vor allem aber war auch Napoleons Streitmacht beträchtlich zusammengeschmolzen. Er hatte bei Wagram mehr als 20000 Mann an Toten und Verwundeten verloren und 7000 Gefangene, dazu zwölf Adler, jene Standarten, an denen das Herz der Franzosen besonders hing. Und wenn es auch kein Pyrrhus-Sieg war, so mußte einem einsichtigen Feldherrn doch klar sein, daß seine Kräfte zu ähnlich harten Waffengängen nicht mehr ausreichten.

Bei den ersten Verhandlungen war Napoleons tapferster Gegner sein Gesprächspartner, jener Fürst Johann Liechtenstein, der ihn an der Donau bei Wagram so in Bedrängnis gebracht hatte. Napoleon gab sich sehr charmant (was er wie wenige andere Militärs konnte) und kehrte erst im eigentlichen Friedensgespräch seine gewohnte Härte heraus, weil er sich von Österreich überfallen fühlte. Auch hatten ihm einige seltsame Zufälle die Laune getrübt und ihn mit bösen Ahnungen erfüllt. Als er auf der Rückkehr nach

Wien unweit des sogenannten (Nußdorfer) Spitz über die Donau ging, riß unmittelbar hinter ihm die Schiffsbrücke auseinander; einige Verpflegungswagen stürzten in den Fluß und sechs Pferde ertranken. Dem Herzog von Rovigo (bekannter unter seinem Namen Savary) widerfuhr es, in der Kapuzinergruft versehentlich eingeschlossen zu werden. Er verbrachte bange Stunden zwischen den Särgen der toten Habsburger, ehe die Mönche sein Toben hörten und ihn befreiten. Wien zeigte sich also von seiner unheimlichsten Seite, außerdem gab es in der großen Stadt selbst für die Franzosen nicht mehr allzuviel zu essen.

»Die Not in der Umgebung Wiens war furchtbar«, berichtet der junge Graf Czernin. »Bei Klosterneuburg fingen die armen Leute an, sich von gebrühtem Gras und Wurzeln zu ernähren. Ein Pfund vom allerschlechtesten Kalbfleisch kostete 48 Kreuzer, eine Semmel 18 *(d. h. das drei- bis vierfache).* Auf dem Marchfelde waren fast alle Ortschaften verbrannt, so auch auf der Rückzugslinie der Österreicher. Stammersdorf blieb noch verschont; jetzt ist es aber auch während des Waffenstillstands angezündet und geplündert worden.«

Der Krieg war vorbei, und Preußen wie Rußland durften sich beglückwünschen, nicht eingegriffen zu haben. Aber wäre in diesem Fall der ohnedies knappe Ausgang nicht doch anders gewesen? Wäre dann nicht 1809 mehr geworden als ein Vorspiel der Befreiungskriege? Napoleon jedenfalls schien recht zufrieden, zuletzt doch noch einen Erfolg heimzubringen; er war während der Verhandlungen oft in ausgesprochen guter Stimmung und brachte bald nicht nur dem Fürsten Liechtenstein, sondern auch dem zweiten Unterhändler, dem Grafen von Bubna und Littitz, deutliche Sympathie entgegen. Bubna war Adjutant des Kaisers Franz gewesen und später immer stärker mit diplomatischen Aufgaben betraut worden. 1809 war er Anfang Vierzig, und das Porträt, das Czernin von ihm zeichnete, ist eine der erstaunlichsten Stellen in diesem Tagebuch eines Vierzehnjährigen:

»Dieser General Bubna war eine höchst ungewöhnliche Erscheinung. Seine hohe, edle Gestalt hatte etwas äußerst Imposantes und doch sehr viel Anziehendes. Die Ruhe und Besonnenheit, welche den vortrefflichen Mann in keiner Lage verließen, verbanden sich mit einem feurigen Herzen, seine anscheinende Gemütlichkeit mit einem hohen Grade von Schlauheit, seine im gewöhnlichen Leben auffallende Trägheit mit einer überraschenden Schnelligkeit bei wichtigen Angelegenheiten. Bubna war der Mann der Gegensätze; in seiner Jugend hatte er wenig gelernt, hatte nie einen Kreuzer in der Tasche und war ein Freund des schönen Geschlechts gewesen. Die mißlichen finanziellen Verhältnisse, in denen sich der bewunderungswürdige Mann so oft befand, waren die Folge einer gewissen Gleichgültigkeit für das Alltägliche, Erbärmliche im menschlichen Leben. Es gab wenig Menschen, die auf eine gleiche Weise wie Bubna die Kleinlichkeit haßten und verachteten und deren Anschauung der Verhältnisse so großartig war wie die seine. Der große Menschenkenner Napoleon wußte bald, als er Bubna gesprochen hatte, wen er vor sich habe. Die Bestimmtheit, mit der unser Landsmann jede unrichtige, oft heftig ausgesprochene Behauptung, auch wenn sie aus dem kaiserlichen Munde kam, entweder ruhig, aber entschieden zurückwies oder stillschweigend überging, mochte dem gefürchteten Despoten ziemlich neu sein. Der österreichische General stieg schnell und in einer ziemlich auffallenden Weise in der Achtung und Zuneigung des Kaisers, der, selbst wenn er über die Ruhe und Unnachgiebigkeit des Unterhändlers in Ärger geriet, schnell wieder einlenkte und denselben dann oft freundlich beim Ohrläppchen zog, ein Zeichen der höchsten Gunst und Gewogenheit.«

Das sind jedenfalls Umgangsformen, die in das Gesamtbild einer Epoche, in der selbst die Außenseiter des gegnerischen Lagers wie zum Beispiel der Major von Schill noch die Achtung ihrer Feinde hatten und die Briefe unter verfeindeten Monarchen mit der höflichen Anrede »Mein Herr Bruder« begannen.

Leider wich die freundliche Atmosphäre, wie sie zwischen dem Korsen und seinen Gegnern im Felde geherrscht hatte, dann dem kühleren Klima der professionellen Diplomaten. Metternich und der französische Außenminister Champagny verhandelten an einem ruhigen Ort im ungarischen Komitat Wieselburg. Die Kombination war nicht günstig und die Gesamtlage ebensowenig. Champagny war eine Beamtennatur, gewährte sich keinen Spielraum und müßte heute als ein simpler Befehlsempfänger bezeichnet werden. Metternich wiederum war gegen einen französischen

Diplomaten ausgetauscht worden, seine Familie jedoch war in Paris geblieben, nicht gerade als Geiseln, immerhin aber in der Gewalt des Korsen. Dazu kam, daß Metternich, wiewohl kein Soldat, doch zutiefst getroffen war von den Führungsschwächen der tapfer kämpfenden österreichischen Armee, und seine Analyse der Schlachten von Aspern und Wagram sind inzwischen von namhaften Historikern als durchaus zutreffend bezeichnet worden:

»Die letzte Schlacht *(Wagram)* hat den Ruhm der Armee und die Schande ihrer Führer gebildet, der Waffenstillstand aber den Gipfel ihrer Erniedrigung. Am 22. Mai *(Aspern)* hätte es genügt, 25000 Mann die Donau übersetzen zu lassen, um mit einem einzigen Zug die französische Armee in einem Netz gefangenzunehmen. Und diese 25000 Mann standen *(als Reserve)* an der Donau und hatten den ganzen Schlachttag noch keinen Schuß abgegeben. Sie hatten auch hundert Pontons *(Pionierboote)* zur Verfügung. Hätte man dann weiter am 6. Juli *(Wagram)* auf unserem linken Flügel noch einen letzten Anstoß gegeben, man hätte Napoleon *et toute la boutique* in die Donau und March geworfen. Die Brücken der Lobau waren doch schon mehr als eine halbe Meile im Rücken der Unsrigen! Und man zieht sich zurück, um die Monarchie nur um so sicherer zu zertrümmern.«

Nur seiner Mutter gegenüber ist Metternich so offen gewesen, offensichtlich tief bewegt von den Ereignissen; in der Ausgabe seiner Nachgelassenen Schriften, wie sie in acht Bänden 1880–84 in Wien erschienen, fehlen diese Ausführungen aus dem Brief vom 25. Juli 1809. Zu dieser Belastung, einer bei Metternich seltenen tief innerlichen Anteilnahme und der daraus resultierenden Fassungslosigkeit, kamen aktuelle Komplikationen. Graf Stadion, der seinen Kaiser zu diesem Krieg veranlaßt hatte, trat zurück, um die Friedensverhandlungen nicht durch seine Person zu komplizieren, aber auch, um das Ergebnis nicht verantworten zu müssen. Metternich war als Nachfolger ausersehen, bat aber, in Ungarisch-Altenburg noch als simpler Botschafter verhandeln zu dürfen, um sein Amt nicht mit einem Mißerfolg beginnen zu müssen, denn Napoleon war entschlossen, den Angreifer büßen zu lassen.

Die zweite Komplikation war unendlich heikler, sie bestand in zwei Absichten Napoleons, der ja stets viel zu stark an den europäischen Herrscherhäusern, an Verbindungen mit ihnen und an ihren inneren Problemen interessiert war, eine der wenigen Parvenü-Schwächen, um die er zeitlebens trotz hoher Intelligenz und starker geistiger Interessen nicht herumkam. An dem Frieden, den Champagny aushandeln sollte, interessierten den Korsen vor allem die privaten Folgen. Er wollte den Kaiser Franz, der ihn stets mit eiskalter Verachtung behandelt hatte, durch jenen Erzherzog Karl ersetzen, der eben als Oberkommandierender abberufen worden war, weil er schließlich seine Siege und Siegeschancen verschenkt hatte. Zwischen Napoleon und dem gegnerischen Generalissimus gab es seit den Schlachten in Bayern einen Briefwechsel, der die deutlichsten Hinweise auf Karls Unterlegenheitskomplex und den sich daraus ergebenden Friedenswillen enthält. Dies wollte Napoleon nun honorieren und zugleich Franz bestrafen, womit er allerdings nicht durchdrang.

Mehr Erfolg hatte Napoleon bei der von allen Beteiligten mit größter Diskretion behandelten Frage einer Verbindung zum Haus Österreich, nämlich der Heirat mit der jungen und hübschen Erzherzogin Marie Louise, um die sich inzwischen bereits ein Prinz aus Modena und einer aus Bayern bemühten. Diese anderen Bewerber abzuwehren und die für Österreich in seiner bedrängten Lage hilfreiche Ehe zustande zu bringen, beschäftigte den neuen Außenminister Metternich in der Folge so sehr, daß er sich aus den Verhandlungen in Ungarisch-Altenburg wieder zurückzog und den unpopulären Frieden durch den Fürsten Liechtenstein unterzeichnen ließ.

Napoleon war seinerzeit durch Joséphine Tascher de la Pagerie, verwitwete Beauharnais, einer schönen Kreolin, in den Kreis der Machthaber gelangt, welche die wilde Phase der Französischen Revolution abgelöst hatten. Die Geliebte des Grafen Barras hatte dem kleinen, ungelenken und mit seinem starken Akzent in Paris eher lächerlichen Korsen alle Verbindungen geschaffen, die er brauchte, ihn aber vermutlich nie wirklich geliebt, während er, damals noch nicht von den Frauen verwöhnt, der erfahrenen Frau bald eine echte Neigung entgegenbrachte, von der zahllose, oft unter schwierigsten Feldzugsbedingungen geschriebene Briefe zeugen. An seiner Seite 1804 zur Kaiserin gekrönt, war Joséphine nun, da die Großmächte Rußland und Österreich sich letztlich als unbezwinglich erwiesen hatten, für die sich anbietende friedliche Lösung einer Ehe mit dem potentiellen Gegner ein Hindernis, dessen Napoleon sich mit der ihm eigenen Rücksichtslosigkeit zu entledigen gedachte. Hatte er nicht den Papst verhaftet, Kardinäle mit dem Tod bedroht? Seine Scheidung zu erzwingen, schuf nur das Problem, das in Joséphine selbst lag. Nur ihr gegenüber empfand Napoleon eine gewisse Schuld, bei ihr warb er um Verständnis, wenn auch in viel kürzeren Briefen, als er sie früher geschrieben hatte.

Das russische Kaiserhaus hatte seine Töchter nicht *expressis verbis* verweigert, aber die eine schnell verheiratet und die andere als viel zu jung hingestellt. Im geschlagenen Österreich riskierte man derlei nicht. Marie Louise, die noch nicht ahnte, daß sie geopfert werden sollte, schrieb noch recht offenherzige Briefe, in denen sie von ihrem Haß gegen Napoleon sprach, und Napoleon selbst, der die Sache bis zum letzten Augenblick kaschieren mußte, da er ja noch nicht geschieden war, tat so, als wolle er eine Tochter seines Bruders Lucian adoptieren und mit dem österreichischen Thronfolger verheiraten.

Diese zweite Version einer korsisch-wienerischen Allianz nahm allerdings niemand ernst. Lucian, der einzige Bruder, der Napoleon ebenbürtig war, hatte das Spiel des Kaisers nie mitgemacht; er hatte zwar Geld, aber keine Positionen angenommen und stand mit Napoleon keinesfalls auf gutem Fuß. Napoleon tat auch bis zum Schluß so, als hätte er die Wahl, ja, er berief einen Familienrat seiner Schwestern und Schwäger ein – von denen nur Murat gegen die österreichische Heirat sprach – und blieb bis zum letzten Augenblick in der Rolle eines Paschas, der nur das Taschentuch fallen zu lassen braucht.

Angesichts dieser komplexen Lage muß man sich über die Schnelligkeit wundern, mit der dennoch alles unter Dach kam: Schon in der Nacht vom 14. auf den 15. Februar 1810 traf der Legationssekretär von Floret mit dem Heiratsvertrag in Wien ein, ein Rekordergebnis in einer Zeit ohne taugliche Verkehrsmittel, ohne schnelle Nachrichtenverbindungen. Dazu hatte Metternich selbst noch im letzten Augenblick für einen gefährlichen Skandal gesorgt: Er hatte es nicht lassen können, auch als österreichischer Außenminister der hübschen Laure Junot, Herzogin von Abrantès, Gattin eines französischen Marschalls aus dem Unteroffiziersstand, inbrünstige Liebesbriefe zu schreiben, und Pauline, Napoleons ebenso schöne wie intrigante Schwester, hatte alles auffliegen lassen, weil sie selbst einmal die Geliebte Junots gewesen war. Aber Napoleon war nun nicht mehr daran interessiert, Verzögerungen eintreten zu lassen, und verbannte beide Junots. Der alte Kampfgefährte hatte ihn schließlich auch schon militärisch enttäuscht, hatte bei Cintra gegen die Briten kapituliert und sich auf der Iberischen Halbinsel schamlos bereichert. Laure hingegen, die damals fünfundzwanzigjährige geistvolle Marschallin, mochte Napoleon und verzieh ihr darum manches. Sich mit einer Erzherzogin zu verbinden, das war nicht der Augenblick, im eigenen Clan Rücksicht walten zu lassen. Napoleon verbannte den *Maréchal sans fortune*, der später übrigens irrsinnig wurde, so daß man eigentlich nicht versteht, warum jener Monsieur Junot, der in unseren Tagen einige Zeit mit der reizenden und kerngesunden Caroline von Monaco verheiratet war, partout von jenem napoleonischen Junot abstammen wollte . . .

Alle Damen zeigten Verständnis. Lorel Gräfin Metternich verzieh ihrem Gatten die nun offenkundig gewordene Liaison mit der Marschallin, Joséphine erschien bei Lorel, um für Napoleon und seine Wiener Pläne gutes Wetter zu machen, und die galante Pauline ließ die Frau des österreichischen Außenministers ihrem Lever beiwohnen. »Wir fanden sie in ihrem Boudoir auf einem Kanapee liegend, während ein Neger sie kämmte und ihre Kammerzofe damit beschäftigt war, ihr Schuhe und Strümpfe anzuziehen. Es war ein Bild zum Malen. Wir haben so ihrer Toilette von Kopf bis Fuß beigewohnt. Sie hat ihr Kleid, ja sogar Hemd und Strümpfe vor uns angezogen . . .«

Diesen Brief zeigte Metternich der jungen Erzherzogin nicht, als er in einem der schwierigsten Gespräche seiner an Unterhandlungen so reichen Laufbahn dem hübschen Mädchen klar machen mußte, daß sie keine Aussicht auf ihre Liebesheirat habe, sondern ihrem Erzfeind, dem korsischen Eroberer, ins Ehebett gelegt werden solle, »als ein Opfer ihrer kindlichen Liebe für ihr Vaterland«, wie man sich in Wien ausdrückte. Nicht nur »du glückliches Österreich heiratest«; auch das unglückliche verstand sich darauf.

König Frost schlägt einen Kaiser

Es war im Mai 1942 in dem riesigen Lazarett der Stadt Kiew, einem Prunk-Krankenhaus der Sowjets, in dem deutsche Ärzte Tausende von Verwundeten und Kranken betreuten. In einer kleinen, vertrauten Runde von Ärzten saßen auch zwei Germanisten, die als Patienten in Kiew weilten; da stellte ein junger Oberarzt, Sohn eines berühmten Frankfurter Urologen, melancholische Vergleiche über Napoleons Rußlandfeldzug an und über die Chancen der deutschen Armee in diesem unendlichen Land – als ihm plötzlich das Glas Wein in der Hand zersprang. »Sie sehen es, meine Herren«, sagte er und tupfte sich ein paar Blutstropfen von den Fingern, »es gibt Vergleiche, die man auch nach 130 Jahren noch nicht ungestraft anstellt.«

Tatsächlich drängt sich uns in der gesamten neueren Geschichte keine Parallele deutlicher und zwingender auf als die Versuche der beiden Kontinentbeherrscher, auch den weit offenen Ostraum des kleinen Europa zu unterwerfen, nämlich das europäische Rußland. Dem unbefangenen Beobachter wird es in beiden Fällen unbegreiflich bleiben, wie solch ein Feldzug entworfen werden konnte, der ja offensichtlich kein Ziel haben konnte. Wo zwischen dem Eismeer und dem Schwarzen Meer oder der Kaspischen See sollte man denn die Russen stellen? Wie sollte man die eroberten Gebiete abdichten gegen jene Weiten im Osten, aus denen seit Attila stets unangreifbar-übermächtige Angreifer gegen den winzigen Kontinent Europa vorgebrochen waren?

Napoleon hatte das Beispiel Karls XII. vor sich, Hitler das Napoleons, und doch war es, als wären mit den Armeen und ihren Siegen auch die Kunde von ihren Schicksalen versickert, in der Ferne verweht, in den eisigen Einöden Rußlands für immer untergegangen: die unsäglichen Leiden der schwedischen Armee auf dem Marsch in die Ukraine, die pausenlosen Angriffe der Kosaken aus der Weite der Steppe, der Verlust des Nachschubs, der bittere Hunger.

Die Frage, warum Napoleon dennoch, nach den schweren Verlusten in Spanien, Portugal und Österreich, ganz Europa aufbot für einen Feldzug, der keinen vollen Erfolg bringen konnte, diese Frage läuft auf eine posthume Analyse durchaus persönlicher Motive hinaus. Denn wenn schon der Spanienfeldzug militärisch überflüssig und damit ein nutzloses Risiko war, so galt für die gewaltige Unternehmung gegen das Zarenreich in weit höherem Maß die Überlegung, daß selbst im Fall militärischer Erfolge keine neue Sachlage entstehen würde, die den ungeheuren Aufwand lohnte. Zum Unterschied von Hitler hatte Napoleon auch keine Ideologie, die ihm die Niederwerfung Rußlands gebot: Er war selbst ein Kaiser und nicht mehr der Revolutionär, war es ja wohl nie in dem Sinn gewesen, daß gekrönte Häupter schon durch ihre Kronen eine Herausforderung für ihn bedeutet hätten.

Die Männer nüchternen Verstandes rund um den Korsen hatten sich schon gegen den Spanienfeldzug ausgesprochen, und wie sich zeigte mit vollem Recht. Keiner seiner Freunde hatte Napoleon 1807 und 1808 besser beraten als seine Feinde Talleyrand und Fouché, und wer immer dem Korsen aus echter Ergebenheit oder aus Servilität Rußland als lohnendes Ziel vor Augen stellte, erwies ihm keinen Dienst. Die Wahrscheinlichkeit des Mißlingens war so deutlich vorgezeichnet, daß die unter Frankreichs Oberhoheit schmachtenden europäischen Staaten zwar bedauerten, Hilfstruppen stellen zu müssen, zugleich aber dem Monsterabenteuer entgegenhofften, weil sich nach der Niederlage Österreichs 1809 keine andere Möglichkeit einer Befreiung von Napoleon abzeichnete.

Daß dem Cäsarenverstand des großen Korsen dies alles undurchschaubar blieb, ist weit rätselhafter als die Verranntheit Hitlers. Denn Napoleon war ja keineswegs ein nur militärisches Genie etwa in der Art jener Schachgroßmeister, die im bürgerlichen Leben eher bescheidene Geistesgaben an den Tag legen; er war mit dem Ingenium des Gesetzgebers ebenso ausgezeichnet wie mit dem des Feldherrn und zum Fluch seiner Gegner mit ungeheurer Arbeitskraft gesegnet.

Daß er seine Angriffslust und seinen Expansionsdrang auf das Zarenreich fixierte, wird im allgemeinen damit erklärt, daß Rußland sich der Kontinentalsperre gegen England nicht anschloß. Eine absurde Annahme angesichts des geringfügigen Rußlandhandels der Briten, angesichts des überaus bedrohten Seewegs durch die Ostsee und die Belte und angesichts der Frankreichhörigkeit der Dänen. Die Murmansk-Bahn gab es noch nicht, der einzige eisfreie Hafen der Russen war Libau, eine Stadt mit endlosen, wenig leistungsfähigen Binnenverbindungen. Die Aufstellung einer einzigen Division kostete Napoleon mehr, als er durch diese Lücke in seinem Sperrvorhang verlor; da schmuggelten die Preußen in den mecklenburgischen und pommerschen Häfen mehr, als die Moskowiter importierten. Was aber war es dann?

Es ging wohl um Personen. Niemandem hatte Napoleon seine Freundschaft deutlicher und dringlicher angetragen als dem Zaren Alexander, einem, wie man zugeben muß, wohlgeratenen Herrscher, mehr repräsentativ als wirklich bedeutend, aber gerade das, repräsentativ, war ja der kleine und dickliche Korse nicht. Nach dem Frieden von Tilsit 1807 war die Ritterlichkeit dieses Grandseigneurs aus Sankt Petersburg in Paris ostentativ gelobt worden; vom Erfurter Fürstentag aus hatten Napoleon und Alexander einen gemeinsamen Friedensappell an England gerichtet, aber dort saß, ebenso unwandelbar wie später Churchill, der Pitt-Schüler George Canning und brauchte nicht einmal Blut und Tränen zu befürchten, denn England hatte dank der Kontinentalsperre das Recht, die Schiffe aller Staaten, die sie befolgten, unnachsichtig zu kapern.

Napoleons Bemühungen um die Gunst Alexanders I. gipfelten in den erwähnten Bewerbungen um russische Prinzessinnen, um eine der Schwestern des Zaren, und daß diesem Begehren nicht stattgegeben wurde, ja daß man es auf eine kaum verhüllte Beleidigung des Kaisers der Franzosen ankommen ließ, das hätte auf Korsika Blutrachefehden ausgelöst und führte in Europa zu dem größten Krieg, den der kleine Erdteil je gesehen hatte. Napoleon hat später zynisch einbekannt, daß er in Rußland vor allem deutsche Truppen für sich kämpfen und sterben ließ; aber den Kern der *Grande Armée* bildeten ja doch die Franzosen, und der Krieg selbst, der war französisches Schicksal. Wenn die Württemberger, die

Preußen, die Österreicher Blutopfer brachten, weil sie mitmarschieren wußten, so traf das deren Familien; die französischen Verluste aber trafen Napoleon.

Es ist zweifellos absurd, aber in jener Epoche monarchischer Familienpolitik keineswegs ungewöhnlich, daß vor diesem blutigen Hintergrund auch ein paar schöne Frauen und elegante Kavaliere agieren, ohne daß man mit Sicherheit zu sagen wüßte, wie weit ihre Aktionen, Beobachtungen, Berichte und Intrigen den Ausbruch dieses Krieges mitbewirken, der sieben- bis achthunderttausend Soldaten in Bewegung setzen und die Hälfte von ihnen aus dieser Welt scheiden sehen wird. Hauptschauplatz dieses Satyrspiels zwischen Rußland, Österreich und Frankreich ist natürlich das in der Mitte liegende Wien und in Wien wiederum der Zirkel um Metternich.

Alexander I. Pawlowitsch, Zar von Rußland, war 1793, im zarten Alter von sechzehn Jahren, mit der Prinzessin Elisabeth von Baden verheiratet worden, und die badischen Prinzessinnen hatten sich an dieser Jahrhundertwende, dank ihrer angenehmen Wesensart und einer gewissen Hübschheit, auch noch auf andere Throne gesetzt: auf den Bayerns, Schwedens und Hessen-Darmstadts. Zu Hause geblieben war das flachnäsige häßliche Entlein Amalie, nunmehr also Schwägerin des Zaren. Österreichs junge Kaiserin hatte in ihrer Erbitterung gegen Frankreich Amalie von Baden nach Wien eingeladen, hatte von der Prinzessin erfahren, daß diese sehr glücklich über eine Verbindung zum Erzhause wäre, und den Sieger von Aspern, den Erzherzog Karl, als würdigen Gatten ins Gespräch gebracht. Karl war nicht übermäßig entzückt, aber bereit, diese politische Heirat einzugehen, als Metternich von der Angelegenheit erfuhr, die seine gesamte frankreichfreundliche Politik durchkreuzen mußte.

Parallel dazu bemühte sich der Zar selbst intensiv um eine Annäherung an Österreich. Er hatte durch seine Wiener Späher verfolgt, daß Österreich, von der Führungsschwäche abgesehen, ein beinahe ebenbürtiger Gegner der Franzosen gewesen war, und schätzte die Kampfkraft dieser Großmacht weit höher ein als die des geschlagenen Preußen (wobei er die Rechnung allerdings ohne die Generale machte: auf dieser Ebene hatte Österreich nur mit Radetzky jene Sonderklasse zu bieten, wie sie in Preußen gleich mehrfach vertreten war). Österreich mußte also aus der sich bildenden europäischen Front gegen Rußland herausgebrochen werden, und so wie Kaiser Franz eine Tochter auf dem Altar der Politik geopfert hatte, so wollte der Zar jene jüngste Schwester opfern, die man dem Korsen verweigert hatte. Sie sollte Österreichs Thronfolger Ferdinand heiraten, einen siebzehnjährigen Prinzen, von dem man höflicherweise sagte, er sei in seiner Entwicklung noch zurückgeblieben. Erst 1829, mit sechsunddreißig Jahren, war er so weit, daß er einer Sitzung des Staatsrates folgen konnte, und da von seiner Intelligenz nichts Nennenswertes zu berichten war, rühmen die Nachschlagewerke seine Menschenfreundlichkeit und Herzensgüte. Seine Interessen gehörten der Heraldik und der Landwirtschaft, und in der Revolution von 1848, nunmehr seit dreizehn Jahren Kaiser, reagierte er auf den Bericht von einem Aufruhr mit der verblüfften Frage: »Ja . . . derfn's denn dös?«

Diesen vielversprechenden Prinzen also wollte der Zar seiner sehr munteren und auch sonst wohlgeratenen Schwester an die Seite legen, womit für Metternichs Absichten noch ärgere Komplikationen heraufzogen als durch die russische Verschwägerung jenes Erzherzogs, der als Armeekommandant immerhin abgesägt worden war.

Das Virtuosenstück, beide Quertreibereien abzuwehren, hätte außer Metternich wohl nur Talleyrand fertiggebracht. Es kostete den eleganten Außenminister allerdings viel Schweiß, den er nicht einmal zeigen durfte, einmal, weil sich Kaiser Franz mit der badischen Verbindung bereits einverstanden erklärt hatte, zum andern aber, weil Metternich mit Rußlands Superagentin, der schönen Fürstin Bagration, schließlich ein Kind hatte. Zwei Sonderemissäre des Zaren, ein Herr Novosiltzow und der Prinz Bariatinski, gingen nicht nur im Salon der Bagration ein und aus, sondern auch im Haus jener schönen Frau, die ihre Nachfolge in der Gunst Metternichs angetreten hatte, der Wilhelmine von Sagan aus einer über Kurland mit dem Zarenreich verbundenen Familie. Metternich pflegte also im privatesten Bereich eifrig jene Verbindungen, die er seinem Kaiserhaus verwehrte: Eine Liaison war nicht mehr als Klatschstoff und erlangte nur selten politische Brisanz; Heiraten aber machten Politik, vor allem in Österreich. Napoleon, der Metternich nur noch wegen seiner guten Umgangsformen schätzte, ihn innerlich aber zu dem Klüngel seiner gefährlichsten Pariser Gegner zählte, mußte zugeben, daß dieser geschickte Minister Frankreich am Vorabend des Einfalls nach Rußland einen entscheidenden Dienst erwiesen hatte, und zeigte sich geneigt, die Metternichsche Herrschaft Ochsenhausen wieder herauszugeben. Was machte das schon aus angesichts eines Aufmarsches in den unermeßlichen Weiten des Zarenreiches!

Napoleon, der sich später etwas darauf zugute tat, wie sehr er seine Verbündeten zur Ader gelassen hatte, verschleierte bei der Aufstellung der *Grande Armée* die Anteile deutscher und polnischer, italienischer und österreichischer Verbände ein wenig, führte die Korrespondenz über die Stärke dieser Verbände aber mit aller Härte. Ja er versuchte sogar, ihm besonders sympathische Oberkommandierende für diese Hilfskorps durchzusetzen, im Falle der Österreicher also den Erzherzog Karl, den Mann, der ihn als erster und bislang einziger in offener Feldschlacht besiegt hatte, der ihm aber trotzdem in jener Ergebenheit anhing, wie er sie von kühleren Naturen nicht erwarten durfte. Metternich durchkreuzte natürlich auch diesen Plan, der Österreich sehr viel Blut gekostet hätte, und setzte es durch, daß der bis dahin vor allem als Diplomat verwendete Fürst Schwarzenberg das Hilfskorps nach Rußland führte, ein Mann immerhin, der als Gesandter in Paris guten persönlichen Kontakt zu dem Korsen gehalten hatte. Schwarzenberg galt als übervorsichtig, sehr bedachtsam und für die eigene Person als ehrgeizlos; diese Kombination von Vorzügen und Mängeln, verbunden mit viel persönlichem Charme machte aus Schwarzenberg zwar ein Urbild des *Schwierigen*, bot aber eine gewisse Garantie dafür, daß die 32–35000 Österreicher nicht die Kastanien aus dem Feuer holen würden.

Auch am Nordflügel standen Hilfstruppen, nämlich das im wesentlichen aus Preußen und Polen gebildete Korps Macdonald, für das Preußen also nicht wie Österreich einen eigenen Kommandanten stellen durfte: Julius von Grawert, General aus dem lübischen, nach Königsberg ausgewanderten Geschlecht, war Macdonald untergeordnet.

Zwischen Galizien und dem Memelfluß spannte sich also eine Front, die zwar kürzer war als Hitlers Aufmarschbereich, der bekanntlich von Finnland bis Bessarabien reichte, aber nicht minder bunt besetzt: Sogar Schweizer kämpften mit, wenn auch unter einem französischen General namens Merle. Die stärkste Stoßkraft schrieb man dem in der Mitte aufmarschierten polnischen Korps zu, einmal, weil die Polen als einzige von Napoleons Verbündeten eine eigene Rechnung mit Rußland zu begleichen hatten, zum andern, weil Poniatowski, Fürst und Thronanwärter, schon aus Familientradition zweifellos sein Bestes geben würde. *In summa* erreicht die am 3. März 1812 endgültig getroffene Aufstellung eine Gesamtstärke von 442000 Mann.

Die Korps zeigen im allgemeinen eine kluge Mischung: Den Italienern waren zur Rückenstärkung französische Divisionen beigegeben, zu den unsicheren Preußen hatte man die glühenden Polen gestellt, über ein kleines Korps aus Hessen und Westfalen den unbändigen und wegen seiner Härte berüchtigten Vandamme als Kommandeur bestimmt. Die Kavallerie unter dem bewährten Murat, König von Neapel und Schwager Napoleons, war mit 32000 Franzosen gegenüber nur achttausend Polen und Sachsen jene Waffengattung, in der die französischen Truppen am deutlichsten dominierten. Als Stabschef war trotz seiner Fehler in Bayern wieder Berthier eingesetzt worden, ein treuer Mann, dem allerdings bisweilen die Übersicht fehlte.

In der Kriegsgeschichte und vor allem in Schlachtberichten lesen wir nicht selten ungeheure Zahlen, und je ferner die Zeiten, desto gewaltiger die Armeen, was schon dem Faktum widerspricht, daß ja die Einwohnerzahlen der kriegführenden Länder im Altertum und im Mittelalter für so große Kämpferzahlen gar keine zureichende Basis bilden. Die halbe Million Krieger, wie sie für die Schlacht auf den Katalaunischen Feldern genannt werden, sind ebenso eine Legende wie die sechsstelligen Zahlen in der Araberschlacht von Tours und Poitiers oder in dem großen Waffengang von Pavia 1525. Als Napoleon vor seinem kaiserlichen Schwiegervater den großen Thronsaal des Dresdner Schlosses betrat, um im Mai 1812 nach der Armee nun auch die Parade seiner fürstlichen Vasallen abzunehmen, da gebot er über die größte Streitmacht, die jemals versammelt worden war (denn auch die Zahlen der chinesischen Chronisten sind nur mit Abstrichen zu akzeptieren).

Am Abend des 16. Mai war Napoleon in Dresden eingetroffen.

Festlichkeiten und Empfänge beschäftigten ihn nur abends; tagsüber widmete er sich der Hauptaufgabe, den Nachschub für seine gewaltige Streitmacht zu organisieren, die ein so dünnbesiedeltes Land wie Rußland ja vielfach überfordern mußte. Am 31. Mai erreichte Napoleon Posen und sah sich zwei russischen Armeen von zusammen annähernd 200 000 Mann gegenüber, die von Barclay de Tolly und dem Fürsten Bagration kommandiert wurden.

Der in Westpreußen geborene spätere General und Militärschriftsteller Heinrich von Brandt nahm als junger Offizier im Rahmen der Weichsellegion am Feldzug von 1812 teil und erzählt vom Vormarsch auf Minsk:

»Wenngleich unsere Division allein marschierte . . . so fanden wir doch überall Gepäck, Plünderer, Isolierte, und zwar in so großer Zahl, daß Dörfer und Flecken, ja die ganze Landstraße damit wie besät waren. Halbe Meilen weit sah man oft nichts als Bagagewagen mit den kleinen Landpferden bespannt, auf welchen diese Marodeurs das geraubte Gut mit sich schleppten, an bequemen Orten sich einquartierten und in förmlichen Lagern den Ertrag ihrer nichtswürdigen Hantierung verzehrten.«

Wenige Tage zuvor war Polen als selbständiges Reich proklamiert worden, die ganze Front war in einer imposanten Bewegung begriffen, aber die Truppen selbst waren der Führung bereits entglitten:

»Am 6. *(Juli)* biwakierten wir in einem dichten Walde, in der Nähe eines gänzlich geplünderten Dorfes . . . Der Biwakplatz schwamm, es fehlte an Lebensmitteln, das Holz, das wir uns fällten, wollte nicht brennen. Die Bewohner waren geflohen. Durchnäßt und hungernd rückten wir am 8. an die Kolenka und bezogen hier russische Baracken, die uns gute Dienste leisteten. Von einer regelmäßigen Verteilung von Lebensmitteln war nicht die Rede. Man nahm den Marodeurs manches ab; Fleisch wurde von Detachements herbeigeschafft, die man in die Wälder schickte, wohin die Bewohner ihr Vieh getrieben. Um unser Unglück zu vermehren, stießen wir hier auf Parke *(Troßfahrzeuge)* aller Art, welche auf den durch den Regen grundlos gewordenen Wegen liegengeblieben waren. Den Abgang der vielen Pferde bei denselben hatte man durch Land*(Panje-)*Pferde ersetzt. Da man aber diese ebenso schlecht versah wie die eigenen Tiere, so erlagen auch sie bald dem Elend. Man spannte sie aus und ließ sie stehen oder liegen. Da traf es sich wohl, daß Geschütze oder Wagen über sie hingingen und die dampfenden Eingeweide sich um die Räder schlangen. Aber das rührte niemanden, ging es doch kaum den Menschen anders. Ich habe unendlich viele Leute auf dem Wege sitzend oder liegend gesehen, die hier auch ihr Ende gefunden. Nirgends fand sich eine sorgende, pflegende Hand, die sich ihrer angenommen hätte. Dies wirkte unendlich deprimierend auf unsere Soldaten, weil sie sahen, daß vieles anders, besser sein konnte. Es waren kaum vierzehn Tage her, daß man den Njemen überschritten hatte, und schon trug die Armee die sichtbarsten Spuren der Auflösung an sich.«

Ein ruhiger, guter Beobachter gibt einen Bericht, der eigentlich schon alles sagt. Es hat noch keine nennenswerte Kampfberührung gegeben, und schon haben sich die traditionellen Schwächen der französischen Armee gezeigt, Schwächen der Organisation, der mittleren Führung und der Sanitätsversorgung. Auf kurzen Feldzügen in kultivierten Gebieten wie Deutschland, Norditalien oder Österreich konnte derlei nicht in Erscheinung treten oder doch keine Bedeutung erlangen; auf den endlosen Anmarschwegen in den weiten Räumen Rußlands mußte es jedoch furchtbarere Folgen haben als eine Reihe von Gefechten.

Indes kam es doch noch zu einigen Schlachten, denn durch die Ungeschicklichkeit des Roi Jérôme, der als Bruder Napoleons nicht unter dem tüchtigen Davout kämpfen wollte, war es den beiden russischen Armeen gelungen, sich zu vereinigen und so gestärkt bei Smolensk eine Schlacht anzunehmen. Es regnete mehr als gewöhnlich in diesem russischen Sommer, und die Rollbahnen, die bei solchem Wetter im Zweiten Weltkrieg die einzigen benützbaren Vormarschstraßen waren, die gab es eben noch nicht. Als der Regen um die Augustmitte aufhörte, da kam der Staub, der auch schon Karl XII. so viel zu schaffen gemacht hatte:

»Die Leute verschmachteten fast«, schreibt von Brandt, »und stopften sich Birkenblätter in den Mund, um sich gegen Durst und Staub zu schützen. Wer dergleichen selbst nicht erlebt hat, wird sich von dem, was der Soldat leidet, kaum einen Begriff machen können. Kälte, Hunger, Regen und schlechte Wege – nichts ermüdet den Soldaten mehr. Hinzu kam, daß die Kolonnen alle Augenblicke stockten.« Napoleon hatte sich erst im Februar 1812, also wenige Wochen vor dem Aufmarsch, um genauere Karten und Beschreibungen der Gegenden bemüht, die er durchziehen wollte, und diese Kenntnisse fehlten ihm wie seinen Korpskommandanten bitter: Bei Smolensk, der ersten großen Schlacht, gelang die Einschließung der Russen nicht, weil Junot und Ney ihre Märsche nicht aufeinander abstimmten. 30000 Russen entrannen vor dem mutig angreifenden Ney, und Smolensk konnte erst genommen werden, als alle Magazine niedergebrannt waren. Die Not auch an Kleidung war schon im August so stark, daß alle Leichen bis auf die Haut ausgezogen wurden. Von den beiderseitigen Verlusten bei Smolensk nimmt von Brandt an, daß sie einander die Waage gehalten hätten; andere Beobachter schätzen die russischen Verluste auf 20000, die der Franzosen und ihrer Verbündeten auf 7000 Mann. Die keineswegs entmutigten russischen Truppen stellten sich schon bald hinter Smolensk abermals zum Kampf; die Franzosen kämpften an den Schanzen von Schewardino und bei Moschaisk verlustreich, aber stets mit dem Gewinn des Geländes, und erreichten Anfang September die Moskwa bei Borodino. Die *Grande Armée*, die den Njemen auf der Linie Kowno-Grodno noch mit 370000 Mann überschritten hatte, bei Smolensk aber nur noch 185000 Mann ins Treffen führen konnte, war bei Borodino nicht mehr viel stärker als die Russen: 128000 Mann unter Napoleon standen gegen 114000 unter Kutusow und Bagration, die sich durch etwa 15000 Bauern ohne Feuerwaffen verstärkt hatten.

Nach heftigem Kampf um drei lange Schanzen hatten die Franzosen sich zwar den Weg nach Moskau freigekämpft, aber auch 30000 Mann verloren, denen etwa 45000 Mann an russischen Verlusten gegenüberstanden. General Bagration, der Gemahl der schönen Spionin von Wien, war gefallen und erhielt später eine Kapelle auf diesem Schlachtfeld. Ney war der Vater dieses Sieges und wurde zum »Fürsten von der Moskwa« erhoben. In der zweiten Oktoberwoche erreichte polnische und preußische Kavallerie als Vorhut Moskau, »eine Stadt von 8–10 Stunden im Umfange, mit einem halben Tausend Kirchen der wunderbarsten Bauart, mit ihren zahllosen bizarren blau, gelb, grün und rot gedeckten Türmen, ab und zu von den vergoldeten Kuppeln unterbrochen . . . alles dies ergriff natürlich wunderbar die Beschauer. Das

Moskau von der Kreml-Seite

Ganze hatte etwas Orientalisches, wie aus Tausendundeiner Nacht. Die Moskwa selbst, die sich wie ein silberner Streif durch die Landschaft zog, Gärten und hohe Baumgruppen, welche die feenartig daraus emporragenden Schlösser umgaben, vollendeten ein nie gesehenes Gemälde.«

Über das, was nun geschah, sind nicht nur viele Bücher geschrieben worden; der Brand von Moskau ist, als Beispiel selbstvernichtenden, rücksichtslosen Kampfeswillens sprichwörtlich geworden und uns schon darum näher als der legendäre Brand von Rom, weil Hunderttausende deutscher Soldaten im Zweiten Weltkrieg in einem nicht mehr zaristischen Rußland den gleichen unbändigen, ebenso rücksichtslosen Kampfeswillen antrafen, und zwar nicht in Moskau, aber im eroberten Kiew ganze Straßenzüge in die Luft fliegen sahen.

Napoleon hatte vor Moskau vergeblich auf eine Friedensdelegation gewartet; dann war die Stadt besetzt worden. Da viele Haustore verriegelt waren, ergaben sich trotz der Mahnung, die Bewohner zu schonen, bald gewaltsame Plünderungen; um Lebensmittel ging es zunächst, aber auch um Schmuck und Hausrat. Die wenigen Moskowiter, die man antraf, waren betrunken. Auch am 15. September blieb es, bis auf zwei vereinzelte Explosionen, noch ruhig. »Den 16. aber um 12 Uhr mittags gewahrte man ziemlich im Mittelpunkt der Stadt ein größeres Feuer, und einige Stunden darauf deutete ein schwarzer, finsterer Rauch, der sich über einen großen Teil der Stadt hinzog, an, daß das Feuer an Intensität zugenommen. Ein starker Nordwest vermehrte noch des Feuers Wut und trug die Flammen bis in die entlegensten Viertel. Wie bei Smolensk, nur in größeren Verhältnissen, wirbelten die Feuersäulen hoch in die Luft, und bald bildete ein Teil der Stadt ein unabsehbares Glutmeer.«

Von Brandt, der seine Truppe aus der brennenden Stadt herausführte, konnte noch in beträchtlicher Entfernung die Karte im Licht des großen Brandes lesen.

Moskau hat wiederholt gebrannt, und selbst Städte am Wasser wie London oder Hamburg hatten in der Zeit der Holzhäuser und angesichts der unzureichenden Feuerwehren mörderische Flächenbrände zu verzeichnen. Es gibt daher keine absolute Sicherheit dafür, daß General Rostopschin, der Gouverneur von Moskau, die Stadt angezündet hat, um die Eindringlinge der Unterkunft und der allen Berichten nach reichen Vorräte zu berauben. Aber die Berichte von Explosionen, die dem Brand vorausgingen, besagen doch wohl, daß es sich nicht um zufällige Brandstiftungen gehandelt haben kann, sondern um Pulvermagazine, die in die Luft gejagt wurden. Die engen Gassen, die damals noch vorherrschende Holzbauweise und der kräftige Wind taten das übrige. Moskau brannte fünf Tage lang, dann lagen fünftausend hölzerne Häuser in Asche, aber auch von den 2600 Steinhäusern waren nur 525 den Flammen entgangen (nach anderen Berichten gar nur 350). Es fällt schwer, zu glauben, daß ein paar Betrunkene imstande gewesen sein sollten, solch ein Desaster zu entfesseln, aber es gehört nun einmal zum Wesen großer Brände, daß sich ihre Ursachen und Verursacher nicht mehr eindeutig ermitteln lassen. Immerhin verdient eine Augenzeugin Beachtung, die eindeutig von Brandraketen spricht: Raketen wie bei festlichem Feuerwerk, die mit Hilfe kleiner Ballons vom Wind getrieben in die Stadt hineinschwebten: Madame Fusil, Schauspielerin und Gattin eines in Moskau beschäftigten Kupferstechers, erzählt in ihrem sehr lesenswerten Bericht: »Die Nacht vom 14. zum 15. *(September)* begann, ohne eine Veränderung in unsere Lage zu bringen, wenigstens glaubten wir es. Ich war müde und warf mich zeitig auf mein Bett. Meine Freundin und ihr Mann gingen hinauf *(zu den Bodenluken)* um wie gewöhnlich Ausschau zu halten. Plötzlich stürzte die Frau in mein Zimmer und sagte: Kommen Sie schnell und sehen Sie, ein Meteor ist am Himmel, es ist ganz seltsam, wie ein flammender Degen. Das bringt uns sicher Unglück!

Da ich wußte, daß die Dame sehr abergläubisch war, beunruhigte ich mich nicht weiter, ging jedoch mit hinauf und sah in der Tat etwas ganz Außerordentliches. Wir redeten noch lange über die Erscheinung, ohne sie uns jedoch erklären zu können. Morgens um sechs klopfte es dann mehrere Male an die Tür nach der Straße, und als wir öffneten, sagte uns ein Bekannter, in der Nähe sei Feuer ausgebrochen und er bitte für sich und zwei Personen um Obdach in unserem Hause. Der Mann meiner Freundin wagte sich schließlich bis ans Ende der Straße vor und kehrte mit der Nachricht wieder, daß das berühmte Wunder, das seine Frau gesichtet habe, nichts anderes gewesen sei als ein mit Brandraketen gefüllter kleiner Ballon. Er war auf das Haus des Fürsten Trubetzkoi in Pakroska niedergegangen und hatte das Schloß und umliegende Häuser in Brand gesteckt.«

Der Brand von Moskau wurde zu einem Inferno besonderer Art von dem Augenblick an, da Napoleon den Kreml verlassen und einen Palast in einer der Vorstädte als Residenz wählen mußte. Unter den Augen ihres Kaisers hatten die Truppen noch einige Zurückhaltung geübt, es waren ja eindeutige Verbote ergangen: Die Lebensmittel durften nicht wild geplündert, die Einwohner nicht malträtiert werden; Napoleon wußte, daß diese Stadt sein Schicksal sei und daß man jedes Körnchen brauchen würde, das sich hier finden ließ.

Aber die Stadt, größer als Paris und mit etwa 200000 in ihr zurückgebliebenen Einwohnern nun ein brennendes Chaos der Angst, der Gier und der Wut, begann ein eigenes Leben, das niemand mehr zu steuern vermochte, als Napoleon sich zurückgezogen hatte. Das Personal der fünfhundert Paläste kannte alle Weinkeller und alle Kostbarkeiten, Verstecke, Magazine. Es verbündete sich teils mit der Hefe der Stadt, aber auch mit den Franzosen, zeigte den aktiveren, das heißt rücksichtsloseren Elementen den Weg und teilte mit ihnen die Beute. Es kam zu grotesken, ja oft zu grausamen Szenen. Es gab Paläste, in denen sich Franzosen festsetzten und auch höhere Offiziere nicht mehr einließen; es gab Buden, in denen Marodeure Plünderungsgut verkauften, während die Stadt brannte, und es kam zu Saufgelagen in den Weinkellern, über denen die brennenden Paläste einzustürzen drohten. Ein *Capitaine* aus dem alten Adelsgeschlecht der Mailly-Nesle, das Ludwig XV. drei Mätressen gestellt hatte, berichtet erschüttert, daß er fürchterlichste Szenen mit ansehen mußte, wenn in den Palästen noch Familienangehörige zurückgeblieben waren. Nackte Männer und Frauen wurden an ihm vorübergeschleift und so lange gemartert, bis sie preisgegeben hatten, wo der Schmuck und das Bargeld der Familien versteckt worden seien; anderswo kippte man Laden voll Papiergeld ins Feuer, weil so mancher Soldat nicht wußte, daß diese *Bankozettel,* wie man damals sagte, irgendeinen Wert besäßen. Und während Russen wie Franzosen sich in den Kellern betranken, verbrannten in den großen Hospitälern die Schwerverwundeten von Borodino zu Tausenden.

Die große Armee bereitet sich selbst einen Jüngsten Tag, ohne es zu wissen, vielleicht aber doch in der vagen Ahnung, daß es für sehr viele keine Heimkehr geben würde. Wenn Rostopshin nachher feststellt, in seinem merkwürdigerweise vor den Flammen bewahrten Palast seien Kunstwerke und andere Güter für eine halbe Million Rubel geplündert worden, dann kann man ermessen, welche Reichtümer in dieser großen Stadt zunächst geraubt und dann vernichtet wurden. Alle Berichte erwähnen Sauforgien, den Verlust der Disziplin und die vollkommene Mißachtung des Menschenlebens. Das sind eindeutige Vorboten des Endes.

Dennoch hätte es, wie es scheint, eine Rettung gegeben, oder doch ein rühmlicheres Ende und begründete Aussichten auf einen besseren Frieden. Der Vorschlag, der diese Chance in sich barg, kam von keinem der Generale, sondern vom Armee-Intendanten, also etwa dem Oberstzahlmeister der *Grande Armée,* einem Grafen Daru. Er sagte dem Kaiser in sinngetreuer Zusammenfassung, daß man in den Brandruinen dieser großen Stadt noch besser überwintern werde als die feindliche Armee und daß er sich persönlich dafür verbürge, daß für alle zu essen da sein werde bis zum Frühjahr.

Nimmt man hinzu, daß die Kavallerie keine Pferde mehr hatte und daß die Truppen ja eines Tages aus ihrem Plünderungsrausch erwachen mußten, daß Daru sich anheischig machte, Fleischkonserven anzulegen und die Versorgung wieder in Gang zu bringen, dann war diese Lösung gewiß um vieles besser als der Hungermarsch durch den früh hereinbrechenden Winter – das Verzweiflungsunternehmen, das die einzige Alternative darstellte.

Napoleon erkannte auch, was in diesem Vorschlag steckte, er nannte ihn die Idee eines Löwen – aber wenn auch Daru ein Löwe war, Napoleon war keiner mehr. Er war ein Diktator fern von seinem Machtzentrum, abgeschnitten, ohne Nachrichten aus Paris, Wien oder Kassel, ohne Berichte über das militärische Geschehen in Spanien und die Stimmung in Preußen. Und was rund um ihn herum geschah, war auch nicht dazu angetan, ihn zum Aushalten zu bewegen. Von allen Verbündeten hatten die Polen am tapfersten und voll Hingabe gekämpft, das war schon in Spanien so gewesen, das würde noch in Leipzig so sein. Im übrigen aber hatte nur das österreichische Korps sein Soll erfüllt; Schwarzenberg hatte das russische Korps Tschitschagow geschlagen, obwohl dieses zahlenmäßig stärker war, und den französischen General Reynier gerettet (Schwarzenberg erzählt, der sonst so harte und zurückhaltende Mann sei ihm mit Tränen in den Augen in die Arme gesunken). Napoleon hatte Schwarzenbergs Beförderung zum Generalfeldmarschall durchgesetzt, in der Folge dann aber doch einsehen müssen, daß auch das aus Galizien vordringende österreichische Korps, das aus Wien keine Verstärkungen erhielt, keine Wunder wirken könne.

Was blieb, waren also die Franzosen, und gerade dieser Kern der *Grande Armée* war, bis auf die Garde, die prächtig aussah und sich ausgezeichnet hielt, in einer Weise außer Rand und Band geraten, daß Napoleon ein ständig tagendes Kriegsgericht einsetzen mußte; es bekam den alles verschleiernden Namen *Militärische Kommission* und begann mit Urteilen gegen Zivilpersonen, vor allem gegen angebliche Brandstifter. Bald aber folgten Verfahren gegen französische Soldaten.

Man kann aus guten Gründen annehmen, daß Moskau die tiefe innere Krise auslöste, die Napoleon um wesentliche Elemente seines Selbstvertrauens, seiner Spannkraft und damit wohl auch seiner Führungsfähigkeit brachte. Seiner Umgebung fiel auf, daß er seine Mahlzeiten ausdehnte, daß Entscheidungen hinausgeschoben wurden, und daß vor allem über die Schicksalsfrage der Armee – Überwinterung in Moskau oder nicht – die von Tag zu Tag dringender werdende Entscheidung nicht fallen wollte.

Ohne rationalen Grund wartete Napoleon noch immer auf ein russisches Friedensangebot; dabei wußte er, daß der zu diesem Zweck vorgeschickte General Lauriston nicht einmal von einem Minister, geschweige denn vom Zaren empfangen worden war und daß der Zar seinen eigenen Offizieren jegliche Verständigung mit dem Feind strikt untersagt hatte. Kutusow, der immerhin einige Verdienste erworben hatte, erhielt als Quittung für die bloße Weiterleitung französischer Vorschläge einen mehr als kühlen Brief, der tapfere Bennigsen gar einen harten Verweis. Aber Napoleon begriff nicht oder wollte nicht begreifen, suchte Wege und Umwege zum Zaren und demütigte sich in den Untertönen seiner nur noch auf den ersten Blick stolzen Schreiben nach Petersburg.

Entscheidungen fielen erst, als sich zeigte, daß die Russen nicht nur keinen Frieden wollten, sondern sogar den Krieg suchten. Sie griffen zwar nicht Moskau an, aber die lebenswichtigen Nachschubwege der Franzosen, die Murat mit dahingeschmolzenen Schwadronen gegen die Übermacht der Kosaken verteidigen sollte. Es begann damit, daß zwei Generale Kutusows die ihnen gegenüberliegenden und längst sorglos gewordenen Truppen Joachim Murats überfielen. Das geschah am 18. Oktober (am 17. hatte Kutusow die für den Coup ausersehenen Offiziere nicht auffinden können) und brachte den Russen einige Gewinne. Sie töteten 2500 bis 3000 Franzosen und erbeuteten 36 Kanonen, sehr viel Munition und eine Fahne. Murat aber behielt die Nerven, zog sich in guter Ordnung zurück und wies die Verfolger blutig ab, da Kutusow keine weiteren Verstärkungen mehr ins Feuer schickte; er vertraute auf Väterchen Frost und wollte seine Kräfte nicht verzetteln, ehe man wußte, was Napoleon unternehmen würde.

In der Geschichte hat das von Kutusow begrenzte Gefecht den Namen einer Schlacht von Tarutino erhalten, und die einzige, allerdings bedeutende Folge, die es hatte, bestand darin, daß Napoleon durch die Kanonaden nun doch aufgeschreckt wurde. Er hatte nämlich die Absicht, den Rückmarsch mit einem leichten Südbogen anzutreten, um nicht durch die von seinen Armeen leergeplünderten Gebiete ziehen zu müssen. Genau das aber wollte Kutusow erzwingen, und es gelang ihm auch. Napoleon konnte nämlich nicht mit 100000 Mann querfeldein durch den russischen Winter marschieren, etwa in die reiche Ukraine und von dort in die Länder seines Schwiegervaters, des Kaisers von Österreich. Clausewitz hat nachgewiesen, daß die *Grande Armée* auf die vorbereiteten Depots angewiesen war, daß man also Smolensk und Minsk als Marschziele beibehalten mußte, aber immerhin den Weg über »intakte« Dörfer legen, also Gebiete durchziehen konnte, die beim Vormarsch nicht oder nur flüchtig berührt worden waren.

Napoleon hatte achttausend Mann in Moskau zurückgelassen, viel zuwenig, um die Stadt zu verteidigen, aber immerhin genug, um die Zerstörung zu vollenden. Am 19. Oktober, um sieben Uhr morgens, ritt Napoleon in Richtung Kaluga, also gegen Südsüdwest, aus Moskau ab, und am Mittag desselben Tages schon flogen die großen Weinhallen in die Luft, es folgten das Arsenal, Teile der Kremlmauer und andere Gebäude, doch rettete die feuchte Witterung manches Gotteshaus, ehe am 23. Oktober die letzten Franzosen die Stadt verließen. Tags zuvor waren schon die ersten Kosaken in die nun weitgehend menschenleere Stadt eingedrungen. Zahlreiche Zivilisten, die nach ihren Exzessen in Moskau allen Grund hatten, die russische Armee zu fürchten, hatten sich der abziehenden *Grande Armée* angeschlossen.

Napoleon hatte in Moskau zwar schlechte Nachrichtenverbindungen nach Mittel- und Westeuropa gehabt und seine Briefe stets in drei bis vier Exemplaren abfertigen lassen müssen; aber daß in der Stadt Kaluga enorme russische Depots wohlgefüllt warteten, war inzwischen ebenso bekannt wie die Tatsache, daß die Straße von Kaluga nach Smolensk einer marschierenden Armee wesentlich besseren Schutz böte als die direkte Straße, auf der man nach Moskau gekommen war.

Kutusow hatte erst im letzten Augenblick erfahren, daß starke französische Abteilungen auf Kaluga zumarschierten; daß er die gesamte *Grande Armée*, den Kaiser an der Spitze, gegen sich habe, das wurde ihm wohl erst klar, als die Franzosen die Stadt Malo-Jaroslawetz nordöstlich von Kaluga im Lauf eines einzigen Tages immer wieder eroberten, so oft die Russen sie auch zurücknahmen – insgesamt achtmal. Zuletzt brannte die Stadt mit allen Menschen darin, und Kutusow zog sich nach Süden, auf Kaluga, zurück, Napoleon aber verzichtete angesichts so hartnäckigen Widerstands auf die russischen Depots und schwenkte nach Smolensk.

Der 23. und der 24. Oktober 1812 sind die Tage einer kleinen militärischen und einer großen politischen Entscheidung. Kutusow hatte nämlich, umgeben von deutschbaltischen Offizieren und britischen Beobachtern, die russische Lösung gewählt. Er hatte sich dafür entschieden, Napoleon eine goldene Brücke zu bauen, sofern er nur recht schnell den heiligen Boden Rußlands verlasse, und er hatte sich in diesem Vorhaben nicht beirren lassen, so deutlich ihn auch der britische General Wilson beim Zaren anschwärzte.

Was die Engländer, aber auch Pozzo di Borgo, Stein und alle anderen westlichen Berater des Zaren wollten, war klar: Napoleon sollte, und sei es auch um den Preis ungeheurer Blutopfer, der Untergang bereitet werden; ja am besten wäre es, den Korsen gefangenzunehmen oder zu töten, dann würde auch seine Partei in Paris nicht überleben.

Kutusow dachte an seine Soldaten mehr als an die Freiheit Europas, und er war sich auch klar darüber, daß jede Schlacht eine Chance Napoleons sein würde, jede verweigerte Schlacht aber ein halber Sieg Kutusows. Stand er dann endlich mit einer intakten russischen Armee im Rücken der Franzosenreste, so würde er die freie Entscheidung darüber haben, wo und wann dieser Krieg zu Ende ginge. Diese Überlegungen, in denen sich Kutusow mit einer geradezu stoischen Ruhe durch nichts und niemanden beirren ließ, erklären den sonst unverständlichen Umstand, daß Napoleon zumindest den französischen Kern seiner Armee aus Rußland herausführen konnte – aber unter welchen Opfern! Obwohl sich Kutusow darauf beschränkte, Kosaken, Partisanen und Plänkler einzusetzen, begann das Grauen des Rückzugs schon jetzt, in Bobrowsk, der ersten Stadt nach dem Abschwenken von Kaluga. Napoleon hatte befohlen, alles niederzubrennen, sobald die Franzosen durchgezogen seien, und die Bauern rächten sich auf ihre Weise an der Armee, die ihre Existenz vernichtete. »Heute sah ich eine Szene«, schreibt der britische General Wilson am 5. November 1812 auf der Straße nach Smolensk, »deren Schrecken alles übertrifft, was man in den modernen Kriegen sonst sehen kann: zweitausend nackte Menschen, tot oder im Sterben liegend, und mehrere tausend Pferde, von denen die meisten vor Hunger krepiert sind. Hunderte von unglücklichen Verwundeten kriechen aus den angrenzenden Wäldern hervor und appellieren an das Erbarmen der erregten Bauern, deren rächende Gewehrschüsse von allen Seiten ertönen. Zweihundert Munitionswagen sind in die Luft geflogen, die Wohnungen werden ein Raub der Flammen, dazu die Kälte des Winters: Das alles bildet ein Schauspiel, das man unmöglich wirklichkeitsgetreu beschreiben kann.«

Auf diesem Hungermarsch nach Westen schleppten die Franzosen noch zahlreiche russische Gefangene mit, die so gut wie gar nichts mehr zu essen bekamen und, wenn sie nicht mehr gehen konnten, mit dem Gewehrkolben erschlagen wurden. Die russischen Bauern bereiteten den Franzosen, die in ihre Hände fielen, einen mindestens ebenso grausamen Tod.

Vier Jahre vor den Ereignissen in Rußland war etwas Neues in die Welt getreten: der Partisanenkrieg, dort, wo er entstand, *Guerilla* genannt. Das Wort bedeutet »Kleiner Krieg« und es scheint, daß die spanische Landesnatur diese Art der Kriegführung den Einheimischen von jeher nahelegte, vermutlich schon seit Römerzeiten. Die Weltöffentlichkeit erfuhr davon erst, als die berühmten französischen Marschälle ihre Schwierigkeiten mit den spanischen Bauern bekamen und sich für ganz Europa die Sensation ergab, daß sich auch eine sieggewohnte Armee gegen die Dauerabnützung durch die Guerillataktik als praktisch machtlos erwies.

Das flache russische Land zwischen Moskau und Minsk, nur von niedrigen Hügelketten durchzogen, war damals noch dichter bewaldet als heute, und es waren diese Wälder, aber auch der Winter, die in Rußland erst die für den Guerillakrieg günstigen Voraussetzungen schufen. Eine geschlossene, disziplinierte Armee hätte dennoch nur geringe Verluste erlitten. Das zeigte sich darin, daß die rein französischen Truppenteile, die auf dem Marsch zu ihrer gewohnten Disziplin zurückfanden, weniger unter den Partisanen zu leiden hatten als die Verbündeten, die nur gezwungen nach Rußland marschiert waren, von dem ganzen Unternehmen nichts mehr wissen wollten und einzig und allein noch ihre Haut zu retten suchten.

Die Kriegsgeschichte kennt das Sprichwort, daß reiche Soldaten schlechte Soldaten seien; bei Tours und Poitiers waren die Araber an ihrer überreichen Beute zugrunde gegangen, die sie am Kämpfen gehindert hatte. Beim Ausbruch aus dem belagerten Mexiko versanken viele der tapferen Soldaten des Cortez in der Lagune, weil sie die Taschen voll Aztekengold hatten. Und aus Moskau schleppten die Eroberer neben Lebensmitteln und Wein auch große Mengen von kostbarem Hausrat, Kleidern, Teppichen und Schmuck mit sich, eine Belastung, die auf dem Fluchtweg durch das Land den Untergang bringen konnte, weswegen Napoleon befahl, daß man sich von der Beute trennen müsse.

»Zahlreiche Einheiten bis hinauf zu den Generälen gehorchten noch am gleichen Tage«, berichtet der französische Kürassier-General Aupias, »die Leute zeigten sogar eine gewisse Wollust äußerster Pflichterfüllung. Je härter und kritischer die Lage wurde, desto heißer liebten wir ihn *(Napoleon)* und um so mehr banden wir uns an ihn als an jenen einzigen Lotsen, der das Schiff noch retten konnte«. Hunderte von Troßwagen wurden mit ihrer ganzen Ladung verbrannt, andere wurden entleert, damit für die Verwundeten Platz sei; aber nun begann es bald an Verpflegung zu mangeln. Ein Gutteil der Beute hatte schließlich aus Lebensmitteln bestanden, und selbst der Wein hatte dem Hunger und der Entkrätung entgegengewirkt.

Nach der früh aufgetretenen Kälte fiel am 6. November der erste Schnee. Mangels anderer Nahrung wurde nun viel Pferdefleisch gegessen, doch da es an Salz und Gewürzen mangelte und kein Pferd geschlachtet werden durfte, sondern nur (allerdings frische) Kadaver zerteilt wurden, übermannte so manchen der Ekel. Man genoß das Fleisch der toten Tiere erst, als es im Feuer schon arg zusammengedörrt war, wenig Nährwert hatte, aber wenigstens den Magen füllte. Die Partisanen wurden immer dreister, schoben sich zwischen die Marschkolonnen, spähten sie aus und lockten sie in Hinterhalte, wenn kleine Abteilungen auf Nahrungssuche gingen. »Sie waren großartige Aufklärer, oft tollkühn bis zum

Wahnsinn«, schreibt Eugen Tarlé in seinem erstmals 1938 erschienenen berühmten Buch über das Jahr 1812. »Figner, der Tolstoi als Vorbild für seinen Dolokhow in *Krieg und Frieden* diente, begab sich in der Tat mehrfach in französischer Uniform in die französischen Stellungen. Dawydow versetzte an der Spitze seiner Bande von zwei- bis dreihundert Mann fünfmal stärkere Abteilungen in wilde Panik. Die Bauern hatten viel lieber enge Beziehungen zu den Partisanen und ihren Führern als zur regulären Armee.«

Zwischen den meist adeligen Offizieren, die zu Hause ihre Leibeigenen hatten, und den Bauern blieben stets Spannungen bestehen, und daß sich nun so viele Bauern mit Beutegewehren bewaffnen konnten, erfüllte die russischen Gutsbesitzer mit der nicht unberechtigten Furcht, daß diese Gewehre sich schon bald gegen sie, die Besitzenden, richten würden. Aus Petersburg kamen Befehle, »meuternde Bauern« zu entwaffnen, Beweise dafür, daß die große Befreiung Europas von Napoleon einen Auftakt für die allgemeine Befreiung bis dahin benachteiligter Schichten bildete, nicht nur durch die Bauernbefreiung in Preußen, sondern auch durch die neue Rolle, wie sie den Bauern zwischen Moskau und Minsk in diesem Winterkrieg zufiel.

Nach wenigen Rasttagen, in denen nur ein Teil der *Grande Armée* warme Unterkünfte hatte, wurde am 17. November Smolensk wieder verlassen. In den vier Wochen bis zum Njemen-Übergang am 14. Dezember vollzog sich der letzte Akt einer Tragödie, die eigentlich schon begonnen hatte, als die Franzosen und ihre Verbündeten diesen Fluß im Sommer auf dem Marsch nach Osten überschritten. Das bekannteste Ereignis dieser letzten Rückzugsphase ist der Übergang über die Beresina; aber schon auf dem Weg zu diesem Fluß, schon von Smolensk an, vollbrachte ein einziger Mann jene Wunder an Treue, Tapferkeit und kämpferischem Geschick, die ihn über Frankreich hinaus zur Legende werden ließen: Marschall Ney, Böttcherssohn aus Saarlouis, vierundvierzig Jahre alt, der Kommandeur der Nachhut. In Smolensk hatte er noch achttausend Mann, denen ein waffenloser Troß in gleicher Stärke folgte.

Da die Depots von Smolensk durch die nachgekommenen Verstärkungen weitgehend aufgezehrt waren und auch diese Stadt starke Brandschäden zu verzeichnen hatte, folgten nur noch die

Kräftigsten dem Marschall, als er weit abgeschlagen und durch russische Truppen von Napoleon getrennt, aus Smolensk weitermarschierte. Ein erster Versuch, die Russenlinie zu durchbrechen, schlug fehl; Ney mußte in die Dnjepr-Auen ausweichen, die tief verschneit waren und ihn gegen das Feuer der feindlichen Artillerie nur wenig schützten. Kutusow entsandte einen Offizier, der Ney auf die höflichste Weise aufforderte, die Waffen zu strecken, seine achttausend Mann seien von einer zehnfachen Übermacht umstellt.

Neys Antwort, in verschiedenen Versionen überliefert, war ein kategorisches Nein, gefolgt von dem Befehl: »Vorwärts durch den Wald zum Fluß. Der Dnjepr ist noch nicht zugefroren? Glauben Sie mir: er wird zufrieren!«

Nur noch dreitausend Soldaten und ein paar hundert Familien aus dem Treck schlossen sich Ney an, der als erster auf das brüchige Dnjepr-Eis trat; andere folgten ihm, doch die Wagen versanken. Szenen eines apokalyptischen Grauens begleiteten die Rettung der Kühnsten, der Glücklichsten. Viele brachen ein, versanken ohne Hilfe im eiskalten Wasser, in den Wagen kämpften Frauen zwischen Pferden in Todesangst gegen das Ertrinken. Mit achthundert Mann schlug sich Ney querfeldein, zwischen den von den Russen besetzten Straßen, zur Hauptarmee durch. Napoleon umarmte ihn, er hatte ihn bereits verloren gegeben. Ney mußte über das Eis des Dnjepr gehen, um der Held des Übergangs über die Beresina werden zu können.

Wie es zu diesem Zeitpunkt, im letzten Novemberdrittel 1812, um die *Grande Armée* bestellt war, ist eine umstrittene Frage. Die höchsten Schätzungen geben Napoleon noch immer 90000 Mann, aber auffallend viele Beobachter betonen, daß nur noch 23000 bis 25000 Mann kampffähig waren. Die Alte und die Junge Garde des Kaisers waren in der besten, die italienischen, illyrischen und holländischen Hilfstruppen in der schlechtesten Verfassung. Der Partisanenführer Dawydow schrieb: »Die Alte Garde, in deren Mitte sich Napoleon selbst befand, näherte sich . . . Wir bestiegen unsere Pferde und postierten uns nahe der großen Straße. Als der Feind uns bemerkte, lud er die Gewehre und setzte stolz seinen Marsch fort, ohne den Schritt zu beschleunigen. Alle unsere Versuche, auch nur einen einzigen Soldaten aus diesen dicht geschlossenen Reihen herauszubrechen, blieben fruchtlos. Niemals werde ich den freien Schritt, die leichte und zugleich drohende Haltung dieser von allen Todesarten bedrohten Krieger vergessen. Die Garde mit Napoleon durchquerte unsere Kosakenscharen, wie ein Schiff mit hundert Kanonen durch eine Gruppe Fischerbarken hindurchfährt.«

In den letzten Novembertagen erreicht die französische Armee oder das, was von ihr noch vorhanden ist, jene Wasserscheide zwischen Nord und Süd, wo der Zar ihr den endgültigen Untergang bereiten und Napoleon gefangennehmen will. Er hat sich das in seinem Winterpalais in Sankt Petersburg, umringt von seinen Günstlingen und anderen Ratgebern, so ausgedacht: Er möchte Napoleon selbst gefangennehmen und damit die Erwartungen Europas, insbesondere aber Englands erfüllen. Die von Norden nach Süden fließende Beresina und die von Süden nach Norden, also zur Ostsee fließende Ula bildeten Hindernisse, die den fliehenden Feind entscheidend aufhalten mußten. Die beiden russischen Korps Wittgenstein und Tschitschagow sollten sich hier vereinigen und dem Eindringling den Garaus machen.

Was man in den gut geheizten Zimmern des Winterpalastes nicht so deutlich vor sich hatte wie die Landkarten, das waren die Umstände, unter denen die russische Armee die französische verfolgt hatte. Man konnte nicht Hunderte von Kilometern weit parallel zu den Franzosen mitmarschieren und gutes Wetter haben, wenn sie schlechtes hatten, oder gute Straßen, wenn sie schlechte vorfanden. Mit anderen Worten: Auch die Russen hatten im Oktober und November ungeheure Ausfälle zu verzeichnen gehabt, insgesamt 78000 Mann, und nur von etwa 60000 wußte man, daß sie verwundet, krank oder marschmarod in verschiedenen Lazaretten lagen. Als daher Kutusow den Zarenplan erhielt, gab er zwar die entsprechenden Befehle, war sich aber klar darüber, daß sie vermutlich nicht auszuführen sein würden. Der Zar wiederum zweifelte daran, daß Kutusow die Befehle überhaupt geben würde und hatte darum unter Umgehung seines Oberkommandierenden durch direkte Kuriere Wittgenstein und Tschitschagow die Angriffsbefehle für die Beresina zustellen lassen.

Tschitschagow war kein General, sondern ein Admiral, von dem niemand so recht wußte, wieso er zum Korpskommandanten auf dem Lande geworden war, und Wittgenstein galt als ordentlich, aber langsam. Was Tschitschagow antrieb und ihm auch seinen einzigen zählbaren Erfolg verschaffte, das war die Besetzung der Stadt Minsk mit ihren großen Depots an Lebensmitteln und Munition, ein furchtbarer Verlust für Napoleon. Das eroberte Borissow hingegen mußten die Russen wieder aufgeben, und Napoleon begann, umringt von doppelt so starken russischen Truppen, den Brückenschlag über die Beresina. Eine erste leichte Brücke war schnell fertig, konnte aber nur von Fußvolk und Kavallerie passiert werden; die zweite, schwerere, für die Artillerie und den Fahrtroß, überforderte die Pioniere und deren Material, wurde erst am Spätnachmittag fertig und brach, während die Artillerie darüberging, nicht weniger als dreimal, was stets Verzögerungen, Panik und endlose Stauungen mit sich brachte. Um die Verwirrung zu erhöhen, beschossen die Russen beide Brücken und die Ansammlungen davor mit ihrer Feldartillerie.

Auf beiden Ufern waren die Franzosen von erdrückender Übermacht bedrängt, doch kam es seltsamerweise zu keinem wirklich entschlossenen, mit voller Kraft vorgetragenen Angriff. Es scheint, daß sowohl Wittgenstein als auch Tschitschagow die letzte Konsequenz einer Schlacht fürchteten, stand doch Napoleon gleichsam mit dem Rücken zur Wand. General Victor auf dem einen, Marschall Ney auf dem anderen Ufer, so wehrte sich Frankreich an diesem Schicksalstag gegen eine stumm andrängende Übermacht, während Napoleon mit kunstvollen Scheinangriffen den Gegner über seine wahren Absichten täuschte. Ney agierte in der Manier, die ihm als Kommandeur der Nachhut schon so großen Ruhm eingebracht hatte: in todesmutigen Vorstößen aus den verschneiten Wäldern heraus, oft nur mit ein paar hundert Mann gegen ganze Regimenter. Insgesamt standen sechsundzwanzigtausend Franzosen sechzigtausend Russen gegenüber (die Zahlen nach einer russischen Quelle). Die Franzosen waren zudem durch die ungeordnete Masse des waffenlosen Trosses behindert. Nicht einmal an der Beresina, wo es doch ums Ganze ging, formierten

→ Napoleon läßt beim Rückzug der *Grande Armée* seine Fahnen verbrennen, 1812, nach A. v. Kossak (folgende Seiten)

sich diese hinter ihren Einheiten zurückgebliebenen, entkräfteten und demoralisierten Soldaten zu neuen Kampfeinheiten. Ihre Energie reichte aber noch zu, ein letztes, furchtbares Debakel heraufzuführen, eine jener Szenen, in denen das große Grauen des Krieges kulminiert: Bis an die Beresina hatte auch der Troß, schon wegen der Partisanenangriffe, eine gewisse Marschordnung eingehalten, kompakte Formationen, die zu verlassen den Tod bedeuten mußte. Auf der Anhöhe über dem Fluß angekommen, dessen dunkles Wasser Eisschollen führte und unter dem Artilleriebeschuß Fontänen aufwarf, übermannte die Troßkolonnen plötzlich die Angst, nicht mehr rechtzeitig hinüberzukommen – eine, wie sich zeigen sollte, sehr begründete Furcht.

Die Männer, die ohnedies kaum noch gehen konnten, rafften ihre letzten Kräfte zusammen, überholten die Fahrzeuge, stießen die Frauen der Flüchtlingsgruppen beiseite und drängten auf die zwei Brücken, die von der Kampftruppe inzwischen passiert worden waren. Dadurch entstand an den östlichen Brückenköpfen wüstes Handgemenge; Wagen wurden umgestürzt und beiseite geschoben, man schlug aufeinander ein und brachte so manchen um, der den Weg versperrte. Die Granaten der russischen Artillerie taten ein übriges. Nur ein Bruchteil des ganzen Trosses schaffte den Übergang in den wenigen Stunden, die Napoleon die Brücken noch bestehen ließ. Der Pioniergeneral Eblé hatte den Befehl, beide Brücken in die Luft zu jagen, sobald die Gefahr bestand, daß russische Truppen sich ihrer bemächtigten.

Wie dieser Befehl genau gelautet hatte, ob man absichtlich die Gelegenheit benützte, den Troß loszuwerden, der den kämpfenden Einheiten nichts helfen konnte und die Versorgung erschwerte, das sind jene Fragen, die offen bleiben werden, weil sich die Lippen geschlossen haben, die darüber etwas sagen könnten. Eblé zauderte nicht, riskierte nichts, sondern gab, unbeeindruckt von Hunderten, die ihn umdrängten und ihn anflehten und von jenen Tausenden, die er den Kosaken preisgab, am 29. November neun Uhr morgens den Befehl, beide Brücken zu sprengen und das Brückenmaterial in Brand zu stecken, damit es nicht mehr benützt werden könne.

Wir dürfen, vorgreifend, anmerken, daß Napoleon, sollte er die Unmenschlichkeit einer so frühen Aktion präzise befohlen haben, vom Schicksal eine Quittung dafür erhielt: In der Völkerschlacht von Leipzig kostete ihn die verfrühte Sprengung seiner einzigen Rückzugsbrücke etwa 60000 Mann an Kampftruppen und das Leben seines tapferen Marschalls Poniatowski. Aber wer immer über das Drama an der Beresina spricht oder sich gar Urteile anmaßt, befindet sich ein wenig in der Lage jener Herren, die von Petersburg aus versucht hatten, die Regie dieser Tragödie zu übernehmen, einer Tragödie, die sich in Eis und Schnee, zwischen Soldaten der Garde und vor Angst und Hunger halbirren Flüchtlingen vollzog.

Als Ney über den Dnjepr ging, sagte einer seiner Offiziere nachdenklich, daß man vielleicht jene beneiden würde, die in den Eislöchern, im winterkalten Flußwasser einen schnellen Tod gefunden hatten. Als die letzten französischen Kampftruppen, die siebentausend Mann des Marschalls Victor, in der Nacht über die Beresina gingen, mußten die Pioniere bereits Berge von Leichen beiseite räumen, über andere Berge aus Leichen und Wagentrümmern Laufbretter legen. Und als der Marschall aus den Vogesen den Rest eines ganzen Armeekorps nicht einmal mehr divisionsstark über den Fluß gebracht hatte, da sahen selbst die vorsichtigen Vorhuten des Fürsten Wittgenstein keinen Grund mehr, noch länger zu warten. Etwa 30000 Menschen waren ihnen auf Gnade oder Ungnade ausgeliefert, Menschen, die zum Teil noch Uniformen trugen, Frauen, die der Armee gefolgt waren oder die zu den zahlreichen in Moskau lebenden Franzosen gehört hatten wie etwa Madame Fusil. Die unter Victors Kommando stehenden bergischen, sächsischen und polnischen Soldaten hatten einen halben Tag lang Tausende von Franzosen gegen die Russen verteidigt, aber retten konnten sie dann doch nur einen kleinen Teil.

»Die feindlichen Massen rückten nun immer näher« berichtet der württembergische Leutnant Karl Kurz, »und ihre Geschosse wüteten immer verheerender. Die hintersten der gegen die Brücke drängenden Reihen stachen die Kosaken schon nieder oder führten sie gefangen weg . . . Schon der Brücke ganz nahe, sah ich eine in kostbare Pelze gekleidete Dame mit zwei Kindern zur Seite aus ihrem Wagen springen, als eine einschlagende Granate die Pferde desselben getötet hatte. Laut jammernd sah sie sich nach Hilfe um. Meine Augen folgten ihr. Aber nicht eine Minute, so sah ich sie nicht mehr, denn sie wurde wahrscheinlich mit den armen Kleinen zu Boden gedrückt . . . Die junge und schöne Witwe eines französischen Obristen, der einige Tage zuvor in den Gefechten bei Borissow getötet worden war, hielt sich in demselben Augenblick unweit der Brücke auf. Gleichgültig gegen alles, was um sie her tobte, hatte sie nur Aufmerksamkeit für ihre Tochter von ungefähr vier Jahren, welche sie vor sich auf dem Pferd in den Armen hielt. Alle Versuche, die Brücke zu erreichen, waren vergebens. Die Verzweiflung schien ihr ganzes Wesen zu erfüllen. Sie weinte nicht; starr waren ihre Augen bald zum Himmel, bald auf ihre Tochter gerichtet. Gleich darauf stürzte ihr Pferd, von einer Kugel getroffen. Eine andere Kugel zerschmetterte ihr das Bein über dem Knie. Mit der scheinbaren Ruhe stiller Verzweiflung nahm sie ihr weinendes Kind, küßte es öfters, löste das blutige Strumpfband von dem zerschmetterten Bein und erdrosselte das Mädchen. Hierauf drückte sie es an sich und legte sich neben ihr gefallenes Pferd. So erwartete sie, ohne einen Laut hören zu lassen, den Tod. Nach wenigen Minuten war sie von den Hufen der andrängenden Pferde zertreten.«

Was hallt noch in uns nach? Borodino, martialischer Klang einer großen Schlacht, Moskau, das Prasseln der Flammen, die stürzenden Mauern, und die Beresina, der eiskalte Silbenklang, in dem das Grauen mitschwingt und nachklingt, obwohl wir die Einzelheiten vergessen haben, wenn wir sie jemals wußten. Große Maler, aber auch anonyme Zeichner haben sich bemüht, diese Szenen festzuhalten, einfache Soldaten haben in naiven Malereien den Untergang ihrer Armee und die schwersten Monate ihres Lebens zu bewahren versucht.

Zwei großen Korps der napoleonischen Streitmacht blieb solches Schicksal erspart: dem Korps Schwarzenberg, das aus Galizien angegriffen, einige Erfolge errungen und danach nur noch sichernde Aufgaben durchgeführt hatte, und dem Korps Macdonald, das sich im äußersten Norden der langen Frontlinie in die baltischen Länder bewegt hatte. Hinsichtlich Schwarzenbergs hatte Metternich von Wien aus und mittels Geheimkurieren dem Zaren und Kutusow versichert, daß die Österreicher praktisch nichts mehr unternehmen würden. Im Norden mußte Macdonald, als er vom Schicksal der Hauptarmee erfuhr, den Rückzug zur Memel antreten, um nicht abgeschnitten zu werden. Er wußte, was *nach* der Beresina noch gekommen war: die große Kälte, die harten Dezembertage, in denen von jenen, die sich gerettet hatten, noch Tausende zugrunde gingen. Der treue Berthier berichtete: »Der 8. Dezember war der härteste Tag. Der Maréchal Victor blieb von seiner Truppe als einziger am Leben, die ganze Nachhut sank vor Kälte um. Die Artillerie ist mangels Pferden verschwunden. Alles ist verloren.«

Bei Nachttemperaturen bis 30 Grad unter Null konnten die Soldaten keine Gewehre mehr halten und warfen sie weg, der Train blieb liegen, die Russen hatten ihre Geschütze auf Schlitten gestellt und kamen immer näher. Ney zerstörte seine Geschütze, weil er sie nicht mehr transportieren konnte.

Napoleon, seit Moskau unruhig, weil er aus Frankreich und Spanien nichts mehr hörte und weil in Paris eine Miniaturrevolte ausgebrochen war, die immerhin einige Stunden lang ein Chaos geschaffen hatte, Napoleon also hatte die Armee verlassen und, eskortiert von seinen treuen polnischen Lanzenreitern, eine seiner schnellen Wagenfahrten angetreten, tief in Pelze vergraben, quer durch ein Deutschland, das sich noch immer nicht erhob, sondern seinen Bedrücker passieren ließ.

Sein Schwager Murat führte die kläglichen Reste dieser größten jemals versammelten Streitmacht aus den unsicher gewordenen, mit schwachen Kräften nicht zu haltenden polnisch-litauischen Gebieten ins vermeintlich noch sichere Preußen, die Russen auf ihren Fersen. »Ich konnte kaum noch vorwärts«, schreibt der Partisanengeneral Denis Dawydow in seinen Erinnerungen, »wegen der Haufen von Menschen- und Pferdekadavern, der Karren, der Lafetten, der Geschütze und Munitionswagen, die den Weg versperrten. Eine Unmenge feindlicher Verwundeter lagen im Schnee oder verbargen sich in den Munitionswagen, um dort den Tod durch Hunger und Kälte abzuwarten. Mein Schlitten stieß gegen Köpfe, Beine oder Hände erfrorener oder halb erfrorener Menschen. Mein Herz wurde zerrissen durch das Wehklagen und Jammern all dieser Unglücklichen. Das war die schreckliche Hymne der Befreiung meines Vaterlandes.«

Der Plan der großen Vorsicht

Die *Grande Armée* gab es nicht mehr, aber es gab noch ihren Schöpfer, es gab noch Napoleon. Wie ganz Europa Wochen, ja Monate lang gebannt auf diesen im Augenblick machtlosen kleinen Mann starrt, den man kaum zu Gesicht bekommt, das ist der eindrucksvollste Beweis für die hypnotische Faszination, die von ihm ausging und der sie alle erlagen, die Könige und Fürsten, die Marschälle und Generale. Unendlich langsam und mit einer Vorsicht, der die großen Schrecknisse der abgelaufenen Jahre noch anzumerken sind, stellen sich die Verantwortlichen der unterdrückten Staaten, stellen sich zuerst die Offiziere, dann die Minister und ganz zum Schluß die gekrönten Häupter auf die neue Lage ein und machen sich mit dem Gedanken vertraut, daß die Wende nahe sei.

Und da dies so ist, da es sich in Hunderten von Einzelaktionen, Briefen und Beschlüssen von nun an beweisen wird, ist die kühnste Tat der Befreiung, ist der unglaubliche und doch wirkliche Auftakt um so verblüffender: die Konvention von Tauroggen, um die Wende 1812/1813 zwischen dem preußischen Hilfskorps und der russischen Armee Diebitsch abgeschlossen, die Meuterei Zehntausender preußischer Offiziere und Mannschaften gegen einen Waffenbund, den ein König von Preußen abgeschlossen hatte.

Napoleon hatte seinen Rückzug, die Rückführung der Reste seiner Armee, auf einer Trasse konzipiert, die in den Schutz jener Garnisonen führen sollte, die in Preußen zurückgeblieben waren. Der Korse wußte seine aktivsten Feinde nicht mehr in Preußen; sie hatten sich nach Österreich, England oder Rußland begeben, sie berieten den Zaren, der nun ohnedies zu offener Feindschaft

Hans David Ludwig *Yorck von Wartenburg* (links)
Gerhard Leberecht von *Blücher* (rechts)

übergegangen waren, sie hatten ihre Heimat dem Kaiser der Franzosen überlassen. In dieses Rückzugskonzept fiel die Nachricht von einer preußisch-russischen Vereinbarung über die Neutralität des gesamten preußischen Korps wie eine Bombe. Und da Napoleon mit der Rücksichtslosigkeit aller großen Eroberer das Abenteuer Rußland auszulöschen unternahm, ja zu vergessen suchte, wirkte die unerwartete und historisch unerhörte Untreue eines preußischen Generals tatsächlich als ein Auftakt, ja mehr: als ein Fanal neuer Entwicklungen.

Da der Kaiser von Österreich sich durch den mutigen isolierten Feldzug von 1809 vor der Geschichte rehabilitiert hatte und dem Zaren nun dasselbe, sogar siegreich, gelungen war, verharrte – neben unbedeutenden Vasallen wie Bayern oder Württemberg – von den zählenden Monarchen nur noch Friedrich Wilhelm III. von Preußen in der unwürdigen Rolle des Unterworfenen, des Abhängigen, des Mutlos-Unentschlossenen. Sein ganzes Volk hatte seit 1807, verstärkt aber seit 1809 und mit wachsender Ungeduld seit dem September 1812 auf Taten seines Königs gewartet – vergeblich, wie wir wissen. Napoleon hatte zwar die Presse fest im Griff, alle offiziellen Bulletins hatten bis zum Brand von Moskau nur Siege der Franzosen melden dürfen. Aber es hatte immerhin Briefe von der Front gegeben, Verwundete waren heimgekommen, und das Gerücht hatte stets mehr zu berichten gewußt als der *Moniteur* und die franzosenfreundliche deutsche Presse.

Preußen wartete also, drängender, unzufriedener, ungeduldiger denn je, und dann kam urplötzlich und erstaunlich früh, ja noch im Jahr 1812, die kaum glaubliche Nachricht, daß der General von Yorck, ein Mann der Konservativen, der gegen die Reform eingestellten alten Offiziersclique, sich mit den Russen verständigt und eine Art Sonderfrieden, zumindest aber einen Waffenstillstand geschlossen habe. Konnte das geschehen, ohne die geheime Billigung des Königs?

Die Frage hat viel für sich, aber eben nur die Frage; denn alle positiven Antworten, die man zu konstruieren versuchte, um die Hohenzollern in die russisch-österreichische Befreiungsaktivität gleichrangig einzugliedern, all diese Konstruktionen haben der Nachprüfung nicht standgehalten. Der König, der sich die für die innere Erneuerung Preußens unerläßlichen Entscheidungen von Stein und von Scharnhorst stets erst nach zermürbenden Unterredungen hatte abringen lassen, ließ sein Hilfskorps in diesem historischen Augenblick allein; er tat monatelang nicht nur nichts, sondern genau das Gegenteil dessen, was die Patrioten, was sein Volk von ihm erwartete. Und als sein Flügeladjutant, der Major Graf Henckel von Donnersmarck, auf die Möglichkeit aufmerksam machte, mit relativ kleinen Kavalleriekräften die ganze geschlagene französische Generalität gefangennehmen zu können, da antwortete Friedrich Wilhelm: »Für Sie wäre das ganz schön, für mich aber *malhonnête* (unehrenhaft).« Der König verurteilte denn auch die Konvention von Tauroggen, verweigerte seine Zustimmung, nahm Yorck den Oberbefehl und vertraute das Korps dem als erzkonservativ geltenden General von Kleist an.

Wie es in dem Monarchen bei diesen Handlungen aussah, weiß freilich niemand, und die tapfere Königin Luise war tot. Ihr wäre eine geheime Botschaft an Yorck zuzutrauen gewesen . . .

Wir haben über die Szene in der Mühle von Poscherun, die

Debatten der Offiziere, die allesamt Deutsche waren, für wen immer sie kämpften, eine Menge gelesen, seit Ranke, seit Treitschke, seit den Hohenzollern-Apotheosen weniger berühmter Historiker wie Schultze und Blumenthal. Film und Fernsehen haben uns die Verschwöreratmosphäre in der alten, zugigen Mühle vor Augen geführt, wo eisgraue Heerführer beim Schein von Windlichtern komplizierte Briefschaften zu entziffern suchten. Die Generaltendenz aller Darstellungen war aber doch wohl die, daß in Yorck, dem General aus dem kassubischen Kleinadel, das alte unverrückbare Preußen jener neuen Generation gegenübersaß, die der glänzende Verstand des jungen, für Rußland verhandelnden Clausewitz repräsentierte; alte preußische Tugenden kämpften hier gegen das Gebot der Stunde.

Die Wirklichkeit ist nüchterner, überzeugender, und wer die Lage vom Dezember 1812 und in dieser Weltgegend heute beurteilen will, der muß sich an das Ende des Zweiten Weltkriegs erinnern, an die russischen Panzervorstöße, die große Teile der baltischen Armee abschnitten und Soldaten wie Flüchtlinge nötigten, quer durch sowjetische Minensperren und U-Boot-Schwärme zur See in die Heimat zu fliehen.

Zar Alexander I. hatte zwar keine U-Boote, aber Preußen hatte auch keine Flotte. Der russische Vorstoß hatte das preußische Hilfskorps tatsächlich bereits von der Armee Macdonald abgeschnitten, und zwar durch die 2000 Mann des in russischen Diensten stehenden Preußen Diebitsch. Das war kein mächtiger Sperr-Riegel, aber das preußische Korps hatte auch keine besondere Kampfkraft mehr. Im Baltikum hatten die Offiziere und die Mannschaften, soweit sie lesen konnten, die von den Russen reichlich ausgestreuten antifranzösischen Propagandaschriften des ungemein geschickten, zündend formulierenden Garlieb Merkel gelesen. Paulucci, der russische Generalgouverneur für Livland, war mit Yorck in einen höflich-vernünftigen, beinahe weltmännischen Briefwechsel eingetreten, und die russische Wittgenstein-Armee hatte mit ihren Kosaken darüber hinaus Briefe abgefangen, aus denen Yorck entnehmen mußte, wie wenig Macdonald ihn schätzte, daß die Franzosen seine Absetzung verlangen würden und ähnliches mehr.

Yorck rang in der Mühle von Poscherun weniger um die moralische Rechtfertigungen, als um das militärisch Vernünftige, und er dachte dabei zweifellos auch an sich selbst – was uns Clausewitz in seiner Charakteristik des Generals bestätigt hat. Yorck wußte, wie schwer es gewesen war, den Mannschaftsnachschub für sein Korps zum Abmarsch aus Ostpreußen zu bewegen, und seine Offiziere wußten dies auch.

Die Preußen des Yorckschen Korps kannten inzwischen die Lage der Franzosen; sie fürchteten die russische Gefangenschaft, und die Angst vor Sibirien kam dem aufkeimenden Patriotismus der Lauen zu Hilfe. Dazu drängten die Russen und drohten, bei Ablehnung des Waffenstillstands das Korps zur Kapitulation zu zwingen und in die gewöhnliche, gnadenlose Kriegsgefangenschaft abzuführen. Hatte Yorck überhaupt noch Argumente gegen Diebitsch, Dohna und den jungen Clausewitz? Die Abmachung, genannt Konvention von Tauroggen, wurde am 30. Dezember 1812 unterzeichnet.

Die überraschendste Tatsache in der Gesamtgeschichte der Ära Napoleons muß man wohl in dem Umstand erblicken, daß ihm weder auf militärischem noch auf politischem Gebiet ein ebenbürtiger Gegner erwuchs, und das etwa zwanzig Jahre lang. Ebenso überraschend ist aber auch, daß Napoleons Gegner dies ebensolange nicht wahrhaben wollten. Gefährlich wurde es für Napoleon erst, als seine vereinten Widersacher ihren Plan, ihn niederzuwerfen, bewußt auf die Tatsache abstimmten, daß er selbst in offener Feldschlacht nicht zu schlagen sei, daß man also die unmittelbare Konfrontation mit ihm vermeiden müsse. Zu dieser Einsicht gelangte die langsam sich bildende antifranzösische Koalition in den Jahren 1812 und 1813, als ein Mann die Zügel in die Hand bekam, der zwar nicht auf militärischem, aber doch auf politischem Gebiet dem großen Korsen ebenbürtig war: der österreichische Staatskanzler Fürst Metternich.

Metternich hatte schon mit zweiundzwanzig Jahren geheiratet, und zwar eine Enkelin des großen Kaunitz, des Mannes, der ihm am ehesten zu vergleichen ist. Mit dreiunddreißig Jahren war er

→ Schlußartikel der *Konvention von Tauroggen*, 1812

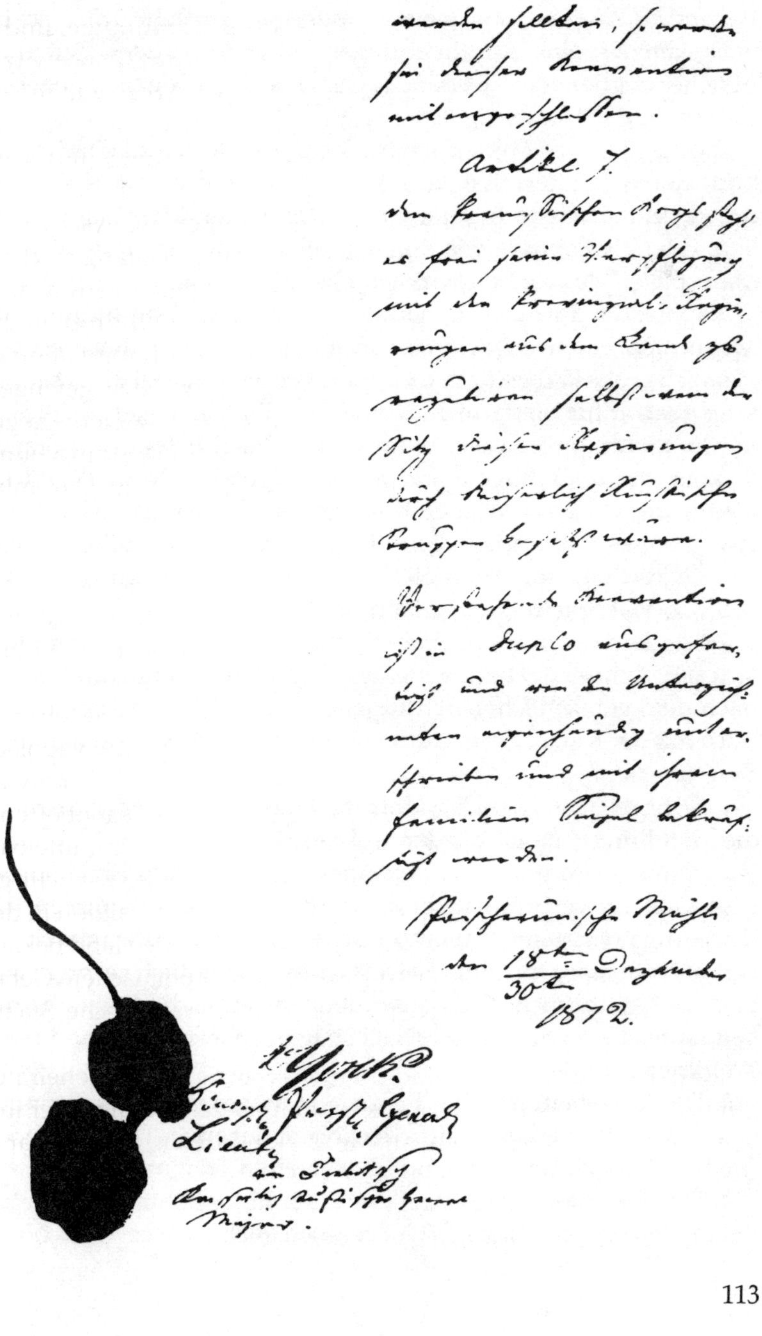
werden sollten, so werden
sie dieser Convention
mit eingeschlossen.

Artikel 7.

Dem Königl. Preußischen Corps steht
es frei seine Verpflegung
mit den Provinzial-Regie-
rungen auf dem Lande zu
erhalten selbst wenn der
Sitz dieser Regierungen
durch Kaiserlich Russische
Truppen besetzt wären.

Vorstehende Convention
ist in duplo ausgefer-
tigt und von den Unterzeich-
neten eigenhändig unter-
schrieben und mit ihren
familien Siegel bekräf-
tigt worden.

Poscheruner Mühle
den 18ten/30ten Dezember
1812.

v. Yorck
Königl. Preuß. General
Lieut.

v. Diebitsch
Kaiserlich Russischer General
Major.

Gesandter in Paris, mit siebenunddreißig, im Jahr 1810, schon Staatskanzler, eine aufsehenerregende Karriere in den Zeiten eines eher engherzigen, weder das Genie noch die Jugend liebenden Kaisers wie Franz I.

Das Genie eines Metternich ist der große Glücksfall einer Koalition, deren Fürsten über das Mittelmaß nicht hinausragen und deren Feldherren rechtschaffene Techniker sind wie Schwarzenberg oder Heißsporne wie Blücher, aber nicht einmal den besten Marschällen des Korsen wirklich ebenbürtig sind.

Napoleon wußte ganz genau, woher die Gefahr drohte; er hatte Metternich einen *bugiardo* genannt, ein selbst im Italienischen ziemlich grobes Wort für den Lügner, vermutlich weil das französische *menteur* für Metternichs Verschlagenheit eine viel zu vornehme Bezeichnung gewesen wäre. Tatsächlich lieferte der Staatskanzler von dem Augenblick an, da Napoleons Niederlage feststand, die bis zum Wiener Kongreß unübertroffene Meisterleistung seines Ränkespiels, ein Bravourstück, zu dem ihm freilich ein siegreicher, von Paris aus souverän dirigierender Napoleon nicht so viel Spielraum gelassen hätte.

Was Metternich als Aufgabe vorfand oder, genaugenommen, sich selbst zur Aufgabe machte, war kompliziert genug und mußte nach dem gemächlichen Schritt jener Zeit, in der die Diplomaten noch mit der Kutsche reisten, mehrere Jahre in Anspruch nehmen. Es galt

1. Österreich aus dem Bündnis mit Frankreich zu lösen und ihm die Handlungsfreiheit wiederzugeben;

2. mußte Österreich das Vertrauen Preußens und Rußlands so weit wiedererwerben, daß diese Mächte Wien die Gesamtregie der Befreiung übertrugen. Das war schwierig, weil Preußen durch die Heirat Napoleons mit einer Kaisertochter bekanntlich verprellt war und weil Metternich eine konsequent antirussische Politik betrieben hatte, deren Folgen sehr viel später schließlich in den Ersten Weltkrieg mündeten.

3. Die Ausarbeitung eines Friedensvertrages mit dem zwar noch nicht machtlosen, aber nach den Niederlagen in Rußland doch friedenswilligen und verhandlungsbereiten Frankreich.

4. Der Abschluß dieses Friedens unter Einbeziehung aller beteiligten deutschen Fürsten (wobei noch nicht sicher war, ob es

tatsächlich zu einem reinen Verhandlungsfrieden oder zu Kämpfen kommen würde).

Wir haben verfolgt, welche Stapel von Sendschreiben und Flugschriften, von Memoranden und Geheimkorrespondenzen zwischen 1807 und 1812 quer durch Deutschland reisten, und mit welcher Intensität sich eine ganze Reihe guter Geister und mannhafter Offiziere bemühte, eine gemeinsame Erhebung gegen Napoleon vorzubereiten. Es gibt keine andere Phase in der deutschen Geschichte, in der so viele ehrliche Begeisterung nutzlos verpuffte, in der so viel tiefer Edelmut zum papiernen Pathos vergilbte und die Ereignisse so deutlich alle Worte überholten. Es ist, als habe der große Regisseur Metternich seine Stunde selbst gewählt und die Zügel an sich gezogen, denn sein Kaiser war nicht der Mann für entscheidende Initiativen – ebensowenig übrigens wie der König von Preußen, den ja sogar seine Generale übertrafen, wenn es darum ging, den geschichtlichen Augenblick in seinen Forderungen zu erkennen und zu nützen.

Was nun anhebt, ist bei weitem nicht so dramatisch wie die Vorgänge in der Mühle von Poscherun, und doch ist es das geheime Ränkespiel zwischen Wien und Paris, das die Entscheidungen von Leipzig und Kaub und die Offensive hinein nach Frankreich erst möglich macht. Für die diplomatische Technik jener Zeit ist es eine schier unlösbare Aufgabe wenn man nur bedenkt, daß die vielen deutschen Kleinfürsten, denen Napoleon geschmeichelt und deren Gebiete er vergrößert hatte, zum Verzicht auf ihren eigenen kleinen Gewinn gebracht und von der Notwendigkeit einer Kehrtwendung überzeugt werden mußten. Was in diesem Punkt allerdings entscheidend half, war die Unmöglichkeit, den Völkern dieser kleinen Länder, diesen empfindlichen Kleinwelten und Kleinstädten, neuerliche Menschenopfer für eine neue Hilfsarmee abzuverlangen.

Karl Fürst Schwarzenberg, der als Oberbefehlshaber das österreichische Hilfskontingent abwartend, aber im ganzen fehlerfrei nach Osten geführt hatte und auf Napoleons Vorschlag darum Feldmarschall geworden war, hatte im besetzten Deutschland bedeutende Ländereien verloren und ist eine der Persönlichkeiten, denen die Vertreibung des Kaisers der Franzosen aus Deutschland auch bedeutende Vermögensvorteile bringen mußte. Das und

Schwarzenbergs altadeliger Lebensstil, die große Tafel, die er auch in seinem Hauptquartier führte, die Anwesenheit von feinen Damen an dieser Tafel und die Allüren eines Fürsten, der jahrelang Gesandter in Paris gewesen war, das paßte einer Reihe jüngerer Offiziere nicht, die gegen Napoleon oder aber an der Seite Napoleons gegen Rußland gekämpft und die neue härtere Welt eines gewandelten Krieges kennengelernt hatten. Der bedeutendste unter ihnen war der spätere Feldmarschall Johann Joseph Wenzel Anton Graf Radetzky, aus einer 1764 in den Grafenstand erhobenen böhmischen Adelsfamilie stammend. Radetzky hatte sich bereits in den im ganzen unglücklich verlaufenen italienischen Feldzügen gegen Napoleon ausgezeichnet und insbesondere bei Marengo besondere Umsicht und Tatkraft bewiesen. 1812 wurde er unter einer heute veralteten Bezeichnung praktisch Chef des Generalstabs der österreichischen Armeen und damit das Gehirn aller Operationen. Wenn dies in der Geschichtsschreibung nur ausnahmsweise gebührend hervorgehoben wird, so liegt das einmal daran, daß man bei Kaiser Franz ziemlich langsam avancierte – Radetzky war erst Generalmajor – und daß die Erzherzoge und die Fürsten naturgemäß einen simplen böhmischen Grafen ohne Hofverbindungen überstrahlten. Endlich Feldmarschalleutnant, gewann er Einfluß auf die gesamte Neuaufstellung der österreichischen Armee und beschleunigte durch so manchen Husarenstreich (er zweigte einmal eine Million Gulden böhmischer Gelder blitzschnell für die Truppenausrüstung ab) die Kriegsvorbereitungen des offiziell immer noch neutralen Österreich.

Dieser außerordentlich fähige Offizier, erst wenig über vierzig Jahre alt, muß als der eigentliche Schöpfer des sogenannten Trachenbergschen Planes angesehen werden, jenes großen Konzepts, das den Korsen letztlich ausmanövrierte und die Kette seiner Siege beendete. Dem Trachenbergschen Plan lagen militärisch die Gedanken zugrunde, die Radetzky schon am 15. Juni gemeinsam mit Karl Graf von Toll entwickelt hatte, dem baltischen Generalstabschef des russischen Oberkommandierenden Barclay de Tolly. Der übervorsichtige Preußengeneral von dem Knesebeck, der auf seinen König großen Einfluß hatte, baute in dieses Konzept noch einige Vorbehalte ein; obwohl etwa gleichaltrig mit Radetzky hatte er offensichtlich den größten Respekt vor Napoleon.

Nach dem Trachenbergschen Plan sollten drei Armeen versuchen, Napoleon, der im Frühjahr 1813 durch seine Siege von Großgörschen und Bautzen seine Vasallen zurückzugewinnen schien, aus Deutschland zu vertreiben. Im Norden stand eine Armee unter Napoleons ehemaligem Freund und Schwager, dem General Bernadotte. Trotz seiner maßlosen Eitelkeit genoß Bernadotte, der sich auf der Seite Napoleons einen hervorragenden militärischen Ruf erkämpft hatte, das volle Vertrauen der Verbündeten: Der Advokatensohn aus dem südfranzösischen Pau, vom alteingesessenen Schwedenadel wegen seiner jüdischen Herkunft lange Zeit abgelehnt, hatte die von Napoleon sitzengelassene Desirée Clary geheiratet, eine begüterte Kaufmannstochter aus Marseille, und war 1810 vom Schwedischen Reichstag zum Kronprinzen gewählt worden, da man sich von seinen militärischen Talenten die Gewinnung Finnlands und Norwegens versprach.

Da es für Schweden wirtschaftlich besonders schwierig war, Napoleons Kontinentalsperre gegen England zu akzeptieren, hatte der mit dem Einverständnis des Korsen nach Schweden gegangene Bernadotte sich zunächst Rußland und dann auch Preußen angenähert, hatte den alleinigen Oberbefehl über alle drei Armeen verlangt und, als ihm dann doch nur die Nordarmee zufiel, durch langsame Märsche und wohlkalkuliertes Zuspätkommen seine Schweden (gegen deren Willen) außerordentlich geschont. Daß der einst von ihm geschlagene Blücher gleichberechtigt die zweite der drei Armeen, nämlich die schlesische, führte, hatte zu Zerwürfnissen geführt, die erst in Trachenberg beigelegt werden konnten.

Blüchers Preußen wurden ebenso durch russische Kontingente verstärkt wie die in Böhmen aufgestellte österreichische Armee unter dem Fürsten Schwarzenberg. Bernadottes Beitrag zum gemeinsamen Feldzugsplan bestand in einem einzigen, aber sehr nützlichen Rat: Angreifen müßten die Verbündeten überall dort, wo Napoleon nicht selbst kommandierte; der Armee, die der Kaiser in eigener Person in die Schlacht führe, müsse diese Schlacht jedoch unbedingt verweigert werden. Es ist sehr bezeichnend für den Ruf, den Napoleon bereits genoß, daß alle Monarchen und Feldherren dieser großen Konferenz mit dem dargelegten Prinzip einverstanden waren, selbst Blücher und sein Generalstabschef, der sonst so stürmische Neidhart von Gneisenau . . .

Wie hoch in diesem Augenblick die Leidenschaften in Deutschland gehen, zeigt uns am deutlichsten die Lyrik, die alle, die jemals ein Gedicht geschrieben haben, nun für die Ermunterung des Volkes zum Freiheitskampf einsetzen – als ob es dessen noch bedurft hätte! Wenn es jemals einen Zweifel an André Gides bösem Wort geben sollte – dem Wort von den hehren Gefühlen, mit denen man die schlechteste Literatur macht –, jeder Blick in die Anthologien aus jener Zeit müßte Gide überzeugend rechtfertigen; ja Max von Schenkendorf, einer der emsigsten, stattet sogar die einzelnen Zünfte mit verschiedenen, auf sie zugeschnittenen Kampfliedern aus.

Es ist angesichts dieser Volksstimmung, von der man sich heute, nach so mancher Enttäuschung durch nationale Erhebungen, nur noch eine sehr distanzierte Vorstellung machen kann, sehr eigenartig und beinahe ein Wunder, daß die Minister ihren kühlen Kopf behalten. Und der Kühlste von ihnen allen ist Metternich.

Längst ist alles in Bewegung geraten; ein wütender Napoleon droht Jena niederzubrennen, weil einige Studenten sich den Jux gemacht haben, in Kosakenuniformen herumzureiten und die französischen Offiziere zu erschrecken. Radetzky sammelt Schuhe und Pferde, Murat vor allem Pferde, deren er so viele zugrunde gehen ließ und die er doch so nötig braucht, weil sein Ruhm nun einmal der eines Reitergenerals ist. Und dazwischen gehen mit einer Heimtücke, die unseres Jahrhunderts würdig wäre, Gesandte nach Paris und ins russische Hauptquartier, verhandelt Österreich sowohl mit Napoleon als auch mit Sachsen, Preußen und dem Zaren. Und Napoleon, der in diesen Tagen besonders aggressiv ist, der mit dem Zorn des Getäuschten brillante Siege erringt, macht Österreich, ohne das seine Gegner nicht siegen können, die verführerischsten Vorschläge: Er bietet Illyrien an, die adriatischen Küstenprovinzen, die das hafenlose Österreich von Herzen gern haben möchte, und er offeriert Schlesien, um das Österreich vor noch nicht einem Menschenalter drei mörderische Kriege führen mußte.

Es ist eine Versuchung, der vermutlich jeder österreichische Staatsmann zwischen Kaunitz und Kreisky erlegen wäre, und hätte Metternich etwas weniger Verstand besessen und etwas mehr Phantasie, er wäre auf diese Vorschläge eingegangen, die immerhin vom Schwiegersohn des österreichischen Kaisers kamen und die auf eine endgültige Zerstückelung Preußens hinausliefen. Dann hätte es kein 1866 gegeben, Bismarck wäre der große Minister eines kleinen Staates geworden und der säbelrasselnde zweite Wilhelm hätte allenfalls einen Ostseekrieg führen können, aber keinen Weltkrieg.

Metternich dagegen ließ sich von dem Ziel, Napoleon in seine französischen Grenzen zu weisen, nicht mehr abbringen und brachte das Opfer Schlesiens für einen preußischen Monarchen, den man noch lächerlicher in seinen großen Krieg hineinzerren mußte als Kaiser Franz von Österreich. In einem Brief Wilhelm von Humboldts an Scharnhorst, den deutschen Waffenschmied, der die Völkerschlacht von Leipzig nicht mehr erleben sollte, finden sich die bezeichnenden Worte:

»Eine sehr bedeutende, mir noch vorgestern gemachte Äußerung des Grafen Metternich . . . war die: wenn wir und die Alliierten (*d. h. Preußen, Rußland usw.*), sagte er, *ein* Souverain, *ein* Kabinett, *eine* Armee wären, so wäre Napoleon verloren; allein wir sind viele, da sind Fehler unvermeidlich. Rußland kann auch des Krieges müde werden, man muß also behutsam vorgehen.«

Und Behutsamkeit war denn auch tatsächlich die für die ersten Operationen nur allzu treffende Bezeichnung. Die Alliierten hatten sich geeinigt, getrennt zu marschieren, Napoleon selbst zu vermeiden und seine Marschälle nach Möglichkeit zu schlagen, wo immer man sie antreffe. Vereinigen wollte man sich, wie eine etwas pathetische Übersetzung der Trachenbergschen Dokumente es formuliert, bei »des Gegners Feldherrenzelt«. Vorstellungen aus den Türkenkriegen mögen dabei Pate gestanden haben . . .

Radetzky war übrigens mit diesem Kampfziel ganz und gar nicht einverstanden. Er hegte und verfocht die durchaus moderne Vorstellung eines Vernichtungsfeldzugs, das heißt, er wollte die verbündeten Armeen nicht im Lager des Feindes zusammentreffen sehen, sondern im Rücken der französischen Armeen, um sie von ihren Versorgungsbasen und Rekrutierungsdepots abzuschneiden und noch innerhalb Deutschlands völlig zu vernichten. Daß all die hochgeborenen Behutsamen ihm dieses Konzept verwässerten, hat den Krieg gegen Napoleon um ein gutes Jahr verlängert.

Ähnlich wie Radetzky dachte auch sein Chef, der Fürst Schwarzenberg; er war auch entschlossen, sein Kommando niederzulegen, wenn Österreich seine neutrale Haltung (die es wegen der Vermittlerrolle lange beibehalten mußte) nicht bald aufgeben würde. Und diese Entschlossenheit macht dem verwöhnten Botschafter und Standesherrn, den stets ein Damenflor umgab, denn doch alle Ehre. Oder sollten die Damen gar mit von der Partie sein? Daß der Fürst auf seine Frau hört, weiß man seit langem, und daß Metternich in den Liebesbanden der schönen Wilhelmine von Sagan liegt, die von Prag aus Verbindung sowohl nach Paris als auch nach Wien hält, ist ebensowenig geheimzuhalten: Gentz hat ihr einen Teil seiner schönen Prager Wohnung eingeräumt. Über das in der Nähe Prags sich nun bildende österreichische Heer, die dritte der gegen Napoleon marschierenden Armeen, berichtet Metternich in einem Brief an seine Tochter Marie:

»Man speist dort an einer langen Refektoriumstafel mit vierzig oder fünfzig Schnurrbärten aller Farben und Formen. Der Fürst *(Schwarzenberg)* hat ein sehr gut eingerichtetes und elegantes Hauptquartier, lauter junge Leute schlanker und ranker Gestalt, und jeder ihrer Schritte zeugt von tiefstem Respekt. Du siehst nur lauter Clams, Paars, Choteks, Casperl Szechenyi usw. wie die Zwiebeln aufgereiht, die sich weder trauen zu sprechen, noch zu husten oder zu spucken und immer nur den Befehl ihres Herrn erwarten, um irgendeinen Ritt von 25 oder 30 Meilen anzutreten. Inmitten von all dem findest du die kleine Hausfrau, die sich seit einigen Tagen auch in Prag niedergelassen hat und täglich ins Hauptquartier essen geht. Sie schaut aus wie ein Floh inmitten von einem Haufen von Maikäfern. Erzähle bitte nicht meinen Vergleich, denn er würde augenblicklich in Wien die Runde machen.«

Aber es ist doch nicht so, daß Metternich sich in Bonmots erschöpft; er weiß, daß seine Hinhaltetaktik, die Napoleon zutiefst verärgert, Radetzky die Zeit gibt, die er noch braucht. Der Schluß dieses Briefes an Marie Comtesse Metternich läßt keinen Zweifel daran, daß Metternich die besseren Nerven hatte und aus gutem Grund zuwartete, mochten die Völker auch auf die Unentschlossenheit der Monarchen bitterböse sein und die Liederdichter sich die Kehlen heiser schreien:

»Wenn es doch zum Kriege kommt, so sage Mama, sie soll auch dann ruhig bleiben. Die Dinge prägen sich so scharf aus, daß es schwierig wäre, zu entscheiden, wem das bessere Spiel zufallen wird; die Zeit aber, die wir gewonnen haben, versetzt uns in eine sehr gute Lage.«

Österreichs Armee ist intakt, sie ist voll Selbstvertrauen, denn sie hat seit den großen Tagen von Aspern und Eßling und seit der glanzvollen Bewährung noch in der Niederlage von Wagram keine Rückschläge mehr hinnehmen müssen, während die Russen einen halben Kontinent durchwandern mußten und die Preußen bereits wiederholt geschlagen wurden, ja von dem vermeintlich vernichteten Napoleon binnen weniger Wochen nach Schlesien getrieben wurden. Hätte Napoleon Pferde genug gehabt, jene Pferde, die ihm bei seinen schnellen und kühnen Schlachten am meisten fehlen, er hätte niemals in den Waffenstillstand vom 30. Juni 1813 gewilligt. Jahre später, in der Einsamkeit von Sankt Helena, hat er dieses Abkommen als den großen, verhängnisvollen Irrtum seines Lebens bezeichnet, weil die vereinbarte Waffenruhe, die Wochen vom 30. 6. bis zum 10. 8., nicht nur Preußen und Russen Gelegenheit gaben, sich von den Niederlagen zu erholen, sondern vor allem für Österreich wertvoll waren: Nach der Heeresreform durch Radetzky konnte die eilends ausgerüstete und bewaffnete böhmische Armee bis Mitte August kampfbereit sein und zu den Verbündeten stoßen. Schicksalhafte sechs Wochen, die Napoleon vielleicht genügt hätten, die Preußen entscheidend zu schlagen und die kriegsmüden Russen endgültig für einen Friedensschluß reif zu machen.

In den Zeiten so großer Entscheidungen verlieren die Einzelursachen und sogar die Einzelpersonen an Eigengewicht, und es ist nicht viel mehr als historischer Feuilletonismus, wenn man ein Gespräch, einen Brief, ein vereinzeltes Faktum hochspielt und als allein entscheidend bezeichnet. Gewiß, daß der kühne Reiterführer Murat in den Einöden Rußlands versagt hatte und die berühmte französische Kavallerie zugrunde gegangen war, beraubte Napoleon eines wichtigen Elements seiner Kriegführung; und daß Murat sich heimlich in Wien erkundigte, wie es denn um sein Königreich Neapel stehen würde, falls Napoleon unterliege, das schiebt diesen Mann abermals ins Zentrum des Geschehens: Nach Bernadotte wird damit der zweite große General des Korsen abtrünnig, die Wende kündigt sich an.

Aber sind es wirklich die Männer, die alle diese Entscheidungen treffen? Steht nicht hinter der vorsichtigen Anfrage Murats seine Frau, die temperamentvolle Caroline, die in Metternichs Pariser Botschafterzeit seine Geliebte gewesen war und mit dem Staatskanzler noch immer in einem vertrauten Briefwechsel steht?

Das Beispiel Neapels ist nur eines von einem Dutzend ähnlich gelagerter Fälle und illustriert Metternichs Wort aus einem Brief an seinen Vater, in Prag am 26. Juli, also vierzehn Tage vor Ablauf des Waffenstillstands, geschrieben: »Wir sind so gänzlich der Mittelpunkt von allem, daß jedes Wort . . . durch uns läuft. Napoleon ist in einer so merkwürdigen Lage, daß er, so oft er an irgendeine Tür klopft, die Antwort bekommt: ›Gehen Sie zum österreichischen Kabinett und fragen Sie . . .‹«

Metternich hingegen, der ja keine militärischen Aufgaben wahrzunehmen hat wie der um schnelle Erfolge besorgte Kaiser der Franzosen, Metternich also ist in seinem Element. Er gibt zu – der Vermerk findet sich handschriftlich auf einer Akte – »ich stehe bisher mit der Königin in direktem Verhältnis durch verborgene Wege«. Die Königin, das ist niemand anderes als Napoleons jüngste Schwester Maria Annunciata, die sich auf dem Thron Neapels Caroline nennt, eine schöne und temperamentvolle Frau von einunddreißig Jahren. Wird Napoleon also schon von seiner eigenen Familie betrogen? Nun, Könige haben ihre eigene Moral, man nennt sie Realpolitik, und darum tragen Caroline wie Murat auf beiden Schultern und sichern sich ab; wer immer die bevorstehende große Auseinandersetzung gewinnt, sie wollen weiterhin in Neapel herrschen, obwohl die vertriebene Habsburgerin gar nicht so weit entfernt, in Sizilien, auf ihre Rückkehr wartet.

Wie sehr Metternich seinen Kaiser in der Hand hat, beweist der Umstand, daß er ihn auch über Neapel vollständig informiert: Metternichs Politik hat längst das Übergewicht über die habsburgischen Familieninteressen erlangt, und der private Krieg, den Metternich gegen die Einmischungsversuche der Erzherzöge führt, hat die stillschweigende, wenn auch bekümmerte Billigung des Kaisers Franz.

Es geht dabei vor allem um den Liebling nicht nur der Steiermärker, um den Erzherzog Johann, den populären Bergsteiger, den Mann des Volkes, demgegenüber der Graf und spätere Fürst

Metternich nur zu oft als ein böser Mephisto erscheint. Es gibt in diesem Entscheidungsjahr 1813 sogar eine richtige Verschwörung gegen Metternich mit dem Ziel, ihn umzubringen; und es ist ungemein bezeichnend für die Politik jener Tage, aber auch für die Formen, in denen von jeher österreichische Politik gemacht wird, daß der Geldgeber des geheimen Alpenbundes ein privater Nebenbuhler Metternichs ist: der britische Geheimagent Sir Harcourt King, der wie Metternich die schöne Herzogin von Sagan verehrt, aber neben dem glanzvollen Geist des Staatskanzlers bei Wilhelmine wenig Chancen hat. Er finanziert einen schon 1810 entstandenen Geheimbund, mit dem die Tiroler sich nach dem Tod ihres Andreas Hofer über die Wiener Politik hinwegtrösten. Neben dem Erzherzog Johann, der dem Bund näher steht, als es ein Kaiserbruder verantworten kann, ist der Historiker Hormayr die stärkste Persönlichkeit dieser Verschwörung. Zunächst aktiver Freiheitskämpfer, wendet er sich später in Dichtungen und Pamphleten gegen Napoleon, aber auch gegen Metternich und wird verhaftet, als ein Konfident den Bund an Metternich verrät. Hormayr passiert nicht viel, er ist drei Jahre später sogar schon Hofhistoriograph und rächt sich an Metternich, indem er zwanzig Bände eines österreichischen Plutarch verfaßt, in denen der Staatskanzler nicht vorkommt. Auch dem Erzherzog kann man natürlich nicht viel anhaben, er darf bloß Tirol nicht mehr betreten, weswegen das Joanneum heute in Graz steht. Und Harcourt King, der ist ein Ausländer und muß verschwinden. Über den Tiroler Bergen herrscht wieder Frieden, und Metternich hat einen Nebenbuhler weniger.

Der Stil der alten Weltpolitik wirkt auf uns frivol, erstens, weil wir von den heute Regierenden doch nicht alle Affären kennen, und zweitens, weil wir uns von den Klatschspalten der Zeit zu sehr beeindrucken lassen. Natürlich waren auch die Zeitungen der napoleonischen Zeit und des Vormärz an Amouren, Liaisons und Histörchen aller Art besonders interessiert, man konnte schließlich dem Publikum nicht ausschließlich Manifeste, Oden an die Freiheit, Pamphlete und Schmähschriften vorsetzen, und schon gar nicht vier Jahre lang, von Aspern bis Leipzig. Vor allem aber beschäftigte es die Phantasie des Publikums in höchstem Maße, was sich im Bereich so schöner Schlösser wie Reichenbach (am Fuß des Eulengebirges), Gitschin, Ratiborziz und Opocno tatsächlich abspielt. Reichenbach sieht in diesem Sommer 1813 wichtige Konferenzen zwischen den Verbündeten und jenen, die noch zu ihnen stoßen sollen. Gitschin, wo die Grafen Trauttmannsdorff ein prächtiges Schloß besitzen, wird das Hauptquartier für Kaiser Franz und Metternich. Auf Opocno residieren die schönen Schwestern des Zaren, die klug und energisch für eine neue Allianz gegen Napoleon Partei ergreifen. Und Ratiborziz? Das ist nach den Worten des Friedrich von Gentz ein »kleines Paradies, das die Herzogin von Sagan zum Himmel macht«. Nicht Metternich wohnt bei ihr, das wäre unmöglich gegenüber seiner eigenen Familie und gegenüber dem Kaiser, aber sein engster Berater, der Publizist Gentz, ein Mann, der ebenfalls von King Geld genommen hat, von King und von anderen britischen Agenten, die über die Aktionen des Grafen Metternich unterrichtet werden wollen.

Es ist ein seltsamer Sommer, und doch bereitet er in gewissem Sinn schon jenen großen Kongreß vor, der sich nach dem napoleonischen Schrecken um die Neuordnung Europas bemühen wird. So vieles, was in Wien vollendet wurde, hat in Prag begonnen, also auch dies. Und die drei Herren, die viele Nachtstunden über die Prager Brücken spazierten und dabei über das Wesen der Politik und das Geschick der Völker philosophierten, die Herren Wilhelm von Humboldt, Gentz und Metternich, waren dabei zwar nicht einer Meinung, weil ihnen Humboldt denn doch zu fortschrittlich war, aber sie lernten einander zuzuhören, wenn die Visionen der Zukunft unter dem Prager Nachthimmel Gestalt zu gewinnen begannen.

Während in Sachsen schon die Armeen biwakieren und Napoleon über den Schlägen brütet, die er seinen abtrünnigen Verbündeten versetzen will, genießen die Lenker der Welt den böhmischen Sommer. »Was ich an guter Aufnahme, an allen Bequemlichkeiten des Lebens, an göttlicher Ruhe, an vortrefflichen Nahrungsmitteln und sonstigem Komfort genieße, ist schwer zu beschreiben«, äußert sich Gentz zu einem jungen Freund und Mitarbeiter (gegen die Reize der Herzogin ist er gefeit, denn bei dem bisexuellen *homme de lettres* haben nur Sylphiden wie etwa Fanny Elßler eine Chance). Metternich hat es nicht so gut getroffen: Nach Schloß Trauttmannsdorff kommen natürlich alle Depeschen, und die täglichen Spaziergänge mit dem Kaiser, einem engstirnigen, aber rechtschaffenen Pedanten, sind nicht sonderlich anregend. Kommt der Zar aus dem sächsischen Hauptquartier angereist, so gerät die böhmische Idylle in Aufruhr. Das offizielle Ziel ist Opocno, wo die Großherzoginnen den Bruder erwarten, die Zarenschwestern, deren eine den Erzherzog Karl heiraten möchte, den Sieger von Aspern. Das eigentlich wichtige und darum geheime Ziel des Zaren ist aber jenes hübsche, schloßartige Landhaus von Ratiborziz, um das sich in diesen Wochen alles zu drehen scheint. Der Zar kehrt dort ein, um Wilhelmine von Sagan ins Gebet zu nehmen: Hat sie, die wertvollste russische Agentin, den Staatskanzler Metternich endlich so weit, daß er das Spiel der Verhandlungen und Waffenstillstände endgültig aufgibt und damit auch die künstliche österreichische Neutralität? Der Sommer neigt sich seinem Ende zu; in wenigen Wochen werden die Wege in ganz Mitteldeutschland in Schlamm versinken und Truppenbewegungen aufs äußerste erschwert sein. Wie soll man dann Offensiven gegen einen so geschickten Taktiker wie Napoleon durchführen? Und dem ganzen Deutschland noch einen Besatzungswinter zuzumuten, geht nicht an, noch längere Besatzungslasten einer nun geschlagenen, gefährdeten und darum doppelt gierigen französischen Armee!

Metternich erfährt durch seine Geheimpolizei von der bevorstehenden Ankunft des Zaren und begibt sich selbst eilends nach Ratiborziz; aber als er gegen acht Uhr abends dort eintrifft, ist der Zar bereits seit einer Stunde auf dem Weg nach Opocno. Metternich bleibt bei der Sagan; die große, blonde Frau, mit einunddreißig Jahren auf dem Gipfel ihrer Schönheit, hat eine ganze Nacht für jene Kopfkissengespräche, in denen schon oft große Politik gemacht wurde. Und wenn sie auch überzeugt ist, es dem Zaren schuldig zu sein, da doch ihr Einkommen beinahe zur Gänze aus Rußland kommt, so ist es sehr fraglich, ob es so zärtlicher Überredungsversuche überhaupt bedurfte. Ein kühler Kopf wie Metternich wäre der letzte gewesen, Napoleon zum Schaden Österreichs zu halten, den kompromittierenden Schwiegersohn durch eine Neutralität zu retten, die gar nichts einbringen konnte als üble Nachrede, während die Teilnahme an einem aussichtsreichen Krieg Österreichs Vormachtstellung befestigen mußte.

Man braucht also nicht zu glauben, daß Napoleons Geschick oder gar die Völkerschlacht bei Leipzig bereits im Bett der Sagan entschieden wurden, und auch der darauffolgende Tag, die Gespräche mit dem Zaren auf Schloß Opocno, brachten Metternich wohl Informationen, Eindrücke, Versicherungen, aber bestimmenden Einfluß können sie zu diesem Zeitpunkt nicht mehr gehabt haben, auch wenn ein Intimus des Staatskanzlers zu diesem Tag schreibt: »Eure Excellenz mögen in Opocno einen harten Stand gehabt haben, einer gegen so viele, worunter noch ein paar so schöne und gefährliche Damen wie die beiden Großfürstinnen waren, die durchaus nichts vom Frieden wissen wollen.«

Und da man ja einander sehr nahe ist in diesem Sommer, da alle Schritte und Wagenfahrten der Gegenseite durch Agenten gemeldet werden, findet Metternich, als er auf Schloß Gitschin zurückkehrt, eine Einladung Napoleons vor, mit ihm in Dresden zusammenzutreffen . . .

Es kommt zu der berühmten Sechsstunden-Schlacht vom 26. Juni 1813, einem Scheingefecht von seiten Metternichs, der sich vermutlich schon für Krieg entschieden hat und wohl auch zu schwach wäre, die große Kriegspartei zu ignorieren, die sich um die Erzherzoge und den Grafen Stadion gebildet hat, vom russischen und preußischen Druck ganz zu schweigen. Und Napoleon? Er hat bis zu diesem Tag und seit der Rückkehr aus Rußland nur Siege errungen; er weiß, was er noch immer kann, und er macht sich Hoffnungen, weil er immerhin eine Erzherzogin zur Frau hat.

Die entscheidende Unterredung ist von Metternich nachträglich geschildert worden, als Napoleon bereits besiegt war, das mag die Darstellung gefärbt haben. Aus den Briefen, die der Staatskanzler unmittelbar nach dem Gespräch an seine Tochter Marie und an seinen Vater geschrieben hat, ergibt sich ein etwas anderes Bild. Die von Metternich später behauptete harte, ja unhöfliche Haltung gegenüber dem Korsen darf als Legende angesehen werden, nicht zuletzt, weil Metternich auch für die rheinischen Besitzungen seiner eigenen Familie Zusicherungen brauchte und auch erhielt; schließlich hat Napoleon Metternich auch umarmt, was doch eher nach einer zumindest vorläufigen Einigung aussieht, einer Einigung mit einem großen Unsicherheitsmoment allerdings: Die Verbündeten, zu dieser Stunde noch Rußland und Preußen, wollen

Napoleon Friedensvorschläge unterbreiten, und nur, wenn er diese ablehnt, soll nach dem 10. August, dem Ende des Waffenstillstands, der Krieg weitergehen.

Was Napoleon nicht weiß, ist, daß Metternich schon am Tag nach dem Dresdener Gespräch die Geheimabmachung von Reichenbach unterzeichnet. Österreich verpflichtet sich darin, Frankreich den Krieg zu erklären, falls sich Napoleon nicht bereitfände, diese Bedingungen zu akzeptieren. Metternich ist also von jenen großen Worten Napoleons nicht sonderlich beeindruckt, die im Zusammenhang mit Dresden zitiert werden: »Die Franzosen haben sich nicht über mich zu beklagen; um sie zu schonen, habe ich die Polen und die Deutschen geopfert. Im Feldzug von Moskau habe ich 300000 Mann verloren, aber es waren nicht mehr als 30000 Franzosen darunter . . .«

Darauf Metternich: »Eure Majestät vergessen, daß Sie zu einem Deutschen sprechen!«

Napoleon kam dann auf seine Frau zu sprechen und auf die Tatsache, daß Kaiser Franz die eigene Tochter entthronen würde, zumindest im Fall eines Sieges über Frankreich. »Durch meine Heirat mit einer Erzherzogin habe ich Neues mit Altem, alte Vorteile mit den Errungenschaften meines Jahrhunderts vermählen wollen; ich irrte mich und fühle nun die ganze Größe meines Fehlers. Er kann mich den Thron kosten; aber ich werde die Welt unter seinen Trümmern begraben.«

Auf Sankt Helena hat Napoleon diesen Gedanken wiederaufgenommen, die Einsicht, daß sein Stern gesunken sei, weil er sich von den Idealen der Revolution entfernt und damit ihren Auftrag verraten habe. Er sagte am 2. September 1816 zum Grafen de las Cases: »Das Schlimmste an meiner Lage, das, was mir geradezu Qualen bereitete, war der Umstand, daß ich die Zeit, die mir nützen konnte, verstreichen ließ. Mein Stern verblaßte, die Zügel entglitten mir, und ich konnte dennoch nichts dagegen tun. Nur ein Donnerschlag konnte uns retten, denn all dieses Gerede und Verhandeln lieferte uns nur dem Feind aus . . . Es blieb also nichts übrig, als sich zu schlagen, denn Tag um Tag verringerten sich unsere Chancen beinahe schicksalhaft. In unseren eigenen Reihen machte sich der Kleinmut breit, dazu kamen divergierende Absichten, Müdigkeit, Hoffnungslosigkeit. Meine Offiziere wurden weich und ungeschickt, und so verließ sie auch das Glück. Es waren nicht mehr die Männer vom Beginn unserer Revolution und auch nicht jene meiner glücklichen Zeiten. Einige von ihnen haben, wie man mir berichtete, sich zu verteidigen gewagt und vorgebracht, daß es eben zweierlei sei, sich für eine junge Republik zu schlagen oder aber für die Interessen eines einzelnen Mannes.«

Bemerkenswerte Einsichten, auch wenn sie Napoleon wohl erst im Rückblick mit solcher Klarheit gekommen sein mögen. Von dem Friedenskongreß in Prag – auf den er sich wider besseres Wissen einließ, weil der Aufschub nur Österreich und Preußen zugute kam, deren Rüstungen noch nicht beendet waren – sagt Napoleon 1816, daß er eine Farce gewesen sei, weil ja die eine Partei gar nicht die Absicht gehabt habe, ehrlich über einen Frieden zu reden. Daran ist immerhin richtig, daß im österreichischen Lager, im Kreis des Grafen Stadion und der Erzherzöge, zu diesem Zeitpunkt nichts mehr gefürchtet wurde als ein Einlenken Napoleons, als die Möglichkeit, daß er die harten Bedingungen der Alliierten akzeptieren könne. Aber er akzeptierte nicht: Seine letzte Hoffnung war eben der große Donnerschlag . . .

Aus der Tatsache, daß Metternich schon am Tag nach Dresden die Unterschrift von Reichenbach leistete, muß man schließen, daß diese Unterredung, um die ja Napoleon nachgesucht hatte, von dem Staatskanzler nicht eingeplant war und auch seine Pläne gar nicht mehr ändern konnte. Metternich hat also an die sechs Stunden lang gelogen oder doch eine Rolle gespielt, und er muß es brillant gemacht haben, denn noch in der Bitterkeit des *Mémorial* von Sankt Helena klingt auf, daß die Unterredung mit einer gewissen Herzlichkeit vor sich ging und daß man sehr offen war: Napoleon zum Beispiel fragte Metternich gerade heraus, wieviel er von England dafür erhalte, daß er Österreich ins Lager des Zaren führe (*Il lui arriva de dire, moitié gaieté, moitié indignation, à son négociateur, qu'il traitait d'ailleurs avec une certaine familiarité: Ah ça, un tel, combien vous a-t-on payé pour cela? Avouez-cela . . . etc.*)

Man gewinnt den Eindruck eines ungewohnt weichen Napoleon, vor allem, wenn man seine Haltung im Gespräch etwa mit den Tagen von Erfurt in seinem Glücksjahr 1808 vergleicht. Napoleon ist zumindest im Seelischen versehrt, ist aus dem russischen

Debakel mit einer tiefsitzenden Wunde hervorgegangen. Er blufft, wenn er gegenüber Metternich mit großen Zahlen an Menschenverlusten um sich wirft, hat er doch nicht einmal den Tod des Marschalls Bessières verwunden.

Jean Baptiste Bessières, Sohn eines Arztes, hatte sich 1792 gefährlich exponiert, als er die Familie Ludwigs XVI. zu schützen versuchte. Er floh in die Armee, fiel Bonaparte auf und zeichnete sich in Ägypten ebenso aus wie am 18. Brumaire. Seit 1804, also mit sechsunddreißig Jahren, Maréchal, kämpfte er mit Bravour bei Austerlitz und Jena, bei Friedland und Wagram und führte die Reiterei der kaiserlichen Garde. Er war einer der heftigsten Gegner des spanischen Feldzugs, siegte aber selbst in diesem Land bei drei wichtigen Gelegenheiten und wurde am Vorabend der Schlacht bei Lützen im Mai 1813 von einer verirrten Kugel getroffen. Der König von Sachsen ließ ihm auf dem Schlachtfeld ein Denkmal errichten, ganz ähnlich jenem, das an König Gustav Adolf erinnert.

Es war ein schwerer Verlust für den Kaiser, aber wie viele seiner Getreuen waren an seiner Seite schon gefallen . . . Diesmal war es anders. Er fühlte, daß diese Männer der ersten Stunde nicht mehr zu ersetzen waren, und er bekräftigte dies in einem seiner bittersten Worte zu Las Cases, das diesen treuen Gefährten der schweren Jahre auf Sankt Helena so betrübte, daß er um keinen Kommentar zu bitten wagte: »Warum soll ich es beschönigen?«, sagte Napoleon 1816, »warum sollte ich es nicht frei heraussagen? Die Wahrheit ist, daß, ganz allgemein gesprochen, die hohe Generalität nicht mehr wollte, sie hatten keine Lust mehr. Ich hatte sie mit Anerkennung, Ehren und Reichtümern überhäuft. Sie hatten den Becher der Genüsse bis zur Neige geleert und verlangten nach nichts anderem mehr als nach Ruhe. Das heilige Feuer war in ihnen erloschen, sie wären am liebsten Marschälle des fünfzehnten Ludwig gewesen«.

Napoleon vergleicht also die harten Kämpen seiner vielen Siege, ob zu Recht oder zu Unrecht, mit dem korrupten Richelieu, der sich in Hannover so rücksichtslos bereichert hatte, oder mit dem Wollüstling Soubise, der mit Mätressen, Friseuren und Papageien ins Feld zog und von Seydlitz schmählich geschlagen wurde.

Während sich der Schauplatz der Entscheidung nach und nach von den Schlössern nach Prag verlegte, während vor allem die Damenwelt dort Quartier machen ließ, um ja nicht zu fehlen, wenn abermals Hunderttausende durch ein paar Federstriche in den Tod geschickt wurden, vollzog sich in einem wenig beachteten Winkel dieser selben Stadt Prag die Tragödie des Ernst Wilhelm Scharnhorst, des Kleinbauernsohnes, der zum Vater der preußischen Volksbewaffnung wurde und dessen Rechtschaffenheit sogar der nicht immer ganz klare Verstand des Preußenkönigs nicht hatte übersehen können. Scharnhorst hatte, obwohl als Organisator wichtiger denn auf dem Pferd, bei Großgörschen in vorderster Linie mitgekämpft und eine schwere Verletzung erlitten. Der Wunde nicht achtend, war er nach Wien gereist, um Österreich zum Eintritt in den Krieg gegen Napoleon zu bestimmen – auch etwas, das andere besser konnten als er –, und so vollendete sich nun, am Vorabend der Entscheidung, am 28. Juni 1813 dieses Leben. Blücher verliert damit seinen Generalstabschef, Preußen und die Sache der Alliierten aber haben an ihm mehr verloren als einen Offizier.

Clausewitz schrieb am 30. Juni 1813 an den General Minutoli:

»Die letzte Nachricht von Scharnhorst war, daß er im Verscheiden sei. Du wirst also schon die Gewißheit seines Todes haben. Du kannst denken, wie traurig ich bin. Ob er gleich für die Armee, für den Staat und für Europa unersetzlich ist, so kann ich doch an alles das kaum denken, denn ich verliere in diesem Augenblick den teuersten Freund meines Lebens, den mir nie ein anderer ersetzen kann, der mir immer fehlen wird . . . Es ist ihm gewiß schwer geworden, von der Welt zu scheiden, denn es ist ihm so manche Lieblingsidee unerfüllt geblieben, und das ist es, was mich so traurig macht. Ob ich gleich kaum wünschen kann, bei seinem Ende gegenwärtig gewesen zu sein, weil es mich zu sehr ergriffen haben würde, so tut es mir doch leid, nicht unter denen zu sein, die ihm die letzte Ehre und Anhänglichkeit erwiesen haben; denn von Tausenden, die ihm Dank schuldig waren, gibt es keinen Schuldner wie mich.«

Soweit man derlei überhaupt sagen kann, ist Scharnhorst ein Opfer der Metternichschen Schaukel- und Hinhaltepolitik geworden. Seine auf den ersten Blick nicht allzu bedenkliche Fußverletzung mißachtend, reiste er voll Besorgnis nach Wien, vom Mißtrauen gegen Minister und Kabinette erfüllt. In Wien bedeutete man ihm, es sei noch nicht soweit, die Entscheidungen würden in Prag fallen, er möge sich dorthin begeben, Kaiser Franz und Metternich würden auch dorthin reisen. »Dieser neue Aufschub ergriff den durch Krankheit angegriffenen Mann schmerzlich, er kam in einem sehr verschlimmerten Krankheitszustand in Prag an; der Brand schlug zu seiner Wunde, und wenige Tage nachher endete das Leben des edlen Mannes« (Boyen in seinen *Denkwürdigkeiten*).

Ein Nebenaspekt dieses frühen Todes, dieses Sterbens eines Unentbehrlichen am Vorabend der großen Auseinandersetzung, ist die Tatsache, daß selbst ein General damals nicht sicher sein konnte, daß seine Wunden nach der Schlacht sorgfältig behandelt werden würden. Scharnhorst lag mit zahlreichen anderen Verwundeten von Großgörschen (wo achttausend Preußen gefallen waren) in einem böhmischen Nest, und wir besitzen einen bewegenden Brief Scharnhorsts an den dortigen Bürgermeister, in dem er um ärztliche Hilfe bat und sich dafür verbürgte, daß seine Regierung die Kosten für die Verwundetenpflege ersetzen werde. In Sachsen hatten die Verwundeten nicht bleiben können, dort wären sie Gefangene der siegreichen Franzosen geworden; das österreichische Böhmen aber war noch neutral. Scharnhorst hätte an seiner Beinverletzung jedenfalls nicht sterben müssen.

Für das lange Zaudern Metternichs und damit Österreichs sind in erster Linie militärische Gründe vorgebracht worden, woran zweifellos viel Wahres ist. Österreich ließ ja auch nach der Entscheidung vom 10. August noch eine Reihe von Tagen verstreichen, ehe sich die böhmische Armee tatsächlich in Bewegung setzte. Aber es geht dennoch nicht an, die ziemlich eindeutigen Beweise dafür zu ignorieren, daß Bestechungssummen, vor allem britisches und russisches Geld, eine nicht geringe Rolle in den letzten und wichtigsten Wochen vor der österreichischen Entscheidung über Krieg und Frieden gespielt haben. Ja es muß als sicher angenommen werden, daß Metternich noch im Gespräch mit Napoleon eine Teilnahme Österreichs auf *französischer* Seite als nicht ausgeschlossen hinstellte. Einem Interessenpolitiker wie Metternich, der nichts anderes im Sinn hatte, als das 1805 und 1809 geschlagene Österreich wieder zur ersten Macht Europas aufrükken zu lassen, war die Mißachtung nationaler Gefühle um so mehr zuzutrauen, als man ja bereits am Beispiel Preußens verfolgen konnte, welche Gefahren für den Absolutismus in diesen neuen Befreiungsbewegungen schlummerten.

Männer, die Metternich kannten, wie der britische Geheimagent King und der russische Unterhändler Nesselrode, mußten ihren Regierungen also mitteilen, daß die unabhängige und beinahe allmächtige Position dieses seinem Monarchen unendlich überlegenen Premierministers ungeheure Gefahren barg. Denn gegen ein mit Frankreich abermals verbündetes Österreich konnten Preußen und Rußland den bevorstehenden Krieg nicht gewinnen, hatten sie doch schon gegen Napoleon allein zwei schwere Niederlagen hinnehmen müssen. Selbst Österreichs Neutralität barg für Preußen und Rußland beinahe schon die Gewißheit der Niederlage und wäre Napoleon einen hohen Preis wert gewesen.

England und Rußland ließen also Geld fließen, in geringerem Ausmaß an Gentz, der zeitlebens ungemein geldbedürftig blieb in seinem verzweifelten Hang zum Luxus und zur Ausschweifung, in größerem Ausmaß, in zweifellos sehr hohen Summen an Metternich selbst. Die Weichen für diese Aktionen waren bereits im April gestellt worden, in Briefen Metternichs an den österreichischen Gesandten in London, die Österreichs Position absichtlich abwartend darstellten und zu britischen Initiativen geradezu herausforderten, aber auch in massiven Bestechungszahlungen von Rußland an Metternichs wichtigen und einflußreichen Mitarbeiter Gentz. In Briefen vom 10. und vom 11. April 1813 bedankt sich Gentz überschwenglich bei Nesselrode für solche Zuwendungen und versichert dem Zaren, daß er »unabhängig von den erwiesenen Wohltaten« der russischen Sache »auf alle Fälle« und »mit Leib und Seele« gehöre.

Mit Metternich, dessen Güter im Rheinland und in Württemberg mehr wert waren als alle Bestechungssummen und der folglich mit Napoleon vorsichtig verfahren mußte, war es nicht so einfach. Bis zum 20. Juli (!), also bis zum Beginn der Konferenz, hatte der Zar noch nichts unternehmen können; Nesselrode wagte offenbar nicht, Metternich Geld anzubieten, da dies genau den gegenteiligen Effekt haben konnte.

Der Zar bedient sich darum seiner schönen Schwester Katharina in der richtigen Annahme, daß dem Staatskanzler über die Damen leichter beizukommen sei als durch einen Geschäftsträger. Am 20. Juli 1813 schreibt Alexander seiner Schwester Katharina, er bedaure, daß sie ihm über Metternich »noch nichts gesagt« habe, und betont deutlich: »Ich habe die nötigen Fonds.« Man wählte den Weg über die Herzogin von Sagan, mit der sich der Zar und seine Schwestern unauffällig treffen konnten und die andererseits von Metternich ohnedies häufig besucht wurde, weil sie ja seine offizielle Geliebte war. Die Szenerie glich dennoch eher einer romantischen Oper als der glanzvollen Welt der großen Souveräne. Der Zar und seine Schwester Anna begaben sich in ein altes Kloster in der Nähe von Grissau, wohin auch die Sagan kam. Aus dem Wagen des Zaren wurden bei dieser Gelegenheit, wie ein zufällig dort spazierengehender Offizier berichtete, »mehrere kleine, sehr schwere Kästchen in den Wagen der Herzogin von Sagan« gebracht. Der Augenzeuge, der nach einer Verwundung auf seine Wiederverwendung wartete, war klug genug, diese Beobachtungen erst fünfunddreißig Jahre später zu veröffentlichen, als das Jahr 1848 die Allmacht Metternichs beendet hatte.

Laure Junot, die Herzogin von Abrantès, ergänzt diese Mitteilungen des Offiziers, der von Martens heißt, durch den Hinweis auf aktuelle Finanzprobleme Metternichs. Sie seien dem französischen Bevollmächtigten für die Prager Verhandlungen bekanntgeworden, er habe sich an Napoleon gewandt, um die Gelegenheit, sich Metternich zu verpflichten, wahrnehmen zu können. Napoleon jedoch habe es brüsk abgelehnt, und so sei die Gegenseite zum Zug gekommen. Daß jener Bevollmächtigte, Napoleons Marschall und Freund Caulaincourt, in seinen Memoiren von diesem Zwischenfall nicht spricht, widerlegt nicht unbedingt die sonst stets glaubwürdige Herzogin von Abrantès.

Die Bestechungsgelder aus England kamen auf weniger abenteuerliche Art, sie wurden von dem Londoner Bankhaus Rothschild an Metternichs Bankier von Bethmann in Frankfurt transferiert. Für den November 1813, als die Würfel längst gefallen waren, ist ein Gespräch zwischen ihm und dem Großbankier Maurice Baron von Bethmann in Frankfurt nachgewiesen. Wieweit Metternich privat an diesen Transaktionen beteiligt oder interessiert war, ließ sich bis heute nicht eindeutig nachweisen, weil das Bankhaus Bethmann auch die offiziellen österreichischen Anleihen auf dem britischen Geldmarkt plazierte. Metternich erweist sich damit auch auf diesem Feld seinen Zeitgenossen und Kollegen beträchtlich überlegen, und was immer seit 1945 vor allem aus tschechischen Archiven zutage gefördert wurde: da Metternich mit Bethmann im wesentlichen mündlich in dessen Frankfurter Haus verhandelte oder aber mit gleicher Vorsicht mit dem Bankhaus Rothschild in Wien, sind dokumentarische Beweise für seine Bestechlichkeit (die ja Napoleon unverblümt ansprach) wohl kaum zu erbringen. Der Vollständigkeit halber muß allerdings gesagt werden, daß Geldzuwendungen an wichtige Minister damals schon Tradition waren. August der Starke von Sachsen pflegte solche seinem Premierminister Flemming zugewandte Summen mit ihm zu teilen . . .

Karl Obermann, Professor an der Ost-Berliner Humboldt-Universität, formuliert zu scharf, hat in der Sache aber wohl recht, wenn er aus diesen und ähnlichen Fakten die Folgerung zieht: »Die Gelder Englands, der Banken und nicht zuletzt des Zaren haben schließlich eine nicht geringe Rolle bei den diplomatischen Schachzügen gespielt, deren Ergebnis die Veränderung des politischen und militärischen Charakters des Krieges und der Verrat an der Freiheit und Unabhängigkeit der Völker war.« Nicht alle Minister, aber zumindest Kabinettschefs wie Hardenberg oder Metternich hielten gerade diese Freiheit der Völker schon 1813 für gefährlicher als den ganzen Napoleon. Und man braucht nicht viel Phantasie um sich vorzustellen, wie diese Herren, die Napoleon, seinen Geist und seine Bildung von vielen Verhandlungen her kannten, über die nun allenorts erscheinenden Schmähgedichte dachten, selbst wenn es sich nicht immer um Primitivreimereien wie die von Johann Friedrich Schinks handelte:

»Abschaum der Menschheit, der mit Schwert und Feuer
Die Welt durchzog, verbreitend Ach und Weh!
Brandmark der Zeiten, Wütrich, Ungeheuer,
Wie keines war, keins ist, keins sein wird je!

Blutsauger, Völkergeißel, Weltzertreter,
Pest, Räuberhauptmann, Henker und Bandit,
Du menschgewordner Satan, Missetäter,
wie selbst der Abgrund keinen sah und sieht!

Du, gegen den, seit über Land und Meere
Krieg Leichen türmt, Blut der Erschlagnen rinnt,
Die Tamerlane, Attila, Tibere
Caligula und Nero – Engel sind!«

Und so weiter, im ganzen fünfzehn Strophen, geschrieben im Oktober 1813, als man den Korsen gefahrlos beschimpfen konnte, ja als dies zum guten Ton gehörte. Wie sagte Wilhelm Kosch von Schink? »Von Zeitgenossen beeinflußt, der jeweiligen Mode huldigend.« Es entbehrt nicht der Ironie, daß dieser Ex-Theologe aus Halle, im Jahr der Völkerschlacht bei Leipzig schon beinahe sechzig Jahre alt, sein Leben schließlich als Bibliothekar der Herzogin von Sagan fristen und achtzigjährig in Sagan sterben muß. Vielleicht hat er im herzoglichen Schloß nach und nach erfahren dürfen, daß bei einer so großen Wende, wie die Befreiung von Napoleon sie brachte, auch auf der Seite der Befreiten nicht nur Engel tätig waren.

Das Volk steht auf

Die Befreiung Europas von Napoleon hatte ein – wenn auch militärisch kaum entscheidendes – höchst romantisches Vorspiel: die Aktivitäten der deutschen, österreichischen und russischen Freikorps in dem noch französisch besetzten Herzen Europas. Sie hatten nicht lange auf sich warten lassen: Schon in den Tagen und Wochen nach der großen Niederlage Preußens bei Jena und Auerstedt hatten sich versprengte Soldaten und Offiziere zusammengefunden, denen jedes Schicksal lieber war als die Gefangenschaft. Sie wichen nach Norden und Nordosten aus, sie entzogen sich den Franzosen durch ungeregeltes Zurückweichen in entlegene preußische Landesteile wie Pommern und Hinterpommern, und sie hätten wohl kaum echte Freikorps bilden müssen, wären die dort liegenden preußischen Festungen herzhaft verteidigt worden.

Aber das Seltsame an der großen Niederlage war ja nicht, daß ein greiser Herzog von dem Genie Napoleons besiegt wurde, sondern daß sich die gesamte, eben noch so berühmte Militärmaschinerie Preußens vor allem in ihren höheren Rängen als zeitfernes Relikt erwiesen hatte. Es hatte weniger an Mut gefehlt als an Elastizität, weniger an Treue als an Ideen, weniger an Ergebenheit für das Königshaus als an Phantasie für die Meisterung besonderer Situationen. Als die Franzosen das preußische Land überschwemmten und es keine geschlossene Frontlinie mehr gab, folgerten die auf ihren Kriegsschulen gebildeten Festungskommandanten daraus, daß weiterer Widerstand sinnlos sei, und kapitulierten mit vollen Depots und intakten Bastionen.

Einer der Offiziere, die dies zur verzweifelten Flucht von einer dieser Festungen zur nächsten trieb, war Ferdinand Baptista von Schill, wegen fortgesetzt schlechter Beschreibungen und Zeugnis-

Ludwig Adolf Wilhelm von *Lützow* (links)
Ferdinand von *Schill* (rechts)

se dienstältester Leutnant der Königlich Preußischen Armee. Seiner Herkunft nach war der bei Dresden geborene Schill allerdings Österreicher: Die Mutter stammte aus dem Stadtpatriziat von Eger, sein Vater aus Teplitz. Dieser Vater war einer der letzten Kondottieri auf deutschem Boden gewesen, hatte für Maria Theresia, aber auch für Sachsen und für Preußen gekämpft, dabei ein nicht unbeträchtliches Vermögen zusammengeräubert und davon sogar ein schlesisches Rittergut erworben. Da ihn der dort ansässige Adel jedoch nicht für voll nahm, nützte er die Preissteigerungen dieser Güter zu einem Verkauf und pachtete ein Landgut bei Dresden.

Vierter Sohn dieser seltsamen Familie, war Ferdinand widerwillig Soldat geworden und erwachte erst nach einer Verwundung am Kopf und der Flucht vor den Franzosen in dem kleinen Pommernstädtchen Kolberg zu seiner ersten herausragenden Rolle. In einem Bürgerhaus aufopfernd gepflegt, stellte er sich für die Verteidigung der günstig gelegenen Seestadt zur Verfügung. Dank der

Möglichkeit, Teile des Vorfelds zu überfluten und über See britische, schwedische und russische Hilfslieferungen zu erhalten, hatte Kolberg auch gegen die Übermacht eine echte Chance. Schill aber, der sich mit dem rechtschaffen-sturen Festungskommandanten nicht vertrug, blieb nicht in Kolberg, sondern stellte aus anderen Versprengten und Freiwilligen eine Streifschar zusammen, die damals sogar den Segen des Königs erhielt (Preußen war ja noch im Krieg).

Schills Aktionen, für die ihm zeitweise bis zu 1500 Mann und ein Dutzend Geschütze zur Verfügung standen, hatten anfangs Erfolg. Als die Franzosen sich auf ihn einstellten, zeigten sich die Fehler des persönlich tapferen Freikorps-Führers: Er bereitete seine Aktionen gar nicht oder nur unzureichend vor, er erkundete die Ziele flüchtig oder überhaupt nicht und sorgte auch in den eigenen Quartieren nicht für die nötige Wachsamkeit. Dies kostete ihn sein Hauptquartier, die kleine Stadt Greifenberg an der Rega, er mußte zurück unter die Fittiche des Kolberger Kommandanten und übernahm mit seinem Korps dort die wichtige Sicherung der sogenannten Mai-Kuhle, der Verbindung Kolbergs mit dem Meer.

Auch als Neidhart von Gneisenau zum Kommandanten Kolbergs bestimmt wurde – sein tapferer Bürgeradjutant war Joachim Nettelbeck –, ergaben sich keine großen Änderungen, weil dem starken und geordneten Verstand Gneisenaus ein heldischer Wirrkopf wie Schill nur bedingt imponieren konnte. Immerhin hielten Schills Leute unter schwierigsten Bedingungen die Mai-Kuhle bis wenige Tage vor dem Waffenstillstand und wurden wohl nur wegen Übermüdung überrumpelt. Kolberg hatte nicht kapituliert.

Schills zweite Aktivitätsphase begann, als Napoleon 1809 gegen Österreich Krieg führte und das geschlagene und besetzte Preußen naturgemäß Morgenluft witterte. Der König und seine Berater sahen in einem Kriegseintritt auf seiten Österreichs keine Chance: Preußen war ja bis weit hinauf nach Nordosten besetzt und durchaus unzureichend gerüstet. Schill jedoch, inzwischen Major geworden und ein Begriff für ganz Deutschland, hatte wiederum eigene Pläne. Er führte eine neue Streifschar, diesmal freilich unter deutlichster Mißbilligung durch den König, vom April 1809 an von Berlin gegen die Elbe. Unweit Wittenbergs stieß er schon auf starke französische Kräfte, und da auch die Sachsen ihren relativen

Frieden nicht gestört sehen wollten, wandte er sich nach Anhalt. Bei Magdeburg gab es abermals ein Gefecht, und weil König Friedrich Wilhelm eine Proklamation gegen Schill erlassen hatte, erhielt seine Freischar auch keinen Zuzug. Die große Erhebung, die Schill hatte anzetteln wollen, blieb aus, es galt nur noch, die eigene Haut zu retten. Weder in Rostock noch in Wismar gelang es, Verbindung mit den Engländern aufzunehmen. Ein sechstausend Mann starkes holländisch-dänisches Korps, das der französische General Gratien kommandierte, verfolgte inzwischen Schill, der sich Ende Mai 1809 in die Festung Stralsund warf.

In den Straßenkämpfen des 31. Mai bewiesen Schill und die Schar Tapferkeit, hatten aber keine Chance. Schill selbst wurde, kurz vor dem Passieren des Stadttors, durch Gewehrschüsse in den Rücken getötet. Elf seiner Offiziere starben im September in Wesel vor französischen Pelotons, über fünfhundert Mann mußten auf französische Galeeren, der Rest konnte sich in seine Heimatorte retten oder in milde preußische Gefängnishaft.

Nettelbeck (links) empfängt den Dank von König *Friedrich Wilhelm III.* und *Königin Luise,* 1809

Das Abenteuer Schill kam zu früh. Gewiß konnte die *Stralsundische Zeitung*, als sie am Sonnabend, dem 3. Junius, über die blutigen Ereignisse berichtete, nicht frei schreiben und mußte sich von dem Mann distanzieren, den sogar sein König öffentlich verurteilt hatte. Aber man erkennt doch, daß geheime Sympathien mitschwingen, wenn die pompösen Trauerfeierlichkeiten für die gefallenen dänischen und holländischen Offiziere im Zeitungsbericht in einen sehr auffälligen Gegensatz treten zu der Beerdigung in aller Stille, die Schill zuteil wurde. Man verweigerte ihm sogar einen Sarg, und der französische General Gratien bewies Mut und Unabhängigkeit, als er einen Offizier, der Schill einen Banditen nannte, barsch zurechtwies mit den Worten: Er war kein Bandit, sondern ein Held.

Gneisenau, der Schill zu genau kannte, um ihm vorbehaltslose Verehrung entgegenzubringen, räumte in verschiedenen Äußerungen gleichwohl ein, daß Männer wie Schill, ihr Beispiel und ihr Heldentod, für die moralische Aufrüstung der Nation unendlich wichtig seien. Ja er erklärte sich sogar durchaus einverstanden damit, daß die Legende nicht ihn, Gneisenau, sondern Schill zum Retter Kolbergs gemacht habe: Stimme es auch nicht, so könne es der guten Sache doch helfen. Zu solcher Reife und Selbstlosigkeit des Urteils fanden freilich nur wenige. Und gerade die Konservativen, die Gegner der großen, von Stein, Scharnhorst und Boyen eingeleiteten Reformen, sahen in Schill, dem Mann aus ungewissem Adel, einen gefährlichen Revolutionär und »Ordnungsstürmer«.

Für den alten Blücher, der im äußersten Nordosten, zwischen Rügen und dem Baltikum, einen Rest Freiheit und vielleicht auch ein wenig Narrenfreiheit genoß, war die Sache allerdings klar. Er nahm an versprengten Freikorpsmännern auf, wen immer es zu ihm verschlug. »Schill ist als ein braver Mann gestorben«, schrieb Blücher 1809, »seine Collegen haben gleichfalls brav gethan und haben sich ohne Weitteres in meinen Schutz begeben. Ich habe sie trotz allem, was dawider war, angenommen. 900 Mann Infanterie und 240 Mann Kavallerie sind in meine Verwahrung. Um ihre Begnadigung habe ich am König geschrieben. Sie sind sowohl

→ Verordnung über die Aufstellung der Landwehr, 1813

Gesetz-Sammlung
für die
Königlichen Preußischen Staaten.

(No. 163). Verordnung über die Organisation der Landwehr. Vom 17ten März 1813.

Ein vor Augen liegendes Beispiel hat gezeigt, daß Gott die Völker in seinen besonderen Schutz nimmt, die ihr Vaterland in unbedingtem Vertrauen zu ihrem Beherrscher mit Standhaftigkeit und Kraft gegen fremde Unterdrückung vertheidigen. —

Preußen! würdig des Namens, theilt Ihr dies Gefühl! Auch Ihr hegt den Wunsch, von fremdem Druck Euch zu befreien. Mit Rührung werde Ich die Beweise davon gewahr, in dem Eifer, mit welchem die Jünglinge aus allen Ständen zu den Waffen greifen und unter die Fahnen Meines Heeres sich stellen; in der Bereitwilligkeit, mit welcher gereifte Männer, voll Verachtung der Gefahr, sich zum Kriegsdienst erbieten, und in den Opfern, mit welchen alle Stände, Alter und Geschlechter wetteifern, ihre Vaterlandsliebe an den Tag zu legen.

Ein mit Muth erfülltes Heer steht mit siegreichen und mächtigen Bundesgenossen bereit, solche Anstrengungen zu unterstützen. Diese Krieger werden kämpfen für unsere Unabhängigkeit und für die Ehre des Volkes. Gesichert aber werden beide nur werden, wenn jeder Sohn des Vaterlandes diesen Kampf für Freiheit und Ehre theilt!

Preußen! zu diesem Zweck ist es nothwendig, das eine **allgemeine Landwehr** aufs Schleunigste errichtet und **ein Landsturm** eingeleitet werde. Ich befehle hiermit die Erste und werde den Letzteren anordnen lassen. Die Zeit erlaubt nicht, mit meinen getreuen Ständen darüber in Berathung zu treten. Aber die Anweisung zur Errichtnng der Landwehr ist nach den Kräften der Provinzen entworfen. Die Regierungen werden selbige den Ständen mittheilen. Eile ist nöthig. Der gute Wille jedes Einzelnen kann sich hier zeigen. Mit Recht vertraue ich auf ihn.

Mein getreues Volk wird in dem letzten entscheidenden Kampfe für Vaterland, Unabhängigkeit, Ehre und eigenen Heerd, Alles anwenden, den alten Namen treu zu bewahren, den unsere Vorfahren uns mit ihrem Blute erkämpften.

Wer aber aus nichtigen Vorwänden und ohne Mangel körperlicher Kraft sich Meinen Anordnungen zu entziehen suchen sollte, den treffe nicht nur die Strafe des Gesetzes, sondern die Verachtung Aller, die für das was dem Menschen ehrwürdig und heilig ist, das Leben freudig zum Opfer bringen.

Meine Sache ist die Sache Meines Volkes, und Aller Gutgesinnten in Europa!

Gegeben Breslau den 17ten März 1813.

Friedrich Wilhelm.

Offizier als Unteroffizier und Gemeine schuldloß, da Schill sie *(= ihnen)* sagte, es geschehe mit königlicher Bewilligung, daß er über die Elbe ginge.«

Schills militärische Fähigkeiten, noch in der Kolberger Zeit ziemlich umstritten, entwickelten sich offenbar in seinen Freischar-Unternehmungen und schufen schließlich eine besondere Taktik des Reiterkampfes, die schon 1809 in die neuen Preußischen Heeresdienstvorschriften Eingang fand: Das war vor allem die Geschick erfordernde Technik, einen Fuß im Steigbügel und einen auf dem Boden, das Gewehr auf den Sattel zu legen und auf diese Weise gezielt feuern zu können. Schills Verzweiflungszug von Wittenberg nach Stralsund – quer durch einen großen Teil Deutschlands und ohne Verstärkungen zu erhalten – hat zweifellos etwas Donquichoteskes, wie Friedrich Engels als erster vermerkte. Aber Schill war nur der bekannteste irrende Ritter jenes erregten Jahres, keineswegs der einzige. Die bekannteste vergleichbare Gestalt ist die des Herzogs Friedrich Wilhelm von Braunschweig-Oels. Als Sohn des unglücklichen Feldherrn von Jena und Auerstedt hatte er zwar das Herzogtum geerbt, im Tilsiter Frieden von 1807 jedoch an das neue Königreich Westfalen verloren, in dem Napoleons Bruder Jérôme herrschte.

Als die Spannungen zwischen Österreich und Frankreich zunahmen, stellte der Herzog auf böhmischem Boden, nahe der Grenze zu Preußen, seine *Schwarze Schar* auf, tausend Reiter und ebenso viele Fußsoldaten. Sie schlugen etwas später als Schill, nämlich im Mai 1809, los, als die ersten Erfolge des Tiroler Bauernaufstands Aktionen dieser Art aussichtsreich erscheinen ließen. Ähnlich wie Schill scheiterte der Herzog von Braunschweig letztlich daran, daß kein Echo kam. Sowohl die Stadtbürger Dresdens und Leipzigs als auch die Bauern litten zunächst wenig unter der französischen Besatzung, ja die Leipziger erhofften sich von Napoleon sogar eine Ausdehnung der Messegeschäfte auf ein französisches, aber geeintes Europa.

Immerhin bewiesen die Anfangserfolge des Herzogs von Braunschweig noch deutlicher als die des Majors Schill, daß angesichts der Größe der besetzten Gebiete entschlossen operierende Rebellen durchaus Chancen hatten. Die Schwarze Schar eroberte im Juni 1809 Dresden und verteidigte die Stadt gegen die sächsische Armee (!), allerdings mit Hilfe eines starken österreichischen Korps, das die Sachsen sogar zum Rückzug auf Leipzig zwang. Am 22. Juni eroberten Österreicher und Braunschweiger Leipzig, schlugen am 8. Juli bei Bayreuth ein westfälisches Kontingent und erließen in allen größeren Städten Aufrufe an die Einwohner, doch nicht gegen Deutsche zu kämpfen, sondern mit Österreich gemeinsame Sache gegen Napoleon zu machen.

Aber keine Hand regte sich zur Unterstützung dieses Kampfes, selbst Geldmittel und Pferde mußten kriegsmäßig erpreßt werden; und als Österreich schließlich von Napoleon geschlagen worden war, blieb dem Herzog nichts übrig als die Flucht nach England. Er schlug sich in einem bemerkenswerten Zug von Leipzig über Halle nach Halberstadt durch, erstürmte die Stadt und erreichte, immerzu kämpfend, im August endlich die Wesermündung, wo britische Schiffe die Schwarze Schar aufnahmen. Herzog Friedrich Wilhelm von Braunschweig fiel während der Hundert Tage im Juni 1815 in der unentschiedenen Schlacht von Quatrebras zwischen dem Herzog von Wellington und dem Marschall Ney.

Das dritte der berühmten Freikorps, die *Lützower*, wird nicht selten mit der Schwarzen Schar verwechselt, weil auch die Reiter des Majors von Lützow schwarze Uniformen trugen. Die Lützower gingen in gewissem Sinn aus Schills Truppe hervor, denn Ludwig Adolf Wilhelm Freiherr von Lützow hatte schon in Kolberg an der Seite Schills gefochten, dann Schills Reitertruppe organisiert und bei dem unglücklichen Unternehmen gegen Stargard eine Verwundung erlitten. Auch 1809 stand er wieder an der Seite Schills, wurde abermals verletzt und im Februar 1813, also noch vor Preußens Kriegserklärung an Napoleon, von Gneisenau mit der Aufstellung einer Streifschar betraut, die durch plötzliche Überfälle den Nachschub der Franzosen gefährden und auf diese Weise Sicherungskräfte binden sollte.

Bei den Lützowern standen viele begeisterte Professoren und Studenten. Sie wurden zum Sammelbecken für die mit den Zuständen unzufriedene deutsche Jugend der gebildeten Stände, wie man damals sagte. Obwohl Theodor Körner in echter Ergriffenheit die herrlichsten Gedichte dieser Weltstunde schrieb und zündende Aufrufe erließ, wuchs die Streifschar nur langsam von den ursprünglich zwölfhundert Mann auf etwa dreitausend.

Das Beispiel der Lützower macht deutlich, mit wieviel Träumerei und Romantik das alte Deutschland das junge Frankreich zu bekämpfen suchte. Man wählte schwarze Uniformen (was zu der erwähnten Verwechslung mit den Scharen des Herzogs von Braunschweig beitrug), weil Lützow demonstrieren wollte, daß sie alle in einer Zeit der Trauer als todesmutige Rächer anträten. Man berauschte sich an den tatsächlich wunderschönen Aufrufen, wie sie Theodor Körner und andere verfaßten, und versäumte über dem Krieg der Worte jene Anfangsphase des preußischen Widerstands, in der die Lützower in der Tat noch viel hätten bewirken können. Als sie dann endlich zu handeln versuchten, als sie von einem zu wenig vorbereiteten Streifzug nach Franken ungenügend sichernd zurückkehrten, hatte Napoleon ihnen bereits eine tödliche Falle gestellt. Sie wurden am 17. Juni – offenbar keinem günstigen Tag für deutsche Freiheitskämpfe – bei dem Dorf Kitzen unweit Leipzig von französischen und württembergischen Truppen überfallen und nach erbittertem, aber aussichtslosem Kampf entweder getötet oder gefangengenommen.

Obwohl die Leipziger an der Freischar bis dahin wenig Anteil genommen hatten und meist auch gar nicht wußten, wer denn der Turnvater Jahn sei und warum die Studenten mit ihm den Lützowern gefolgt waren, entdeckten sie nun ihr Herz für die meist verwundeten Gefangenen.

Von den dreihundert Lützowern, die in der verwanzten alten Pleißenburg gefangen saßen, entrannen an die zwei Drittel, weil die Bevölkerung, deren Stadt durch den Waffenstillstand vom 4. Juni 1813 vor schweren Zerstörungen bewahrt worden war, dem Schicksal offenbar durch ein paar gute Taten danken wollte. Man schmuggelte die jüngsten Gefangenen als Mädchen verkleidet auf die Straße, besuchte die anderen und steckte ihnen Zivilkleider zu; und jene, die nicht fliehen konnten, wurden wenigstens mit frischer Wäsche und Lebensmitteln versorgt. Lützow selbst hatte sich nach Anhalt retten können, andere Teile der zersprengten Streifschar wurden von der Bevölkerung trotz der Androhung harter Strafen rund um Leipzig versteckt.

→ Das Werbehaus des *Lützowschen Freikorps* in Breslau

Gast-Hofzum
gold^nen Z

Mit dem Tod Scharnhorsts in Prag verloren die Lützower ihren Schirmherrn, und die konservative preußische Generalität, der ja schon Schill ein Dorn im Auge gewesen war, wußte es einzurichten, daß die schwarzen Rächer keine besondere Rolle mehr spielten. Militärisch traten sie nur noch einmal spektakulär in Erscheinung: im Gefecht am Wald von Göhrde. Dort schlug der mit Erlaubnis seines Kaisers in russische Dienste getretene österreichische Feldmarschalleutnant Graf Wallmoden am 16. September 1813 die französische Division Pecheur, wobei sich die Lützower rühmlich hervortaten. Der Major von Lützow selbst wurde bei dieser Gelegenheit abermals verwundet und endgültig zur Legende, wozu wohl auch beitrug, daß seine junge und schöne Frau, eine geborene Gräfin Ahlefeld, unermüdlich weiter für die Freischar warb, obwohl die Zeit der geheimen Aktionen längst vorbei und der große Krieg voll entbrannt war.

Wie fremd, ja feindlich vielen der älteren Offiziere diese Vorboten eines Volksheeres waren, wie gefährlich ihnen der Ruhm eines Schill oder Lützow erschien, geht eindeutig aus den durchwegs nebensächlichen Verwendungen hervor, die einer so kampftüchtigen Truppe fortan zugeteilt wurden. Zunächst wurde jedes vereinte Auftreten des Freikorps vermieden, damit es sich nicht als eigene Kampfeinheit dem Gedächtnis der Nation einpräge, und schließlich entsandte man Lützow weit nach Norden zum Krieg gegen die Dänen. Auf dem französischen Kriegsschauplatz trafen die Lützower 1814 erst ein, als die Entscheidungen bereits gefallen waren.

Lützow geriet auf einem Kurierritt im März 1814 und noch einmal 1815, während der Hundert Tage, in der Schlacht von Ligny in französische Gefangenschaft, wurde 1822 zwar noch Generalmajor, erhielt aber 1830, erst achtundvierzig Jahre alt, den Abschied. Auch in seinem Privatleben hatte er kein Glück mehr: Seine schöne Frau, die mit ihm ins Feld gezogen war und die Verwundeten aufopfernd gepflegt hatte, wandte sich nach dem Krieg von ihrem Helden ab und wurde die Geliebte des damals hochberühmten Dichters Karl Leberecht Immermann. Sie folgte dem Dramatiker und Strafrechtler zunächst nach Magdeburg, dann nach Düsseldorf und bildete mit ihm beinahe zwei Jahrzehnte lang eines der bekanntesten Liebespaare Deutschlands . . .

Dieser seltsame Lebenslauf einer Volksheldin, der eigene Biographien gewidmet wurden, entspricht auch dem seltsamen Ruhm der Lützower, die durch ihre schwere Niederlage bei Leipzig viel mehr Anteilnahme in ganz Deutschland fanden als durch ihre Erfolge. Da der deutsche Normalbürger die Bestimmungen des Waffenstillstands vom 4. Juni ebensowenig kannte wie Lützow, war man zwischen Königsberg und Wien der Meinung, Napoleon habe die Lützower unter Bruch des Waffenstillstands überfallen und zusammenhauen lassen, wobei er sich aus besonderer Perfidie noch eines württembergischen Kontingents bediente. Der Text des Waffenstillstandsabkommens besagte allerdings, daß alle preußischen Truppen – also auch die Lützower – am 12. Juni östlich der Elbe stehen müßten. Fünf Tage später brach das Unheil über den Major von Lützow und seine Schar herein. Aber das sind eben jene Einzelheiten, um die sich erboste oder auch begeisterte Völker nie gekümmert haben.

Nach dem Ende jenes sommerlichen Waffenstillstands, mit dem keine der beiden Seiten glücklich war und den doch beide Gegner brauchten, verloren die reinen Streifscharen naturgemäß an Bedeutung. Sie hatten zum Teil glücklich operiert wie der Rittmeister Peter von Colomb, ein Schwager Blüchers, der am 29. Mai 1813, unmittelbar vor dem Abschluß des Waffenstillstands, bei Zwickau noch einen beachtlichen Erfolg errang, hatten nicht selten aber auch eine gefährliche Naivität bewiesen wie der von dem Freiherrn von Dörnberg 1809 angezettelte Bauernaufstand, bei dem es leicht ein großes Blutvergießen unter Unschuldigen hätte geben können.

Nun, da man offen kämpfte, im Herbst 1813, war die Romantik aus diesen Unternehmungen zwar geschwunden, und auch schwarze Uniformen brauchte es nicht mehr. Dafür waren die Streifzüge in die Tiefe des französisch besetzten deutschen Raumes nun mit der obersten Führung einigermaßen abgestimmt, war das Vorgehen zweckmäßig, sachlich und darum auch meist erfolgreich.

Ein kleines, aber brillant durchgeführtes Unternehmen unter dem Oberstleutnant von der Marwitz hatte im September 1813 die Stadt Braunschweig zum Ziel, die drittgrößte (nach Kassel und Magdeburg) des damaligen Königreichs Westfalen. Marwitz hatte

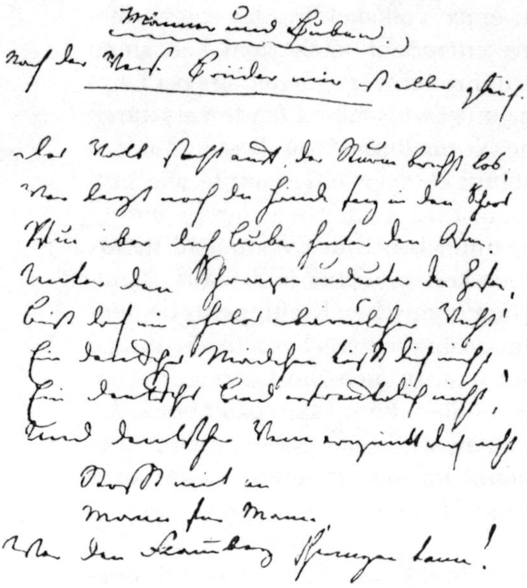

Männer und Buben.

Nach der Weise: „Brüder mir ist alles gleich“.

Das Volk steht auf, der Sturm bricht los;
Wer legt noch die Hände feig in den Schoos?
Pfui über Dich Buben hinter dem Ofen,
Unter den Schranzen und unter den Zofen,
Bist doch ein ehrlos erbärmlicher Wicht!
Ein deutsches Mädchen küßt Dich nicht,
Ein deutsches Lied erfreut Dich nicht,
Und deutscher Wein erquickt Dich nicht.
Stoßt mit an,
Mann für Mann,
Wer den Flammberg schwingen kann!

Faksimile des Kampfliedes von *Theodor Körner* »Das Volk steht auf . . .«

nur flüchtig ausgebildete Landwehr-Reiterei zur Verfügung, allerdings in dem Leutnant Graf Finckenstein einen ausgezeichneten Helfer. Auf die Nachricht hin, daß die westfälisch-französischen Truppen zum größten Teil nach Wolffenbüttel verlegt worden seien, überfiel von der Marwitz mit nur vierhundert Mann die Stadt Braunschweig, nahm die Reste der französischen Garnison gefangen, erbeutete erhebliche Kassenbestände des Königs Jérôme und veranlaßte 375 Offiziere und Mannschaften der deutsch-westfälischen Hilfstruppen zum Übertritt unter die preußischen Fahnen.

Den wichtigsten Streifzug, ein auch kriegsgeschichtlich bemerkenswertes Unternehmen, führten jedoch nicht die Deutschen aus, sondern die Kosaken des Generals Tschernitscheff. Das überraschendste daran ist, daß der stets zuwartende, Schlachten nach Möglichkeit vermeidende Marschall Bernadotte zu diesem Zug die Genehmigung gegeben hatte, unter der Bedingung, daß er die zweitausend Mann des russischen Reitergenerals nach längstens vierzehn Tagen wieder zur Verfügung habe.

Tschernitscheff führte seine Reiter mitsamt acht Geschützen in einem fünf Tage währenden beschwerlichen Marsch auf Schleichwegen durch die Harz-Ausläufer vor Kassel, wo er um ein Haar den Bruder des Franzosenkaisers gefangengenommen hätte: Erst zwei Stunden zuvor nämlich hatte Roi Jérôme Kassel fluchtartig verlassen, wobei er zwei Bataillone Garde, acht Schwadronen Kavallerie und einige Geschütze als Bedeckung mit sich führte, anstatt die Residenz zu verteidigen, was sogar Aussicht auf Erfolg gehabt hätte: Er war nämlich, so seltsam dies klingt, keineswegs unbeliebt in der Stadt, die unter ihm ihre glanzvollsten Tage erlebt und von seinem Hof erheblich profitiert hatte.

Tschernitscheff ließ einen Teil seiner Kosaken durch die hochgehende Fulda schwimmen und den fliehenden König verfolgen. Sie konnten tatsächlich noch 250 Mann an Gefangenen einbringen, einen Teil des königlichen Gepäcks erobern und Jérôme zu überstürzter Flucht nach Marburg nötigen.

Die übrigen Angreifer beschossen Kassel, erstürmten ein Tor und waren eben drauf und dran, dem unerschrockenen General Alix Straßenkämpfe zu liefern, als die Erhebung der Bevölkerung gegen die Franzosen General Alix zur Kapitulation nötigte. Die Franzosen durften ohne Waffen abziehen, Tschernitscheff aber erbeutete eine Kriegskasse mit 79000 Talern, dazu zweiundzwanzig Geschütze und das gesamte Gerät des Zeughauses. Er ritt mit Hunderten von Freiwilligen am 3. Oktober aus der Stadt über die Elbe zurück zur Nordarmee. König Jérôme kehrte für ein paar Wochen nach Kassel zurück, bestrafte aber (was für ihn spricht und die guten Sitten seiner Zeit) die von ihm abgefallenen Beamten nicht.

Sein Bruder Napoleon, der andere Sorgen hatte, weil sich über ihm bereits das Ungewitter von Leipzig zusammenbraute, ging über den Zwischenfall mit einem Scherz hinweg. Von Jérôme, der als junger Mann einige Tapferkeit gezeigt hatte, war Napoleon später wiederholt enttäuscht, aber schließlich nur noch amüsiert worden. Daß die deutsche Tiefebene nicht zu halten sein würde, war dem Korsen ebenfalls klar. Also sagte er nach dem Verlust Kassels an Tschernitscheff nur: »*Les plaisanteries du Royaume de Westphalie seront bientôt finies*«, zu deutsch: »Die Späße im Königreich Westfalen nähern sich nun auch ihrem Ende.«

Der Sturm bricht los

Napoleon machte es den Verbündeten leicht: Er verharrte in jener entschuldbaren, angesichts seiner Intelligenz aber doch überraschenden Verblendung des Siegers; er antwortete auf die Forderungen der in Prag versammelten Gegner nicht etwa im letzten Augenblick, sondern trotz verzweifelten Drängens von seiten Caulaincourts um einen Tag zu spät; und als dieser Brave es dann erreichte, daß auch nach verstrichener Frist über Napoleons Antwort verhandelt wurde, erwies sie sich als ungenügend. Der Korse zeigte sich nicht einmal bereit, auf die Hansestädte zu verzichten, die immerhin mitten in Deutschland liegen, oder auf Triest, einen für Österreich auch damals schon sehr wichtigen Hafen. Auch Venedig wollte er natürlich nicht herausgeben – damit hatte man allerdings gerechnet.

Napoleon selbst hatte also für einige Dramatik gesorgt, und Caulaincourt, der treue Unterhändler, hätte mehr Achtung und Rücksicht verdient. Napoleon andererseits mußte den folgenschweren Entschluß überdenken und besaß, trotz allem, was er gegenüber Metternich behauptete, doch wohl nicht sämtliche Informationen. Er war, obwohl die Zeit drängte, noch nach Mainz gereist, um seinen Rheinbund-Vasallen noch einmal auf den Zahn zu fühlen, um sich zu zeigen und um Sorglosigkeit zu demonstrieren. Und als er nach Dresden zurückkehrte, da waren die Tage zusammengeschmolzen, die Frist beinahe verstrichen, die Entscheidung eigentlich auf die Frage reduziert, ob er wagen oder kneifen sollte. Und da mußte er wagen.

Am Abend des 10. August 1813 weilt Metternich, schon um sich nicht den Anschein eines ängstlich Wartenden zu geben, im Salon der Wilhelmine von Sagan; und hier ist es, wo um Mitternacht mit dem eiskalten Pomp, wie er die Erzengel des Krieges umgibt, die Gesandten Rußlands und Preußen eintreten und ihre Vollmachten für erloschen erklären: Die Frist für Verhandlungen war verstrichen. Die schöne Herzogin hat für diesen Augenblick alles vorbereitet: Aus ihren Händen empfängt Staatskanzler Metternich den Federkiel, mit dem er seine Unterschrift vollzieht. Die Note lag längst bereit, sie verpflichtet Österreich, dem Bündnis Preußens mit Rußland beizutreten und sich an den nun anhebenden Kampfhandlungen zu beteiligen. Nur weil der Feldmarschall Fürst Schwarzenberg noch nicht marschieren will, ergibt sich ein kleiner Aufschub bis zum 16. August. An diesem Tag schreibt Metternich in einem Brief: »Wir haben den letzten Termin unserer Ruhe erreicht, morgen fangen die Hostilitäten *(d. h. die Feindseligkeiten)* an . . . Soeben ist der letzte Versuch gescheitert und Caulaincourt verläßt uns heute Nacht. Er ist über den Gang der Dinge untröstlich und hat sich vom Anfang bis zum Ende der Negoziazionen *(d. h. der Verhandlungen)* als ein wahrer Biedermann betragen.«

Tatsächlich ist dieser untadelige Diplomat und treue Freund seines Kaisers zwischen den intrigierenden Schöngeistern, den politisierenden Damen und den Verteilern wie Empfängern großer Schmiergelder eine bedauerns- und achtenswerte Figur, ein Mann von altem Adel und Ehrbegriffen, Sohn eines Offiziers der königlichen Armee, der dem Emporkömmling Napoleon über die Abdankung hinaus hingebungsvoll diente und noch für den König von Rom kämpfte. Caulaincourt hatte unter der Protektion Talleyrands Karriere gemacht, der mit Caulaincourt-*Père* befreundet gewesen war; auf eigenen Wunsch zur Armee zurückversetzt, wurde er wieder Diplomat, als Napoleons Mangel an Diplomatie und Selbstbescheidung das große Desaster auslöste.

Metternich, der bis zuletzt noch hoffende Caulaincourt, Gentz und der österreichische Botschafter in Paris, Graf Bubna, haben zusammengewirkt, um die letzte Phase diplomatischer Aktivitäten vor dem Beginn der Feindseligkeiten einigermaßen zu vernebeln. Die Militärs jedoch hatten sich davon nicht beirren lassen, und die zwischen Toll und Radetzky seit Juni (!) bereits bestehende enge Zusammenarbeit beweist deutlicher als alle diplomatischen Akten, daß Österreich stets mit einem Waffengang gegen Napoleon rechnete. Anders wäre es auch nicht möglich gewesen, eine Woche nach dem Scheitern der Verhandlungen zu marschieren.

Das nun notwendig werdende Zusammenwirken der Armeen von vier Ländern warf nicht wenige Probleme auf. Man verfügte zwar über eine leichte numerische Überlegenheit über die Franzosen und deren restliche Hilfstruppen, nach neuesten Schätzungen 512000 Mann gegenüber 443000. Aber was bedeutete eine Überlegenheit von etwa einem Achtel gegenüber dem Genie Napoleons, gegenüber Napoleons Vorteil der inneren Linie und gegenüber der einheitlichen Ausrüstung, Übung und Führung der Franzosen!

Wäre die Überlegenheit größer, das Zusammenwirken sicherer, die Nachrichtenübermittlung technisch fortschrittlicher gewesen, die Alliierten hätten versuchen können, die durch ihr Gebiet hindurch weit nach Osten vorgedrungenen Franzosen zwischen zwei Feuer zu nehmen und zu erdrücken. Aber das wollte weder Bernadotte riskieren, der seine Schweden zu schonen trachtete und vor Napoleon den größten Respekt hatte, noch die Preußen,

Berlin »Unter den Linden« zu Anfang des 19. Jahrhunderts

deren Hauptstadt Berlin schutzlos preisgegeben wäre, wenn Napoleon die Nordfront durchstieß. Also blieb es auch nach dem Beitritt Österreichs zur Koalition bei einem äußerst vorsichtigen und abwartenden Aufmarsch der Armeen. Man lauerte auf eine Blöße der Franzosen; man war sich klar, nur durch eine besonders günstige Gelegenheit zu einem Sieg kommen zu können, und man blieb vor allem bestrebt, Napoleon selbst nicht vor die Klinge zu laufen.

Die Verbündeten erwarteten, daß Napoleon seinen gefährlichsten Gegner, also das starke und neu aufgestellte österreichische Heer, zuerst angreifen würde. Die kampfmüden Russen, die abwartenden Schweden und die unzureichend ausgebildete Volksarmee Preußens würden nach einem Sieg über Österreich dann wohl Verhandlungsbereitschaft zeigen. Aber Napoleon dachte eben nicht, wie die Alliierten annahmen, daß er denken würde. Er verspürte offensichtlich – vor allem nach den spanischen Erfahrungen – gar kein Verlangen, seine Armee in die sächsisch-böhmischen Randgebirge einrücken zu lassen, wo er weder Reiterei noch Artillerie einsetzen und auch keine schnellen Entscheidungen erreichen konnte. Er plante, in die Ebenen hinauszubrechen und gegen Berlin vorzudringen, offenbar in der Annahme, daß die Österreicher unter Schwarzenberg sich nur zaudernd so weit von ihren böhmischen Basen entfernen würden.

Da Napoleons Angriff auf Österreich ausblieb, wurden die verbündeten Armeen zu einem konzentrischen Vorgehen gezwungen. Die schwächste Armee, die schlesische, sollte besonders behutsam vorgehen, was weder ihrem Oberkommandanten Blücher noch seinem Generalstabschef Gneisenau lag; die anderen Armeen sollten den Bewegungsraum Napoleons einengen und durch Patrouillen und Überfälle seine Versorgung gefährden.

Auf dem relativ kleinen Raum zwischen den Randgebirgen Mitteldeutschlands und den südlichen Ausläufern Preußens gegen Sachsen zu waren nun also etwa eine Million Soldaten aufmarschiert, eine ungeheure Überlastung des damaligen Straßennetzes, ein kaum lösbares Versorgungsproblem und vor allem: eine Situation, in der es unvermittelt und ungeplant immer wieder zu kleineren Konfrontationen kommen mußte, Scharmützeln, in die dann allerdings bald die zunächst stehenden Verbände beider Seiten eingriffen.

Die bekanntesten von vielen Schlachten und Gefechten jener Wochen vor der Entscheidung von Leipzig sind mit dem Flüßchen Katzbach und den Orten Großbeeren und Dennewitz verbunden.

Alle drei Schlachten brachten Siege der Verbündeten, was um so bemerkenswerter ist, als niemand ernstlich mit Napoleons Vormarsch in dieser Richtung gerechnet hatte. Napoleon aber hatte seinen besten Mann, den Marschall Ney, bewußt gegen die schwächste Stelle der ihn umgebenden alliierten Fronten angesetzt, gegen die Nordarmee, wo Bernadotte kommandierte, den Napoleon genau kannte und dessen Langsamkeit für niemanden ein Geheimnis war. Die preußischen Truppen, die neben den Schweden dort standen, kommandierte der Generalmajor Friedrich Wilhelm Freiherr von Bülow, der bei Möckern, Halle und Luckau bereits Erfolge errungen hatte, der sich aber mit Blücher ebensowenig wie nun mit Bernadotte vertrug. Die Schlachten von Großbeeren und von Dennewitz lieferte er gegen den Willen Bernadottes und verteidigte damit zum zweitenmal, nach dem Sieg von Luckau, die Stadt Berlin. Allerdings hatte er nicht gegen Napoleon selbst zu kämpfen; es entsprach also durchaus dem Konzept der Verbündeten, daß er diese Schlachten gesucht hatte; Bülow durfte sich seinem Oberkommandierenden gegenüber im Recht fühlen.

Im August, zu Beginn der Feindseligkeiten, entsandte Napoleon die Armeekorps Bertrand, Reynier und Oudinot gegen Berlin. Oudinot hatte den Oberbefehl über die meist aus deutschen Rheinbundtruppen bestehende Armee von insgesamt etwa 70000 Mann. Die Grenze nach Preußen wurde bei dem schon im Frühjahr umkämpften Luckau überschritten, und am 21. August standen die Rheinbundtruppen nur noch vier Marschstunden vom Berliner Stadtkern entfernt bei Treppin. Bernadotte machte Miene, das linke Spreeufer zu räumen, aber Bülow weigerte sich, es ihm gleichzutun, weil damit Berlin preisgegeben worden wäre. Da von Bernadotte keine einheitlichen Führungsmaßnahmen ausgingen, trafen die Verbündeten der Franzosen auf preußische Kontingente, die unzweckmäßig und nicht zusammengefaßt aufgestellt waren. Dennoch hielt das Landwehrkorps unter dem Generalmajor Tauentzien Blankenfelde gegen die feindliche Übermacht, eine besondere Leistung der nur kurz ausgebildeten und schlecht aus-

Bogislaw Friedrich Emanuel von *Tauentzien* (links)
Landwehrmann von 1813 (rechts)

gerüsteten Verbände. Inzwischen hatte Reynier die Vorhut Bülows geworfen, und der Befehl, der nun endlich von Bernadotte kam, lautete auf Rückzug: Die Preußen sollten die Höhen bei Tempelhof besetzen.

Bülow ignorierte auch diesen Befehl, griff in strömendem Regen noch um sechs Uhr abends an und eroberte im Bajonettkampf und mit Kolbenschlägen das vorwiegend von sächsischen Hilfstruppen Napoleons besetzte Großbeeren. Da es nun schnell dunkelte, konnte die preußische Reiterei den Rückzug der geschlagenen Sachsen nicht gefährden. Dennoch war die Zahl der Gefangenen mit 1500 relativ hoch, die Preußen verloren nur hundertfünfzig Mann an Toten und etwa 900 Verwundete. Neben der Rettung Berlins war das wichtigste Ergebnis dieser begrenzten Auseinandersetzung die Feuerprobe für die neuen Landwehren, die gegen eine allerdings auch nicht wesentlich erfahrenere Truppe Napoleons einen ersten Erfolg errungen hatten.

Drei Tage später kam es zu der ungleich bekannteren Schlacht an der Katzbach, also in Schlesien. Die Katzbach ist ein reißender Fluß mit starkem Gefälle, und auch ihre Nebenflüsse haben noch so vielsagende Namen wie Schnelle Deichsel und Wütende Neiße. Hier, in Schlesien, kommandierte Napoleon selbst, und die ihm gegenüberstehende Armee unter Blücher bestand aus einem preußischen und zwei russischen Korps. Die Preußen kommandierte der durch die Konvention von Tauroggen berühmt gewordene Yorck, an sich ein Gegner der Reformer, über den man bei Scharnhorst sehr bittere Worte lesen kann. Die Russen wurden von dem Grafen Langeron, einem Franzosen, und von dem Balten Fabian Gottlieb von Osten, genannt Sacken, befehligt. Solange Napoleon selbst seine Armee führte, wich Blücher gemäß dem gemeinsamen Plan zurück, was ihm nicht ganz leichtgefallen sein kann. Er hatte den Bober und auch die Katzbach überschritten, als die Kunde kam, daß Napoleon sich zurück nach Dresden begeben und den Oberbefehl seinem Marschall Macdonald überlassen habe. Damit hatte Blücher das Recht, sich dem Feind zu stellen, und da Macdonald im schlechten Wetter nur unzureichend aufgeklärt hatte, entging ihm dieser plötzliche Wandel der Situation. Die zahlenmäßig stärkeren Franzosen gingen auf das Plateau oberhalb der Neiße vor, drängten Vorhuten von Yorck und Sacken zurück, wurden aber am 26. August bald nach Mittag von sich verstärkendem Widerstand der Preußen und Russen aufgehalten und schließlich gegen die Neiße hinuntergedrängt. Obwohl ein preußisch-russischer Kavallerieangriff in dem tiefen Boden nicht den gewünschten Erfolg brachte, stellte die Infanterie die Lage wieder her, und eine zweite Reiterattacke schlug den Feind vollends in die Flucht.

Durch liegengebliebene Kanonen behindert und auf eine einzige Brücke über den hochgehenden Fluß Neiße angewiesen, hatten die Franzosen schon am ersten Tag dieser Operationen sehr hohe Verluste zu beklagen. Die einbrechende Nacht und die Erschöpfung der Sieger verhinderten eine sofortige Verfolgung; auch blieb der linke Flügel unter dem sonst tüchtigen General Langeron an diesem Tag völlig untätig. So konnte Blücher erst am 27. August die Verfolgung aufnehmen, stieß am 29. auf die Division Puthod, die völlig aufgerieben wurde, und erreichte am 1. September die Lausitzer Neiße, womit ganz Schlesien feindfrei war. Die Franzosen hatten an Toten, Verwundeten und Gefangenen nicht weniger als 30000 Mann verloren, dazu mehr als hundert Geschütze. Blüchers Verluste betrugen kaum mehr als ein Zehntel dieser Ziffer.

Da es die Wütende Neiße gewesen war, die so viele Franzosen verschlungen hatte, als die Notbrücke bei Niederkrayn zusammenbrach, hatten die Sieger der Schlacht zuerst diesen Namen gegeben. Blücher jedoch bestimmte, sie solle »Schlacht an der Katzbach« heißen, wobei er an den großen Anteil dachte, den Osten-Sacken an diesem Sieg hatte. Blücher selbst wurde 1814 dann mit dem Titel eines Fürsten von Wahlstadt ausgezeichnet: Wahlstadt ist die altdeutsche Bezeichnung für Schlachtfeld, zugleich aber auch der Name eines kleinen Ortes in der Nähe der Schlacht vom 26. August, bei dem im Jahr 1241 der große Mongoleneinfall durch den vereinten Einsatz schlesischer und kaiserlicher Truppen aufgehalten werden konnte. Damals war Herzog Heinrich II. von Schlesien gefallen, etwa drei Kilometer von der Katzbach entfernt. Dieses Stück Erde hatte also schon viel Blut getrunken.

Die Schlacht an der Katzbach, bei der gleich drei Generale Napoleons in Gefangenschaft gerieten, zeigte die Wende noch deutlicher an als Großbeeren, denn hier hatte nun eine *französische* Armee eine schwere Niederlage erlitten, nicht etwa Napoleons Verbündete, denen man angesichts der neuen Lage vielleicht mangelnden Kampfgeist nachsagen konnte. Und noch ehe sich Napoleon mit dieser Niederlage eingehender beschäftigen konnte, erreichte ihn schon die Hiobsbotschaft, daß sein getreuer Ney abermals geschlagen worden sei, und zwar bei Dennewitz.

Ney, Oudinot, Reynier und Bertrand hatten nach der Niederlage von Großbeeren immerhin noch 58000 Mann Rheinbundtruppen und Sachsen, die sie abermals gegen Berlin führten. Sie warfen die Vorhut des Generals Tauentzien zurück, aber dieser unerschrockene Preuße aus wendischer Abkunft focht hinhaltend, gab das Gelände nur Meter um Meter preis und schuf Bülow damit die Zeit, heranzumarschieren. Am Morgen des 6. September begann dieser den Gegenangriff und teilte Bernadotte den Beginn der Schlacht mit. Dem Korps Bertrand gelang es, die Vereinigung von Tauentzien und Bülow zu verhindern, aber die Landwehr focht herzhaft gegen einen doppelt so starken Feind, bis nach vier Stunden Bülow eingreifen und gegen Dennewitz und Rohrbeck vorgehen konnte. In diesem Augenblick traf die Nachricht von Blüchers Sieg an der Katzbach ein und gab den hart kämpfenden Preußen neuen Schwung. Dennoch hätten sie gegen die Sachsen unter Reynier vielleicht doch noch weichen müssen, weil die Übermacht einfach zu groß war; im letzten Augenblick jedoch griff die Reiterei des Generals von Borstell ein.

Am Nachmittag hatten sich die Kämpfenden so ineinander geschoben, daß Ney den Überblick verlor und seine Reserven unter Oudinot dem General Bertrand zu Hilfe schickte. Bertrand war jedoch trotz seiner zahlenmäßigen Überlegenheit zwischen Tauentzien und Bülow in eine so schlimme Lage geraten, daß Oudinot nur noch auf Fliehende stieß und seine Hilfe nutzlos blieb. Damit war für die Preußen der Tag gewonnen, obwohl die Schweden unter Bernadotte (gegen den Willen der Truppe) gar nicht eingesetzt worden waren. Die Preußen nahmen nun noch Gölsdorf, mußten aber wegen der allgemeinen Erschöpfung die Verfolgung den Schweden und dem russischen Hilfskontingent überlassen. Die Preußen hatten 9000, der Gegner 24000 Mann an Toten und Verwundeten verloren. 53 Geschütze und 400 Wagen mit Munition waren erbeutet worden, Bülow wurde im Frühjahr 1814 zum Grafen von Dennewitz erhoben.

Zwei Tage vor diesem Sieg, aber immerhin eine Woche nach dem Erfolg an der Katzbach, kamen die Alliierten in dem böhmischen Badeort Teplitz zu einem Kriegsrat zusammen. Obwohl sich die Preußen mit regulären Truppen und Landwehr bravourös schlugen, beschlossen die bis dahin kaum ins Gefecht gekommenen Feldmarschälle eine diesen Siegen geradezu hohnsprechende neue Taktik. Um nicht im Angesicht der in Sachsen stehenden Hauptmacht Napoleons die Gebirge und die Elbe überschreiten zu müssen, entschieden die Verbündeten, Schlesien, das Blücher eben freigekämpft hatte, wieder zu räumen. Die Österreicher sollten über Chemnitz in den Rücken der Franzosen marschieren und ihnen die Verbindungen zu ihren Depots und zu Frankreich abzuschneiden versuchen. Durch kleine Gelegenheitsgefechte sollte der Gegner geschwächt und verunsichert werden; die große

Auseinandersetzung jedoch wollte man in weite Ferne schieben. Den Schutz Böhmens nach dem Abmarsch der österreichischen Hauptarmee sollte Blücher übernehmen, denn war Napoleon einmal in Böhmen, dann bestand wegen des Mangels an Wegen kaum noch eine Chance, ihn vor Wien zu einer Schlacht zu stellen.

Bei den von ihren Siegen beflügelten Preußen fand dieses neue Konzept wenig Gegenliebe. Bernadotte, der bisher am wenigsten geleistet hatte, konnte damit weiterhin zuwarten und seine Truppen schonen. Die Armee Blüchers, die den stärksten Schwung hatte, wäre in Böhmen zur Untätigkeit verurteilt gewesen. Nur daß die Österreicher gegen Napoleon herangeführt wurden, daß also die Hauptmacht des Korsen in Bedrängnis geraten würde, war als Vorteil der neuen Absichten zu werten.

Blücher und Gneisenau waren es denn auch, die sich diesem Plan widersetzten, und die bei ihnen stehenden Russen sekundierten ihnen. Die Schlesische Armee weigerte sich, nach Böhmen in ruhige Winterquartiere abzuziehen, sondern schlug vor, die ihnen gegenüberstehenden Franzosen nordwärts zu umgehen, die Elbe zu überschreiten und von Norden her Frankreichs Hauptmacht anzugreifen – nicht etwa nur zu bedrohen. Damit wären auch die Schweden zu Aktionen gezwungen und im Verein mit den Österreichern der Aufmarsch gegen den Korsen endlich vollendet. Eine aus Polen heranrückende Armee vor allem aus russischen Reserven sollte die Sudetenpässe gegen die Franzosen sichern und damit auch Böhmen und Wien.

Der große Nachruhm, den Blücher und Gneisenau genießen, die Vergessenheit, in die der Feldmarschall Fürst Schwarzenberg versunken ist, der Schwung der Siege und die undankbare Aura um die Stirn der Vorsichtigen, das trübt uns heute den Blick für diese entscheidenden Tage. Die Oberkommandierenden wußten, daß sie mehr Zeit hatten als Napoleon, daß sie sich leichter aus dem Land versorgen konnten als ein im Grunde doch umschlossener Gegner und daß der schließliche Erfolg eigentlich nur durch Unbedachtsamkeit, durch krasse Fehler zu gefährden war. Und einer dieser Fehler hätte Blüchers Ungestüm sein können.

Die Gegner seiner kühnen Umgehungs- und Angriffspläne wußten aber auch, daß seine Armee ja nicht nur an der Katzbach gekämpft hatte. Das war die große Schlacht, sie hat die Geschichte verzeichnet. Aber wie es im August und in der ersten Septemberwoche in Schlesien gegenüber von Frankreichs Hauptmacht wirklich zuging, das beweist unter anderem ein Brief Gneisenaus an den hannoverschen Staatsmann Ernst Friedrich Grafen zu Münster-Ledenburg nach London:

»In den acht Tagen vom 19. bis zum 26. *(August 1813)* hat unsere Armee acht große Gefechte (die kleinen gar nicht gerechnet), deren mehrere uns 4–5000 Mann an Toten und Verwundeten kosteten, und eine Schlacht geliefert. Seit der Schlacht abermals drei Gefechte. Einen solchen tätigen Feldzug hat nicht leicht eine Armee gemacht, wenigstens kenne ich keine dergleichen in der Kriegsgeschichte . . . Am 21. *(August)* hatten wir bei Löwenberg, wie wir jetzt wissen, die Hauptmacht Napoleons und ihn selbst gegen uns. Wir hatten da mit 140000 uns gegenüber zu manövrieren. Wir schlugen uns mit ihm den ganzen Tag, hielten indes den größeren Teil unserer Truppen aus dem Gefecht, zogen uns langsam zurück und stellten uns eine Meile von da wieder auf. Als er sah, daß er uns nicht in eine nachteilige Schlacht verwickeln konnte, und erfuhr, daß er nicht den Kaiser Alexander und die Hauptarmee vor sich hatte, wandte er am 23. *(August)* wieder um und ging nach der Elbe.«

Blüchers Armee konnte trotz allen Schwungs und aller mutigen Pläne demnach nicht mehr als voll einsatzfähig gelten, ja es war – was Gneisenau begreiflicherweise nicht nach London schrieb – zwischen Blücher und seinen Generalen sogar zu heftigen Meinungsverschiedenheiten gekommen. Langeron erwies sich in seiner Natur als so tief verschieden vom »Marschall Vorwärts«, wie man Blücher bald nennen sollte, daß es zu einer auch nur begrenzten Harmonie kaum kommen konnte. Langeron hatte sich auf dem schwierigen Kriegsschauplatz am Schwarzen Meer, wo das Zarenreich gegen den Sultan kämpfte, die Verehrung seiner Truppen dadurch erworben, daß er stets alles tat, um sie vor Hunger und Seuchen zu bewahren, und auch nach Möglichkeit ihre Kräfte schonte. Blüchers Grundsatz, Napoleon durch ständige Stellungswechsel zu verwirren, bedeutete für die Truppe, daß außerordentliche Marschleistungen erbracht werden mußten, oft gefolgt von abendlicher Schanzarbeit. Yorck, der kein Blatt vor den Mund nahm, hatte darum einmal eine heftige Auseinandersetzung mit

Blücher, dem er vorwarf, er bringe die Soldaten um, noch ehe sie in die Schlacht gekommen seien.

Diese an sich verständlichen, in der Rücksicht auf die Soldaten begründeten Einwände gegen Gneisenaus und Blüchers Verwirrungstaktik fanden jedoch kein Gehör. Blücher siegte dank seiner Schnelligkeit an der Katzbach, aber die Erschöpfung der Truppe verhinderte die volle Nutzung dieses Sieges. »Wären die Anordnungen, die ich sogleich nach der Schlacht diktierte, befolgt worden, so wäre von Macdonalds Armee nichts mehr vorhanden«, schreibt Gneisenau an den Grafen Münster, aber auch: »Wir folgen dem Feind, soviel die grundlosen Wege und die über die Ufer getretenen Gewässer es erlauben.«

Die außerordentlichen Strapazen dieses Feldzugs im herbstlichen Westschlesien und Sachsen werden damit klar. Die Alliierten versuchten, durch große Märsche die Überlegenheit wettzumachen, die Napoleon durch seine bekannte Schnelligkeit und die Gunst der Inneren Linie nun einmal hatte. Daß dies eigentlich nur Blücher gelang (aber um welchen Preis!), beweist die Schlacht um Dresden zwischen dem 25. und 27. August, die freilich in der Fachsprache der Militärhistoriker lediglich als eine Demonstration aufgefaßt wird: der letzte Einsatz, der volle Wille, die Entscheidung um jeden Preis herbeizuführen, habe auf beiden Seiten gefehlt.

Dresden, die anmutige Elbestadt und seit August dem Starken eine der schönsten deutschen Residenzen, war von Napoleon schon im Frühjahr 1813 zum Zentrum seiner Machtposition gemacht worden. Die zum Teil als uneinnehmbar geltenden sächsischen Festungen Königstein, Stolpen und Lilienstein sowie die befestigte Stadt Pirna schufen ihm ein Reduit und seinen Truppen die Versorgungsbasis eines wohlhabenden, dichtbevölkerten Landes. Sachsens schwache Herrscher, seit Friedrich dem Großen stets von Preußen maltraitiert, zählten wie die Herzöge Bayerns zu jenen deutschen Fürsten, die schon aus Animosität gegen die beiden deutschen Vormächte ihr Heil oft bei Frankreich gesucht hatten. Sachsen im besonderen hatte Polen in Personalunion mitregiert und war dadurch in die Gegnerschaft zu Rußland geraten. Auf Sachsens Kurfürsten, den er zum König erhoben hatte, konnte

Napoleon darum zählen, und als er im Frühjahr einen Sieg nach dem anderen über die Verbündeten errang, konnte König Friedrich August I. im Mai nach Dresden zurückkehren.

Nun aber, nach dem langen Waffenstillstand und mit dem Beitritt des an Sachsen grenzenden Österreich zur antifranzösischen Koalition, zogen sich neue Ungewitter über Dresden zusammen. Napoleon schien entschlossen, die schöne Stadt in eine Festung zu verwandeln; er ließ die Neustadt mit ausgedehnten Fortifikationen versehen, war aber selbst nicht in Dresden, als am 25. August die Österreicher aus Böhmen kommend vor die Stadt rückten; aus Gneisenaus Bericht wissen wir, daß ihn zu diesem Zeitpunkt noch Blücher narrte. Am 23. marschierte Napoleon von der schlesischen Front ab und traf am 26. schon vormittags bei Dresden ein – seine Truppen hatten also Tagesmarschleistungen von fünfzig bis sechzig Kilometern auf sich nehmen müssen!

Dresden war, ehe Napoleon eintraf, mit nur 30000 Mann sächsischer und französischer Truppen besetzt, während der Feldmarschall Karl Fürst Schwarzenberg 70000 Österreicher heranführte. Mangelnde Aufklärungsarbeit oder, wenn man will, das Fehlen einiger tüchtiger Spione verhinderten den an diesem Tag möglichen großen Erfolg, dem Kaiser der Franzosen seine deutsche Basis im Handstreich wegzunehmen. Am 26. war Napoleon mit einem Teil seiner Armee zur Stelle, am 27. hatte er mit den Festungstruppen insgesamt 120000 Mann, während sich zu den Österreichern nun russische Divisionen gesellt hatten, so daß insgesamt 150000 Verbündete die Stadt vom Süden her angriffen – aber erst um vier Uhr nachmittags: eine Versäumnis von 24 Stunden, die man sich gegen einen Napoleon nicht leisten durfte.

Weder die Russen unter dem Fürsten von Sayn-Wittgenstein-Ludwigsburg noch die Preußen, die den Dresdener »Großen Garten« erobert hatten, konnten sich am Stadtrand festsetzen. Der tapfere Wittgenstein mußte auf Striesen zurückgehen, die Preußen bis Strehlen, und die Österreicher, die im Zentrum angriffen und einige Schanzen erstürmt hatten, mußten diese am Abend, als Napoleon neu angekommene Regimenter in den Kampf warf, wieder aufgeben. Nicht einmal am äußersten linken Flügel, jenseits des Flüßchens Weißeritz, konnten die Österreicher Boden gewinnen.

So langsam Schwarzenberg beim Eröffnen der Angriffshandlungen zu Werke ging, so zäh klammerte er sich aber an die im Vorfeld von Dresden erkämpften Positionen, obwohl sie ja nicht die gewünschten Stellungen waren, sondern eine Rückzugslinie. Napoleon war jedoch nur einen Augenblick irritiert, als man ihm am Morgen des 27. August meldete, der Feind liege noch am südlichen Stadtrand. Die in der Nacht aus Schlesien eingetroffene Artillerie und die Festungsgeschütze eröffnet sogleich ein mörderisches Feuer auf die österreichischen Stellungen, dem einer der tapfersten und fähigsten Generale der Verbündeten zum Opfer fiel: der einstige Revolutionsgeneral Jean-Victor Moreau, ein Bretone, der 1796 die französische Rhein- und die Moselarmee kommandiert hatte; er starb an seinen Verletzungen am 2. September.

Obwohl der standhafte Republikaner Moreau unter Kaiser und Zar kein Oberkommando erringen konnte, war dieser Tod doch ein besonderer Sieg Napoleons. Moreau hatte, umsichtig und scharfsinnig, zwischen 1795 und 1800 Erfolge errungen, die denen des Korsen die stärkste Konkurrenz machten. Er hatte den Erzherzog Karl wiederholt geschlagen, 1800 durch eine Reihe glanzvoller Siege Österreich so gut wie allein zu dem Friedensschluß von Luneville genötigt und war damit zum Idol jener Franzosen geworden, die an den Grundsätzen der Revolution festhielten. Da Napoleon jedoch Alleinherrscher, ja Kaiser werden wollte, mußte Moreau verschwinden: In einem korrupten Prozeß auf Druck Napoleons zu zwei Jahren Verbannung verurteilt, ging Moreau in die Vereinigten Staaten und lebte in New Jersey, bis ihn Zar Alexander einlud, in seine Dienste zu treten. Vor Dresden war er Generaladjutant des Zaren, und es war während eines Gesprächs mit Alexander I., daß ihm eine Kanonenkugel beide Beine zerschmetterte. Er überlebte die Amputation nur um wenige Tage.

Die heftige Kanonade hinderte das österreichische Zentrum vor Dresden an allen Bewegungen. Napoleon konnte ungehindert einen Ausfall wagen und beide Flügel der Verbündeten umfassen. Eine mit starken Kavallerieeinsätzen vorgetragene Umfassungsbewegung, die Murat, der König von Neapel, leitete, brachte dem linken Flügel der Österreicher die Gefangenschaft, während Wittgensteins Russen diesem Schicksal zwar entgingen, aber die wichtige Nachschubstraße nach Teplitz aufgeben mußten.

In der Nacht zum 28. August befahl Schwarzenberg den Rückzug. Er hatte an Toten, Verwundeten und Gefangenen nicht weniger als 38000 Mann verloren, ein Viertel der eingesetzten Truppen. Der Feldmarschall vergaß den Dresdnern die Niederlage nicht: Als später, im November, die Besatzung um freien Abzug bat, verweigerte er dies und ließ die ganze Garnison von 35000 Mann in die Gefangenschaft abführen.

Doch das kam erst, als alles bereits entschieden war. Einen kleinen Trost unmittelbar nach dem Mißerfolg bei Dresden brachte lediglich die Schlacht von Kulm, von manchen auch Kulm und Nollendorf genannt, und sie zeigte Napoleon, daß auch seine besten Marschälle nicht mehr imstande waren, das Blatt zu wenden.

War Dresden die große Schlacht mit dem vollen Aufmarsch der Armeen unter den Augen Napoleons, des Zaren und des Königs von Preußen, so wurde Kulm zum ersten großen Sieg eines erst fünfundzwanzigjährigen Generals: des Prinzen Eugen Friedrich Karl von Württemberg, der auf dem Schlachtfeld von Smolensk 1812 Generalleutnant geworden war. Es ging in diesen letzten Augusttagen um den Rückzug der geschlagenen Russen und Österreicher und damit vor allem um die nach Böhmen führende Teplitzer Straße. Der Marschall, der sie mit französischen Truppen bedrohte, war Dominique Joseph Vandamme, Graf von Hüneburg, eine der rüdesten Naturen in der französischen Generalität, ein Mann, der ganz von unten kam, der sich in der französischen Kolonialtruppe hinaufgearbeitet hatte, was an der Wende vom achtzehnten zum neunzehnten Jahrhundert womöglich noch härteren Einsatz verlangte als in den Zeiten der Fremdenlegion: Vandamme hatte durch die Rücksichtslosigkeit, mit der er aus unterworfenen Gebieten Geld erpreßte, sogar den gewiß nicht zimperlichen Napoleon erbost, so daß er jahrelang keine Kommandos erhielt. Nun aber waren erfahrene und mutige Generale nötiger denn je, und Vandamme führte bei Dresden Napoleons Erstes Korps mit 25000 Mann gegen die Straße nach Teplitz heran. Die russischen Truppen, denen die Deckung dieses wichtigen und unentbehrlichen Marschweges durch die Berge anvertraut war, standen unter dem Kommando des Prinzen Eugen von Württemberg; außerdem war die kaiserliche Garde, die Elitetruppe des

Zaren, auf diesen Rückmarschweg angewiesen, und das schuf dem jungen Prinzen besondere Probleme: Während nämlich bei Napoleons Garde der Grundsatz galt, daß die Garde sich die härtesten Einsätze zumuten müsse, sollte die Nobeltruppe des Zaren, in der alle Offiziersränge um zwei Grade mehr galten als bei den Feldtruppen, wenn möglich überhaupt nicht ins Gefecht kommen. Erst, als Prinz Eugen – ein Name, der noch nicht den großen Klang hatte, wie ihn der Savoyer an diese Silben heftete –, erst als der junge Prinz Eugen den russischen Generalen Ostermann und Yermolow versicherte, seine Truppen würden Vandamme so lange von der Straße fernhalten, bis die Garde abmarschiert sei, war das Einvernehmen in der Generalität wiederhergestellt.

Zur Täuschung Vandammes, der im allgemeinen ungestüm vordrang, an diesem Tag aber besonders vorsichtig zu sein schien, hatten die Russen an verschiedenen Stellen Scheinangriffe unternommen, aber ein so erfahrener Truppenführer ließ sich davon nur anfangs beirren. Als der Prinz Eugen den Cottaer Spitzberg erstieg, um einen größeren Überblick zu gewinnen, sah er, daß Vandammes Truppen sich bereits an zwei Stellen so schnell der Rückzugsstraße näherten, daß die Garde in Gefahr war, abgeschnitten zu werden. Obwohl der Prinz General Ostermann sofort benachrichtigte, war die Lage prekär, und der junge Generalleutnant bereute wohl schon seine vorschnell abgegebene Zusicherung, die ihm bei Verlusten der Garde die Ungnade des Zaren zuziehen mußte. Da kam es zu einem jener Zu- oder Zwischenfälle, wie sie auch im großen Weltgeschehen immer wieder Bedeutung erlangen:

Auf einem Gutshof der Gegend gab es einen tschechischen Jäger namens Leski, einen geschickten und ortskundigen Mann, dessen sich sowohl die Franzosen als auch die Russen bereits als Spion bedient hatten. Wollte er sich nun bei Vandamme eine fette Belohnung verdienen oder war er wirklich von der Richtigkeit seiner Beobachtungen überzeugt – er berichtete jedenfalls dem französischen Marschall, daß in seiner linken Flanke, durch einen Hügel gedeckt, starke russische Truppen stünden, die in seinen Rücken gelangen mußten, wenn er den Vormarsch gegen die Straße nach Teplitz fortsetzte.

Vandamme befahl, das Vorgehen gegen die Straße einzustellen, und ließ sammeln, verlor eine Menge Zeit durch Patrouillen, die in dem bergigen Gelände erst nach Stunden zurückkehrten, und gelangte erst nachmittags mit einigen Bataillonen an die russische Rückmarschstraße. Die Spitze der Russen, die mit keiner Feindberührung mehr rechneten, hielt das Regiment Preobrajensk, das vornehmste unter den Regimentern der Gardedivision, darum waren auch die Generale Ostermann und Rosen bei dieser Truppe, beide – wie ein großer Teil des russischen Offizierskorps – baltischer Herkunft. Rosen, ein Draufgänger wie so mancher seines Namens, setzte sich sogleich an die Spitze seiner Truppe und drang auf die Franzosen ein, die in den Wald getrieben wurden. Die Garde marschierte nun mit schnellerem Tempo weiter, aber inzwischen hatte Vandamme eingesehen, daß er einem Gerücht aufgesessen war, und drang in Eilmärschen gegen den Ort vor, von dem der Gefechtslärm zu vernehmen gewesen war.

Auch Prinz Eugen von Württemberg beschleunigte seinen Marsch, gestattete seinen Truppen, auch Nebenwege zu nützen, und durchquerte die tiefen Talgründe von Gottleuba und Gießhübel schnell genug, um an die nun von allen Seiten aus den Wäldern vordringenden Franzosen nur einige wenige Gefangene zu verlieren. Vandamme nächtigte in Hellendorf, die Russen nur wenige Kilometer entfernt in Peterswalde, einem gelegentlich auch Peterswald genannten deutsch-böhmischen Dorf hart an der sächsischen Grenze.

In dieser Nacht traf Napoleons Befehl ein, die Russen zu überholen und vor ihnen in Tetschen, Aussig und Teplitz die Hospitäler und Depots zu besetzen, also den ganzen wichtigen Nachschubplatz für die Operationen im Dresdener Raum zu erobern. Die Russen hatten in dieser Nacht versucht, die versprengten Truppen einigermaßen zu sammeln, und waren nach nur kurzer Nachtruhe schon vor dem Morgengrauen des 29. August ins Teplitzer Tal hinabgestiegen. Aber noch bevor sie mit allen Truppenteilen Peterswalde verlassen hatten, brach die französische Reiterei über sie herein, und Prinz Eugen verlor im Morgengrauen, noch ehe der Tag begonnen hatte, schon vierhundert Mann. Erst als es hell wurde, konnte die russische Reiterei unter dem Prinzen Leopold von Sachsen-Coburg und unter dem General Knorring mit Gegenangriffen Luft schaffen; die Russen erreichten nun die Höhen bei

Nollendorf. Hier hatte General Yermolow, der die Bedrängnis des Prinzen erkannt hatte, einen Teil der Garde mit einigen Geschützen zurückgelassen, um die abgehetzten Truppen des württembergischen Prinzen aufzunehmen. Der Großteil der Garde hatte unterdessen den Ort Kulm erreicht.

Inzwischen war es Vandamme gelungen, seine Artillerie auf den Höhen von Nollendorf in Stellung zu bringen. Er bestrich die wenigen gangbaren Straßen, und für die Verbündeten bahnte sich ein Debakel an. Selbst der Zar war ja noch im Gebirge, die Truppen des Prinzen Eugen hatten beinahe Tag und Nacht gekämpft und sich dabei durch regennassen Hochwald die Wege brechen müssen, sie waren völlig übermüdet und fielen für künftige Einsätze weitgehend aus. Die Russen, einschließlich der Garden, hatten sich zwar der drohenden völligen Einschließung entziehen können, aber ein Drittel ihrer Bestände beim Durchbruch durch die Grenzwälder verloren.

Der König von Preußen war noch am 28. August in Teplitz eingetroffen, hatte in der Nacht zum 29. einen Bericht über die Lage erhalten und entsandte sogleich seinen Adjutanten, einen Oberstleutnant von Natzmer, zu General Ostermann, um ihm die Lage der Preußen klarzumachen: Sie standen zum größten Teil noch jenseits des Gebirges und waren verloren, wenn die Russen die Rückmarschstraße gegen Vandamme nicht halten konnten.

Natzmer traf Ostermann, der sich von dem Lagebericht äußerst betroffen zeigte: Mit den preußischen Truppen war nämlich auch der Zar noch im Gebirge; wurde er abgeschnitten, war die Sache der Verbündeten verloren und Verhandlungen unvermeidlich. Natzmer folgte dann Knesebeck, und um zehn Uhr morgens traf der König von Preußen selbst bei Ostermann ein, um dem zaudernden, nur über erschöpfte Truppen verfügenden General Mut zu machen. Tatsächlich ließ Ostermann seine Leute zu beiden Seiten der Teplitzer Chaussee Stellung beziehen; die aus den Wäldern herabkommenden Soldaten des Prinzen Eugen wurden hier aufgefangen und eingegliedert. Gleichzeitig fertigte König Friedrich Wilhelm Adjutanten zu allen Heeresteilen ab, die sich noch im Gebirge befanden. Alle diese Truppen sollten, und sei es kompanieweise, sich im Raum Kulm einfinden, um Vandamme die Stirn zu bieten.

Inzwischen war der Zar nach einer nicht sehr komfortablen Nächtigung in Altenberg glücklich auf die Straße nach Dux gelangt und hatte von den Höhen aus den Pulverdampf der Kanonaden zwischen Nollendorf und Kulm bemerkt. Er wußte seine Garden und den Prinzen Eugen dort in hartem Kampf und bat eine österreichische Brigade unter dem Feldmarschalleutnant Colloredo, den Garden zu Hilfe zu kommen und die Teplitzer Straße zu halten.

Obwohl dieses Ersuchen durch den Adjutanten des Zaren höflich, ja beredt vorgebracht wurde, weigerte sich Graf Colloredo: Er habe Befehl, auf Dux zu marschieren und könne ohne Weisung des Fürsten Schwarzenberg diese Marschrichtung nicht ändern. In dieser heiklen und in gewissem Sinn grotesken Lage kam die unerwartete Rettung durch Metternich: Er weilte in Dux, wurde vom Zaren sofort ins Bild gesetzt und schrieb einen Befehl an Colloredo aus, unverzüglich in die Gefechte von Kulm und Nollendorf einzugreifen. Nun war der Feldmarschalleutnant durch eine schriftliche Order des Staatskanzlers gedeckt, ließ nach Kulm schwenken und den Marsch beschleunigen.

Am 29. August, einem Sonntag, waren Prinz Eugen und Ostermann jedoch noch so gut wie allein. Nach tagelangem Regen war die Sonne durchgebrochen, und als die Nebel sich aus den Wäldern hoben, sah Vandamme von den Höhen seiner Artilleriestellung, wie gering die Zahl der ihm gegenüberliegenden Russen war. Er eröffnete die Kanonade in dem Augenblick, da die Einwohner von Kulm nach tagelangem Durchzug von Kosakenabteilungen und zahllosen Troßwagen einen Dankgottesdienst dafür hielten, daß ihr Dorf von Plünderungen und Kämpfen verschont geblieben war.

Als die Kulmer aus der Kirche in ihre Häuser stürzten, um Habe und Vieh zu retten, mußten sie die Kühe schon zwischen Franzosen und Russen hindurch in den Wald treiben. Am Ortsrand protzten Geschütze ab, die Franzosen errichteten neue Geschützstellungen, und die Russen wehrten sich mit unterlegenen Kräften verzweifelt gegen den stürmischen Vandamme, der annahm, daß Napoleon ihm folge, und seinem Kaiser den Weg bereiten wollte.

Obwohl Vandamme Infanterie und Sappeure – wie man damals die Pioniereinheiten nannte – vorausgeschickt hatte, um den Elbübergang bei Aussig zu sichern, war er noch immer um etwa 10000 Mann stärker als die Russen und hatte seine Truppe auch besser beisammenhalten können. Gegen zehn Uhr erreichte der Kampf seine größte Heftigkeit, weil die Garden das Dorf Straden verteidigten, aber Vandamme gerade dort mit großem Elan angriff. General Yermolow scheute sich, die berühmtesten Regimenter der Garden einzusetzen, in denen die Blüte des russischen Adels stand, und ließ nur die Jäger der Garde und das Regiment Semenowski in Straden, so daß die Franzosen noch am Vormittag das Dorf erobern konnten.

Inzwischen hatte Prinz Eugen mit seinen erschöpften Truppen das Dorf Priesten erstürmt, sogleich Geschütze in Stellung gebracht und in die Flanken der Franzosen zu feuern begonnen. Da sie aber trotz großer Verluste weiterstürmten, geriet er in Gefahr, abgeschnitten zu werden, und erbat von Ostermann zwei Gardebataillone zur Verstärkung. Ostermann sah dies ein, aber Yermolow weigerte sich, wie es heißt mit den Worten: »Der Prinz von Württemberg ist allzu verschwenderisch mit dem Blut der kaiserlich russischen Garden.« Der Prinz mußte mitten im Gefecht selbst zu Ostermann reiten, um die dringend benötigte Unterstützung dennoch zu erhalten.

Vandamme warf alles in Gefecht, was ihm von den Höhen herab an Verstärkungen zuströmte, und begann, die Russen vor sich herzutreiben. Dabei verlor General Ostermann einen Arm, und der Prinz Eugen mußte den Oberbefehl übernehmen. Nun wurde der Rest der Garde eingesetzt, zwölf Eskadrons der Gardereiterei, aber bei der hervorragenden Kampfmoral der Franzosen erzielte selbst dieser Angriff nicht die erwartete Wirkung. Prinz Eugen hatte nun nichts mehr, was er an Truppen einsetzen konnte, und gab den Tag schon verloren, als die ersten vom Zaren herbeibeorderten Verbände auf dem Kampfplatz erschienen: Diebitsch mit zwei Kürassierregimentern. Diebitsch, ein Deutscher, der als russischer General mit Yorck die Konvention von Tauroggen abgeschlossen hatte, warf die Kürassierregimenter sofort in den Kampf: Ihr mutiger Angriff mit Bajonetten und Gewehrkolben brachte endlich Erleichterung. Diebitsch wußte, daß die Preußen im Anmarsch seien. Die Hoffnung auf Hilfe ließ die seit drei Tagen kämpfenden Truppen des Prinzen von Württemberg weiter aushalten.

Das Eintreffen von Verstärkungen beim Gegner war natürlich auch Vandamme nicht entgangen, und wenn seine Franzosen auch nicht aus der Fassung gerieten, so wurde damit doch die Gesamtlage unsicher: Wenn wirklich die Korps Mortier und Saint-Cyr oder gar Napoleon selbst hinter Vandamme über die Grenze gekommen waren, woher kamen dann die neuen Truppen der Russen? Solchermaßen gewarnt, ließ Vandamme nach fünf Uhr nicht mehr angreifen, sondern zog seine Bataillone in Kulm zusammen und bezog für sich selbst Quartier im Schloß der Grafen Westphalen. Verstärkten sich auch über Nacht die Verbündeten, so mußten bis zum Morgen schließlich auch die Korps Mortier und Saint-Cyr herangekommen sein, selbst wenn sie einen Umweg gemacht hatten, um die Marschwege der Russen zu vermeiden.

Mit den Verstärkungen waren auch ranghöhere Offiziere herangekommen, ja Schwarzenberg selbst, der Oberstkommandierende, hätte von Dux aus die Operationen bei Kulm leiten können, aber er überließ diesen nun sicheren Erfolg dem russischen Feldherrn Barclay de Tolly in der Hoffnung, daß sich damit die Dauerspannung zwischen ihm und Barclay mildern werde. Indessen war an diesem Tag der Prinz von Württemberg Hauptziel des Barclayschen Ärgers, denn der Prinz hatte mit 20000 Mann durch die Kämpfe um die Teplitzer Hauptmarschstrecke die ganze Armee gerettet, ein Unternehmen, das Barclay sich mit 100000 Mann nicht zugetraut hatte. Allerdings waren dabei beinahe dreitausend Mann der kaiserlichen Garden auf dem Kampfplatz geblieben, Söhne der angesehensten russischen Familien. Yermolow hatte darum auch in seinem Bericht an den Zaren den Prinzen Eugen reichlich angeschwärzt.

Am 30. August, einem beinahe wolkenlosen Tag, standen für die Verbündeten die Zeichen auf Sieg, und die Querelen vom Vortag schienen vergessen. Vandamme griff zwar schon bei Sonnenaufgang an. Sein Befehl lautete, Teplitz zu erobern, und nach der französischen Sitte, schon in solchen Befehlen den Sieg vorwegzunehmen, hatte Napoleons Vertrauter Berthier bei der Ausfertigung des Befehls hinzugesetzt: Sie werden sich mit Ruhm bedecken.

Die Franzosen griffen denn auch mit Bravour an und fanden in dem vorsichtigen Barclay einen Gegner, der sie anrennen ließ und sich darauf beschränkte, die Stellungen der Russen zu halten, während die Österreicher einen steilen Berg erklommen und damit den linken Flügel Vandammes umfassen konnten.

Das Ereignis, auf das Barclay wartete, war das Eintreffen der Preußen, von denen nicht weniger als 35000 Mann unter dem General von Kleist in der Nacht im Gebirge kampiert hatten, weil alle Rückmarschstraßen durch liegengebliebene russische Bagagewagen und unbrauchbare Geschütze verstopft waren. Kleist hatte den Befehl seines Königs, den Marsch unter Veränderung der Richtung fortzusetzen, zwar erhalten, konnte aber die angegebenen Straßen nicht freimachen und folgte dem Rat des königlichen Adjutanten von Schweinitz, den vermutlich noch freien Weg über Nollendorf einzuschlagen. Und es war eben dieser Weg, der Kleist mit seinem starken Detachement in den Rücken Vandammes geraten ließ, der aus dieser Richtung nur Franzosen erwartete . . .

Kleist hatte allerdings kaum eine andere Möglichkeit, wollte er nicht den ins Gebirge nachrückenden Franzosen unrettbar ausgeliefert sein; denn nach vorne, in Richtung Böhmen, gab es keinen freien Weg. Er mußte es also riskieren, mit den Vandamme zu Hilfe eilenden Franzosen zusammenzutreffen. Man sagt von diesem sehr bedächtigen und auch in dieser Lage lange zaudernden Offizier, es sei die kühnste Tat seines Lebens gewesen, und es gibt Stimmen, die den endlichen Entschluß am Abend des 29. August nicht Kleist, sondern seinem Generalstabsoffizier von Grolman zuschreiben. Aber wie dem auch sei: Als die Österreicher gerade Vandamme umfaßt hatten, als sie von den Bergen herab in die Franzosen zu feuern begannen und den linken Flügel des Gegners in Verwirrung brachten, nahm die Vorhut Kleists einen französischen Munitionstransport für Vandamme weg, und die Flüchtlinge aus diesem Scharmützel brachten dem General die Schreckensmeldung: Preußen in unserem Rücken.

Vandamme rechnete nur mit versprengter Kavallerie, stellte ein paar Sicherungen auf, griff aber weiter im Zentrum, also auf Priesten zu, an und reagierte mit stärkeren Kräften erst, als das Husarenregiment des Obersten von Blücher (eines Sohnes von Marschall Vorwärts) mit einigen Geschützen ernsthafte Unruhe im Rücken Vandammes schuf.

Obwohl die mittlere Führung der Franzosen mit gewohnter

Schnelligkeit und Geschicklichkeit reagierte und die eine oder andere preußische Geschützstellung eroberte, mußte Vandamme von seinem erhöhten Kommandostand bei der Kulmer Kapelle auf dem Horka-Berg nun erkennen, daß aus dem Wald nicht Franzosen ins Tal herabstiegen, sondern Preußen, immer mehr Preußen. Vandamme handelte schnell und entschlossen; er opferte seine gesamte Artillerie und den Troß und befahl den Truppen, im Degenkampf auf der Chaussee durch die anrückenden Preußen hindurch zurückzugehen. Die Batterien im Zentrum und auf den Flügeln sollten bis zum letzten Augenblick weiterfeuern, um diesen Rückzug zu decken, in schnellster Schußfolge, die Munition konnte ja doch nicht mitgenommen werden. Die von den Österreichern geschlagenen Franzosen des linken Flügels bezogen eine neue Position, welche Vandammes Rückzugsstraße freihalten sollte, und die Hauptmacht der immerhin noch etwa 30000 Mann kämpfte sich in Richtung auf Sachsen zurück durch die Preußen, die in den engen Schluchten und Tälern noch nicht hatten ausschwärmen und sich zum Kampf entwickeln können.

Es kam zu blutiger Wirrnis, zu Szenen, wie man sie sich in den friedlich-grünen Mittelgebirgswäldern heute kaum noch vorstellen kann. Vandamme warf seine Reiterei den talabwärts in die Schlacht ziehenden Preußen entgegen, aber schon diese hatten keinen Platz in dem engen Tal, sie mußten die Chaussee den Geschützen überlassen und zogen daneben her, in lockeren Linien und im unklaren über die Lage, die sie bei Kulm vorfinden würden.

Die französische Kavallerie brach mit furchtbarer Gewalt und mit dem rücksichtslosen Mut der Verzweiflung in die dichtgedrängten Preußen, wobei es den Geschützbesatzungen am schlimmsten erging. Die Infanterie konnte sich an den Talhängen retten, geriet aber, als sie eben wieder heruntersteigen wollte, unter die Hufe der österreichischen Reiterei und der Kosaken, die den Reitern Vandammes nachsetzten.

Um den Fluchtweg freizuhalten, wehrten sich die Franzosen in Ober- und Nieder-Arbesau, zwei Dörfern nahe der Straße, mit besonderer Hartnäckigkeit (wie überhaupt die Kampfmoral der Franzosen bemerkenswert war: nach einem Jahr größter Strapazen und vernichtender Niederlagen kämpften sie so unverdrossen und zäh wie in ihren besten Zeiten). Ober-Arbesau konnten die Preußen nehmen, aber aus Nieder-Arbesau erhielt die schlesische Landwehr so gut gezieltes Einzelfeuer, daß ihre Reihen bald ins Wanken gerieten und die vordersten Truppen auf die zweite Landwehr-Linie zurückfluteten. Das Chaos war vollkommen, auf beiden Seiten gab es Fliehende und Verfolger, und erst als Prinz August von Preußen (ein Neffe des alten Fritz) vom Pferd sprang und sich zwischen die zurückgehenden Landwehren stellte, kam die Panik zu einem Ende.

In diesem Augenblick glaubte General Kleist, die Schlacht sei verloren, und ließ sich von seiner Begleitung weiter hinauf in den Bergwald und in Sicherheit bringen; der österreichische Feldmarschall Graf Colloredo-Mels und Waldsee aber war nicht davon zu überzeugen, daß es Preußen seien, die das Nollendorftal herabkämen, sondern blieb dabei, dies sei Mortier mit Verstärkungen für Vandamme.

Die Schlacht endete, weil niemand mehr irgendwohin marschieren, in irgendeine Richtung angreifen konnte, aber es war kein Patt: Die Franzosen, die sich so standhaft gewehrt hatten, daß ihre Positionen nicht erstürmt werden konnten, wurden ganz einfach von den immer noch heranströmenden Russen, Preußen und Österreichern erdrückt. In den Hochwäldern, wohin sich Freund und Feind in der Nacht zurückzogen, weil die Dörfer brannten und die Verwundeten das Tal mit ihren Schmerzensschreien erfüllten, schlossen die Soldaten zahllose kleine und illegale Konventionen. Müde des Tötens vereinbarten sie, daß am Morgen der Unterlegene der Gefangene des Siegers sein sollte, und blieben auf diese Weise wenigstens am Leben. Da selbst die Generale nicht wußten, wie die Schlacht stand, konnte niemand den einfachen Soldaten verdenken, daß sie ihre private und durchaus menschliche Lösung für das große Dilemma suchten und auch fanden.

Vandamme sah vielleicht am klarsten. Irgend etwas mußte seinen Herrn, den großen Schlachtenlenker, davon abgehalten haben, die Verstärkungen in die Grenzwälder zu entsenden. Er, der rüde Truppenführer und Plünderer, der Kondottiere unter so vielen ehrbaren Offizieren, war das Opfer.

Freund und Feind nicht achtend, ritt Vandamme allein aus dem Kulmer Schloß auf die Chaussee hinaus, vorbei an zerbrochenen

Protzen, an liegengebliebenen Wagen, an toten Menschen und Pferden. Was mit ihm geschehen würde, schien ihm völlig gleichgültig zu sein: Er hätte ja nur im Schloß zu warten brauchen, und Fürst Schwarzenberg oder der Graf Colloredo hätten ihn als chevalereske Sieger in eine erträgliche Gefangenschaft nach Wien oder Prag geführt. So aber war es russische Reiterei, die den General aufgriff, ihm die Epauletten abriß und ihn auf offener Straße verprügelte, und danach kamen Kosaken, mit denen alles noch einmal von vorne anfing, bis der tapfere, wenn auch harte General verschmutzt und blutend dem Zaren vorgestellt wurde, der am nächsten Tag gemeinsam mit dem Preußenkönig nach Kulm kam, um den Truppen zu danken.

Betroffen darüber, wie seine Soldaten den gegnerischen Korpskommandanten zugerichtet hatten, versprach der Zar zunächst Erleichterungen: Vandamme solle gut gehalten werden, auch in der Gefangenschaft. Dann erfuhr er, was der Franzose alles auf dem Kerbholz hatte, die zahllosen Plünderungen, Erpressungen, Kontributionen und Repressalien, mit denen Vandamme seine Fahne befleckt hatte, und er sagte:

»Sie sind ein Räuber, General, und so hat man Sie behandelt.«

»Ich mag ein Räuber sein«, antwortete Vandamme, »aber ich habe wenigstens nicht das Blut meines Vaters an den Händen.«

Dieses Wort, vor der ganzen Suite des Zaren und zahlreichen Verbündeten gesprochen, die alle von den Geheimnissen um den Mord am Zaren Paul wußten, ließ Alexander I. erbleichen. Als er seine Fassung wiedergefunden hatte, befahl er, Vandamme nach Sibirien zu bringen. Er kann aber nicht sehr lange dort gewesen sein, denn schon 1814 findet man ihn wieder an der Seite Napoleons.

Mit Vandamme gerieten die meisten seiner Brigadegenerale und sein Stabschef Haxo in Gefangenschaft, dazu an die zehntausend Mann. Mehr als fünftausend blieben tot oder verwundet auf dem Schlachtfeld. Die Verbündeten hatten in den schweren Kämpfen vor dem Eintreffen der Preußen sechstausend Mann verloren, danach aber nur noch geringe Verluste gehabt, weil der Feind mehr an einem Ausbruch interessiert war als einem erbitterten Ringen.

Bald sprach sich auch herum, daß Blücher an der Katzbach

gesiegt hatte und nach Dresden marschierte, und das war für den geschlagenen Vandamme vielleicht sogar eine tröstliche Nachricht. Nun begriff er wenigstens, warum sein Kaiser sich nicht auf die abenteuerliche Verfolgung des vor Dresden geschlagenen Gegners eingelassen hatte, warum nur schwache französische Verbände ins Gebirge vorgedrungen waren und die Hauptmacht die Stellungen um Dresden gegen den Sieger von der Katzbach hielten, der ohne Rücksicht auf seine übermüdeten Truppen in Gewaltmärschen herankam.

Der Ring schließt sich

Das Land Sachsen, in dem seit der Zeit der Ottonen, vor allem aber im Dreißigjährigen Krieg so viele Schlachten geschlagen worden waren, dieses gar nicht große, gut bewässerte und dichtbesiedelte Land starrte nun von Soldaten. Eine halbe Million mochten sie insgesamt gewesen sein, bei einer Gesamtbevölkerung, die kaum mehr als dreimal soviel betrug, die Gustav Adolf, Karl XII., Russen, Polen und Preußen in buntem Wechsel gesehen hatte und erst in den letzten Jahrzehnten des achtzehnten Jahrhunderts wieder zu ihrer emsigen und friedlichen Arbeit hatte zurückkehren dürfen.

Mancher Heerführer mochte sich damals gewünscht haben, wie ein Vogel in die Lüfte steigen und die Truppenballungen überblikken zu können, die Marschrichtungen, die Stockungen, die Versorgungsplätze, die Brücken. Ein einziges Aufklärungsflugzeug hätte den größten Heerführer aller Zeiten retten können, aber er hatte es eben nicht, und noch etwas fehlte ihm: die unbefangene Überzeugung, überlegen zu sein, besser zu sein, die souveräne Kühle der Entscheidungen.

Der Mann, den die nun aufeinander zumarschierenden Armeen der Verbündeten einzuschließen drohten, war nicht mehr der Sieger von Austerlitz, dessen Genius ein riesiges Schlachtfeld in einen Exerzierplatz verwandelte, und er war nicht der gnadenlose Sieger von Jena und Auerstedt, der die Schlacht schon gewonnen hatte, als seine hochgeborenen Gegner sich noch den Schlaf aus den Augen rieben. Schon bei der Schlacht von Dresden hatte man Schwächeanfälle an ihm bemerkt, die den Truppen verborgen wurden; die verzweifelte Energie, die ihn nach dem Verlust der *Grande Armée* beflügelt und quer durch Europa getrieben hatte, war dumpfem Grübeln gewichen. Was ihn lähmte, war die Überzeugung, daß man ihn verraten hatte: in Wien, wo sein Schwiegervater eine Viertelmillion Mann gegen ihn aufgestellt hatte, in Preußen, wo man ein Bündnis zerbrach und mit heimlich bewaffneten neuen Armeen gegen ihn marschierte. Und er wußte natürlich, daß Sachsen und der Rheinbund nicht an seiner Seite bleiben würden, wenn er weiterhin Schlachten verlor.

Noch auf Sankt Helena wird er, wird auch der treue Las Cases über die Schicksalsstunden von Dresden und Leipzig, über den ganzen entscheidenden Herbst des Jahres 1813 grübeln, aber was er hätte tun sollen, das kam ihm nur andeutungsweise in den Sinn, das wagte er kaum auszusprechen, das wagte er höchstens als einen vagen Wunsch zu formulieren: Wäre er etwa verwundet, wäre er wegen Krankheit verhindert, selbst die Operationen zu leiten, so würde Ney, der unübertroffene Meister der Rückzüge, der am Dnjepr die zersprengte Armee gerettet und danach die Nachhut kommandiert hatte, würde *le brave des braves* die Franzosen aus Sachsen heraus und quer durch Deutschland über den Rhein führen. Und lag erst der Rhein zwischen Franzosen und Verbündeten, dann konnte man in Ruhe verhandeln.

Gerade das aber geschah nicht. Ney mußte angreifen und wurde bei Dennewitz geschlagen; noch immer lagen Offensiven in der Luft, obwohl die letzten Wochen gezeigt hatten, daß Frankreich gegen eine zähe und schwerfällige, aber kaum zu erschöpfende Übermacht zu kämpfen hatte, die ihre Verbände auf den vielen Straßen und Wegen des sächsischen Landes immer näher an die großen Städte heranführte.

Die größte dieser drei Armeen hatte soeben ihre erste Schlacht gewonnen, sie hatte einen Sieg errungen, der einer erdrückenden Übermacht zu danken gewesen war und dem einsichtigen Schwarzenberg die ganze Problematik des eigenen Aufmarsches deutlich machen mußte: Er hatte es nicht nur mit rivalisierenden, verärgerten, zaudernden, unwilligen oder überehrgeizigen Generalen zu tun, sondern gleich mit drei Monarchen, von denen insbesondere der Zar immer wieder spezifisch militärische Entscheidungen traf. Am bequemsten war noch der Umgang mit dem Kaiser von Österreich. Mit seinen fünfundvierzig Jahren war er zwar noch nicht alt, aber dem Temperament nach eher ein Hofrat als ein Offizier, während der Zar und sogar der König von Preußen immer wieder in das militärische Geschehen einzugreifen suchten, nicht selten unter Umgehung des Oberkommandierenden, des Fürsten Schwarzenberg. Der schlichte Verstand des Preußenkönigs traf dabei übrigens öfter das Richtige als der des Zaren. Schwarzenberg, wiederholt in diplomatischen Aktionen eingesetzt und in kritischen Jahren Botschafter Österreichs in Paris, verstand es aber im allgemeinen, den gekrönten Häuptern seine Ansichten plausibel zu machen. Mit den ihm unterstellten Generalen hatte er mehr Schwierigkeiten, vor allem mit den Russen, gegen die er noch wenige Monate zuvor gekämpft hatte und die natürlich wußten, daß er seinen Marschallsrang einem Sieg über eine russische Armee verdankte.

Der zweite napoleonische Marschall, der nun gegen Napoleon marschierte, stand im Norden: Es war Bernadotte, Kronprinz von Schweden, der sein kleines Kontingent von kaum 20 000 Mann bisher von allen ernsthaften Prüfungen ferngehalten und durch die energischen Preußen und die Selbständigkeit des ihm an sich unterstellten Bülow bereits drei Siege errungen hatte. Man durfte annehmen, daß er nun, da sich die große Schlacht als ein gigantisches Einkesselungsunternehmen am Horizont abzeichnete, so zaudernd vorrücken würde, daß seine Schweden wiederum nur die Verfolgung auf sich zu nehmen hätten.

Der stärkste Druck auf Napoleon ging darum von der schlesischen Armee aus, in der Preußen und Russen unter dem Oberbefehl Blüchers den großen Sieg an der Katzbach errungen und die Franzosen, soweit diese nicht überhaupt aufgerieben waren, zum Zurückgehen auf Dresden und Leipzig genötigt hatten. Angesichts der abwartenden Haltung der Nord- und der Südarmee fällt Blücher das Verdienst zu, mit der starken Dynamik seiner Persönlichkeit den Herbstfeldzug 1813 entscheidend beeinflußt zu haben. Sein unermüdlicher Vorwärtsdrang führte eine Entscheidung herbei, noch ehe Napoleon in ruhiger Umgruppierung seiner Truppen die großen Depots von Magdeburg oder Erfurt erreichen konnte. Daß Napoleon schließlich gerade noch die 16 000 Schuß Artilleriemunition hatte, die unbedingt nötig waren, um den Rückzug zu decken, war eine Situation, die nur das Ungestüm Blüchers und die glänzenden Pläne seines Ia Gneisenau herbeigeführt hatten. Niemand hatte in diesen Tagen zwischen Kulm und Leipzig auch nur annähernd so viel Überblick, aber auch Weitblick, wie jener Graf Neidhart aus dem oberösterreichischen Geschlecht derer von Gneisenau.

Obwohl in der Schlesischen Armee niemand die überlegenen Fähigkeiten des zweiundfünfzigjährigen Generalmajors bezweifelte, ja obwohl in dem ganzen Aufmarsch wohl nur Radetzky ein ebenbürtiger Stratege war, bildete gerade Gneisenau den Stein des Anstoßes innerhalb des Führungstrios der Schlesischen Armee. Die Preußen führte nämlich Yorck, der Held von Tauroggen, ein Mann, der bis dahin mit dem General von Kalckreuth zu den schärfsten Gegnern der Heeresreform gehört hatte und Männer wie Scharnhorst, Gneisenau und Boyen als Revolutionäre ansah. Daß er, der immerhin das gesamte preußische Hilfskorps aus

Russische Truppen aus den Befreiungskriegen (v. l. n. r.): Husar, Artillerist, Ulan, Kürassier, Garde-Offizier, Tambourmajor und Trommler der Grenadiere, Linieninfanterist

Rußland herausgeführt hatte, nun theoretisch Blücher, praktisch aber dessen Generalstabschef, dem wortgewandten Gneisenau, unterstand, verbitterte den alten und verdienten Offizier aufs äußerste – und das ist zu verstehen. Daß er dennoch Blüchers Befehle stets ausführte, daß er in Krisen sich voll einsetzte und nicht nur bei Leipzig mit seinem Korps Ungeheures leistete, ist der in diesem ganzen Herbst eindruckvollste Beweis für das Fortleben der alten preußischen Moral mit und neben den Männern, die den neuen Geist repräsentieren. Es gab eben noch den König, und es gab Preußen, und diesen beiden dienten sie alle, ein jeder auf seine Weise: Blücher stürmisch und rücksichtslos, bisweilen sogar ohne Orientierung, ein Offizier, der bekanntlich kaum Karten lesen konnte. Gneisenau als Exponent einer neuen Zeit und einer neuen Strategie, die von Napoleon herkam, und Yorck als Mann der alten Tugenden, der in den blutigen Stunden von Möckern unbeirrbar angriff, auch wenn er dreimal, viermal zurückgeschlagen worden war.

Die Russen in der Schlesischen Armee waren von dem Balten von Sacken-Osten und von dem Franzosen Langeron geführt, wobei Sacken das kleinere Kontingent kommandierte. Er war zwar ein echter Kampfhahn, entschlossener und begabter als Langeron, aber er hatte gegen den bedächtigen Schwarzenberg die schwere Niederlage von Wolkowisk hinnehmen müssen und war sogar einmal wegen Insubordination, also Befehlsverweigerung, von einem Kriegsgericht verurteilt worden. Damals vom Zaren begnadigt, ordnete er sich dem um dreißig Jahre älteren Blücher im ganzen williger unter als Yorck und Langeron.

Im weiteren Verlauf sollten diese Probleme sich weitgehend von selbst lösen: Die Truppen des vorsichtigen Langeron, die an der Katzbach zunächst weniger geleistet hatten als das im Zentrum kämpfende Korps Yorck, erzielten dafür bei der Verfolgung die größten Erfolge und waren frisch genug, selbst die mit dem Rükken zu dem hochgehenden Bober-Fluß verzweifelt kämpfenden Franzosen zu übermannen. Und in dem Maß, als sich Blüchers wildes Genie als kriegsentscheidend erwies, faßte auch Langeron Zutrauen zu dem alten Heerführer, von dem man ja noch wenige Jahre zuvor angenommen hatte, er sei nun endgültig verrückt geworden und man könne nicht mehr mit ihm rechnen.

Schlimmer, weitaus schlimmer waren die Probleme, die der Zustand der Truppe aufwarf. In den anstrengenden Regenmärschen seit dem Ende des Waffenstillstands hatte sich gezeigt, daß die Russen gut beritten und auch zweckmäßig bekleidet waren, daß jedoch die eilig aufgestellten neuen preußischen Verbände, vor allem die Jägerbataillone und die Landwehr, für die Eile der Aufrüstung bitter büßen mußten. Angesichts der hohen Kontributionszahlungen an Frankreich hatte es auch an Geldmitteln gefehlt, so daß die Uniformen zum Teil aus billigstem Material gefertigt worden waren. Es lief schon nach den ersten Regentagen ein, beengte die Soldaten, ohne sie gegen Kälte und Nässe zu schützen, und die Schuhe fielen vor allem der Landwehr schon nach den ersten Märschen mürbe von den Füßen. Der Dauerregen hatte die Äcker in Sümpfe und die Straßen in glitschige Lehmstreifen verwandelt, auf denen die Soldaten die beträchtlichen Lasten kaum befördern konnten. Nach Marschtagen, an denen Wagen und Geschütze wiederholt aus dem Schlamm gezogen werden mußten, fielen sie abends völlig übermüdet ins nasse Gras und schliefen, wo sie gerade haltgemacht hatten. Ausfälle durch Erschöpfung und Krankheiten waren darum nicht selten, und als nach der Schlacht an der Katzbach Verfolgertruppen bitter nötig waren, weil der Feind sich verteilte, kam die schlesische Landwehr nur mit einigen Trüppchen an die siegreiche Armee Blüchers heran und bedeutete keine Verstärkung.

Einzig die Verpflegung hatte vom ersten Augenblick an besser funktioniert als befürchtet, denn Blücher hatte zum Unterschied von den Franzosen nicht gewartet, bis nach dem Waffenstillstand die offenen Feindseligkeiten begannen, sondern war mit seiner ganzen Armee in die neutrale Zone zwischen den beiden Vorpostenketten einmarschiert, in ein Gebiet, das in den langen Monaten während der zähen Verhandlungen zwischen Metternich und Napoleon keinen fremden Soldaten gesehen und darum noch einiges an Lebensmitteln zu bieten hatte; man konnte sogar kleine Vorräte anlegen . . .

Während die oberste Operationsleitung in Teplitz naturgemäß nicht daran denken konnte, den Berlin beschützenden preußischen Truppen auch nur eine Kompanie wegzunehmen, weckten die Erfolge der Schlesischen Armee und das gefährliche Ungestüm

Blüchers vielleicht nicht gerade den Neid der in Teplitz versammelten hohen Generalität, aber doch die Überlegung, daß man einen Hitzkopf eben zur Ader lassen müsse. Kurz: Blücher wurde gebeten, an die Südarmee unter Schwarzenberg 50 000 Mann abzugeben!

Das war ziemlich genau die Hälfte der Effektivbestände, mit denen er angetreten war und von denen inzwischen durchTod, Verwundung oder Krankheiten bereits an die 20 000 Mann fehlten. Blücher hätte mit den verbleibenden 30 000 Mann keine große Rolle mehr spielen können, wäre vor allem aber kein selbständiger Armeebefehlshaber mehr gewesen.

Dieser drohende Zerfall der ruhmreichen Schlesischen Armee bezeichnet den Augenblick, in dem Gneisenau am liebsten alles hingeworfen hätte, mußte er doch annehmen, daß selbst Radetzky nicht begriff, wie wichtig dieser stürmisch-schwungvolle Vormarsch aus dem Osten werden konnte. »Möchte doch Kaiser Alexander selbst den obersten Befehl übernehmen«, schrieb Gneisenau am 18. September an seinen vertrauten Freund, den Grafen Münster, »um den zahllosen Divergenzen, Zeitverlusten und Eifersüchteleien ein Ende zu machen. So wenig ich gemeint *(d. h. gesinnt)* bin, meinen Herrn und König und die gute Sache zu verlassen, so muß ich doch fast fürchten, daß Undank und Haß mich veranlassen werden, mich zurückzuziehen, sowie nur die Hauptarbeit gethan ist. Für diesen Fall nehme ich Ew. etc. Wohlwollen in Anspruch, mir ein Asyl zu bereiten, wo ich so vieler mir übelwollender Menschen entbehren kann und nicht genöthigt bin, manche Gesichter zu ertragen, die von Schlaffheit oder Schlechtigkeit gestempelt sind.«

Am selben Tag aber kehrte der Offizier zurück, den Blücher und Gneisenau nach Teplitz entsandt hatten, um das Hauptquartier umzustimmen und einen Plan zu unterbreiten, welcher die Initiative bei der Schlesischen Armee belassen und diese darum auch in ihrer vollen Stärke genützt hätte: Der Major im Generalstab Johann Jakob Rühle von Lilienstern, ein Berliner von dreiunddreißig Jahren, dessen Begabung Gneisenau so außerordentlich schätzte, daß er immer häufiger auf die Vorschläge und Anregungen des jungen Offiziers einging. Rühle hatte in Teplitz den Plan vorgetragen, der in der Geschichtsschreibung als *Blüchers Rechtsabmarsch* bezeichnet wird, also eine Veränderung der Marschrichtung, die Blücher nicht zur Verbindung mit der Südarmee, sondern zum Anschluß an die Nordarmee bringen sollte. Im Norden hatten preußische Verbände schon Erhebliches geleistet, waren aber von der Untätigkeit des Oberkommandierenden Bernadotte an der vollen Entfaltung ihres Elans gehindert worden. Traf nun Blüchers siegreiche Armee in der Ostflanke der preußisch-schwedischen Nordarmee ein, so war anzunehmen, daß Blücher auch Bernadotte zu energischerem Vorgehen würde bestimmen können.

Für Napoleon verringerte sich damit zwar der Druck aus dem Osten, aber die zwei starken, aus Nord und Süd gegen ihn vorrükkenden Armeen ließen ihm, da er ja wohl kaum seine Nachschubverbindungen aufgeben würde, ohnedies nur den Weg nach Westen offen. Und daß dieser Rückmarschweg dornenvoll sein würde, dafür sorgten jene deutschen Fürsten, die, um ihre Länder und vor allem ihre Throne zu retten, nun wohl oder übel auch Front gegen den großen Eroberer machen mußten, die Bayern zuerst und gewiß auch bald Württemberg.

Der Umschwung der Meinungen im Großen Hauptquartier ist überraschend, und die Historiker haben ziemlich lange herumgerätselt, was denn nach wenigen Tagen eine so völlig andere Konzeption des ganzen Feldzugs bewirkt haben könnte – Schwarzenberg habe doch eben noch die gute Hälfte, ja fünf Achtel der Schlesischen Armee an sich ziehen wollen. Ein Hauptgrund für den Übergang zur Aktivität war das Herannahen des Herbstes. Blücher hatte schon früher darauf gedrängt, die große Entscheidung noch vor dem Winter herbeizuführen, und nun ergaben sich Zwänge ganz anderer Art, die dies bitter nötig machten: Böhmen war nämlich nicht mehr imstande, 200 000 Mann an Truppen zu ernähren. Die Nachschubwege zur Front waren zwar vom Feind nicht bedroht, etwa 30 000 Wagen brachten in beinahe ununterbrochener Bewegung Vorräte aus Mähren und dem nördlichen Österreich an die Truppenlinie vor den Gebirgen, aber vor allem die Kosaken hielten sich nicht an das, was ihnen zugeteilt wurde, beachteten auch nicht den Umstand, daß sie auf dem Land eines verbündeten Staates kampierten, sondern nahmen den Einwohnern mit Gewalt das Letzte ab, was diese noch besaßen, von anderen Übergriffen ganz zu schweigen. Bauern und Kosaken hatten sich schließlich in keinem Land vertragen. Selbst der Zar soll von seinen Truppen wiederholt bestohlen worden sein.

Diese untätige und schwer zu versorgende Armee noch durch das russische Korps unter Langeron zu verstärken (das Blücher allenfalls abgegeben hätte), wäre also einer Verschlimmerung der Lage in Böhmen gleichgekommen.

Zugleich mit Gneisenau aber hatte sich auch Radetzky gemeldet, der Mann, auf den auch Blücher am meisten hoffte. In einer langen Denkschrift hatte er den Fürsten Schwarzenberg gedrängt, endlich die Initiative zu ergreifen und die gekrönten Zauderer durch die Drohung mit seiner Demission endlich mundtot zu machen. Der Zar und der Preußenkönig, die auf einmal so viel vom Kriegführen verstanden, daß sie Schwarzenberg selbst in kleine Aktionen hineinredeten, dürften den Fürsten nicht von der Tatsache ablenken, daß er seinem Kaiser und dem österreichischen Volk verpflichtet sei. »Soll der bisherige Zustand der Dinge fortgehen, so ist Eurer Durchlaucht Ruf so wie der meinige verloren. Eure Durchlaucht müssen entweder unbedingt Herr der Armee sein, oder Sie müssen Jenen das Commando überlassen, die das, was sie tadeln und vorschlagen, auch ausführen mögen.«

Das war, obwohl der gewandte Generalquartiermeister von Langenau die Sätze gedrechselt hatte, nicht so ganz logisch, aber im ganzen war die Denkschrift Radetzkys eben doch jenes Signal, das der Diplomat und Feldmarschall Fürst Schwarzenberg brauchte, um aus seiner gastronomischen Kriegführung aufgeschreckt zu werden. »Die Denkschrift ist kernig, dringend, rücksichtslos, ja zum Theil grob, aber sie bildet ein schönes Denkmal der Kraft, Einsicht und Ehrenhaftigkeit ihres Urhebers« (Heinrich Beitzke).

Rühle und Radetzky also bewirkten in mündlichem Vortrag und durch jene Denkschrift, was Schwarzenberg gewiß auch selbst als nötig erkannt hatte und wozu die unbefriedigenden Verhältnisse einer tatenlos sich auflösenden Großarmee Tag für Tag aufs neue drängten.

Als Rühle von Lilienstern am 18. September 1813 in Blüchers Hauptquartier zurückkehrte und die Nachricht von der allerhöchsten Zustimmung zum sogenannten Rechtsabmarsch brachte, herrschte sogleich gute Stimmung, und auch Oberst Müffling konnte sie nicht trüben: Er hatte stets die undankbare Aufgabe, die

Bedenken und Einwände Yorcks bei Gneisenau und Blücher vorzutragen, und vor allem Gneisenau, der mit ranghöheren Offizieren wie Yorck und Langeron Ärger genug hatte, sprang mit Müffling oft ziemlich hart um. Die neuen Pläne, die nun gemacht werden mußten, führten jedoch neben Gneisenau auch Müffling und Rühle am Kartentisch zusammen, denn Müffling war bei aller Vorsicht tüchtig, einfallsreich und verläßlich: er hatte die Pläne für das siegreiche Reitertreffen von Hainau im vergangenen Mai entworfen, und man mußte schon mit Rücksicht auf Yorck seinen Ia hinzuziehen.

Rühle erhielt also, kaum daß er von der Reise quer durch die aufmarschierenden Truppen zurückgekehrt war, bereits eine neue Aufgabe, ja er wurde zum Rekognoszieren ausgeschickt, um die günstigste Stelle für den Bau einer Pontonbrücke über die Elbe zu ermitteln. Die Schlesische Armee sollte zwischen Torgau und Wittenberg über die Elbe gehen, der Kronprinz von Schweden hatte auch bereits eine Behelfsbrücke bauen lassen, um die Vereinigung der beiden Armeen zu erleichtern, denn alle Heerführer, die in diesem regnerischen Spätsommer in Schlesien oder Sachsen operierten, hatten inzwischen eingesehen, welche Rolle die Brükken für die Truppenbewegungen in diesem Teil Deutschlands spielten. So mancher Märker, der aus seiner Streusandbüchse nach Süden und Südosten gerückt war, hatte hier umlernen müssen.

Rühle von Lilienstern entstammte zum Unterschied von den meisten anderen preußischen Offizieren keinem Geschlecht mit militärischen Traditionen, und auch sein Adel war nicht viel mehr als ein halbes Jahrhundert alt. Seine Vorfahren waren Bürgermeister, Amtmann, Hofrat und ähnliches gewesen, seine Familie hatte sich auf Preußen, Frankfurt am Main, Sachsen-Hildburghausen und endlich sogar Rußland verteilt (was damals keineswegs selten war), und Major Rühle von Lilienstern war als Sohn eines Ritterschaftsrates in der Ostpriegnitz der erste seines Namens mit einer eindrucksvollen Offizierskarriere. Da er später zu dem nach Clausewitz bekanntesten deutschen Militärschriftsteller seines Jahrhunderts wurde, ist anzunehmen, daß er sich mit den hydrographischen Studien Augusts des Starken beschäftigt hatte, der sein schwaches, zwischen den Großmächten liegendes Land bereits mittels zweckmäßiger Überflutungsvorkehrungen für überlegene Armeen unpassierbar machen wollte. Der größte der sächsischen Ströme, die Elbe, lag zwischen Napoleon und Blücher. Nach kurzen, vor allem mit Reitern vorgetragenen Vorstößen hatte der Franzosenkaiser sich wieder auf das linke Elbufer zurückgezogen: Ney hatte gemahnt, hatte um Vorsicht gebeten und wohl auch früher als Napoleon selbst die Gefahr einer Vereinigung von Nord- und Schlesischer Armee gesehen:

»Sire, der Gegner hat einen ersten Brückenschlag über die Elbe bei der Einmündung des Flusses Elster beendigt; die Vereinigung der Armeen des Kronprinzen von Schweden und Blüchers ist jeden Augenblick zu erwarten und dürfte im Raum Roslau-Wartenburg erfolgen. Ich muß befürchten, von Torgau und Dresden abgeschnitten zu werden.«

Marschall Macdonald, der von Blücher schon einmal vernichtend geschlagen worden war und an der Katzbach nur Trümmer seines Korps hatte retten können, ergänzte die Mitteilungen Neys durch die Meldung, daß die ganze Schlesische Armee kampfbereit sei, ja daß das Korps von Sacken sich anschicke, ihn zu überflügeln.

Dazu kam, daß die harten Einsätze bei schlechtestem Wetter natürlich auch an der jungen Armee Napoleons nicht spurlos vorübergegangen waren. Zwar wagten die Heereslieferanten in Frankreich nicht, ihren Kaiser in dem Maß zu betrügen, wie dies vor allem in Österreich der Fall war. Aber die in aller Eile ausgehobenen Rekruten waren meist unter zwanzig Jahre alt, hastig ausgebildet und mit den Besonderheiten des Lebens im Feld so gut wie gar nicht vertraut. In dem seit vielen Monaten von Kriegsvölkern ausgesaugten Sachsen hatten sie nur das Allernötigste zu essen (und oft auch das nicht), und der Kaiser mußte einsehen, daß er diese verstörte Jugend wohl verlieren würde, wenn er versuchte, mit ihr einen Elbbrückenkopf gegen Blücher zu halten.

Daß Blücher nun im Angesicht Napoleons einen Elbübergang vorbereitete, bedeutete nicht nur ein Abgehen vom ursprünglichen Radetzkyplan, unmittelbare Konfrontationen mit dem Genie des Korsen zu vermeiden. Die Schlesische Armee begab sich damit auch in eine sehr heikle Position, weil Ney und Napoleon die Brückenstadt Torgau im Besitz hatten und mit der beiden Heerführern eigenen Schnelligkeit und Übersicht Blüchers Truppen zwischen Elbe und Elster in sehr schwierige Situationen bringen konnten.

Darum mußte Rühle von Lilienstern, nachdem er den günstigsten Platz für einen zweiten Brückenschlag und für den Brückenkopf ausgekundschaftet hatte, noch eine eher diplomatische als militärische Erkundung auf sich nehmen: Es galt herauszufinden, ob die erfolgreichen preußischen Generale von Bülow und Graf Tauentzien im Notfall auch gegen den Befehl ihres Oberkommandierenden Marschall Bernadotte handeln und der Schlesischen Armee mit ihren Korps der Nordarmee zu Hilfe eilen würden.

Daß so eine durchaus normale, ja gebotene Anfrage insgeheim erfolgen mußte, daß eine Art Geheimdiplomatie innerhalb verbündeter Armeen nötig war, zeigt die Schwierigkeiten, denen sich fähige Heerführer wie Blücher, aber auch Schwarzenberg im Aufmarsch vor der Völkerschlacht gegenübersahen. Prinzen, Kronprinzen und gekrönte Häupter waren der Sand im Getriebe einer imposanten, aber ungemein schwerfälligen Kriegsmaschine.

Die Geheimhaltung hatte so gut funktioniert, daß selbst hohe Offiziere wie der russische General Thuyl – Verbindungsoffizier des Zaren – vom Rechtsabmarsch erst erfuhr, als am 25. September die Befehle an die einzelnen Verbände ausgegeben wurden. Obwohl mit Blücher seit Jahren befreundet, protestierte Thuyl gegen die risikoreiche Operation, die Schlesien den Franzosen preisgab. Gneisenau erläuterte, daß Schlesien, wenn die Franzosen tatsächlich einmarschieren sollten, Napoleon nur den Untergang bringen würde, was zweifellos auch der große Korse wisse; Blücher aber beschied Thuyl nur kurz: er habe nicht die Absicht, Sitzungen abzuhalten, wenn es um unaufschiebbare Aktionen gehe.

Das Abenteuer begann, und schon der erste Akt brachte eine unliebsame Überraschung: Der stets ängstliche Bernadotte hatte die von seinen Truppen geschlagene Brücke wieder abtragen lassen, weil am französischen Elbufer ein paar gegnerische Bataillone in Brückennähe gesichtet worden waren. Niemand konnte sich über solche Zaghaftigkeit mehr ärgern als von Bülow und Graf Tauentzien, die mit dem Advokatensohn aus Südfrankreich leben mußten, ja ihm unterstellt waren, da er nun einmal Schwedens Thronfolger war. Und nicht einmal die Schweden, im siebzehnten und achtzehnten Jahrhundert Europas härteste Soldaten, waren mit solch einem Oberbefehlshaber glücklich . . .

Bülow, der Sieger von Dennewitz, schrieb an Blücher:

»Sind es politische Gründe oder andere, kurz, des Prinzen Bernadottes System ist Nichtsthun, und nur auf eine gewaltsame Weise konnte man das herbeiführen, was geschehen. So bin ich am 5. September von Marzahne ohne seine Befehle abmarschiert und habe am 6. ohne seinen Befehl bei Dennewitz geschlagen; der selbe Fall war bei Großbeeren. Der Kronprinz, der sich gerne sichert, wird nun suchen, unter dem Schutz von Euer Exzellenz Armee die Elbe zu passieren (die wir schon längst hätten passieren sollen) und so bei allen Gelegenheiten durch Sie gedeckt zu operieren. Ich hoffe indessen zu Gott, daß sich eine Gelegenheit finden wird, ihn mit fortzuziehen, und kann es nicht anders geschehen, so werde ich mich nicht durch die Furchtsamkeit und die egoistische Politik eines Fremdlings abhalten lassen, mit meinem Corps für das allgemeine Beste mitzuwirken, und können Ew. Exzellenz auf mich und meine sehr braven Truppen rechnen.«

Ein Brief, der zum geschichtlichen Dokument avanciert ist und uns zeigt, mit welchen Schwierigkeiten gerade die Offiziere zu kämpfen hatten, die an dieser Wende die großen Siege errangen. Beinahe jede der erfolgreichen und den schließlichen Großerfolg herbeizwingenden Aktionen mußte gegen den Widerspruch oder das tatenlose Zuwarten der Souveräne unternommen werden. Bernadottes Haltung ist dabei am wenigsten verständlich; er hatte sich in den Kämpfen der Revolutionsarmee am Rhein und in Belgien so ausgezeichnet, daß er, obwohl zunächst nur Unteroffizier, bereits mit 31 Jahren General wurde und zeitweise selbst Napoleon auf ihn eifersüchtig war. In Gradisca und in der Vendée hatte er erfolgreich selbständig operiert, sich bei Austerlitz den Titel eines Fürsten von Pontecorvo errungen und mit gleichem Ruhm bei Halle, Lübeck und Mohrungen gekämpft. Hatte das Jahr 1810 die Wende gebracht, das Jahr, in dem der schwedische Reichstag ihn zum Thronfolger gewählt hatte in der Hoffnung, mit französischer Hilfe Finnland erobern zu können? Oder war es die von Napoleon verratene Desirée Clary, die Bernadotte verwandelt und eine beinahe absurde Angst vor Napoleon eingegeben hatte? Man wußte auch, daß Bernadotte nach einem Sieg über Napoleon nicht etwa in Schweden, sondern in Frankreich König werden wollte und daß es unter den Verbündeten hohe Herren gab, die ihm dies auch schon so halb und halb zugesagt hatten: Ansprüche, die vernunftgemäß nicht zu stützen und gegen die emigrierten Bourbonen nicht durchzusetzen waren.

Vielleicht war es die nun schon bekannte Untätigkeit Bernadottes, welche die Franzosen in Sicherheit wiegte. Blücher nämlich kaschierte seinen ganzen Aufmarsch jenseits der Elbe hinter lockeren Schleiern russischer Reiterei, die ja überall und nirgends anzutreffen war. Und den Elbübergang selbst führte zunächst das Korps Yorck aus, das für die Franzosen schwer von den zur Nordarmee zählenden Truppen Bülows oder Tauentziens zu unterscheiden war.

Die Elbe beschreibt bei Wartenburg und Elster einen Bogen, der das rechte, Blüchersche Ufer etwas erhöht findet, während das linke Ufer ganz flach, ja ein wenig sumpfig ist. Nach den langen Regenwochen war es teilweise überschwemmt und schwer gangbar. Blücher konnte zwar von seinem Ufer aus das Feuer auf das linksufrige Wartenburg und die dortigen Stellungen konzentrieren, die man allerdings nur schwach besetzt glaubte. Aber das dichte Laubdach verhinderte nachhaltige Erfolge. Die französische Artillerie war stundenlang nicht niederzukämpfen, und die ersten gegen Wartenburg vorgeschickten Brigaden unter einem mecklenburgischen Prinzen hatten schwere Verluste.

Erst gegen Mittag machte sich die erdrückende Übermacht der Preußen entscheidend bemerkbar. Die auf der Seite der Franzosen mitkämpfenden Württemberger hatten schon bei Dennewitz schwere Verluste erlitten, sie fielen für den hier kommandierenden Marschall Bertrand weitgehend aus: Um so hartnäckiger wehrten sich die Franzosen in den Dörfern Wartenburg und Bleddin, begünstigt durch die Dämme, hinter denen sie gedeckt lagen, während die preußischen Angreifer über ein verschlammtes, von tiefen Lachen bedecktes Vorfeld ungedeckt herankommen mußten. In dieser Lage wurde der rücksichtslose persönliche Einsatz des Generals Heinrich Wilhelm von Horn entscheidend, eines großen, kräftigen, aber schlanken Mannes, den seine Truppen vergötterten, weil er alles mit ihnen teilte und stets um sie besorgt war. Er nützte einen Graben zum Vorgehen, warf die Franzosen aus ihrer Deckung und führte seine Soldaten, die dabei bis zum Bauch im Schlamm und im Wasser avancieren mußten, nach Wartenburg hinein.

Yorck, der mit Lob sehr sparsam war, sagte am Abend dieses Tages, gegen Horn sei selbst Bayard, der legendäre französische Held, nur ein Lump. Die Franzosen wurden überwältigt, die Württemberger waren bereits aufgerieben, die Italiener der Division Fontanelli rannten wie die Hasen und hatten das Glück, daß Blücher nur wenig Kavallerie über die Elbe gebracht hatte: Man war der Meinung gewesen, sie sei auf dem tiefen Boden ohnedies nicht zu verwenden, und hatte vor allem Artillerie gebraucht, um die gut gedeckten Franzosen niederzukämpfen.

Es war ein Tag des Erfolgs: der Elbübergang im Angesicht dreier französischer Divisionen war gelungen, auf drei Brücken strömten die Armeen in den Rücken der napoleonischen Stellungen. Aber Yorck hatte 1700 Offiziere und Mannschaften verloren, die Brigaden Horn und Steinmetz hatten etwa ein Drittel ihres Bestandes eingebüßt. Die Franzosen hatten weit geringere Ausfälle zu verzeichnen, da sie aus der Deckung heraus feuern konnten und die Stellungen aufgaben, als der Feind durch das für unpassierbar gehaltene Vorfeld herankam. Zweihundert Württemberger und achthundert Italiener hatten sich gefangengegeben, dazu waren Vorratswagen und Geschütze erbeutet worden. Der eigentliche Erfolg aber bestand natürlich nicht in der Eroberung zweier Dörfer, sondern in der Bildung des Brückenkopfes; schon am nächsten Tag, dem 4. Oktober, vollendete Blücher seinen Aufmarsch am linken Elbufer, und damit war die Vereinigung der verbündeten Armeen vor Napoleons sächsische Bastionen um einen wichtigen Schritt vorangetrieben.

Leiden einer Stadt

Am 3. und 4. Oktober 1813 hatte die Schlesische Armee unter Blücher und bald nach ihm auch die Nordarmee des ehemals napoleonischen Marschalls Bernadotte die Elbe überschritten. Beinahe 130000 Mann drückten nun vom linken Elbufer her auf die Zentralstellung der Franzosen, wobei Bernadotte allerdings, kaum daß er den Fluß überschritten hatte, in seinen Aktivitäten wieder erlahmte und sich ein komfortables Hauptquartier im Schloß zu Dessau bereiten ließ.

Napoleon hatte demgegenüber, also an seiner Nordfront, nur noch etwa 100000 Mann, die durch die aufeinanderfolgenden Niederlagen zermürbt waren und durchwegs kaum mehr als verläßlich gelten konnten. Die Italiener waren den nervlichen Belastungen von Schlachten nicht gewachsen und allenfalls für Transporte oder Schanzarbeiten einzusetzen; die Verbündeten waren, getreu Napoleons Grundsatz, seine Franzosen zu schonen, seit den schweren Kämpfen südlich von Berlin hart angeschlagen. Und die Sachsen, die nun auf eigenem Boden dafür kämpfen sollten, daß die französische Besetzung ihres Landes und damit die Kriegsnot andauere, die durften überhaupt nicht mehr als zuverlässige Verbündete angesehen oder gar eingesetzt werden, wenn nicht mitten in der Schlacht unvorhergesehene Entwicklungen eintreten sollten.

Am treuesten war – von Napoleon aus gesehen – immer noch Sachsens König, so wie ja auch die Rheinbundfürsten sich länger als alle anderen Deutschen gegenüber den Signalen aus Königsberg und Wien, aus Breslau und Prag taub stellten. Sie sahen in dem Bündnis mit den Franzosen die willkommene Gelegenheit, dem Vordringen Preußens und der alten Vormachtstellung Österreichs endlich ebenbürtig entgegenzutreten.

Zwei Tage nach Blüchers Elbübergang, als in ganz Sachsen die Zeichen schon auf Sturm standen, erließ Friedrich August I. (1750–1827), seit 1806 von Napoleons Gnaden König in Sachsen, einen Aufruf an seine »treuen Landeskinder«, in dem er sie vor den Flugblättern warnte, mit denen die heranrückenden verbündeten Armeen die Bündnistreue der Sachsen zu unterminieren trachteten. Und zwei Monate vorher hatte der König gar eine Maßnahme treffen müssen, die beinahe der Verhängung des Standrechts gleichkam:

»In Anbetracht der neuerlich vorgefallenen polizeilichen Ungebührnisse wird in Leipzig ein Amt für Polizei und Criminalwesen eingerichtet . . . Das vorgedachte Polizeiamt soll in seinen Maßregeln von der Bürgergarde und von dem garnisonierenden Militär kräftig unterstützt werden.«

Was dem vorausgegangen war, das war nicht mehr und nicht weniger als das ganze Volksschicksal in nunmehr sieben Jahren Franzosenzeit. Die großen Leiden, das wirkliche Unglück war verhältnismäßig selten gewesen seit dem Schweigen der Waffen; Napoleon war weit weniger als so mancher heutige Machthaber daran interessiert, Märtyrer zu schaffen und Überdruck zu erzeugen; er brauchte nur Geld und immer wieder Geld, dazu Pferde, Hilfstruppen, Lebensmittel und Futter. Aber in einer so langen Zeit summieren sich auch die kleinen Drangsale und Ärgernisse, in sieben Jahren schaffen auch papierene Auseinandersetzungen vor allem unter der Jugend Zündstoff, Auflehnung und die Überzeugung, daß man eine Besatzung, aber auch das sie duldende Regime bekämpfen müsse.

Die Stadt Leipzig hatte 1939, am Ende ihrer normalen Entwicklung, etwa 700000 Einwohner. 1813 waren es erst 32000 bis 34000, also fünf Prozent. Dieser für eine Messestadt relativ geringen Einwohnerzahl standen in den letzten Kriegsjahren der napoleonischen Ära zeitweise 37000 Mann an Einquartierungen gegenüber. Etwa dreihundert Bürger der Stadt waren reich genug, sich die Einquartierung dadurch vom Halse zu schaffen, daß sie die ihnen zugedachten Soldaten oder Offiziere in Gasthöfen oder in angemieteten Unterkünften unterbrachten; alle anderen Leipziger leb-

→ *Napoleon* als Nußknacker, Karikatur zur Schlacht von Leipzig, 1813

ten seit 1806 in der dauernden Gemeinschaft mit den Franzosen und deren Verbündeten, unter denen die ersten – die Bayern – die rauhesten Gesellen waren. Die Franzosen stellten außerordentlich hohe Ansprüche vor allem an die Verpflegung, so daß ein erstauntes Aufatmen durch Leipzig ging, als schließlich die Russen kamen: Man vermerkte verblüfft, daß diese braven Menschen alles aßen, was ihnen aus sächsischen Küchen vorgesetzt wurde.

Ehe es soweit war, spitzte die Krise sich aber zu, einmal, weil Napoleon seine Truppen um Leipzig zusammenzog, zum andern aber, weil die Franzosen ja nun auch begriffen, daß ihre Besatzungsherrlichkeit zu Ende ging, weswegen sie keinerlei Rücksichten mehr nahmen, sondern rigoros plünderten.

»Die Anzahl der Truppen«, schreibt ein Augenzeuge namens Bergk, »nahm nunmehr von Tag zu Tag zu, und seit dem zehnten Oktober wurde sie immer größer. An Magazine war nicht mehr zu denken. Die Soldaten lebten von den Dörfern, wo sie biwakierten oder vor denen sie vorbeizogen, und das Schicksal, das nunmehro diese traf, war über alle Beschreibung schrecklich. Die Einwohner wurden anfänglich bedrückt, dann mißhandelt und endlich zur Flucht genötigt. Zuerst holte man Lebensmittel und das Futter aus den Dörfern, dann trieb man das Vieh fort und trug alles Holzwerk in die Biwaks, brach die Treppen ab, hob die Türen aus und riß die Balken heraus; hierauf raubte man den Einwohnern ihre Kleider, ihr Geld und alle Sachen von Wert, und endlich plünderte man sie gänzlich aus und ließ den Unglücklichen nichts weiter als die Augen zum Weinen.«

Zu der normalen Leipziger Garnison aus französischen und franzosenfreundlichen sächsischen Truppen kamen die 19000 Mann des Marschalls Marmont und bald auch noch andere Truppen. Die Niederlagen im Norden und Osten hatten die Kampfmoral der Franzosen zwar (wie sich zeigen sollte) nicht nennenswert vermindert, aber die kalten Oktobernächte hatten zu zahlreichen Erkrankungen geführt und die Schlachten zu großen Zahlen von Verwundeten. An Siege und schnelles Vorrücken in feindlichen Ländern gewöhnt, hatte Napoleon sich nie sonderlich um die Sanitätsdienste gekümmert: wer nicht mehr marschfähig war, der blieb zurück, und wehe den Unterworfenen, die einen französischen Krieger nicht aufopfernd gepflegt hätten. Nun, da die Lage sich verändert hatte, da die Armee für ihre Kranken und Verwundeten selbst sorgen mußte, wurde offenbar, daß der große Feldherr einen wichtigen Bereich seiner Rüstung völlig vernachlässigt hatte. »Hinzu kam die Nachlässigkeit und Gleichgültigkeit des französischen Sanitätspersonals beziehungsweise der Ärzte und Chirurgen. Überhaupt habe ich die Erfahrung gemacht, daß man den Krieger, der im Dienst zum Krüppel geworden ist und nicht mehr fechten kann, nirgends so geringe achtet als in der französischen Armee« (Ludwig Hussel).

Besondere Konflikte entstanden, wie nicht anders möglich, durch die immer kühner ins französisch besetzte Hinterland vordringenden russischen und preußischen Freikorps oder Streifscharen, die naturgemäß von der Landbevölkerung unterstützt wurden. Eben diese Unterstützung aber mußten die Franzosen mit jener Härte unterbinden, wie sie der Spanienfeldzug und der Guerillakrieg auf dieser großen Halbinsel zur grausigen Wirklichkeit hatte werden lassen. Die Franzosen erlitten vor allem in ihrem Nachschub so empfindliche Verluste, daß sie eine sächsische Garde aufzustellen befahlen; sie brachte es zwar nur auf 8000 anstatt der befohlenen 12000 Mann, aber die Grenze mitten durch das Herz, mit der die Sachsen in diesen Jahren leben mußten, wurde dadurch noch schmerzlicher. Studenten und Landbevölkerung unterstützten die Freischaren und taten das Menschenmögliche, um vor allem die hungernden und medizinisch nicht versorgten Gefangenen zu betreuen. Denn wenn auch im Herbst die Verbündeten die Mehrzahl der Schlachten gewannen, so gab es doch aus den Begegnungen des Frühjahrs noch eine ganze Menge Preußen und Russen in den Händen der Franzosen, und schließlich lagen allein von der blutigen Schlacht bei Großgörschen am 2. Mai in den Septembertagen des gleichen Jahres noch an die 20000 Verwundete in den Spitälern von Leipzig und Umgebung. Deutsche Ärzte hatten sich ihrer angenommen, unter der Bedingung, daß die Lazarette ihnen und nicht französischer Kommandogewalt unterstellt würden. Sie hatten so wenigstens die Entstehung des gefürchteten Lazarett-Typhus verhindern können, der eine besondere Geißel jener Zeit war und die ganze Stadt gefährdet hätte.

Alle Erschwernisse der Situation, wie sie die herannahende Entscheidung mit sich brachte, trafen somit eine Stadt, die schon bis dahin hart geprüft worden war. Die Kontinentalsperre gegen England hatte den Leipziger Handel stark betroffen, weil die Briten die Messestadt als einen sehr geeigneten Verhandlungsplatz für die Rußlandgeschäfte entdeckt hatten. Dabei ging es nicht nur um Pelze, sondern auch um große Rohstoffexporte, die in Leipzig abgesprochen und dann von Libau oder Petersburg aus verschifft wurden, so wie die britischen Fertigwarensendungen durch die Belte und die Ostsee nach Rußland gelangten. Die fernen Moskowiter, mit denen noch im Mittelalter so schwierig zu verhandeln war, hatten sich in Leipzig als durchaus zugänglich und als agile Geschäftsleute entpuppt.

Das war nun sehr plötzlich ganz anders. »Die Buden in den Straßen waren zwar aufgesetzt«, meldet uns ein Messebericht aus dem Jahr 1813, »aber manche von ihnen blieben wie die Mehrzahl der Gewölbe*(-läden)* verschlossen. Der Marktplatz war, besonders in der Gegend des Waage, größtenteils zu militärischem Behufe bestimmt. Im Brühl, wo sonst während der Messe alles von Frachtwagen und Gütern voll und die Passage daher sehr eng und beschwerlich ist, fand man alles öde und leer. Auf dem Roßplatz waren die Ställe verschlossen, auch keine einzige der sonst so vielen hier zum Verkauf stehenden Kutschen zu bemerken; zudem ergab sich überall ein auffallender Mangel an anwesenden Fremden.«

Es waren eben zu viele fremde Soldaten anwesend . . . Und es war wohl nicht jedermanns Sache, sich in eine Stadt zu begeben, wo alle Spitäler überfüllt waren und auf dem Johannisfriedhof Hunderte, wenn nicht gar Tausende hungernder Gefangener zusammengepfercht waren. Zusammenrottungen von drei oder mehr Personen wurden sofort zerstreut, Fremde wurden wie die Studenten der städtischen Polizeigewalt unterstellt, alle Zufuhren aufs genaueste kontrolliert. Die vier Mühlen, die den Mehrbedarf der Bevölkerung deckten, hatten an manchen Tagen keinen einzigen Sack Korn vorrätig, denn die umliegenden Dörfer, aus denen sich die Stadt sonst versorgte und die von Leipzig auch gut lebten, hatten schon lange nichts mehr abzugeben. Nur im Süden, gegen Böhmen zu, stand es noch ein wenig besser; da gab es Landstriche und Siedlungen, die unter der Besatzung weniger zu leiden hatten, weil sie außerhalb des Durchmarsch-Streifens lagen.

Überraschend ist, daß es trotzdem eine zwar zahlenmäßig geringe, aber ziemlich einflußreiche Schicht von Frankophilen in Leipzig, Dresden und anderen sächsischen Städten gab, von überzeugten, nicht etwa gekauften Freunden Napoleons und der durch ihn etablierten neuen Ordnung. Man muß das aus der tragischen Rolle Sachsens verstehen, eines Landes, das stets eine Art Pufferstaat gewesen war, unter Friedrich dem Großen so arg malträtiert wurde wie kein anderes Land und das seine kurze Großmachtrolle im Verein mit Polen teuer bezahlt hatte: mit Verlusten an Menschen, Gütern und vielen Millionen Talern.

Die ungeheure Überlegenheit der französischen Armee und das Genie Napoleons schienen gemeinsam eine Ära des Weltfriedens heraufzuführen, und die Errungenschaften der Französischen Revolution, die Napoleon ja keineswegs leugnete, versprachen für das aufgespaltene und zum Teil lächerlichen Dynastien anheimgefallene Deutschland jenes neue Zeitalter, mit dem sich vor allem die Intellektuellen nur zu gerne beschäftigten. War die junge Intelligenz auf den Universitäten lebensfremd, aber national, so fühlten sich ihre Väter, in denen noch die tiefe Abneigung gegen Preußen saß, von den neuen Möglichkeiten, die sich einem sächsischen Königreich in einem homogenen Europa boten, um so stärker angezogen. Dazu kamen durchaus konkrete Vorteile für die Leipziger Händlerschaft, soweit sie nicht auf den Fernhandel, sondern auf die Produktion und die Versorgung gesetzt hatte, denn Napoleons Armee und seine Verbündeten brauchten sehr viel, von den Stiefeln über die Tuche bis zu den Gerätschaften.

Unter den Begünstigten war auch der Tuchfärber Carus am Ranstädter Steinweg. Sein Sohn, der Arzt, Zeichner und Denker Carl Gustav Carus, ein Freund Goethes, erklärt uns auch in seinen Erinnerungen die Attraktion, die von der neuen geistigen Lage ausging: Nicht nur Napoleons Generale waren oft sensationell jung, sondern auch Wissen und Wissenschaften schienen in eine neue Ära eingetreten zu sein, in der nach dem politischen Umsturz nun eine Revolution der Naturwissenschaften einsetzte. Rektor und Senat der Leipziger Universität hatten sich im Gegensatz zu den Studenten für Napoleon erklärt, ehe im Jahr 1813 mit dem Philosophen Wilhelm Traugott Krug ein erprobter Patriot Rektor wurde. Daß er nicht verhaftet wurde, daß man ihn nicht für die

Abwanderung so vieler Studenten zu den Freikorps verantwortlich machte, verdankte er dem gewandten Rechtslehrer Dr. Diemer, der ausgezeichnet französisch sprach und dank seiner hervorragenden Manieren selbst Napoleon immer wieder zu besänftigen verstand.

Schwierig war auch die Lage der *Leipziger Zeitung*; sie konnte zwar auf die Treue ihrer zweitausend Abonnenten zählen, aber ihr Redakteur, der Dichter Siegfried August Mahlmann, den die Studenten und Freikorpskämpfer besonders gerne lasen und sangen, bedeutete, wie man heute sagen würde, ein ständiges Sicherheitsrisiko und mußte auch einmal auf die Festung Erfurt. Die Zeitung verfiel darum bald auf harmlosere Bekundungen ihrer geheimen Sympathien, etwa, indem für Russischkurse geworben wurde. Immerhin hatte Mahlmann die Genugtuung gehabt, in dem Erfurter Gefängnis einige seiner eigenen Gedichte an die Wand geschrieben vorzufinden – als Beweis dafür, daß sie anderen Gleichgesinnten in der Not geholfen hatten.

Es liegt nahe, zu fragen, warum es in der besetzten, seit Jahren auf ein besseres Schicksal wartenden Stadt auch dann noch zu keinen Revolten kam, als sich die Verbündeten Leipzig näherten, aber die Antwort ist klar: Die militante Opposition gegen die Franzosen hatte ja jede Möglichkeit, sich zu betätigen, sie konnte zu den Freischaren stoßen, sie konnte den Armeen entgegeneilen. Geschlossene Grenzen im modernen Sinn gab es ja nicht, die Gebirge zu übersteigen und sich in Böhmen als Freiwilliger zu melden, war zweifellos einfacher, als in der besetzten Stadt Leipzig gegen Bürgerwehr, Stadtpolizei, Garnison und Franzosen einen riskanten Kleinkrieg zu führen, desen Ergebnisse obendrein recht dürftig sein mußten.

Die aufrührerischen Aktionen blieben denn auch vereinzelt. Man murrte über die außerordentliche Teuerung, man weigerte sich, Vorspanndienste zu leisten, oder man versteckte sächsische Deserteure. Auffallend ist in dieser Schlußphase der Besetzung die Zurückhaltung der Franzosen. Sie requirierten zwar schonungslos, sie nahmen zum Beispiel in Magdeburg alle öffentlichen Kassen an sich, so daß etwa die Pensionen nicht mehr ausbezahlt werden konnten. Aber sie gingen gegen die unruhigen Elemente der Zivilbevölkerung mit einer Weisheit und wohlkalkulierten

Milde vor, wie man sie etwa bei Briten oder Deutschen in ähnlichen Situationen nicht beobachten kann. Ein Lohnkutscher, der sich am 5. Mai 1813 weigerte, seine Pferde zur Verfügung zu stellen, erhielt lediglich ein paar Wochen Gefängnis, ein anderer, der dasselbe Delikt mitten im Krieg, nämlich am 10. Oktober begangen hatte, wurde nach einem Verweis wieder entlassen. Die Gemeinde Gohlis, in der es nur einen einzigen Bäcker gab, beschlagnahmte im Mai 1813 das Brot, das für die Franzosen bestimmt war, und ließ es an die Bevölkerung verteilen, ohne daß man von Repressalien lesen mußte. Daß dies Teil einer konsequenten Politik war, daß die Franzosen alles taten, um wenigstens in den noch besetzten Gebieten Ruhe zu haben und keine spanischen Verhältnisse zu schaffen, beweisen Vofälle aus allen Orten Preußens und Sachsens und erst recht am Rhein. Einmal sah Murat, immerhin König von Neapel und Schwager des Kaisers, vom Balkon seines Schlosses zu, wie auf dem Vorplatz ein Franzose, der die Menge gegen sich aufgebracht hatte, gelyncht wurde. Zwei Offiziere, die Murat entsandte, um Ordnung zu schaffen, konnten sich mit knapper Not retten. Aber der sonst so kühne Reiterführer ließ nicht schießen, ließ den Platz nicht räumen: die Städte mußten ruhig bleiben, sonst war alles verloren.

Napoleon selbst fiel diese Zurückhaltung offensichtlich am schwersten, obwohl doch kaum ein anderer als er die entsprechenden Befehle gegeben haben konnte. Als die Leipziger Studenten Schmähbriefe gegen ihn anschlagen und dennoch unentdeckt bleiben konnten, beschwerte sich der Kaiser in Gesprächen, die in Lützen und Dresden stattfanden, bei Vertretern der Stadt Leipzig. Ein Dr. Groß beschwichtigte den Kaiser mit der Versicherung, daß es sich um höchstens 1200 Unzufriedene handle. Napoleon aber zeigte sich keineswegs beruhigt: er wisse aus Paris, daß ein paar hundert entschlossene Unruhestifter hinreichten, selbst einer großen Stadt ihren Frieden zu rauben.

»Zu Ihnen habe ich zuvörderst zu sprechen«, fuhr er Dr. Groß an, »Sie setzen in Ihrer Stadt die Polizei nur unzureichend ein. Ich bin sehr unzufrieden mit Ihnen! Man beleidigt mich in Leipzig, man beleidigt meine Soldaten, man sieht meine Truppen mißgünstig an . . . Ein paar hundert Schurken bestimmen bei Ihnen, und man läßt sie gewähren!«

Wir gewinnen den Eindruck einer gewissen Unsicherheit auch unter der Jugend, die sich doch sonst so schnell begeistern läßt. Ein Teil war inzwischen zu den Fahnen geeilt, ein anderer Teil floh in die Studien und die Künste, und nicht wenige waren gar nicht mehr an die Hochschulen oder in die Werkstätten oder Gutshöfe zurückgekehrt – sie waren in Rußland gefallen. Nach Jahren der Not wagten die meisten kaum noch zu hoffen, zumindest im vielgeprüften Land Sachsen.

»Große Truppenmassen wälzten sich jetzt durch die von neuem bedrängte Stadt«, schreibt Carl Gustav Carus in seinen Erinnerungen. »Die Häuser waren mit Einquartierungen belastet, Spitäler mußten errichtet werden, und mit Anfang des Monats Juni *(1813)* erging auch an mich die Anfrage, ob ich geneigt sie, die Einrichtung und Leitung eines französischen *(!)* Militärspitals zu übernehmen. Mein Entschluß war bald gefaßt. An ernste Wissenschaftsarbeit war in dieser Zeit ohnedies nicht zu denken; ich las kein Kollegium diesen Sommer, meine Familie bedurfte der Unterstützung . . . So war ich nun mit einemmal aus den stillen Kreisen meines Hauses, meiner Studien und meiner Vorträge in ein vielbewegtes Leben gedrängt. Die Krankensäle füllten sich rasch, und ich hatte täglich gegen zweihundert Kranke zu sehen . . . Später mußte ich noch eine neue Abteilung einrichten, in welcher kranke und verwundete russische Gefangene untergebracht wurden, und nach der Schlacht von Dresden namentlich häuften sich die Leidenden in allen Abteilungen.«

Carus erlebt in einem angegliederten, von französischen Ärzten geführten Spital die berüchtigte *Triage*, die empörende Tatsache, daß sich die Ärzte nur noch um jene Verletzten kümmern, die schnell wieder dienstfähig gemacht werden können, und schließt nach seiner Art sehr nachdenklich und tief betroffen darüber, »mit welcher Gleichgültigkeit da über Hunderte von Kranken hingeeilt wurde, kaum einmal mit Ernst bedenkend, um was es sich eigentlich handle. Erwäge ich jene Zeit recht, so war es im Grunde hier zum erstenmal, daß es mir deutlich fühlbar wurde, wie gering ein menschliches Dasein oft auf der großen Rechentafel der Welt zu zählen scheint. Ein reiches Land gab hier die Blüte seiner jungen Mannschaft her, Tausende von Familien mußten hierher senden, was lange Jahre mit Liebe und Sorgfalt und voller Hoffnung von ihnen gepflegt worden war,und wie sorglos wurde damit umgegangen! Unzählige hatten kaum vor einem Jahr in Rußlands Eisfeldern ihren Tod gefunden, sehr viele waren jetzt wieder dem feindlichen Geschütz geopfert worden, und nicht wenige ... lagen nun auf dem Stroh der Spitäler unwissenden Ärzten und ungenügender Kost und Pflege anheimgegeben ... Ganze Generationen wurde so niedergemäht von dem unerbittlichen Engel der Verwüstung, und niemand war, der da schien des einzelnen zu achten ... Hier liegt der tief umnachtete Abgrund, der uns in erster Jugend wohl lange verborgen bleibt und der allemal, wenn wir irgend zuerst an seinen Rand geführt werden, die Seele mit einem eigenen Schauder erfüllt.«

Dreißig Jahre nach den Ereignissen geschrieben, atmen diese Aufzeichnungen noch die großen Schrecken der Stunde, und es sind nicht die begeisterten, ihr Leben geringschätzenden jungen Poeten, die uns das eindringlichste Bild des düsteren Weltaugenblicks vermitteln, sondern, wie so oft vorher und nachher, die Ärzte, die das ungeschminkte Elend auf der Strohschütte sehen, bar jeglicher Illusion. *Gloire* und Gloria verblassen gleichermaßen vor dem namenlosen Elend, vor dem Elend der Namenlosen, ob es nun Ärzte wie Carus oder Carossa erleben oder der k. u. k. Medikamentenakzessist Georg Trakl.

Die Entscheidung

Von allen Seiten rücken die Armeen auf Leipzig, wo der Kaiser der Franzosen sitzt. Aber der verärgerte Löwe ist noch immer so gefährlich, daß die Kaiser und Könige und erst recht ihre Generale sich in diesen Tagen vor der großen Entscheidung mit nichts so eingehend beschäftigen wie mit der Stimmung ihres Gegners. Noch nie seit den Tagen eines Cäsar hat man einem europäischen Feldherrn diese beinahe magische Kraft zugeschrieben, Hunderttausende in seinem Sinn zu leiten und das Unmögliche möglich zu machen. Sie alle, die auf ihn zumarschieren, haben ihre Kriegsschulen absolviert, während die französischen Marschälle größtenteils wegen ihrer Bravour, ihres persönlichen Mutes, ihrer Fortuna die hohen Kommandoposten bekleiden; aber all diese wohlausgebildeten Herren starren fasziniert auf den Advokatensohn aus Ajaccio, als habe er für den Notfall noch eine Reihe von Zaubermittelchen zur Hand. Und dabei hat dieser bereits umstellte Löwe eigentlich nur noch einen einzigen Ausweg, einen Korridor nach Westen, der im wesentlichen aus einer einzigen Rückzugsstraße besteht und somit jenen Gittergängen gleicht, die wir vom Zirkus her kennen; in ihnen endet, unter ohnmächtigem Fauchen, die Raubtiernummer, auch wenn es vorher noch so schönes Peitschenknallen und Zähneblecken gegeben hat.

Es ist ein alter militärischer Grundsatz, daß der Zeitgewinn dem Verteidiger zugute kommt. Napoleon hat Zeit gewonnen, und wäre nicht Blücher gewesen, so hätte er vermutlich, lediglich von Plänklern bedrängt, in Sachsen noch überwintern können. Bernadotte hätte ihn gewiß nicht gestört, und Schwarzenberg hätte im Winter das Gebirge keinesfalls übersteigen können. Aber den Blücher, den gibt es nun einmal, und mit seiner penetranten Energie hat er auch die Russen angesteckt und, was schlimmer ist,

Pulvertransport am Peterstor von *Leipzig*, Oktober 1813

die besten Korps der bis dahin das ferne Berlin abschirmenden Nordarmee. Napoleons Freiraum ist beträchtlich eingeengt, die Nachschubwege erscheinen erheblich gefährdet. Zum erstenmal in seinem ganzen Feldherrndasein muß Napoleon zur Sicherung eines einzigen Mehltransports von Torgau nach Leipzig ein Korps Infanterie und zwei Korps Kavallerie einsetzen, ein Kräfteverschleiß, der sich selbst bei äußerster Härte und bester Mannschaftsmoral keinen Monat lang aufrechterhalten läßt und schon gar nicht über den Winter hinweg. Was sich im freundlichen Sachsen für Napoleon vorbereitet, ist ein zweiter Schreckenswinter, ein Winter mit vielleicht weniger Schnee als in Rußland, aber ebenso drastischen Versorgungsschwierigkeiten. Insofern gilt der erwähnte alte Grundsatz nicht mehr – der Zeitgewinn kommt dem eingeschlossenen Verteidiger eben nicht mehr zugute, er bedroht ihn als Zeit*verlust* mit dem völligen Untergang.

Am 23. September 1813 gesteht sich Napoleon: »Die Armee ist nicht mehr ernährt. Es würde Einbildung sein, wollte man es anders ansehen« (an Daru). Die damit zur Notwendigkeit gewordene Folge wäre, mit gesammelter Kraft gegen Blücher vorzugehen, der nun die Elbe im Rücken hat und nicht mehr so ohne weiteres ausweichen kann wie noch in Schlesien. War Blücher geschlagen, dann durfte man die ganze Nordarmee vergessen, und von Schwarzenberg war anzunehmen, daß er einen Winter in Prag einem Debakel in den Randgebirgen vorziehen würde.

Was die Heeresstärken und die Kampfmoral der französischen Kerntruppen betrifft, so hatte Napoleon zweifellos die Möglichkeit, Blücher eine Schlacht zu liefern. Sie hätte wohl anders ausgesehen als Jena und Auerstedt, denn die Schlesische Armee hatte in Gneisenau und Rühle hervorragende Generalstäbler, die sich auch vor Napoleons Genie nicht fürchteten. Aber angesichts der besonderen Wirkung, die stets von Napoleons persönlichem Oberbefehl ausgegangen waren, angesichts der Tatsache, daß er seine Junge und seine Alte Garde ins Treffen führen konnte und die Preußen große Landsturmkontingente einbauen mußten, war für die um ihr Leben kämpfenden Franzosen ganz zweifellos eine echte Chance gegeben.

Bis heute hat niemand zu begreifen oder gar zu erklären vermocht, warum Napoleon diese Chance nicht wahrnahm, die ihm vermutlich den Frieden gebracht und Frankreich vor der Invasion durch die Verbündeten bewahrt hätte. »Der Kaiser sah jetzt ein, daß etwas geschehen müsse, um Blücher wieder zurückzudrükken« – so ein Nachkomme des Helden von Tauroggen, der preußische Oberst im Generalstab Maximilian Graf Yorck von der Wartenburg in seiner großen Studie *Napoleon als Feldherr* –, »der sich der centralen Stellung der französischen Armee so sehr genähert, so das ganze strategische Gebäude derselben erschüttert hat . . . aber zu einem entschlossenen Vorgehen kommt es weder an diesem noch dem folgenden Tage . . . Es ist immer dieselbe sonderbare Erscheinung der mangelnden Entschlußfähigkeit in dem Kaiser.« Und diesmal ist es das Wetter, das ihm zu schlecht ist. In seinen großen Jahren 1805 und 1806, da hat es ihn noch nicht gestört. »Es regnet sehr, aber das verzögert nicht die Gewaltmärsche der Grande Armée« heißt es im Bulletin vom 10. Oktober 1805, und jetzt, in Leipzig, da gesteht der Kaiser seinem treuen Marmont: »Der gestrige Tag und diese Nacht sind so scheußlich gewesen, daß man keine Möglichkeit hat, sich von der Stelle zu rühren.«

Aber die anderen rühren sich, und sie machen das, wie wir gesehen haben, so schnell und geschickt, daß nicht nur der Zar seine Armee aus den Augen verloren hat, sondern daß auch Napoleon nicht mehr weiß, wo der Gegner steht. In einem Befehl vom 4. Oktober an den an der Katzbach geschlagenen Marschall Macdonald schreibt Napoleon:

»Ich lege größten Wert darauf, mit absoluter Sicherheit zu erfahren, was aus Langeron, Sacken und Yorck geworden ist. Ich wünsche also, daß Sie morgen eine Rekognoszierung von 7000 bis 8000 Mann Infanterie, Kavallerie und Artillerie . . . machen lassen, so daß Sie unbedingt erfahren, was aus der feindlichen Schlesischen Armee geworden ist.«

Wenn ganze Armeen verschwinden, so tauchen sie meist dort wieder auf, wo man es am wenigsten erwartet oder am unangenehmsten empfindet. Dem schnellen General Bonaparte wäre das wohl kaum passiert; er jagte seine Gegner selbst in den Wüsten Ägyptens und im Städtegewirr der Lombardei. Aber *l'Empereur*, der Kaiser – und gar ein Kaiser, der den Brand von Moskau, den Übergang über die Beresina und den Rückzug aus Rußland erlebt hatte –, das war offenbar etwas ganz anders. Im ganzen hat Napoleon 122000 Mann gegen 64000 Blücher-Soldaten, und wenn natürlich auch die langsam heranrückenden Armeen aus dem Süden und aus dem Osten beobachtet werden müssen, ein Napoleon in seiner großen Zeit hätte den zaudernden Schwarzenberg durch ein paar Scheinstöße zum Halten veranlaßt und sich mit Macht auf den gefährlichsten Gegner geworfen, auf die Schlesische Armee. Dazu freilich hätte man erst wissen müssen, wo genau sie sich befand. Blüchers Hin- und hermarschieren, seine Querverschiebungen hinter einem Kosakenschleier, seine Mimikry mit dem Vortäuschen Bülowscher Truppen, während es sich in Wahrheit um Yorck handelte, das alles trug nun seine Früchte. Napoleon saß bei schlechtem Wetter in Dresden und hatte, was ihm kaum je passiert war, den Überblick verloren.

Vom 4. bis zum 7. Oktober grübelt Napoleon, entwirft Pläne und verwirft sie wieder, diktiert Schlachtnotizen und erkennt erst in der Nacht auf den 7. die Ungunst der Stadt Dresden, in der er sich viel zu lange aufgehalten hat. Sie liegt zu nahe an Böhmen, die große österreichische Armee hat viel zu kurze Anmarschwege und wird praktisch erst sichtbar, wenn sie sich bereits im Vorfeld von der Stadt befindet.

»Ich werde«, sagt er zu dem Grafen Saint-Cyr, dem Gouverneur von Dresden, »jedenfalls eine Schlacht haben; wenn ich sie gewinne, werde ich bedauern, nicht alle meine Truppen zur Hand gehabt zu haben; wenn ich dagegen eine Niederlage erleide, so würden Sie, wenn ich Sie hier ließe, mir nicht in der Schlacht dienen und Sie würden ohne Rettung verloren sein. Im übrigen: was ist Dresden heute? Es kann nicht mehr der Angelpunkt der Operationen meiner Armee sein, denn sie wäre außerstande, hier zu bestehen angesichts der völligen Erschöpfung des umgebenden Landes . . . In Dresden gibt es zwölftausend Verwundete, welche sterben werden, weil sie die Überbleibsel jener 60000 sind, die bei Beginn des Feldzugs in die Lazarette gekommen sind. Nehmen Sie hinzu, daß die Jahreszeit fortschreitet, und daß die Elbe, wenn sie erst einmal zugefroren ist, keinen Schutz mehr bietet . . .«

Napoleon entwickelt dann, was Ney ihm seit Monaten vergeblich gepredigt hat: die neue Stellung an der Saale, die ein hohes Westufer hat und darum eine ausgezeichnete Position bietet. Auf dem Marsch an die Saale will er an der Mulde sich mit allem, was er an Truppen hat, auf Blücher werfen, von dem er nun weiß, wo er steht; und er nimmt dabei mit einigem Recht an, daß die Schweden in Dessau nur glücklich sein werden, diese Vernichtungsschlacht vom Norden her, aus ihren Dessauer Quartieren, beobachten zu können, ohne selbst aufgerieben zu werden.

Es ist der Plan, den man von einem Mann wie Napoleon erwarten durfte, es ist der Plan eines Feldherrn, aber dem Kaiser, dem Eroberer, dem Herrn Deutschlands kommen bereits Bedenken, als er nach einem kurzen Aufenthalt in Meißen im Schloß von Seerhausen Quartier nimmt. Er bereut, Dresden aufgegeben zu haben, wo er sich so erfolgreich geschlagen hat; er befürchtet vielleicht auch den Abfall von ganz Sachsen, wenn die Hauptstadt dem Fürsten Schwarzenberg zufällt. Jedenfalls wird Saint-Cyr, der schon zum Aufbruch rüstet, plötzlich angewiesen, mit zwei Korps in der Stadt zu bleiben.

Vielleicht ist das nun der entscheidende Fehler: das Bewahren einer Stadt, die – wie Napoleon selbst erkannt hat – militärisch nutzlos geworden ist, in einem Augenblick, da militärische Gesichtspunkte entscheiden, nicht die politischen und schon gar nicht die Sentiments. »Dresden wäre ihm nach einem Sieg von selbst wieder zugefallen«, sagt Yorck, »aber die beiden Korps, die er dort zurückläßt, werden ihm bitter fehlen auf jenem Leipziger Schlachtfelde, wo nicht nur das Schicksal Dresdens und Sachsens, sondern Deutschlands, ja ganz Europas zur Entscheidung kommen wird.«

Was nun beginnt, ist ein seltsamer Nervenkrieg. Napoleon ist auch ohne die zwei Dresdener Korps sehr viel stärker als Blücher. Die Franzosen marschieren geradewegs auf die Preußen und Russen zu, und da diese Bewegungen sich schnell intensivieren, ist nun Blücher derjenige, der vom Gegner zu wenig weiß. Der große Plan der Verbündeten sieht noch immer das Ausweichen, das Zurückweichen als einzige Rettung vor, wenn Napoleon in Person kommandiert. Muß Blücher also wieder über die Elbe zurück, damit er nicht in dem Streifen zwischen Mulde und Elbe von überlegenen feindlichen Kräften gestellt wird?

Aber Napoleon wird immer wieder seinen eigenen Plänen untreu und auch seinem alten Grundsatz, stets mit zusammengefaßten Kräften Schlachten zu schlagen und auch kleine Abteilungen nicht allzuweit weg zu entsenden. Während Blücher in Richtung Halle abmarschiert, um sich der Vernichtung zu entziehen, reift in Napoleon der Entschluß, seine Armeen im Raum Leipzig zusammenzuführen. Er ist müde, das Herummarschieren im herbstlichfeuchten Sachsenland hat ihn zermürbt, Blücher narrt ihn wie bereits in Schlesien. Daß diese Schlesische Armee sich so weit entfernt, scheint eine günstige Gelegenheit zu bieten, gegen Schwarzenberg Front zu machen. Ihn hat Napoleon bereits bei Dresden geschlagen; gelingt dies bei Leipzig noch einmal, so nimmt Österreich die Verhandlungen vielleicht wieder auf. Es sind Überlegungen des Kaisers, gewiß nicht die des Feldherrrn, und Napoleons nächste Umgebung ist über diesen Wandel der Denkweise vor der großen Entscheidung tiefer beunruhigt als durch den einen oder anderen preußischen oder russischen Überfall auf die Nachschubwagen.

»Ich sah den Kaiser damals auf Nachrichten von der Elbe warten«, schreibt der Marschall Oudinot, »er saß auf einem Sofa seines Zimmers an einem großen Tisch, ohne irgend etwas zu tun. Vor ihm lag ein großer Bogen weißen Papiers, den er mit Frakturzügen beschrieb, so wie man sie in einem Pfarramtsregister findet. Sein Geograph d'Albe und ein weiterer Mitarbeiter saßen ebenso untätig in den Ecken des Zimmers, in aller Ruhe auf seine Befehle wartend.«

Der Marschall Marmont, der den wichtigen Übergang über die Mulde bei (Bad) Düben mit seinem Korps deckt, hat in der Nacht vom 11. auf den 12. Oktober eine fünfstündige Unterredung mit seinem Kaiser und nimmt am Morgen dann noch mit ihm das Frühstück. Die militärische Gesamtlage wird durchgesprochen, denn Marmont ist ein Gefährte der ersten Stunde. Artillerist wie Napoleon selbst, machte er bereits bei Toulon die Bekanntschaft Bonapartes, dessen Stern eben damals aufging, war Adjutant des jungen Generals in den glanzvollen italienischen Feldzügen, wurde in Ägypten General und stand neben Bonaparte am 18. Brumaire, dem Tag des Staatsstreichs. Als Gouverneur in Illyrien ebenso klug wie in Spanien tapfer, hatte Marmont Napoleon stets die Treue gehalten, ja ihm bei Salamanca einen Arm geopfert. Aber auch dieser alte Mitkämpfer findet den Kaiser völlig verändert, ja wie von bevorstehendem Unglück gelähmt:

»Man erkennt Napoleon nicht mehr wieder während dieses Feldzugs«, schreibt Marmont später über diese Nacht; er wundert sich, daß der Kaiser nicht mehr ausreitet, um sich selbst ein Bild von der Lage zu machen; das nämlich tat er früher unermüdlich, bis zu zehn Stunden am Tag. »Er bleibt fast immer in seinem Zimmer, wie eingemauert, er lebt neben seinem Bett mit den Landkarten, und statt zu befehlen, berät er sich mit seiner Umgebung.«

Aber es kommt doch noch ein Befehl. Um halb zehn Uhr morgens, am 12. Oktober 1813, befielt Napoleon, nicht hinter den vermeintlich abziehenden Preußen herzumarschieren, sondern alle Korps in Leipzig zusammenzuziehen. Die Vereinigung aller Truppenteile, auch der Verbündeten, ist für den 15. Oktober in Leipzig geplant. »Morgen, den 13. Oktober, kommt der Feind nach Cröbern«, diktiert Napoleon, »man wird den 14. damit zubringen, aufzumarschieren. Ich habe also den 13. und 14., um *(die Truppen)* zu vereinigen.«

Blücher hatte, um den Preis ungeheurer Marschleistungen, den Kaiser der Franzosen wieder einmal ausmanövriert, ja Napoleon hatte es mit seiner Unentschlossenheit beinahe ohne Gegenwehr geschehen lassen. Stieß er nun noch über die Elbe nach Norden, so stieß er ins Leere, während Blücher, der im Rücken der Franzosen Verbindung mit Schwarzenberg aufgenommen hatte, Napoleons Schwager Murat und dessen wertvolle Reiterei von der Hauptmacht abschneiden konnte.

Es war die letzte Chance einer großen Armee, aber letzte Chancen sind selten gute Chancen, und die Gesamtlage Napoleons glich fatal jener des Unglücksraben Mack bei Ulm, der des Herzogs von Braunschweig bei Jena, ja auch der Situation des Marschalls Mac-Mahon in einem späteren Krieg, nämlich bei Sedan; und seltsamerweise verhält sich Napoleon auch ganz ähnlich wie diese durch ihren Mangel an Fortune in die Geschichte eingegangenen Feldherren: Er nützt nicht seine bekannte Schnelligkeit, um den im Aufmarsch befindlichen, noch schlecht aufeinander eingespielten Heeresteilen der Verbündeten einen Schlag zu versetzen, sondern operiert übervorsichtig und unschlüssig, so daß sich das Unheil beinahe ohne jede Hemmnis über ihm zusammenziehen kann. Und er verliert so sehr den Überblick, daß er selbst Bernadotte als eine heranrückende Gefahr ansieht und ihn umständlich einkalkuliert, jenen Marschall Bernadotte, der eben seinen Schweden einen großen allgemeinen Marsch-Stopp wegen schlechter Straßenverhältnisse befohlen hat, damit er nicht etwa rechtzeitig auf dem Kampfplatz eintreffe . . .

Aber kann man überhaupt noch von einem Kampfplatz sprechen angesichts eines Aufmarsches, wie es ihn seit jener Schicksalsschlacht auf den Katalaunischen Feldern nicht mehr gegeben hat? Selbst in der Dreikaiserschlacht bei Austerlitz waren beide Seiten zusammen nicht halb so stark wie nun, vor Leipzig, die Verbündeten, und es ist vielleicht nützlich, sich zunächst über die beteiligten Kräfte klarzuwerden: Russen 97000, Österreicher 79000, Preußen 40000, zusammen also etwa 210–220000 Mann, standen in den ersten Schlachttagen rund 190000 Franzosen gegenüber. Erst am

18. Oktober, als die härtesten Kämpfe vorüber waren, traf die Nordarmee unter Bernadotte mit 18000 Schweden und 32000 Preußen ein, dazu ein österreichisches Reservekorps unter dem Grafen Colloredo (20000 Mann) und die russische Reservearmee mit 30000 Mann, die General Bennigsen kommandierte. Mit diesem Zuzug erst ergab sich eine nennenswerte zahlenmäßige Überlegenheit der Verbündeten über Napoleon etwa im Verhältnis drei zu zwei.

Angesichts dieser Beinaheparität der Kräfte in den ersten Kampftagen, also zwischen dem 13. und 17. Oktober, wurde der geniale Schlachtplan des Schwarzenbergschen Generalstabschefs Radetzky verworfen. Radetzky, neben Gneisenau gewiß die stärkste strategische Begabung der Verbündeten, wollte eine Vereinigung der großen Südarmee und der von Blücher und Bernadotte geführten im Nordwesten Leipzigs stehenden Armee bei Lützen herbeiführen. Damit wäre Napoleon der Rückzug zur Saale abgeschnitten gewesen, und auch die Hauptnachschubadern der Franzosen wären unterbunden worden. Die Franzosen, selbst wenn sie sich in Leipzig gehalten hätten, wären einem Hungerwinter nicht entgangen und hätten sich aus dem ausgebluteten Land zwischen Leipzig und Dresden nicht mehr versorgen können. Die Kapitulation wäre unvermeidlich gewesen, der Krieg gegen Napoleon bereits auf deutschem Boden entschieden, ein Feldzug quer durch Deutschland hinein nach Frankreich überflüssig.

Da der gesamte Herbstfeldzug der Verbündeten, ja selbst die Aktionen Blüchers, von deutlichem Respekt vor Napoleon gekennzeichnet sind, nimmt es nicht wunder, daß vor allem die russischen Generale und der Zar diese große Zangenbewegung mit der Vereinigung der Truppen im Rücken der französischen Hauptmacht als zu riskant empfanden. Da die Franzosen den Vorteil der Inneren Linie und der zentralen Befehlsgewalt besaßen, war mit schnellen Aktionen zu rechnen, und vor allem die hervorragende Reiterei unter Murat, die südlich von Leipzig stand, konnte den Österreichern und Russen auf dem Weg nach Lützen tödliche Flankenstöße zufügen.

Radetzky und Schwarzenberg gaben ihren Plan dennoch nur ungern auf, ja sie verzichteten endgültig auf ihn erst in dem Augenblick, als genaue Erkundungen im südlichen Vorfeld von

Leipzig angestellt werden konnten. Die Niederungen von Pleiße und Elster waren durch den langen Regen versumpft, für Geschütze kaum gangbar und für Infanterie beschwerlich. Alle Pleiße-Brücken in Stadtnähe hatte Napoleon abbrechen lassen, erst weit im Süden waren sie intakt, es wären also zeit- und kräfteraubende Umwege nötig gewesen.

Der Plan, nach dem die Schlacht dann tatsächlich entbrannte, wurde von Schwarzenberg gemeinsam mit dem ehemals sächsischen General von Langenau ausgearbeitet, der die Gegend um Leipzig sehr genau kannte. Die Flußniederungen wurden bei allen Bewegungen ausgespart. Die im Norden der Stadt stehenden verbündeten Truppen erhielten Anmarschsektoren nördlich der Weißen Elster, wo drei gut gangbare Straßen auf Leipzig zuführten, die Südarmee marschierte zwischen der Pleiße und der alten Straße nach Grimma auf und war in der linken Flanke durch die sumpfigen Auwälder von Elster und Pleiße gedeckt, die man nach dem Radetzkyplan hätte durchqueren müssen.

Sehr bald zeigte sich, daß die Schlacht nach diesem Plan ungleich blutiger werden würde: im Norden wie im Süden mußte es zu härtesten Konfrontationen kommen; es gab keine Umgehungen, ja kaum Marschmanöver, es kam überall zu mörderischen Kämpfen: nördlich von Leipzig vor allem bei Möckern, wo die Preußen des Blücherschen Korps von Yorck in fünfmaligem Angriff furchtbare Blutopfer bringen mußten, weil die Russen unter Langeron nicht rechtzeitig zur Stelle waren, und im Süden bei Wachau, weil hier der schneidige, schon bei Kulm siegreiche Prinz von Württemberg auf einen Reiterführer vom Rang Murats traf.

Napoleon ist nun weitgehend im Bild, nur Blücher erwartet er auf der falschen Straße. Der Kaiser hat seine Truppen schneller vereinigt und aufgestellt als die Verbündeten, er hat am 16. Oktober, der als erster Schlachttag gilt, eine gewisse Überlegenheit, er hat seine Truppen alle besucht und schließlich den Galgenberg nordöstlich des Dorfes Wachau, ein wenig zu nahe an der Front gegen Schwarzenberg gelegen, zu seinem Gefechtsstand erkoren: Da die Russen unter dem Prinzen von Württemberg energisch angreifen, muß sich Napoleon zeitweise vom Galgenberg nach Norden, zur Schäferei von Meusdorf, begeben.

30 000 Österreicher stecken in den sumpfigen Auen zwischen Pleiße und Elster so fest, daß neuntausend Franzosen und Polen genügen, sie in Schach zu halten; und die zerstörten Brücken hindern sie, in die Kämpfe um Wachau und Liebertwolkwitz einzugreifen – eine Tatsache, die Poniatowksi die Marschallswürde bringt, für einen Tag: er wird Leipzig nicht überleben.

Die Reiterangriffe, die Murat mit seiner Kavallerie und spanischen Reiterverbänden bei Wachau vorträgt, zeigen den König von Neapel in der alten Bravour an der Seite des Kaisers, seines Schwagers, und Napoleon kann an diesem Tag die Siegesglocken läuten lassen. Und wenn auch Schlachten dieser gewaltigen Größe nicht an einem Tag entschieden werden, in Leipzig, in der geprüften Stadt und unter ihren bang harrenden Menschen, greift die Verzweiflung um sich:

»Da indes das Zentrum *(Schwarzenbergs)* vielleicht durchbrochen, vielleicht sonst in Unordnung gebracht, sicher wenigstens zurückgedrängt war, so flogen Adjutanten und Eilboten aller Art herein nach der Stadt, schrien unaufhörlich die Siegespost aus mit dem Lebehoch des Kaisers . . . was nicht Franzos ist oder scheinen wollte, stürzte von den Straßen weg, die Türen zuwerfend, um seine Gefühle unbelauert ausströmen zu lassen . . . Indes waren Frau und Kinder mit Fernröhren auf dem obersten Boden des Hauses verweilt, sie wollten die Überzeugung erzwingen, man irre sich. Und eben jetzt . . . dröhnt das *Vive l'Empereur* auch zu ihnen hinauf, die Glocken fangen den Siegeston an. Da fliegen sie die Treppe herab zu mir, laut weinend, mich krampfhaft umklammernd, ruft meine Henriette: So ist auch das und alles vorbei. Ein Gefühl innern Grimmes, das meinen ganzen Körper durchschüttelte und mir Tränen auspreßte, stemmte mich, daß ich sie, die Sinkende, festhielt; reizte mich aber auch zu dem schonungslosen Ausruf: Laß uns sterben! Ein Leben, wie es uns nun erwartet, ist ohne Wert und kann auch uns nur verschlechtern.«

Friedrich Rochlitz, Musikschriftsteller und mit Goethe bekannt, lebte dann aber doch bis 1842, wenn man ihm auch die tiefe Enttäuschung und die Verzweiflung jenes Tages glauben darf. Denn Napoleon hat zwar mit seinem bewundernswerten Schlachtenverstand die Stelle erkannt, wo der große Erfolg zu erzielen war. Er wirft seine ganze Reiterei gegen das österreichisch-russische Zentrum südlich von Wachau, bei einem Dorf namens Güldengossa – aber erst um zwei Uhr mittags. Zwischen elf und zwölf Uhr waren die Linien der Verbündeten hier so dünn gewesen, daß Schwarzenberg eilends Verstärkung hinbeordert hatte, und als gegen vier Uhr nachmittags der Kampf an der Einbruchsstelle seinen Höhepunkt erreichte, hatte Napoleon nichts mehr zuzusetzen, die Verbündeten verstärkten sich von einer Viertelstunde zur anderen.

Als es dunkelt, haben die Verbündeten zwar keinen Boden gewonnen, auch die Franzosen müssen aber überall dort, wo sie vorgeprescht sind, die Geländegewinne aufgeben, weil die Stellungen nicht zu halten wären und Verluste drohen. Es ist ein Patt, das nur jenen nützt, die Zeit haben; Napoleon erkennt in einer unruhigen Nacht, daß er den großen Sieg, den er braucht, nicht mehr erringen kann. Ein gefangener österreichischer General wird mit dem Angebot, zu verhandeln, ins österreichisch-russische Hauptquartier entsandt. Es ist Meerveldt, der den ganzen Tag bei Dölitz und Connewitz nutzlos angegriffen hat und schließlich von Poniatowskis Truppen gefangengenommen wurde. Napoleon kennt ihn aus dem Feldzug von 1809 und hat, am Abend eines harten Schlachttages, noch die Kraft, dem General darzulegen, daß Frankreich nur den Frieden wolle, daß die *Grande Armée* sich über den Rhein zurückziehen und den Rheinbund, aber auch Illyrien und Spanien aufzugeben bereit sei.

Aber die Verbündeten waren an diesem Tag der Niederlage zu nahe. Zwischen Murat und dem Hügel, auf dem die Monarchen sich versammelt hatten, lagen nur noch wenige hundert Schritte. Russische Gardekavallerie unter dem Grafen Orloff-Denisow und Fürsten Schwarzenberg selbst ritten mit geschwungenem Säbel den Gegenangriff. Radetzky wurde verwundet. Napoleon hatte noch einmal gezeigt, wie ungeheuer gefährlich die Verbindung war, die er geschaffen hatte, eine Armee und ein Genius an ihrer Spitze, eine Armee und ein Dutzend Napoleonjünger, die alles gelernt hatten, was man brauchte, um Europa zu beherrschen. Hatten an diesem Tag nicht einhundertsiebzig Geschütze ihre Feuerkraft auf das Zentrum der Verbündeten vereint? Hatten nicht die Polen Wunder an Tapferkeit vollbracht, weil sie in Napoleon den Retter ihres Vaterlandes sahen? Dieser Mann war zu gefährlich. Sein Europa würde nicht das der Dynastien sein, sondern das der Völker, und wenn auch noch seine Brüder, seine Schwäger dieses Europa regierten, nach ihnen würden dann doch die Völker kommen und nicht die vertriebenen Familien der früheren, der vorrevolutionären Herrschaft.

Es gibt zwei Versionen an Berichten über die Gespräche zwischen Napoleon und dem General Meerveldt, die erste von Napoleons Sekretär Fain, die zweite von Lord Burghersh, der ohne nähere Angaben Aufzeichnungen des Generals benützt haben will. Beide Quellen stimmen darin überein, daß Napoleon außerordentliche Zugeständnisse gemacht habe und in der Nacht vom 16. zum 17. vor dem gefangenen General einen Friedensplan entwarf, der sich nicht sehr erheblich von den Forderungen unterschied, die wenige Wochen später Metternich namens der Verbündeten von Frankfurt aus erhob. Es war also nicht die Substanz der napoleonischen Vorschläge, die als ungenügend angesehen und darum gar nicht beantwortet wurde, sondern es war der Augenblick, der keine Antwort zuließ. Keiner der drei verbündeten Monarchen glaubte dem Korsen; alle waren offenbar überzeugt, daß er durch Verhandlungen nur den Kopf aus der Schlinge ziehen und dann doch machen werde, was ihm eine neue Lage erlaubte. Napoleon hatte sich dem General vergeblich eröffnet; er hatte drei lange Gespräche nutzlos geführt, statt sich auf einen Schlachttag vorzubereiten, und er wartete den ganzen 17. Oktober beinahe untätig auf die Antwort der Verbündeten, die seiner Meinung nach – wegen seiner großen Zugeständnisse – nicht anders als positiv ausfallen konnte. Aber obwohl Meerveldt einen Brief des Franzosenkaisers an Franz I. überbrachte, erfolgte überhaupt keine Antwort. Napoleon verlor den ganzen 17. Oktober, den Tag, an dem er noch eine Chance gehabt hätte, weil die Hauptarmee unter Schwarzenberg schwer angeschlagen war und weil die Verstärkungen nur zögernd eintrafen.

Niemand hatte mit diesem Stillhalten gerechnet. Schwarzenberg bereitete sich mit seinen zerschlagenen Regimentern darauf vor, einem neuerlichen Durchbruchsversuch der Franzosen standhalten zu müssen, und trieb durch Ordonnanzoffiziere die heranmarschierenden Verbände der Generale Bennigsen und Colloredo zu höchster Eile an. Napoleon jedoch brachte den Tag in Gesprächen mit Murat zu, er war unruhig, schien aber seine Lage nicht als katastrophal anzusehen. General Meerveldt hatte ihm sein Offiziersehrenwort gegeben, in diesem Krieg nicht mehr gegen Frankreich zu kämpfen, und war daraufhin freigelassen worden, ob in der Nacht auf den 17. oder erst an diesem Tag selbst ist strittig. Sicher ist nur, daß die Franzosen am Morgen – es war ein regnerischer Sonntag – zwar die Trommeln rühren ließen und alles nach neuerlichen Sturmangriffen aussah, daß es aber im Süden von Leipzig ruhig blieb.

Im Norden hatte Blücher seine Bataillone, die vor Möckern einen schweren Blutzoll entrichtet hatten, zusammengefaßt und aus vier Brigaden nur noch zwei Divisionen gebildet, die von den Generalen Hünerbein und Horn kommandiert wurden. Die Angriffsspitze übernahm das Korps von Sacken. Langeron und die russische Reiterei unter Wassiltschikow übernahmen ebenfalls Angriffsaufgaben, warfen die französische Kavallerie unter Arrighi und drangen bis in die Vorstädte Leipzigs ein, wo sie Gefangene machten und Geschütze erbeuteten. Sie waren sogar kaltblütig genug, die Beute einzubringen, obwohl sie einen Gegenangriff der französischen Infanterie unter Bertrand abzuwehren hatten. Sakken traf auf polnische Truppen, die am Vortag so große Verluste erlitten hatten, daß sie sich bis nach Pfaffendorf, also hart an die Stadtgrenze von Leipzig, zurückzogen. Blücher wollte eben die Verfolgung aufnehmen, als ihn die Nachricht erreichte, die Schlacht sei auf den nächsten Tag verschoben worden, er solle die Stunden bis dahin nützen, um seinen Soldaten Verpflegung zu beschaffen.

Blüchers Adjutant von der Goltz hatte den Oberkommandierenden, den Fürsten Schwarzenberg, auf einer Höhe bei Güldengossa angetroffen, als der Feldmarschall gerade die Dispositionen für die Entscheidungsschlacht des nächsten Tages erläuterte. Der Kaiser Napoleon hatte einen Tag verloren, den der Feldherr Bonaparte sehr gut hätte nützen können, und Marschall Bernadotte, der überzeugt war, in diesen zwei Tagen sei nun die große Schlacht geschlagen worden, sah sich zu seiner größten Betroffenheit mit seinen Schweden noch eben rechtzeitig auf dem Kampfplatz.

In der Stadt, die nun vollständig zur Etappe geworden ist,

herrscht der blutige Alltag des Krieges auch ohne Kanonendonner und neuerliche Angriffe. »In der ganzen Stadt ist jetzt um keinen Preis Brot zu kaufen«, berichtet Rochlitz. »Alle Bäcker haben verdoppelte Wachen, damit auch nicht ein Stück, sowie es heiß aus dem Ofen kommt, den Behörden entgehe. Man hat seit gestern Abend unaufhörlich mit Verbinden und Unterbringen der Verwundeten sich abgearbeitet, und noch immer liegen nicht wenige am Markte und in den angrenzenden Straßen unversorgt auf den Steinen, so daß man an mehreren Stellen, ganz wörtlich genommen, durch Blut schreitet. Wer die ungeheure Kluft zwischen französischem und deutschem Charakter nicht schon kannte, der könnte gewissermaßen dazu kommen, wenn er auch nur die Ärzte und Chirurgen beider Nationen in der Tätigkeit beobachtete, wozu sie jetzt aufgerufen sind. Selbst die Unglücklichen, die eben um Beistand wimmerten, verstummen zitternd und verhehlen nicht selten ihre brennenden Wunden, kommt einer ihrer Landsleute in ihre Nähe, bis ein Deutscher nahet, den sie anflehen können. Die gröblichste und doch hoffärtige Unwissenheit, die kalte Härte, das leere Prahlen, Lärmen, Herumfahren und Schwatzen, die rücksichtslose Behandlung aller über einen und den allergemeinsten Leisten, bei nicht leicht vergessenen Rücksichten auf die nicht zu beschmutzende eigene Kleidung . . .«

Rochlitz urteilt über die französischen Ärzte und ihren arroganten Schematismus mit beinahe den gleichen Worten wie Carus und hebt den eifrigen Einsatz deutscher Ärzte und ihrer Laienhelfer beredt hervor, eine Übereinstimmung, die eine traurige Gewißheit gibt: Der sieggewohnte Kaiser hatte es versäumt, ein seiner Garde ebenbürtiges Sanitätskorps aufzubauen.

Die relative Ruhe des 17. Oktober erklärt man sich in Leipzig mit einer Konvention, also mit einer Übereinkunft, die eigentliche Stadt aus dem militärischen Geschehen auszusparen. Daß die Kosaken bis nach Pfaffendorf und zum Halleschen Tor vordringen, aber nicht durchs Tor reiten, vermag sich jedenfalls Rochlitz nicht anders zu erklären, aber es ist auch so schon schlimm genug:

»Der Greuel auf den Straßen übersteigt fast allen Begriff; und die Barbarei, womit die Elenden, die noch umherliegen, von ihren französischen Kameraden behandelt werden, noch jenen Greuel. Ich habe Szenen gesehen, für die ich sonst jeden, der sie erzählt hätte, der Täuschung ins Gesicht hätte bezichtigen müssen ... Jede Familie hat bei angedroheter härtester Strafe schnell abliefern müssen, was eine Armee brauchen kann und jedermann nur für den Augenblick zu entbehren vermag: Betten, Küchengeräte, Mundvorrat, Äxte, Spaten und dergleichen. Alles, was dazu fähig ist, muß hinaus, um zu schanzen. Die Tore und Straßen der Vorstädte, selbst mehrere einzelne Häuser der letzteren, werden gewissermaßen befestigt und vom Militär allein besetzt. Sie sollen bis zum letzten Mann verteidigt werden. Die Not, die Angst und das Jammern vieler, besonders armer Vorstädter, die ihr Eigentum preisgeben müssen, ist herzzerreißend.«

Ein einziges, aber unbegreifliches Versäumnis kennzeichnet den ruhigen Sonntag: Napoleon, offensichtlich noch nicht wirklich zum Rückzug entschlossen, unterläßt es, über die Weiße Elster Brücken schlagen zu lassen. Über diesen Fluß, der durch die Regenfälle der letzten Tage stark angeschwollen und in Furten nicht passierbar ist, führt nämlich der *einzige* Rückzugsweg der Franzosen; für den Rückzug einer ganzen Armee steht nur noch eine einzige Brücke zur Verfügung. Napoleon aber läßt schanzen, nicht Brücken schlagen, und sein Generalstab, eher eine Anzahl von Generälen denn eine geschlossene Institution, tut auch von sich aus nicht das Nötige.

Es gehört zu den bis heute nicht zufriedenstellend geklärten Rätseln in der Endphase der großen Leipziger Schlacht, daß diesem napoleonischen Versäumnis ein beinahe ebenso unbegreifliches auf seiten Schwarzenbergs gegenübersteht. Als Napoleon am 18. Oktober schon um zwei Uhr morgens mit den Frontverkürzungen beginnt und seine Truppen näher an Leipzig herannimmt, nützt Schwarzenberg die frei werdenden Verbände nicht zu einer großen Umfassung im Westen, für die er schließlich auch schon den Sonntagnachmittag zur Verfügung gehabt hatte. Bestand aber am Sonntag immerhin noch ein Rest von Gefahr, weil Napoleon aus seinen Stellungen frontal nach Süden angreifen konnte, so war am Montag morgen hinlänglich klar, daß die Franzosen auf Leipzig zurückgingen. Die Österreicher unter Meerveldt und dem Prinzen von Hessen-Homburg, die sich gegen Poniatowski blutige Köpfe geholt hatten, waren zwar zu einer schwierigen Operation nicht mehr einsetzbar, aber der erprobte, aus einem alten siebenbürgischen Offiziersgeschlecht stammende Gyulai mit seinen 19 000 Mann konnte relativ leicht gegen die letzte Rückzugsmöglichkeit der Franzosen, gegen das Straßenkreuz von Lindenau, in Marsch gesetzt werden.

Gyulai aber ließ Schwarzenberg bestellen, seine Soldaten hätten seit 36 Stunden keine warme Verpflegung erhalten, er müsse zunächst abkochen lassen. Daß sie das an dem ruhigen 17. Oktober nicht getan hatten, einem Marschtag ohne Feindbedrohung, war zweifellos ein schwerer organisatorischer Fehler. Während die Österreicher kochten und Verpflegung ausgaben, konnte Bertrand, einer der fähigsten Marschälle Napoleons, von Norden her Lindenau erreichen, und die Kavallerie Margarons sicherte die Rückmarschstraße nach Westen.

Auch aus diesen Maßnahmen läßt sich das noch immer ungeheure Prestige Napoleons erkennen. Schwarzenberg wagte es trotz erdrückender Übermacht nicht, etwa das Korps Colloredo gegen die Rückzugslinie der Franzosen vorzuschicken aus Sorge um die Zentralfront, wo Napoleon sich (vielleicht nur zu diesem Zweck) selbst gezeigt hatte.

Napoleon in Propstheide, in der Stellung seiner Jungen und seiner Alten Garde, an der Straße nach Grimma – das reichte hin, um Schwarzenberg glauben zu machen, er könne im Zentrum keinen Mann entbehren. Es war jenes Sicherheitsdenken, wie es ein an sich tüchtiger, aber gewiß nicht genialer Truppenführer gegenüber einem Genius wie dem Napoleons für geboten hielt. Mit gleichen Kräften einen Feldherrn wie den Korsen zu schlagen, das galt für alle Generale der Verbündeten als von vornherein unmöglich; einzig Blücher hätte auch bei gleicher Truppenstärke angegriffen, weil er eben ein Draufgänger war.

Schwarzenberg hatte noch am Sonntag seinen Adjutanten Szechenyi, einen besonders lang geratenen und sehr kühnen Ungarn, quer durch das Feindgebiet nach Norden entsandt, um Blücher die Befehle für Montag zu überbringen, und Blücher, der kaum noch einsatzfähige Truppen hatte, stellte Szechenyi ein frisches Pferd, damit endlich auch die Schweden zum Eingreifen veranlaßt werden konnten. Szechenyi allein wäre wohl außerstande gewesen, Bernadotte zu einem Entschluß zu bewegen; aber der britische

Beobachter bei der Nordarmee wird so deutlich, daß der Marschall und Kronprinz nun wirklich nicht mehr anders kann: Zwischen den Russen Langerons und den Österreichern des Generals Bubna schiebt sich das schwedische Kontingent vom Nordosten her ebenfalls gegen Leipzig heran.

Nach den einander etwa aufhebenden französisch-österreichischen Versäumnissen kam es am letzten Tag der Schlacht noch zu einem besonders denkwürdigen Zwischenfall. Wir zitieren das offizielle französische Bulletin.:

»Der Kaiser hatte dem Genie *(d. h. seinen Pionieren)* befohlen, Minen unter der großen Brücke zwischen Leipzig und Lindenau anzubringen, um sie im letzten Augenblick in die Luft sprengen und den Marsch des *(verfolgenden)* Feindes dadurch aufhalten zu können und dem französischen Train Zeit für den Abzug zu verschaffen. Der General Dulauloy hatte den Obersten Montfort damit beauftragt. Dieser Oberst, statt am Ort zu bleiben und die wichtige Operation selbst zu leiten und das Zeichen *(für die Sprengung)* zu geben, gab einem Korporal *(!)* und vier Sappeurs den Befehl, die Brücke in die Luft zu jagen, sobald der Feind erscheine. Der Korporal, ein unverständiger Mensch, der seine Aufgabe nicht begriff, entzündete die Minen schon, als er die ersten Flintenschüsse von den Wällen der Stadt vernahm. Ein Teil der französischen Armee war noch auf dem Leipziger Elster-Ufer, dazu achtzig Geschütze und Hunderte von Gepäckwagen.

Als diese Armeeteile an die Brücke gelangten und sie hochgehen sahen, glaubten sie, daß diese in der Gewalt des Feindes sei. Ein Schrei des Entsetzens verbreitete sich: ›Der Feind ist in unserem Rücken, und die Brücken sind abgebrochen.‹ Diese Unglücklichen verließen ihre Reihen und versuchten, sich *(irgendwie)* zu retten. Der Herzog von Tarent *(d. h. der Marschall Macdonald)* schwamm über den Fluß; der Graf Lauriston war weniger glücklich und ertrank; der Fürst Poniatowski, der ein wildes Pferd ritt, stürzte sich zu Pferd ins Wasser und ist nicht mehr zum Vorschein gekommen. Der Kaiser erfuhr dieses Unglück erst, als nicht mehr Zeit war, ihm abzuhelfen; übrigens wäre auch kein Mittel dagegen möglich gewesen. Der Oberst Montfort und der Korporal der Sappeure sind vor ein Kriegsgericht gestellt worden.«

Das Mittel, das möglich gewesen wäre, nämlich die Pioniere

schon vorher weitere Brücken schlagen zu lassen, wird in diesem Bulletin vom 24. Oktober natürlich nicht erwähnt. Der Tod des Fürsten Joseph Anton Poniatowski, einer der glanzvollsten Erscheinungen der polnischen Geschichte, wurde auch im österreichischen Lager sehr bedauert. Poniatowski war als junger Offizier Flügeladjutant Kaiser Joseph II. gewesen, hatte dann bei Connewitz so tapfer gekämpft, daß ihn Napoleon auf dem Schlachtfeld zum Marschall von Frankreich gemacht hatte und war, obwohl verwundet, am 19. Oktober noch in Leipzig gewesen, weil er als der Tapferste die Nachhut kommandierte und den Rückzug der *Grande Armée* deckte.

Von dem halben Hundert Denkmäler, die im Raum Leipzig an die Völkerschlacht erinnern, waren zwei dem Andenken Poniatowskis gewidmet; eines von ihnen wurde 1939, bei Kriegsausbruch, von der Leipziger SA zerstört, obwohl gerade dieser Fürst in Person, Lebensführung, persönlichem Einsatz und nicht zuletzt im Aussehen eine der positivsten Ausprägungen eines wohlverstandenen Herrenmenschen-Ideals war; nur war er eben ein Slawe . . .

Ein Wort muß, noch ehe das Kapitel über dieser Schlacht geschlossen wird, den Sachsen und ihrem König gewidmet werden. Der Monarch hat in diesen bewegten und auch für ihn gefahrvollen Tagen das Beste aus dem Unglück seiner Politik gemacht: er blieb an der Seite Napoleons, er zog mit ihm aus der Stadt, er rettete zumindest seine persönliche Ehre, und man verstand dies auch in Zeiten, da der adelige Sittenkodex noch intakt war. Die Verbündeten haben ihm zumindest diese letzte, schon halbprivate Entscheidung nicht nachgetragen.

Sachsen hatte als Verbündeter Napoleons Tausende seiner jungen Männer in Rußland verloren, wie die Rheinbundstaaten, wie auch die – im ganzen zurückhaltender operierenden – größeren Mächte Preußen und Österreich. Nach dem Rückzug aus Rußland hatte es Reste der sächsischen Hilfstruppen nach Norddeutschland verschlagen; sie hatten gegen die dort vordringenden Russen kämpfen müssen, waren zum Teil in russische Gefangenschaft

→ Der erste offizielle Bericht über die *Völkerschlacht bei Leipzig*

Leipziger Zeitung

Nr. 202. Freytags den 22. October 1813.

Hauptquartier Rötha, den 19. Oct.

Der Kaiser Napoleon hatte am 15ten d. M. seine ganze Macht bey Leipzig versammelt, seinen rechten Flügel bey Connewitz, das Centrum bey Probstheyda, und den linken Flügel bey Stötteritz aufgestellt, und vor der Fronte die Dörfer Dölitz, Wachau und Holzhausen stark besetzt. Gegen die Armee des Generals der Cavallerie, von Blücher, hatte er zwey bis drey Armeecorps, worunter sich auch ein Theil der Garde befand, aufgestellt. Das Corps des Generals Regnier, welches durch Detaschements von andern Corps verstärkt wurde, war an diesem Tage noch bey Wittenberg, wo es die Elbe passirt hatte, um auf dem rechten Ufer Demonstrationen gegen Roßlau zu unternehmen. Es wurde beschlossen, den Feind mit der Hauptarmee und mit der Armee des Generals Blücher, welcher bey Schkeuditz angekommen war, den 16ten Morgens anzugreifen.

General Blücher drang von Schkeuditz über den Partha-Bach gegen Leipzig vor. Feldzeugmeister Graf Giulay rückte von Lützen gegen Lindenau; der General der Cavallerie, Graf Merveldt, und das östreichische Reservecorps von Pegau über Zwenkau in der Richtung von Connewitz; der General der Cavallerie, Graf Wittgenstein, mit dem Corps des Generallieutenants von Kleist und des Generals der Cavallerie, Grafen Klenau, aus seiner Stellung über Gröbern und Gossa gegen Liebutwolkwitz.

Der Angriff der Hauptarmee begann um 8 Uhr früh. Der Feind entwickelte eine Streitkraft von 160 bis 150,000 Mann; er schien besonders unsern rechten Flügel debordiren zu wollen, und zeigte bey Liebertwolkwitz sehr große Cavalleriemassen.

Die Schlacht begann auf allen Puncten mit einer äußerst heftigen Kanonade. Mehr als tausend Feuerschlünde spielten gegen einander.

Der Angriff von Connewitz war in der Fronte nicht ausführbar, weil der Feind die Brücke und den Damm mit viel Geschütz und Infanterie vertheidigte, und das Terrain es unmöglich machte, Geschütz dagegen aufzuführen. Sobald man sah, daß derselbe mehrere große Angriffscolonnen gegen das Centrum und den äußersten rechten Flügel in Bewegung setzte, ließ der en Chef commandirende Feldmarschall Fürst von Schwarzenberg das ganze östreichische Reservecorps, unter dem General der Cavallerie Erbprinzen von Hessen-Homburg, über Gaschwitz und Deuben auf das rechte Ufer der Pleiße übersetzen und vor Gröbern aufmarschiren.

Der General der Cavallerie, Graf Wittgenstein, der Generallieutenant von Kleist, und der General der Cavallerie, Graf Klenau, wiesen alle Angriffe des Feindes zurück. Der General en Chef Barclay de Tolly unterstützte das Centrum mit dem Grenadiercorps und einigen Cavallerieregimentern der Garde. Bey dieser Gelegenheit eroberte das Kleistsche Corps 5 Kanonen.

In dem Augenblicke, als die Tete der östreichischen Reservecavallerie unter Feldmarschallieutenant Grafen Nostitz aus Gröbern debouchirte, war es dem Feinde gelungen, auf dem linken Flügel mit einer großen Cavalleriemasse, unterstützt von mehreren Quarrés Infanterie bis nahe an Grö-

tern

geraten und kämpften in der russisch-deutschen Legion gegen Napoleon.

Schon die Sprengung der schönen alten Elbbrücke in Dresden am 10. März 1813 durch die Franzosen hatte auf sächsischer Seite große Erbitterung ausgelöst. Russische Flugblätter, aber auch Scharnhorst in Person bemühten sich in der Folge um eine Verständigung mit den in Torgau zusammengezogenen sächsischen Truppen, zu denen bald zahlreiche Rekruten kamen, weil Napoleon während des sommerlichen Waffenstillstands auch in Sachsen eifrig Truppen ausheben ließ. Allerdings entzogen sich nun schon viele junge Sachsen dem Dienst für Frankreich durch die Flucht nach Böhmen. Die *Leipziger Zeitung* ist in jeder ihrer Nummern voll von Aufrufen zur Rückkehr. Selbst in kleinen Orten wie Kühndorf oder Sangershausen wurde jeweils nach etwa hundert Flüchtigen gefahndet.

Dennoch war beim Wiederbeginn der Feindseligkeiten die sächsische Armee auf insgesamt etwa 16000 Mann angewachsen, von denen allerdings drei Viertel unzureichend ausgebildet und schlecht ausgerüstet waren. Da Napoleon sie aus guten Gründen nicht in Sachsen einsetzen wollte, wurden sie gegen Berlin geführt, erlebten die Niederlagen der Franzosen bei Großbeeren und Dennewitz und gaben sich zu einem großen Teil gefangen. In der Nacht zum 23. September ging ein ganzes Bataillon unter einem Major von Bünau zu den Schweden über.

In Leipzig trafen die Sachsen erst mit den letzten Kontingenten ein, die Napoleon zu seiner Unterstützung heranholte; sie wurden am 18. Oktober südöstlich der Stadt eingesetzt und fanden sich in einer aussichtslosen Situation einem weit überlegenen Feind gegenüber. Als erste Truppe ging die sächsische Reiterei zum Gegner über, sie hatte es durch ihre Beweglichkeit am leichtesten und wurde von Kosaken hinter die Linien der Verbündeten eskortiert. Schwerer hatten es Infanterie und Artillerie, sich aus den französischen Stellungen zu lösen. Es kam zu Auseinandersetzungen und schließlich sogar zur Beschießung der Sachsen mit französischen Kartätschen. Auch hier griffen die schnellen Kosaken ein und schirmten die Absatzbewegung der Infanterie und der Artillerie gegen die Franzosen hin ab. Nur einige Grenadierbataillone wurden durch den Divisionskommandeur von Zeschau am Frontwechsel gehindert und durch vorgehende französische Truppen von den Russen abgeschnitten. Die sächsischen Geschütze feuerten noch am selben Tag gemeinsam mit der russischen Artillerie auf die französischen Stellungen.

Carl Gustav Carus hatte sein Spital in den Tagen unmittelbar vor der Schlacht geräumt; am 18. Oktober ging es dann in Flammen auf wie so manches andere Spital, nur daß es sehr oft nicht gelungen war, die Verwundeten rechtzeitig zu evakuieren.

»Was mich und die Meinigen betraf«, schreibt Carus, »so hielten wir uns jetzt zumeist in einem festgewölbten Parterreraum des Hintergebäudes *(der väterlichen Färberei)* auf, denn schon wurde die Existenz in den oberen Räumen unsicher . . . Nachmittags, als wir eben wieder nach sparsamem Mahle in unserem Gewölbe beisammen saßen, hörten wir einen furchtbaren Knall, der sich von dem steten Rollen des Kanonendonners deutlich unterschied: es war die Explosion, welche die Brücke am äußeren Ranstädter Tore sprengte, um die Flucht des französischen Heeres zu decken. Was noch von Franzosen in der Stadt war, verteidigte sich jetzt nur noch schwach; von allen Seiten drangen preußische und russische Truppen herein, hier und da wurde geplündert. Ein preußischer Offizier, den wir an der Haustür mit einem Trunk gelabt hatten, wurde unser Schutz gegen die Plünderungslust russischer Jäger, die vom Rosental her über die Planken der Gärten hereinkamen . . .

Am Morgen des 21. ging ich aus, um mich umzusehen und einiges Nötige zu besorgen. Welcher Anblick aber bot sich mir dar! Der Platz vor der Mühle am Ranstädter Tore war mit weggeworfenen verrosteten Gewehren und umgestürzten Wagen bedeckt; hier und da, kaum kenntlich, lagen im Schmutz des Bodens Leichen französischer Soldaten und gefallener Pferde, überall war das freie Holzwerk an Barrieren usw. zu Wachtfeuern weggebrochen . . . Eben, als ich wieder nach Hause zurückkehren wollte, landete in der Nähe ein kleiner Fischerkahn, in dem ein stattlicher Leichnam ausgestreckt lag, bekleidet mit polnischer Generalsuniform: es war der des Fürsten Poniatowski . . . Ein Anblick, der sonst Hunderte von Zuschauern herbeigezogen haben würde, er erregte jetzt kaum das Umsehen einiger Vorübergehender.«

Carus kümmerte sich dann um die Spitäler, in denen er gearbeitet hatte, versuchte die Überlebenden zu retten und an der Bestattung der vielen Toten mitzuarbeiten und zog sich dabei jenen Typhus zu, dem er vorher monatelang widerstanden hatte. »Eine der heftigsten Typhusepidemien hatte pestartig auch unter Leipzigs Einwohnern gehaust; man hatte oft mehrere Hunderte, in einer Woche gar achthundert ihr unterliegen gesehen, überall waren die Familienbande gerissen . . . Unter diesen Umständen mußte das Wiedererstehen von einem solchen Krankenlager in jedem Sinn eine wahrhafte Wiedergeburt genannt werden.«

Die Viertageschlacht von Leipzig ist ein Schlüsselereignis weit über das rein militärische Geschehen hinaus. Selbst die besonders Betroffenen, die Menschen von Leipzig, die das Recht gehabt hätten, ausschließlich an sich und die eigenen Familien zu denken, selbst sie sind angeweht von dem großen Atem weltgeschichtlicher Entscheidung; selbst die einfachsten Bürger empfinden, daß es in diesen Tagen um sehr viel mehr geht als um diesen toten Fürsten oder um jene abgebrannte Scheune. Jeder von uns hat solche Augenblicke erlebt, aber sie kommen heute anders auf uns zu als damals, sie werden uns durch die Medien ermittelt, die in den Oktobertagen von Leipzig noch schwiegen. Damals mußte Geschichte erlebt werden.

Von jenen, die sie machten, haben uns Augenzeugen und Maler berichtet, Maler, die alle drei Herrscher auf ihrem Feldherrnhügel in die Knie sinken lassen (was nicht geschah), sie gaben Schwarzenberg die weiße Uniform der österreichischen Feldmarschälle, um ihn als den Sieger hervorzuheben, obwohl er in Wahrheit und zu seinem Glück Hechtgrau getragen hatte, und so weiter.

Napoleon, nun bald das Freiwild der deutschen Karikaturisten, ist das menschliche Rätsel dieser Tage, an denen er mindestens zweimal die Möglichkeit gehabt hatte, zu siegen oder wenigstens seine Armee zu retten, und an denen er deutlicher als je zuvor erkennen ließ, daß ihn sein Genius zwar noch nicht verlassen hatte, ihm aber nicht mehr zu jeder Zeit zu Gebote stand. In dem Bulletin der *Grande Armée*, das in Erfurt endlich ausgegeben wird, als der Rückzug gelungen ist, als die Bayern, auch Gyulai und andere, die sich dem großen Korsen auf seinem Marsch nach Westen in den Weg stellen, geschlagen worden sind, da ist das

Napoleon flieht aus Leipzig, 1813

Selbstbewußtsein Napoleons so weit zurückgekehrt, daß das ganze lange Bulletin deutlich seine Handschrift trägt. Er hat es offensichtlich trotz der Strapazen der Flucht und der Folgeschlachten selbst diktiert.

In Leipzig selbst jedoch verriet Napoleon sehr deutlich, daß die große Schlacht zu einer der entscheidenden Krisen seines Lebens geführt hatte, eine jener Monsterschlachten mit gewaltigen Truppenmassen und viel Artillerie, die für ihn früher ein Stimulans waren und ihn zu großartigen Leistungen befähigt, ja gesteigert hatten.

Die Unsicherheit beginnt, wie wir gesehen haben, schon vor Leipzig, sie regiert den ganzen Herbstfeldzug, in dem Napoleon bald gegen Schlesien, bald gegen Berlin und endlich mit halber Kraft sogar gegen Böhmen vorbricht und eben wegen dieser Unentschlossenheit auch nirgends mehr als höchstens halbe Erfolge erringt. In der Schlacht um Leipzig kam es dann zu Zuständen, die man heute als Ausfallserscheinungen bezeichnen würde: Napoleon schläft auf einem Feldstuhl kurz ein, obwohl Befehle für den Rückzug zu geben sind. Nach einer Viertelstunde erwacht Napoleon wieder, die Anordnungen werden getroffen, er selbst aber scheint noch immer gelähmt. »Bis nach acht« (also mehr als zwei Stunden) »verweilte der Kaiser an seinem Wachtfeuer; erst sollte Quartier in einem Gebäude am Thonberge gemacht werden, da aber alle Häuser in der Nähe durch die Verwundeten sehr verschmutzt waren, so gab es dort für ihn kein Unterkommen, er ritt also auf den Roßplatz und bezog dort das *Hotel de Prusse*.«

Mitten in Leipzig, von seinen Truppen noch umringt, wartete Napoleon bis zum nächsten Morgen, ehe er sich selbst aus der Stadt zurückzog, in der er nichts mehr nützen konnte. Wartete er auf eine Antwort der Souveräne? Hatte er noch Hoffnung, daß Meerveldt mit einem Verhandlungstermin zurückkehren werde? Erst um 9 Uhr, an jenem 19. Oktober, da Russen und Preußen schon in den Vorstädten standen, bestieg Napoleon sein Pferd. Gefahren schienen ihm gleichgültig zu sein, um das Artilleriefeuer kümmerte er sich überhaupt nicht. »Von dem Augenblick an, als der Kaiser zu Pferde stieg«, schreibt der gleiche Augenzeuge weiter, »war der sichtbarste Tiefsinn an ihm zu bemerken. Gedankenvoll, fast verstört oder vielleicht gedankenlos, ritt er erst gegen das innere Ranstädter Tor schräg über den Markt, und als man hier wegen des ungeheuren Gedränges der Truppen und Wagen alles verstopft fand, so nahm er seinen Weg innerhalb der Stadt, an den beiden schon früher gesperrten Pforten und an der Thomaskirche vorüber nach dem Peterstor. Hier orientierte sich der Kaiser einen Augenblick und wandte sich noch einmal zu seinem Quartier am Roßplatz, schlug aber schließlich die Allee in Richtung der Bürgerschule ein.«

Rund um ihn brandet die Flucht, drängen die Angreifer in die Stadt, fallen Artilleriegeschoße, schreien die Verwundeten. Napoleon läßt sich weitertreiben im Strom seiner fliehenden Soldaten, gelangt an die Elsterbrücke und wird dort von seinem General Chateau angesprochen: »Der General traf einen Mann in einem sonderbaren Anzug und fast ohne Begleitung, der die Melodie von *Marlborough s'en va-t-en guerre* vor sich hin pfiff, obgleich er offensichtlich tief in seine Gedanken versunken war; Chateau wollte sich ihm nähern, um ihn auszufragen, und erkannte erst im letzten Augenblick den Kaiser« (Jomini).

Auf nach Paris!

Am 21. Oktober 1813, zwei Tage nach der Leipziger Schlacht, brachte Prinz Wilhelm von Preußen, Bruder des Königs, dem alten Blücher die Ernennung zum Feldmarschall. Während Bernadotte mit seinen Schweden noch in Leipzig lag, war Blücher schon wieder auf dem Vormarsch. Russen wie Preußen sahen, wie ihr Armeekommandant ausgezeichnet wurde, und es gab großen Jubel. Die Russen hatten Blücher ja längst zum Marschall gemacht, zum Marschall Vorwärts, und die Kosaken waren überzeugt, er sei gar kein Deutscher, sondern irgendwann am Don zur Welt gekommen, also ein richtiger Kosak. Das hing zweifellos mehr mit seinem Marschtempo zusammen als mit seinem absonderlichen Deutsch, das Blücher noch seltsamer schrieb, als er es sprach.

Mochte auch Yorck nach Halle marschieren und Blücher nach Weißenfels, mochte der Zar siebentausend Reiter hinter Napoleon herschicken, die den langsamen Gyulai von der Marschstraße drängten – es konnte doch keinen Zweifel daran geben, daß Napoleon zwar die Schlacht um Leipzig verloren, in den Tagen darauf aber einen seiner schwierigsten Siege errungen hatte. Aus solch einem Debakel, umringt von der Übermacht und auf einem einzigen Fluchtweg hunderttausend Mann nach Westen, nach Erfurt retten und sich dort aus den Depots aufs neue versorgen zu können, das war als militärische Leistung durchaus mit einem Sieg zu vergleichen. Wenn einer gesiegt hat, muß der andere eine Niederlage erlitten haben. Man sprach nicht von ihr, sie steht auch nicht *expressis verbis* in den Geschichtsbüchern, aber selbst die begeisterten Preußenhistoriker der Frühzeit wie etwa der Major a. D. Dr. Heinrich Beitzke schreiben mit deutlicher Mißbilligung:

»Wir sehen hier also ein weit überlegenes Heer nach einem großen, siegreichen Entscheidungskampfe so gut wie gar keine

Verfolgung einleiten, um dem flüchtigen Gegner das Garaus zu machen, *(wir sehen sie)* von einer erderschütternden Reiterei von 50000 Pferden keinen Gebrauch machen.«

Die erderschütternde Reiterei, das ist beinahe homerisch, und homerisch war auch das Gelächter der Einsichtigen, als Napoleon, um Zeit zu gewinnen, bei Erfurt so tat, als wolle er sich schlagen, worauf Schwarzenberg sogleich alle drei Marschsäulen halten ließ und erst am 26. Oktober den Weitermarsch befahl, als Napoleon Erfurt wieder verlassen hatte. Selbst noch der geschlagene Napoleon hatte nur kurz Front machen und ein wenig knurren müssen, und schon gerieten die Sieger darüber ins Stocken.

Während alles mit größter Vorsicht um Napoleon herumschleicht – verwundete Raubtiere sind bekanntlich gefährlich –, haben die Bayern es eilig, sich ihren neuen Verbündeten nützlich zu machen. Am 8. Oktober, gerade eine Woche vor der Völkerschlacht, haben sie sich von Napoleon ab- und den jetzigen Siegern zugewendet, und sie werden von General Karl Philipp Wrede geführt, den Napoleon wegen seiner Härte gegen die aufständischen Tiroler zum *Comte de l'Empire* gemacht hatte. Hatte Bernadotte aus der Nähe zu Napoleon immerhin eine Art dauernder Vorsicht abgeleitet, so bewegt sich Wrede aus Angst, zu spät zu kommen und seinem König keine Alibi-Lorbeeren mehr liefern zu können, sehr unbedacht auf der Rückzugsstraße der Franzosen.

40000 Mann sind bei Hanau in Stellung gegangen, Wrede geht seinem Schicksal tapfer entgegen, bringt seine Artillerie gegen Macdonald in Stellung, sichert aber seine Flanken zu wenig. Napoleons Chef-Artillerist Drouot erkennt die Chance, fährt mit fünfzig Geschützen in der Flanke der Bayern auf und setzt ihnen so zu, daß sie den frühen Nachmittag mit verzweifelten Kavallerieattacken gegen die Feuerschlünde beginnen müssen. Französische Reiterei treibt sie zurück, Drouot rückt in eine noch bessere Artilleriestellung vor, und Wrede muß über die Kinzig zurückweichen, Hanau aufgeben. Es ist nur wenig anders als bei Krasny am 17. November 1812: Damals hatte Napoleon nur Front machen müssen, um den Gegner zu verscheuchen; diesmal mußte Drouot nur zeigen, daß die Franzosen wieder Munition hätten.

»Wir müssen nach dem vielen Schwanken, Zögern und Fehlgreifen des Kaisers in den Tagen vor Leipzig das erneute Auflodern seiner großen Eigenschaften: Kühnheit im Entschlusse, Festigkeit in der Ausführung, wieder bewundern, wieder uns sagen, daß nicht ein völliges Sinken seiner Kraft, sondern das Unstäte derselben der Grund zu dem Niedergehen seines Glückssternes wurde« (Maximilian Graf Yorck von der Wartenburg).

Zweimal haben die Franzosen Zeit gewonnen, einmal nach den blutigen Tagen von Leipzig, das zweitemal vor Erfurt. Nun, bei Hanau, mußten sie kämpfen, aber der schnelle Sieg gibt der Hauptarmee die Möglichkeit zum Weitermarsch, nur die Nachhut zuerst unter Marmont, dann unter dem erprobten Bertrand erwartet die nachdrängenden Verbündeten. Napoleon selbst ist nicht mehr zu halten; er scheint das ganze Deutschland gründlich satt zu haben, denn so schnell ist er noch nie gereist: Als Bertrand, immerzu fechtend und schießend, Hanau in Brand steckt und die Brücken hochgehen läßt, ist sein Kaiser bereits in Frankfurt, wenige Stunden später jenseits des Rheins in Mainz. Fünf Tage genügen ihm, um seine neue Verteidigungslinie am Rhein zu organisieren, dann bricht er, am 7. November 1813 um zehn Uhr abends, zur Weiterreise auf und legt die Strecke nach Paris in 45 Stunden zurück. Am Abend des 9. November trifft Napoleon in seinem Schloß Saint-Cloud ein.

Da es sich in solch einem Schloß ungleich besser überwintern läßt als im Feld, wird die Kampfpause den Verbündeten zu lang. Man wartet nicht mehr wie in den eher gemütlichen Feldzügen des achtzehnten Jahrhunderts die ersten warmen Frühlingslüfte ab, sondern nimmt unmittelbar mit dem Beginn des Jahres 1814 die Operationen wieder auf. In der Neujahrsnacht gehen russische und preußische Truppen unter dem nunmehrigen Feldmarschall Blücher bei Kaub über den Rhein.

Es zeigt sich sehr schnell, daß Napoleon diese Wunschgrenze mit dem, was ihm an Truppen geblieben ist, nicht halten kann, und es zeigt sich zudem, daß eine so lange Frontlinie die Aufklärungsverbände vor eine unlösbare Aufgabe stellt. Napoleon weiß nicht, wo der gegnerische Hauptstoß erfolgen wird. Die Preußen unter Bülow, dem Sieger von Dennewitz, sind am Niederrhein aufmarschiert und haben von dort kurze Anmarschwege ohne nennenswerte Gebirge hinein nach Nordfrankreich und nach Paris. Blücher drückt in der Mitte auf Napoleons Hauptstellung, und die 200 000 Mann Schwarzenbergs haben, am Oberrhein und über Basel vorgehend, eine gewaltige Zangenbewegung ins Herz Frankreichs begonnen, sie stoßen auf die wichtige Festung Langres vor.

Wieder wird deutlich, daß der Kaiser Napoleon dem Feldherrn ins Handwerk pfuscht. Napoleon I., Kaiser der Franzosen, denkt an die Pyrenäen und an Italien; er hat eine Wunschgrenze am Rhein gezogen, die er nicht halten kann, und er macht sich nicht klar, daß seine hunderttausend Mann für diese lange Front nicht ausreichen. Gewiß, er kann rekrutieren; er bedeckt große Papierbogen mit Zahlen, aber das sind Illusionen, wie sie sich wenige Jahre später ein Balzac machen wird, wenn er seine Möchtegern-Einnahmen zusammenstellt. Denn so lau die Sieger von Leipzig sich bei der Verfolgung betragen haben, so entschlossen tragen sie jetzt den Krieg nach Frankreich hinein, und wo Schwarzenberg oder Blücher oder Bülow stehen, dort kann man keine Rekruten mehr ausheben und keine Depots leeren.

Es ist deutlich, daß der Mut den großen Korsen nicht verlassen hat. Wie er an der Aube und bei Vitry-le-François in Tag- und Nachtmärschen nach Blücher sucht, um ihn zu stellen, wie er dann die Schlacht annimmt, obwohl er sieht, daß ihn Blücher nur hingehalten und inzwischen bedeutende Verstärkungen von Schwarzenberg erhalten hat, das ist kennzeichnend für einen Feldherrn, der noch an sich glaubt, der seinem Stern vertraut, der nichts für unmöglich hält. Nur in einem ist er sich untreu geworden: Er rechnet nicht mehr, er, der einmal sagte, in den Schlachten sei alles berechenbar. Er rechnet nicht mehr, weil die Zahlen nicht mehr stimmen, und wenn er sich dennoch an den Kartentisch setzt, so hat er zumindest über den Gegner falsche Informationen. Darum ist die Niederlage von Arcis-sur-Aube (und Nachbarorten) in den ersten Februartagen des Jahres 1814 unvermeidlich. Die aufgelöste französische Armee sieht so schrecklich aus, daß die Generale sich glücklich schätzen, sie in der Nacht an ihrem Kaiser vorbei in neue Stellungen führen zu können. Ist damit alles zu Ende? Ist die große Ebene zwischen Chalons-sur-Marne und Sezanne wieder einmal zum Raum der entscheidenden Schlacht geworden?

Aber Schlachten, das ist das merkwürdige und neue an dieser

Zeitenwende, Schlachten entscheiden nicht mehr; es kommt auf das an, was man aus ihnen macht. Und Napoleon wird auch nach Arcis-sur-Aube so wenig verfolgt wie nach Leipzig. Er sammelt seine Verbände, erhält ein paar dürftige Verstärkungen aus Paris und rüstet zum Gegenschlag.

Napoleon hat eine zweieinhalb- bis dreifache Übermacht gegen sich, weswegen seine Gedanken immer wieder um mögliche Verstärkungen kreisen, ob diese nun aus Paris kommen oder aus den lothringischen Festungen. Und da Blücher, aber auch Schwarzenberg dem Kaiser keine Zeit lassen, umgangene Garnisonen an sich zu ziehen oder gar neue Truppen auszuheben, beginnt nun im ganzen Raum östlich und nordöstlich von Paris ein aufreibendes Hinundher, das man mit einem gewissen Recht den Todeskampf der französischen Armee genannt hat. Der Vorgang im ganzen übt eine düstere Faszination aus, vor allem, seit Marmont den Kaiser richtig darauf aufmerksam macht, daß die schlechten Wege im winterlichen Frankreich den Feind gezwungen haben, breit gefächert in losen Kolonnen zu marschieren, so daß auch angesichts seiner Überlegenheit die Chance zu schnellen Siegen besteht.

Im eigenen Land marschierend, durch die genaue Ortskenntnis und gestützt auf die Bevölkerung zu Nachtmärschen imstande, vollführt Napoleon mit seinen gelichteten Divisionen wahre Wunder an Schnelligkeit. Dies ist auch nötig, denn im Grunde muß der Kaiser dem Gegner dauernd etwas vormachen. Dem vorsichtigen Schwarzenberg zeigt sich Napoleon; die österreichische Hauptmacht muß glauben, der Korse kommandiere in Person an der Seine. Das reicht bis Ende Februar, um Schwarzenberg am linken (südlichen) Seineufer festzuhalten, denn die alte Rechnung, daß Napoleon selbst soviel wert sei wie 100000 Mann, die scheint für die Verbündeten immer noch zu gelten.

Dank dieser Vorsicht – die Verbündeten wissen sich überlegen und übereilen nichts – kann Napoleon seine große Vernichtungsschlacht nicht schlagen, die Entlastungsoffensive für seine Hauptstadt Paris nicht durchführen. Wie sehr ihn danach verlangt, zeigt ein merkwürdiges Gespräch am Abend des 10. Februar 1814 zwischen Napoleon und dem russischen General Poltoratzki.

Es ist der Tag von Champaubert-aux-Bois. Um den Preis virtuoser und strapaziöser Querverschiebungen ist es Napoleon gelungen, eine russische Division einzukreisen und zu vernichten. 2400 Mann sind tot oder verwundet, zwei Generale, nämlich Poltoratzki und sein Dividionskommandant Olsuwiew, befinden sich unter den Gefangenen. Nach den Wochen der Flucht und des ständigen Unterlegenseins scheint sich eine Art Euphorie des Kaisers bemächtigt zu haben: Er überschätzt zwar nicht die Schlacht, denn er nennt sie eine *Affaire*, aber er glaubt, die Russen seien 20000 Mann stark gewesen, und als er erfährt, daß es sich nur um etwa 4000 Mann mit der zugehörigen Artillerie gehandelt habe, sagt Napoleon: »Weiß Gott, nur die Russen können sich so schlagen. Ich hätte Hals und Kragen gewettet, daß Sie mindestens 20000 Mann hatten.«

Poltoratzki: »Und dennoch bin ich Ihr Gefangener!«

Napoleon: »Was will das sagen! Ihr Kaiser hat fünfzig meiner Generale gefangen, und die sind auch nicht weniger tapfer als Sie. Übrigens mußte ich mich mit Ihnen einen ganzen Tag katzbalgen, um Sie zu schlagen. Freilich, die Folgen dieser Schlacht sind höchst bedeutend für mich. Heute habe ich Sie vernichtet, morgen schlage ich Sacken bei Montmirail, Sonnabend werde ich Wittgensteins Vorhut aufreiben und Blücher einen Schlag versetzen, daß er nicht wieder hoch kommt. Dann werde ich an der Weichsel Ihrem Kaiser den Frieden diktieren.«

Ist das ein immerhin weitgestecktes Ziel, eine aus der Stimmung der Stunde nur noch zur Not erklärbare Fernperspektive, so endet das Gespräch mit dem gefangenen General in gefährlichen Illusionen, die schon in den nächsten Tagen zerplatzen müssen:

»Der Saufaus, der Blücher, hatte keinen Schimmer, daß ich hier bin. Ich habe die Befehle, die er Ihnen gegeben hat, Champaubert, koste es was es wolle, zu halten. Hier sind zwei seiner Instruktionen, die abgefangen wurden. Wußte er denn, daß ich hier bin? Wie stark, glauben Sie, sind wir?«

Poltoratzki: »Ich habe keine Ahnung, Sire.«

Napoleon: »Fünfzigtausend Mann – ich an der Spitze – macht hundertfünfzigtausend Mann!«

In Wahrheit hatte Napoleon bei Champaubert die Korps Marmont und Ney zur Verfügung, also zweifellos keine 50000 Mann, aber doch eine mindestens fünffache Übermacht. Daß ihm der Erfolg dennoch nicht leichtgemacht wurde (denn das »Katzbalgen« bei aufgeweichten Wegen kostet viel Kraft), hätte ihn eigentlich warnen müssen.

Die Lage war aussichtslos. Zwar sah Napoleon immer wieder Chancen, den als gefährlichsten Gegner seit der Katzbach feststehenden Marschall Blücher vor die Rohre zu bekommen. Schlug er Blücher vernichtend, so meinte Napoleon, werde man mit Schwarzenberg, aber auch mit dem Zaren zu Verhandlungen gelangen. Die Schmeicheleien in Richtung der Russen sprechen eine deutliche Sprache: Der Korse versuchte, zwischen den Verbündeten Zwietracht zu säen, wußte aber im Grunde nicht, wohin er sich damit wenden sollte. Denn die Hauptmasse des Feindes, von Schwarzenberg risikolos herangeführt, blieb wie eine drohende schwarze Wolke über den Schlachtfeldern und konnte sich dennoch in jedem Augenblick entladen.

Blücher bewegte sich, wenn er gefährdet war, in Richtung auf Schwarzenberg, der die Seinebrücke von Nogent hielt, und wenn Napoleon ihn von Schwarzenberg abdrängte, marschierte Blücher nach Nordwesten, wo inzwischen mehr als 40000 Mann Preußen und Russen aus Belgien eingetroffen waren. Es war wie auf dem Mühlebrett, und Napoleons Truppen mußten allein an den Verzweiflungsmärschen zwischen voneinander so weit entfernten Punkten wie Leon, Soissons, Nogent oder Provins zugrunde gehen. Selbst die Reiterei war völlig übermüdet und demoralisiert; sie floh einmal vor den Kosaken in so wildem Durcheinander, daß Napoleon sich seiner eigenen Kavallerie mit dem blanken Säbel in den Weg stellte und die Alte Garde einsetzen mußte, um die Fliehenden aufzufangen.

Die Verbündeten sind natürlich auch nicht immer im Bild, aber in ihrem Fall spielt dies auch keine so große Rolle; sie können es sich leisten, eine Division zu verlieren, denn sie haben mehr als 300000 Mann, da nun auch die Nordarmee heranrückt. Im ganzen wird der Grundsatz befolgt, der sich im Herbst 1813 bewährt hat: Ist Napoleon selbst anwesend, so werden die Truppen, bei denen er kommandiert, nicht angegriffen. Im März 1814, als Schwarzenberg, Blücher und die Nordarmee aus Belgien konzentrisch gegen Paris vorrücken, haben sich nur 8000 Mann Napoleon selbst auf die Fersen geheftet, nicht viel mehr als eine bewaffnete Aufklärungs-Aktion, um stets zu wissen, wo der Kaiser sich aufhält. Er hat für den Gegner nichts von seiner intellektuellen Überlegenheit, von seinem Schlachtenlenker-Genie eingebüßt, nur seine unmittelbare Umgebung, die treuen Helfer Marmont und Ney, erkennen genau, daß dieses Supergehirn unter dem dauernden Druck und nach vielen schlaflosen Nächten nicht mehr so fehlerfrei arbeitet wie in früheren Jahren.

Wir erleben es heute täglich, welchen außerordentlichen Belastungen Spitzenpolitiker ausgesetzt sind. Napoleon stand nun zwanzig Jahre unter der Doppelbelastung der Kriege und der Regierungsgeschäfte, und er lebte, wie man hinzusetzen muß, auch nicht sonderlich vernünftig, aß unregelmäßig und spät, versagte sich auch auf strapaziösen Feldzügen die Frauen nicht, ja beschloß nicht selten mit ihnen seine harten Arbeitstage.

Um dies alles richtig einschätzen zu können, müssen wir uns klarmachen, daß es auch auf der Gegenseite schon beträchtliche Ermüdungserscheinungen gab, nach erst einem guten Vierteljahr aufeinanderfolgender Märsche und Schlachten. Napoleons eindrucksvolle Voraussage in jenem Gespräch von Champaubert, die vermessen klingende Formulierung »Morgen schlage ich Sacken bei Montmirail«, beweist nicht nur, daß Napoleon zumindest zeitweise ungleich besser im Bild war als seine Gegner, sondern daß er auch unter den verworrenen Kreuz- und Quermärschen in diesem feuchten Champagnewinter noch die volle Meisterschaft der Truppenbewegung besaß. Der Sieg bei Montmirail traf tatsächlich und pünktlich ein, wie vorhergesagt, weil die Russen sich in dem tiefen Boden zwar wie verwundete Bären schlugen, weil sie Reiterei und Geschütz unter unmenschlichen Anstrengungen durch Wald und Feld bewegten, aber schließlich dann doch zweieinhalb Tage und Nächte auf den Beinen waren und ganz einfach nicht mehr konnten. Auf die dringenden Bitten von Sackens hin deckte das Korps Yorck, statt in die Kämpfe einzugreifen, wenigstens den Rückzug der Russen, sonst wären diese ganz ähnlich wie wenige Tage zuvor Osuljew völlig aufgerieben worden.

Zwischen Sacken und Yorck, den zwei tüchtigsten Korpskommandanten der gesamten verbündeten Streitmacht, herrschte fortan eisige Feindschaft: Sacken hatte Yorck wiederholt und dringend um gemeinsames Vorgehen gegen Napoleon gebeten, aber Yorck hatte – vor allem, seit er wußte, daß der Kaiser in Person bei

Montmirail kommandierte – das Abenteuer einer Schlacht unter so ungünstigen Verhältnissen nicht auf sich nehmen wollen und Sacken allein gelassen.

Auch auf seiten der Verbündeten, die doch so gut wie stets in der Überzahl waren und sich aus Feindesland gut versorgen konnten, machten sich Abnützungserscheinungen bemerkbar, und sie hatten es schließlich nur der erdrückenden Übermacht – nicht, wie in Sachsen, dem Impetus Blüchers – zu danken, daß Napoleons in Eilmärschen hin und her geschobene Truppen zur Deckung der Hauptstadt nicht mehr ausreichten. Inzwischen war nämlich, nach langem Zaudern, auch Schwarzenberg mit der Hauptarmee aktiv geworden. Er hatte zunächst in der schönen, an alten Kirchen so reichen Stadt Troyes Winterquartier bezogen und aufgrund von Informationen aus Wien die Friedensverhandlungen abwarten wollen. Metternich weilte in Frankfurt am Main, verkehrte im Haus des Bankiers Bethmann und seiner schönen Frau und sagte jedem, der es wissen wollte, daß Österreich an der Rückkehr der Bourbonen nicht interessiert sei: Die Erzherzogin Marie-Louise als Regentin für ihren kleinen Sohn, für Napoleons Kind, das wäre die österreichische Lösung.

Schwarzenberg schont also den Kaiser, ja er würde vermutlich am liebsten mit einem Napoleon verhandeln, dem auch Paris noch gehört; aber die Niederlagen der Verbündeten bei Champaubert und bei Montmirail haben vor allem russisches Blut gekostet, und der Zar schäumt: Warum, fragt er, ist die Hauptmacht südlich der Seine stehengeblieben, obwohl man den Kanonendonner hörte? Warum haben 200000 Mann einer intakten und ausgeruhten Armee zugesehen, wie die übermüdeten Männer der unter Blücher kämpfenden russischen Regimenter von Napoleons Artillerie zusammengeschossen wurden?

Ein Feldherr wie der Fürst Schwarzenberg kann sich schlecht auf das Schreibtisch-Genie Metternich ausreden, also gerät nun die ganze Front in Bewegung. Schwarzenberg marschiert über Sens, die alte Bischofstadt, in den Süden von Paris. Napoleon müßte an drei Fronten verteidigen, um seine Stadt zu retten, und er schafft mit seinen Verbänden, die wegen des Mangels an Reserven seit Wochen keine Ruhe mehr genossen haben, die Eilmärsche nicht mehr, um Schwarzenberg zuvorzukommen. Alle Versuche, den

Kerntruppen seiner Armee ein paar Tage Ruhe zu gönnen, waren vergeblich gewesen. Ohne eigentliche Niederlagen hinnehmen zu müssen, hatte der Kaiser bei Craonne und Laon insgesamt etwa 17000 Mann an Toten und Verwundeten verloren, Ausfälle, die in seiner Lage nicht zeitgerecht ersetzt werden konnten und sein Schicksal besiegeln mußten. Das war schwer einzusehen für einen Mann, der noch im März 1814, als der Untergang eigentlich schon unabwendbar war, mit 15000 Mann Franzosen 60000 Mann Verbündete in Schach hielt und es dann noch zuwege brachte, im hellen Mittagslicht ungefährdet abzuziehen, weil seine Kavallerie einen leichten Angriffsschleier über den Rückzug zu legen verstand.

Es waren Virtuosenstücke, die ein Reich nicht mehr retten konnten; aber es waren auch Aktionen, aus denen sich erkennen läßt, daß Napoleon in seiner verzweifelten Lage doch einige Rücksichten fallen läßt, die ihn bis dahin bestimmten. Man weiß, daß er Paris liebte und viel für diese Stadt tat, über die Wasserleitungen, die Feuerwehr und andere Maßnahmen hinaus. Nun aber, da er Paris nicht mehr decken kann, sagt er sich entschlossen von seiner Hauptstadt los und führt seine Truppen zum Teil in den Rücken der Gegner, die, unwiderstehlich angezogen, mit ihren Heeressäulen auf die Seine-Metropole zumarschieren, in das Lebenszentrum Frankreichs.

Im Süden von Paris, in dem reizenden Schloßort Fontainebleau, wo der lebenslustige Franz I. seine Feste feierte, laufen die letzten Tage des Ersten Kaiserreichs ab, triste Tupfer in einem großen Frühling, der Europa den Frieden bringen sollte. Am 3. April 1814 hält Napoleon die folgende Ansprache an seine Alte Garde:

»Offiziere, Unteroffiziere und Soldaten der Alten Garde! Der Feind ist uns um drei Märsche zuvorgekommen. Er ist in Paris eingezogen. Ich habe dem Kaiser Alexander einen mit großen Opfern erkauften Frieden anbieten lassen: Frankreich mit seinen alten Grenzen, mit Verzichtleistung auf unsere Eroberungen und mit dem Verlust alles dessen, was wir seit der Revolution gewonnen haben. Er hat es nicht allein verweigert, er hat noch mehr getan: Infolge der verräterischen Einflüsterungen jener Emigrierten, denen ich das Leben geschenkt und die ich mit Wohltaten überhäuft habe, ermächtigt er sie, die Weiße Kokarde zu tragen, und bald wird er sie an die Stelle unserer Nationalkokarde setzen wollen. In wenigen Tagen will ich ihn in Paris angreifen. Ich zähle auf euch . . .« (Es bleibt still. Der Kaiser fährt fort:) »Habe ich recht?«

In diesem Augenblick erst brandet der Ruf auf, den Napoleon erwartet hat, den er braucht, das alte *Vive l'Empereur*! Und dazu nun der Schlachtruf: *A Paris!* (Nach Paris!) Aber Paris hat sich längst von Napoleon losgesagt.

Wer war Frankreich in diesen Tagen? Wer durfte für Frankreich sprechen? Welche Kräfte gab es noch?

Zunächst – es gab sie noch immer, die Armee. Auf den Gewaltmärschen von Saint-Dizier nach Vitry-le-François und in den Raum südlich von Paris waren an die zwanzigtausend Mann erschöpft, verwundet, entmutigt liegengeblieben. Rund fünfzigtausend fanden sich an der Wende vom März zum April 1814 bei Fontainebleau ein, die anderen kamen unendlich langsam heran. Aber es gab keinen Zweifel, daß sie trotz ihrer Erschöpfung auch zum Kampf um Paris antreten würden.

Wie bedingungslos diese Armee dem Mann ergeben war, der ihr so viel abgefordert hatte wie noch kein Herrscher Frankreichs vor ihm, das hatte gerade dieser letzte Feldzug gezeigt, dieses ständige Marschieren und Frontmachen gegen einen drei- bis vierfach überlegenen Feind. Zuletzt, bei La Fère Champenoise, hatte die Division Pacthod sich so heldenmütig geschlagen, daß der Zar und der König von Preußen als die Überlegenen einen Parlamentär zu dem bereits verwundeten General geschickt und ihm ehrenvolle Gefangenschaft angeboten hatten. Aber da die Fürsten auf den Schlachtfeldern ja doch nicht zu Hause waren, hatten sie es versäumt, während der Verhandlungen die Beschießung einzustellen; Pacthod hatte den Parlamentär gefangengenommen und weitergekämpft, bis seine Division aufgerieben war. Mit solchen Männern hätte Napoleon gewiß noch einmal in Paris eindringen können. Die Pariser Arbeiterschaft bestand zu einem Gutteil aus ehemaligen Soldaten, Napoleon hatte ja rücksichtslos rekrutieren lassen. Sie alle wären ebenfalls wieder mit ihm gegangen, und die Alliierten hätten schwere Tage in der großen Stadt erlebt – die Stadt selbst aber wäre dabei wohl zugrunde gegangen.

Neben der Armee gab es die zivilen Behörden in Paris, den von

Napoleon selbst bestellten Senat, dazu den Herzog von Talleyrand-Périgord, Napoleons Außenminister, den kongenialen Widerpart Metternichs, der längst geheime Verbindungen ins bourbonische Lager geknüpft hatte. Er wurde von allen Verbündeten ziemlich vorbehaltlos als der Sprecher einer neuen Ordnung in Frankreich akzeptiert, einer Ordnung des Übergangs, mit der niemand sehr glücklich war und die eben darum am besten durch einen Mann repräsentiert wurde, den Europa inzwischen kannte. Der Senat hatte gegenüber Napoleon wenig Rückgrat bewiesen; er bewies es auch nicht gegenüber den Verbündeten und tat, was man von ihm verlangte: Er stimmte einer fünfgliedrigen Regierung zu, die Frankreich von Napoleon lösen und – wie man sagte – in die väterliche Hut der Bourbonen zurückführen sollte.

Darüber hinaus gab es ja nun die neuen Herren, genauer gesagt und in den entscheidenden ersten Tagen den einen neuen Herrn, den Zaren. Aus Sorge um sein Staatsoberhaupt hat der stets übervorsichtige Fürst Schwarzenberg den Kaiser Franz weit nach Südosten, ins ruhige Burgund geschickt; die Franzosen operierten ja auch tatsächlich so brillant und überraschend, daß ohne weiteres einmal statt einem russischen General der Kaiser von Österreich unter den Gefangenen sein konnte. Der König von Preußen hatte sich ebenfalls von der unruhigen und zerhackten Frontlinie zurückgezogen, vielleicht auch, weil Feldzüge im März selbst im milderen Frankreich kein Vergnügen sind.

In Paris war also der Zar Herr der Heerscharen, die Russen stellten den größten Teil der einmarschierenden Truppen, und Stadtkommandant von Paris wurde denn auch der verdiente General von Sacken. Der Zar hatte sich einmal als Napoleons Freund bezeichnet und war stolz darauf gewesen, als einziger Monarch von dem Korsen als quasi ebenbürtig behandelt zu werden. Aber das Schicksal und vielleicht auch der Treppenwitz der Weltgeschichte wollten es, daß der erbittertste aller Napoleonfeinde, der unversöhnliche Korse Pozzo di Borgo, stets um Zar Alexander herumscharwenzelte und jedesmal, wenn sich die natürliche Großmut des Herrschers gegenüber Napoleon durchsetzen wollte, mit südländischer Beredsamkeit auf die Gefährlichkeit, die Unversöhnlichkeit und die vielen Verbrechen des Kaisers der Franzosen hinwies.

Pozzo di Borgo ist eine jener Kreaturen der Weltgeschichte, von denen man am liebsten schweigen würde, aber nun tritt er, nach Jahren verborgenen Wirkens, endlich ans volle Licht der Historie, nun ist seine Stunde gekommen. Darum müssen wir wohl oder übel sagen, daß Pozzo di Borgo fünf Jahre älter war als Napoleon, aus einem alten korsischen Geschlecht stammte und sein Lebensweg den Napoleons schon auf der Heimatinsel kreuzte. Die beiden waren zunächst Rivalen, danach Feinde und endlich Erzfeinde. Pozzo di Borgo jagte von einem gegnerischen Lager zum anderen, schürte in ganz Europa den Haß gegen Napoleon und versöhnte seine Gegner miteinander, wenn es Streit gab. Er hatte die harten und herrischen Sendschreiben der Verbündeten vom November 1813 zu verantworten und damit in gewissem Sinn den Fortgang des Krieges nach Leipzig. Und er wurde des Zaren erster Botschafter im Paris der zurückgekehrten Bourbonen. Als der Zar unter dem Einfluß Österreichs dazu neigte, Napoleon persönlich ungeschoren zu lassen und sich mit einer Regentschaft für Napoleons Sohn zufriedenzugeben, war es Pozzo di Borgo, der die Verbannung Napoleons als unerläßlich hinstellte. Und doch war es nicht dieser von seinen Ressentiments verzehrte Intrigant, der den letzten Anstoß zum Sturz Napoleons gab, sondern einer der Männer, die durch viele Jahre heldenhaft und einfallsreich, treu und ergeben an seiner Seite geblieben waren . . .

Als Napoleon in den ersten Apriltagen 1814 seine ermattete Armee mühsam auf 53000 Mann brachte und mit den herangekommenen Versprengten und Garnisonstruppen vereinigte, hatten die Verbündeten bereits an die 100000 Mann in und um Paris, aber sie standen alle nördlich der Seine, also am rechten Ufer.

Von Süden her setzte sich Napoleon in Marsch. Er war entschlossen, Paris zurückzuerobern, so wie er es seinen Garden versprochen hatte, und er erzielte sogar noch einen ersten Erfolg: Der vorsichtige Fürst Schwarzenberg wich sogleich auf Versailles zurück und bezog dort Verteidungsstellungen. Er verschanzte sich gegen die abgerissene und halbverhungerte, meist aus Verwundeten bestehende Lemurenarmee Napoleons.

In diesem Augenblick waren es die alten Marschälle Napoleons, die diesen blutigen letzten Kampf auf dem Pflaster von Paris verhindern wollten. Sie redeten auf den Kaiser ein und stellten ihm die Unmöglichkeit des Erfolges und die Notwendigkeit von Verhandlungen vor Augen. Das war ihr gutes Recht, und Männer, die sich geschlagen haben wie ein Ney, wie ein Berthier, wie ein Macdonald, die durften im Augenblick der Not auch ein offenes Wort riskieren. Nur einer suchte in der Stunde des Untergangs um ein Sonderschicksal nach, nämlich Marmont, Herzog von Ragusa, der Mann, der seit Toulon an Napoleons Seite gewesen war.

Marmont nahm Verbindung mit Schwarzenberg auf und kündigte dem gegnerischen Oberfeldherrn an, daß er mit seinem immerhin noch 10000 Mann starken Korps zu den Österreichern übergehen werde, wenn er und seine Leute als »befreundete Truppenteile« behandelt würden.

Napoleon hat in seinen Memoiren diesen Verrat in einer Entscheidungsstunde entsprechend verdammt und angedeutet, der stets in Geldverlegenheiten lebende Marschall habe sich kaufen lassen. Es war allerdings tatsächlich die letzte Chance für einen Parteigänger Napoleons, denn wenige Tager später war ohnedies alles zu Ende, mußte alles zu Ende sein. Waren auch die verbündeten Truppen nicht viel besser daran als die französischen, befanden auch sie sich in einer so üblen Verfassung, daß man zur Siegesparade in der Stadt selbst nur die Eliteverbände zuließ und den anderen das Betreten von Paris überhaupt verbieten mußte, so war doch klar, daß der geschlagene Kaiser seine Metropole nicht wiedergewinnen würde. Nur wer sich rechtzeitig von ihm lossagte, konnte wenigstens die Pension retten. Und für die Pension hat schon so mancher Offizier Dinge getan, die ihm, solange er im Feld stand, nicht in den Sinn gekommen wären. Es brauchten also nicht die Rubel zu rollen, auch nicht die Gulden; ein paar Zusicherungen aus dem Mund des Feldmarschalls Fürst Schwarzenberg hatten Marmont zweifellos genügt, und die Schlacht um Paris fand nicht mehr statt.

Der Schritt Marmonts hat Napoleon so tief getroffen, daß man in ihm eine der Mitursachen für die Abdankung und die militärische Resignation Napoleons sehen muß. Daß es so weit überhaupt kommen konnte, ist allerdings zum Teil schuld Bonapartes selbst. Die mörderischen Strapazen des Winterfeldzugs in Frankreich waren auch an der Generalität nicht spurlos vorbeigegangen. Während Soldaten, Unterführer und Offiziere bis zu den jüngeren

Generalen dem Kaiser trotz allem noch immer treu anhingen, hatten die älteren Generale und die Marschälle zu viele Vergleichsmöglichkeiten. Sie kannten den großen Korsen viel zu gut aus früheren Bewährungsproben, und wenn sie nun aufgaben, dann nicht zuletzt wegen der Einsicht, daß der Kaiser selbst nicht mehr die frühere Spannkraft und die großen intellektuellen und nervlichen Reserven habe, die ihn bis dahin stets zu einem überlegenen Heerführer gemacht hatten. Zudem waren einige von Napoleons treuesten Anhängern wie zum Beispiel der General Jean Toussaint Arrighi de Casanova verwundet. Gegen diesen Korsen, einen Verwandten Napoleons und von seinen Gnaden Herzog von Padua, hätte Marmont seinen Entschluß wohl kaum durchbringen können und hätte als Person, ohne Anhang und ohne Truppen, desertieren müssen. Arrighi, der General, der die Lützowsche Freischar vernichtet hatte, blieb ein treuer Bonapartist auch im Zweiten Kaiserreich, ja nicht nur er, sondern noch sein Sohn!

Merkwürdig blaß erscheint in allen zeitgenössischen Berichten der eigentliche militärische Gegenspieler Napoleons, der Feldmarschall Fürst Schwarzenberg. Er war der Letztverantwortliche für alle Operationen der verbündeten Armeen in Frankreich, und er taktierte mit jener perfekten Vorsicht, wie sie dem österreichischen Beamtentum zumindest in der alten Monarchie noch eigen war: Abhold jedem Risiko, hatte er stets das Ganze im Auge, und man muß sagen, daß er damit Napoleon keine Chance ließ. Alles, was Napoleon gegen ihn erreichen konnte, waren ephemere Erfolge gegen die weniger vorsichtig geführten Truppenteile vor allem der Schlesischen Armee. Aussichten auf einen Sieg über die Verbündten im ganzen bestanden zu keinem Zeitpunkt, nicht einmal nach Schwarzenbergs Niederlage vor Dresden.

In diesem Sinn ist es berechtigt, wenn Blücher und andere, in nüchterner Erkenntnis dieser Tatsachen, Schwarzenberg »nächst dem Herrgott« das Hauptverdienst an dem Sieg über Napoleon zuschreiben. Glanzvoll aber waren die Operationen des Fürsten Schwarzenberg in keinem Augenblick, und eine große Niederlage hat er doch auf dem Gewissen: Da er seine Hauptarmee nie gefährden wollte, hielt er sie als eine Art ungeheurer Ersatzreserve bereit – mit dem Ergebnis, daß in Paris die Russen und der Zar und Pozzo di Borgo das Sagen hatten. Angesichts einer massiven

Feldmarschall Fürst *Schwarzenberg*, Oberbefehlshaber der verbündeten Armeen

österreichischen Präsenz in Paris, angesichts einer im ganzen härteren und risikofreudigeren Truppenführung seit dem September 1813 hätte Österreich auch eine stärkere Verhandlungsposition gewonnen, als das militärische Geschehen endlich abebbte und das diplomatische Tauziehen begann.

Die Aufgabe war unlösbar, denn man konnte nicht den Schwiegersohn des Kaisers schonen und zugleich bei seiner Vernichtung die entscheidende Rolle spielen; man konnte nicht hinhaltend operieren und doch als erster in Paris einmarschieren. Die große Seine-Stadt stand von jeher unter eigenen Gesetzen. Ludwig XIV. hatte Frankreichs Größe so deutlich empfunden und für so unwandelbar gehalten, daß er die Befestigungen schleifen und dafür die Boulevards anlegen ließ, weil ja doch kein Feind stark genug sei, sich Frankreichs Hauptstadt zu nähern. Und 1944, da mußten die siegreichen amerikanischen Truppen rund um eine von den Deutschen bereits aufgegebene Stadt Eiertänze aufführen, nur damit die Division Leclerc der DeGaulle-Armee Paris »erobern« könne. Paris ist also vor und nach Napoleon mit erheblichen Gefühlswerten belastet, mit einem Prestigekomplex, den die ja zu allen Zeiten Paris-süchtigen Russen bedeutend schneller begriffen hatten als die in ihrer schönen Donauresidenz vielleicht allzu selbstzufriedenen Österreicher.

Die Österreicher blieben also weit vom Schuß; zum erstenmal war jemand schneller gewesen als Metternich. Der Zar mit seinem aus ganz Europa zusammengeströmten Beraterstab und als Giftgewürz der unversöhnliche Clanshaß des Korsen Pozzo di Borgo: Das alles zielte auf die Vernichtung eines Emporkömmlings, zielte darauf ab, diesen Mann in der Versenkung verschwinden zu lassen, der den legitimen Monarchen allzu deutlich ihre Schwachsinnigkeit gezeigt und damit allen Völkern bedenkliches Anschauungsmaterial für eine europäische Neuordnung geliefert hatte.

Während die Verbündeten in und um Paris ihre Wunden leckten, während der Feldmarschall Blücher sich mit einem alten Damenhut gegen die Kälte schützte und Talleyrand dem gichtkranken und an Verstopfung leidenden achtzehnten Ludwig die Rückkehr nach Paris vorbereitete, kam es im idyllischen Fontainebleau zu einer jener großen Rührszenen der Geschichte, denen man selbst dann eine gewisse verständnisvolle Toleranz entgegenzubringen geneigt ist, wenn man die *Gloire*-Verliebtheit der Franzosen als im allgemeinen übertrieben empfindet. Am 20. April 1814, genau fünfundsiebzig Jahre vor dem Tag, an dem Adolf Hitler geboren wurde, nahm der dritte große Feldherrngenius der Welt nach Alexander und Cäsar nicht von seinem Volk, sondern von seinen Soldaten Abschied.

»Soldaten meiner Alten Garde! Ich sage euch Lebewohl. Seit zwanzig Jahren habe ich euch beständig auf dem Weg der Ehre und des Ruhmes gefunden. In diesen letzten Zeiten wie in denen unseres Glücks, habt ihr nie aufgehört, Muster der Tapferkeit und der Treue zu sein. Mit Männern wie euch war unsere Sache nicht verloren. Aber der Krieg wäre endlos, er wäre zum Bürgerkrieg und Frankreich wäre nur um so unglücklicher geworden. Ich habe daher alle meine Interessen denen des Vaterlandes aufgeopfert; ich reise ab. Ihr, meine Freunde, fahrt fort, Frankreich zu dienen. Sein Glück war mein einziger Gedanke, es wird immer der Gegenstand meiner Wünsche sein! Beklagt mein Los nicht! Wenn ich eingewilligt habe, mich zu überleben, so geschieht es, um auch fernerhin eurem Ruhm zu dienen; ich will die großen Dinge schildern, die wir zusammen ausgeführt haben! Lebt wohl, Kinder! Ich möchte euch alle an mein Herz drücken, so laßt mich wenigstens eure Fahne umarmen.«

Viele Marschälle und eine spröde Schöne

Am letzten Tag des Kampfes für Napoleon und gegen ihn, in der nur wenige Stunden währenden, auf viele Punkte verstreuten Auseinandersetzung um die Stadt Paris, fielen insgesamt noch etwa zehntausend Menschen – sehr viel für eine Schlacht, die es nicht gegeben hat und die es auch nicht zu geben brauchte. Die zweitausend Franzosen und ihre achttausend Gegner starben, weil an diesem letzten Märztag 1814 ein Dutzend von Feldmarschällen kommandierte, ein Dutzend kriegerischer Herren, die sich nach einem Anlauf, den sie im Grunde bereits an der Elbe genommen hatten, nicht so plötzlich bremsen konnten. Es gab, da auch Napoleon zwischen Fontainebleau und der Pariser Stadtgrenze ziel- und ratlos hin- und herfuhr, auf keiner Seite einen zentralen Oberbefehl, es gab in Frankreich keine funktionierende Regierung, es gab von beiden Seiten nur Aufrufe und zwischen sehr viel Papier eben die Toten: Die Russen waren mit 6000 Gefallenen am schlimmsten dran, weil sie sich auf die französische Technik des Häuserkampfes und des schnellen Feuerns aus der Deckung am schlechtesten einstellen konnten. Preußen und Österreicher begriffen schneller, wie dieser spröden Hauptstadt, die ihren Napoleon nicht mehr liebte (die Verbündeten aber noch weniger) am besten beizukommen war.

Man kämpfte für Napoleon aus jener dumpfen Abneigung gegen die Fremden und die Eindringlinge, wie sie so manches Stadtvolk auszeichnet, jenes kleine Proletariat, das ein Leben lang aus Paris, ja aus dem Faubourg Saint-Antoine nicht hinauskommt und den Angreifer darum so wütend angeht wie einen Zuhälter aus einem anderen Revier. Und man kämpfte gegen Napoleon, weil die Stadt Paris nach diesem unrühmlichen und mißvergnügten Winterfeldzug ein Frühjahr des Triumphes verhieß und weil so mancher General, der monatelang im Schatten eines Größeren gestanden, nun die Chance sah, sich den Ruhm eines Wahrzeichens zu pflücken. Langeron zum Beispiel, der langsamste, vorsichtigste von Blüchers Korpskommandanten, befand sich eben am Fuß des Montmartre, als ihn die Nachricht vom Abschluß des Waffenstillstands erreichte. Langeron aber setzte den Angriff den berühmten Hügel hinan fort, und während Napoleons Bruder Joseph, dem die Verteidigung von Paris anvertraut war, sein Hauptquartier in der heutigen Rue Clignancourt fluchtartig verließ, wurden die Bewohner der berühmten Montmartre-Gemeinde buchstäblich in Stücke gehauen. (Die Bäckerfamilie Debray zum Beispiel hatte nur einen einzigen Überlebenden, er blieb, von einer Kosakenlanze durchbohrt, für tot liegen und konnte später dieser Verletzung wegen keine feste Nahrung mehr zu sich nehmen. Auf Milch und Zwieback – *galette* – angewiesen, wurde er zum Begründer der *Moulin de la Galette*, einer der vielen inzwischen legendären Mühlen auf dem Künstlerhügel . . .)

Am geschicktesten verteidigte sich die unter dem Oberkommando des Marschalls Marmont zusammengefaßte Truppe. Sie fügte den angreifenden Russen die schwersten Verluste zu, und es ist zumindest für die Soldaten wohl die bitterste Enttäuschung ihres Lebens gewesen, daß ihr Marschall sie wenige Stunden nach diesem heroischen Widerstand geschlossen in die Gefangenschaft führen ließ. Sie begriffen nichts mehr, sie hatten sich aus dem Pariser Zeughaus in größter Eile Ersatz für liegengebliebene Geschütze beschafft, sie hatten den besonders gefährdeten Pariser Osten verteidigt, und nun rückten sie zu vermeintlichem Angriff gegen Versailles, sahen sich aber plötzlich von österreichischer Reiterei eskortiert. Trotzdem machten vor allem polnische Offiziere, als es bei Fresnes hell wurde und sie die Lage erkannten, noch den Versuch, auszubrechen und sich nach Fontainebleau durchzuschlagen, wo Napoleon allerdings inzwischen abgedankt hatte.

Erst jetzt wurde den Soldaten in einem Tagesbefehl Marmonts die Gesamtlage geschildert und der Entschluß zur Kapitulation erläutert. Aber die aufs höchste erregten und verunsicherten, auch maßlos übermüdeten Soldaten begriffen nur halb, glaubten sich an die Russen verkauft und sahen sich bereits in Sibirien. Nur mit Mühe gelang es einigen beliebten Offizieren, die wild um sich schießende, ihre Generale angreifende Truppe zu beruhigen. Sie wurde, da sie auch für die Österreicher ein gewisses Risiko darstellte, schließlich im Einvernehmen mit Schwarzenberg in die Normandie geführt und nicht gefangengenommen.

In der Folge sollte sich zeigen, daß diese zehn- bis zwölftausend Mann schicksalhafte Bedeutung erlangten. Der Abfall eines Mannes wie Marmont, den Napoleon gehalten hatte wie einen nahen Verwandten, schwächte die Verhandlungsposition jenes kleinen Komitees, das für den Kaiser zu retten suchte, was noch zu retten war. Es konnte nicht mehr viel sein. Die Nähe der Stadt Paris und der Einmarsch in die Metropole des Feindes hatten die Verbündeten in eine Art Rauschzustand versetzt. Die preußischen Garden, die bis dahin im Grunde nur bei Lützen ins Gefecht gekommen waren, und die russische Garde, die nur bei Kulm hatte kämpfen müssen, erwachten angesichts des unmittelbar bevorstehenden Kriegsendes zu einer verspäteten, aber darum nicht minder martialischen Aktivität, und die siegreichen Souveräne schraubten, von diesem Spektakel mitgerissen, ihre Forderungen und Vergeltungswünsche von Stunde zu Stunde höher. Napoleon hatte vier bewährte Freunde beauftragt, in Paris für ihn zu verhandeln: Caulaincourt, dem Frankreichs Schicksal so naheging, daß er schon in Prag und bei einem verfrühten Friedenskongreß zu Chatillon oft seine Fassung kaum bewahren konnte, dazu die Marschälle Ney und MacMahon und schließlich Marmont, dessen Abfall ja bis zum Vollzug geheim blieb.

Auf eine Armee von fünfzigtausend Mann gestützt, die südlich von Paris stand, hätten die vier gewiß manches zu erreichen vermocht, da ja vor allem die Russen am letzten Kampftag noch schwere Verluste hatten hinnehmen müssen. Nun, da Marmont übergegangen war, erwies sich die Resttruppe ihrer schlagkräftigsten Verbände beraubt, während die Verbündeten Regimenter heranführten, die überhaupt noch nicht gekämpft hatten und frisch in die künftigen Auseinandersetzungen gehen würden. Die drei treu gebliebenen Unterhändler hatten soeben erreicht, daß man sich mit einer bedingten Abdankung des Korsen einverstanden erklärte, also einem Thronverzicht zugunsten seines Sohnes, des Königs von Rom und späteren Herzogs von Reichstadt, des eben drei Jahre alt gewordenen Sohnes, den die Erzherzogin Marie Louise Napoleon geboren hatte. Aus dem Abfall Marmonts jedoch schloß der Zar nicht nur auf eine erhebliche Verminderung von Napoleons Schlagkraft, sondern auf einen Zerfall seiner Restarmee und auf Zerwürfnisse zwischen den Marschällen und ihrem Kaiser und verlangte nun einen unbedingten Thronverzicht. Der Senat von Frankreich, an Unterwürfigkeit gewöhnt, ging zu den Bourbonen über, Napoleon hatte nicht einmal seine Dynastie retten können.

Da der Waffenstillstand von beiden Seiten eingehalten wurde, da Napoleon in Fontainebleau persönlich unbehelligt blieb, war es nur natürlich, daß er sich nun, da er für Frankreich nicht mehr kämpfen konnte, für sein eigenes Schicksal interessierte. Im Mittelalter hätte er für seinen Sohn fürchten müssen, ja noch Ludwig XVI. hatte in der blutigen Französischen Revolution – zu Recht – um das Leben seiner Kinder gebangt. Napoleons Sohn aber war der Enkel des Kaisers von Österreich und damit zunächst ungefährdet. Napoleon überlegte aber, ob er sich nicht zu den noch in Italien stehenden Truppen begeben und dort weiterkämpfen solle.

Es gab ein kurzes Gespräch zwischen Napoleon und dem tapferen Marschall Oudinot, einem Mann, der zwar vor Berlin geschlagen worden war, der sich jedoch im Dienst für seinen Kaiser nie geschont hatte und wiederholt verwundet worden war. Ihn fragte Napoleon, ob er auf die Ergebenheit des Korps Oudinot noch rechnen könne, aber der alte Marschall schüttelte nur den Kopf. »*Non, Sire* . . . Eure Majestät haben schließlich abgedankt.«

Die Nähe Italiens und Korsikas, der Stätte seiner ersten großen Siege und der Insel seiner Herkunft, waren es dann wohl auch, die den Entschluß für Elba herbeiführten, denn Elba, das Miniaturherzogtum auf der milden Insel, war kein Diktat: Napoleon hatte dareingewilligt. Neben diesen notwendigen Akten der Verhandlungen und Entscheidungen aber verstärkte sich in Napoleon selbst die begreifliche Neigung, dies alles, was nun kommen mußte, nicht mehr mitzumachen. Der Tod war ihm in vielen Schlachten ungleich näher gewesen; zahllose Stunden im feindlichen Feuer hatten Napoleons Verhältnis zum Tod verändert, er kannte ihn aus häufigem Umgang so genau wie viele andere tapfere Heerführer, wie Blücher, wie Ney, wie Sacken. Der Kaiser begann, sich mit seinen eigenen Waffen zu beschäftigen, was er nie getan hatte, so daß sein Leibmameluk, der treue Rustan, das Pulverhorn beiseite brachte und Napoleon nicht mehr aus den Augen ließ. Aber auch er wußte nicht, daß der Kaiser seit einem Kosakenüberfall vom Herbst 1812 immer Gift bei sich trug, eine Dosis eines Opiats, die angeblich ausreichte, um zwei Menschen mit Sicherheit zu töten.

»In der Nacht vom 12. zum 13. April *(1814)*, um drei Uhr, bestellte mich der Kaiser wieder zu sich«, berichtet Caulaincourt. »Er lag im Bett. Sein Zimmer war, wie gewöhnlich, durch eine Nachtlampe schwach erhellt.

›Kommen Sie näher und setzen Sie sich‹, sagte er gleich bei meinem Eintritt. Das war ganz gegen seine Gewohnheit. Er begann sogleich zu sprechen. Er sehe voraus, daß man die Kaiserin und seinen Sohn von ihm trennen werde, daß man Demütigungen aller Art für ihn bereithalte, daß man sicher versuchen werde, ihn zu ermorden, mindestens aber, ihn tätlich zu beleidigen, was für ihn schlimmer wäre als der Tod. Das Leben, das er auf der Insel Elba werde führen können, habe jedoch für ihn nichts Unangenehmes, die Einsamkeit schrecke ihn nicht. Es sei für ihn eine Ehrenschuld, die Geschichte seiner Feldzüge zu schreiben und so vielen gefallenen Helden den schuldigen Dank abzustatten, indem er ihrem Gedächtnis huldige. Eine solche Zukunft, eine solche Möglichkeit, seinen alten Waffengefährten zu beweisen, daß er ihre Dienste für das Vaterland nicht vergessen habe, erscheine ihm sogar in einem freundlichen Licht. Aber er könne sich nicht damit abfinden, einem dreisten Sieger, vielleicht sogar einem Kerkermeister auf Gnade und Ungnade ausgeliefert zu sein, und er müsse auf alles gefaßt sein. Er sähe sich bedroht durch Meuchelmörder, denn den Verrätern, die ihn im Stich gelassen hätten, müßten alle Mittel recht sein, um ihn den Bourbonen vom Hals zu schaffen; man werde ihn nicht erst nach Elba gelangen lassen. Er habe seine Lage reiflich erwogen. Er könne es nicht über sich gewinnen, seinen Namen unter einem Vertrage zu sehen, der nur von ihm selbst und von seiner Familie handle, aber nichts für die Nation, nichts für die Armee festsetze; dazu habe er beider Ruhm zu oft in ähnlichen Verträgen begründet.

›Halten Sie für immer all das fest, was ich Ihnen gestern gesagt habe, mit einem Wort, alle meine Äußerungen seit Ihrer Rückkehr aus Paris, und notieren Sie das!‹

Er schwieg einen Augenblick; dann mußte ich den unter seinem Kopfkissen liegenden Brief an die Kaiserin, den er soeben vollendet, an mich nehmen und in meine Tasche stecken. Er befahl mir darauf, in seinem Arbeitszimmer aus einem Kästchen, das er mir näher bezeichnete, eine kleine Brieftasche aus rotem Saffianleder zu holen; sie trug das Bild der Kaiserin mit seinem Sohne und enthielt alle ihre Briefe. Wieder schwieg er eine Weile, dann: ›Reichen Sie mir Ihre Hand!‹, und er drückte sie. ›Umarmen Sie mich!‹, und er preßte mich ergriffen an sein Herz.«

Caulaincourt erkennt dann, daß Napoleon Gift genommen habe, aber der Kaiser läßt ihn nicht fort, Hilfe zu holen, sondern hält ihn mit beiden Händen eisern fest. Erst, als das Opiat zu wirken beginnt, als sich Krämpfe und Brechreiz einstellen, kann Caulaincourt sich losreißen, wobei ein Teil seines Rockes zerfetzt wird, und den Leibarzt Yvan und andere Hilfe holen. Nach Stunden wird klar, daß das Gift, dem Napoleon sich anvertraut hat, zu schwach war. Tief deprimiert verlangt Napoleon von Yvan ein stärkeres Mittel, aber der Arzt weigert sich.

Es ist eine bewegende Szene, die nur verständlich erscheint, wenn man die starken Belastungen bedenkt, denen der Kaiser und seine treuesten und engsten Mitarbeiter seit den Geschehnissen im russischen Winter ausgesetzt waren. Napoleon wird in dieser Nacht deutlich wieder zum Korsen, dem die Familie alles bedeutet; und daß er in den Tod gehen will, das Bild der gefühlsträgen Marie Louise vor Augen, die ihn schon bald im Angesicht ganz Europas mit einem windigen Baron Neipperg betrügen wird, das legt den Finger auf die offene Wunde der österreichischen Politik: auf den tiefen Zwiespalt zwischen dem militärischen Engagement, das man einzugehen für richtig hielt, um unter den Siegermächten mitzusprechen, und der dynastischen Situation, innerhalb deren Napoleon ja schließlich der geniale Schwiegersohn eines müden und überalterten Herrscherhauses war.

Nach dieser Krise stellen sich in den schnell wechselnden Zuständen Napoleons Phasen überlegener Ironie ein, vor allem, wenn er bedenkt, welche Aufgaben nun, nach dieser Niederlage, Ludwig XVIII. vorfinden wird und wie wenig dieser schwache, wehleidige und ins Nebensächliche verliebte und verwöhnte Prinz den harten Forderungen der Stunde gewachsen sein wird. Napoleon rät ihm – natürlich nicht direkt, sondern in einem seiner kolportierten Aussprüche –, die revolutionären Errungenschaften Frankreichs, das hervorragende Gesetzbuch und die neu organisierte Verwaltung, nicht anzutasten, sich also gleichsam in Napoleons Bett zu legen und, wie der Korse sich ausdrückte, nur die Bettwäsche zu wechseln. Es ist der beste Rat, der dem restaurierten Bourbonen zuteil werden konnte; aber er wurde in den Wind geschlagen, und so begann Frankreich denn sehr bald dem Empire nachzutrauern und vor allem, den achtzehnten Ludwig an einem Napoleon zu messen.

Die große Unbekannte in diesem Übergang ist das französische Volk. Seine Revolution, das einschneidende Ereignis der neueren Geschichte, liegt erst ein Vierteljahrhundert zurück. Die Revolutionäre haben zwar einander mit bemerkenswertem Eifer umgebracht, so daß nicht mehr allzu viele am Leben sind und sich vor den heimgekehrten Bourbonen verstecken müßten. Aber das Volk der Pariser Straßen gibt es wie eh und je, die Megären der Revolution, die den jungen Comtessen die Kleider vom Leib gerissen, sie gesteinigt oder in den großen Fischbratpfannen bei lebendigem Leibe zu Tode gequält haben, sie leben noch; dieses Volk von Paris wird sie nun wieder einziehen sehen, die Emigranten mit der aufgestauten Rachsucht, die Kinder der Emigranten, die mit potenzierter Gier nach Paris zurückkehren. Der König selbst war in Frankreich schon seit 1715, seit dem Tod des *Roi Soleil*, nicht mehr so stark in Erscheinung getreten, daß sich die Geister an ihm scheiden *mußten*. Wäre er mehr gewesen als eine Institution, so hätte man dem sechzehnten Ludwig ja wohl auch das Leben gelassen, denn was bedeutet es schon, einen Menschen zu begnadigen. Aber sie waren eben, zwischen Parlamenten und Kirche, nur Institutionen gewesen, und als Institution mußten sie fallen, mußten sie spektakulär beseitigt werden – denn den großen Gestus, den lieben die Revolutionäre nun einmal in noch höherem Maße als die Etablierten.

Frankreich hatte genau verfolgt, was sich abspielte, als im nahen England die Stuarts auf den Thron zurückkehrten. Waren da nicht

Berlinische Nachrichten von Staats- und gelehrten Sachen.

Im Verlage der Haude- und Spenerschen Buchhandlung.

Extra-Blatt No. 52. Sonntag, den 17. April 1814.

Auszug aus einem Schreiben des Obrist-Lieutenants von Thile, vortragenden Adjudanten bei Sr. Majestät dem Könige, de dato Paris, den 7ten April 1814.

Diese Nacht ist die offizielle Erklärung von Napoleon Bonaparte eingegangen, daß er dem Throne entsagt, und sich dabei allen Bedingungen der verbündeten Mächte ohne Ausnahme unterwirft. Die Marschälle sind hierauf eingetroffen, die französische Armee, von heute an unsere Verbündete, wird in Kantonnirungen verlegt und ist bereit, der neuen Regierung den Eid der Treue zu leisten. Die Bourbonschen Prinzen werden in den nächsten Tagen hier erwartet. v. Thile.

Es gereicht uns zu einer ganz vorzüglichen Freude, den Einwohnern dieses höchst wichtige Ereigniß hiedurch mittheilen zu können.

Berlin, den 17ten April 1814.

Allerhöchst verordnetes Militair-Gouvernement des Landes zwischen der Elbe und Oder.

v. L'Estocq. Bülow.

Extrablatt über *Napoleons Abdankung,* 1814

die Richter, die Karl I. zum Tod verurteilt hatten, nun selbst vor Gericht gekommen und gehängt worden? Hatte man nicht den Leichnam eines großen Mannes wie Cromwell aus dem Grab gerissen und aufgehängt zur größeren Schande der Königsmörder? Wie würde es den Königsmördern von Paris ergehen, die seit 1789 aus so gut wie jeder adeligen Familie Frankreichs Männer und Frauen, ja sogar Kinder hingerichtet hatten?

Mit der Abdankung Napoleons war für Frankreich mehr Unsicherheit als Sicherheit gekommen, hatte sich eine nur flüchtige Entspannung ergeben, nur eine Augenblickslösung angesichts der Paris umringenden feindlichen Armeen. Die großen, die existentiellen Fragen des französischen Volkes – die freilich einen Blücher oder Schwarzenberg oder Barclay de Tolly nicht kümmerten –, diese seit Napoleons Machtübernahme ungelöst schwebenden, nur zurückgedrängten Fragen präsentierten sich nun neu: Die Bourbonen kehrten zurück und mit ihnen Hunderte, wenn nicht Tausende von Menschen, die seit einem Vierteljahrhundert auf Pump gelebt hatten und deren Schulden nun Frankreich bezahlen sollte. Menschen, die ihren Besitz wiederhaben wollten, obwohl sie ihn nicht erworben, sondern nur ererbt hatten, Menschen, die alle hohen und einträglichen Ämter beanspruchten, nicht, weil sie besonders qualifiziert gewesen wären, sondern weil diese Ämter ihnen seit Jahrhunderten immer wieder vorbehalten geblieben waren. Es gab nun einen Frieden, es würde einen Friedensschluß geben, und man durfte Talleyrand zutrauen, daß er die alten und im ganzen natürlichen Grenzen des französischen Königreiches wiedererringen würde. Aber innerhalb dieser Grenzen? Was wurde aus dem neuen Frankreich von 1789? Hatte Napoleon es so tief verwundet, daß die schwachen Bourbonen ihm nun den Todesstoß versetzen konnten?

Wenige Tage nach seinem Selbstmordversuch, sobald seine Gesundheit es wieder zuließ, reiste Napoleon nach Elba ab. Ein russischer, ein österreichischer, ein preußischer und sogar ein britischer Kommissarius begleiteten ihn auf jenes Inselchen, das heute ein Ferienparadies und mit ausgedehnten Luxus-Wohnbauten dicht besiedelt ist, damals aber mehr Ziegen als Menschen und nur die dürftigsten Unterbringungsmöglichkeiten aufwies. Warum wohl hatte er sich nicht Korsika ausgebeten, die Insel, die so lange schon die Selbständigkeit wünschte und so große Opfer dafür gebracht hatte? Suchte er tatsächlich den Frieden eines kleinen Eilands? Die Großmächte glaubten es, und schickten sich an, Europa diesen Frieden zu geben, einen Frieden, in dem für Eroberer und Feldherrngenies kein Platz mehr sein sollte.

Spiel um Europa

Das Schweigen der Waffen ist stets ein Augenblick der Hoffnung. Auf den Sieg über Napoleon hatte Europa zwanzig Jahre lang warten müssen; es war begreiflich, daß zumindest einige weitblikkende Männer nun das Beste aus diesem Sieg zu machen suchten. Europa, wie wir es als Hoffnung, als Zukunft, als Ziel vor uns sehen, hatte damals noch keine Chance gegen die Ansprüche von zwei Dutzend Herrscherfamilien. Aber Deutschland, das seiner Uneinigkeit und Kleinstaaterei wegen am stärksten unter dem Eroberer hatte leiden müssen, dieses Deutschland, das es für so manchen gar nicht gab, das hatte 1814 begründete Aussichten, in einer erneuerten Form Wirklichkeit zu werden.

So klein Europa war und ist, man konnte 1814 doch noch nicht so emsig von Hauptstadt zu Hauptstadt eilen, wie dies heute geschieht, sondern mußte sich zu einem Kongreß zusammenfinden, auf dem jeder mit jedem sprechen und somit das große Werk vereint fördern konnte. Auch über die Wahl des Kongreßortes konnte es keinen Zweifel geben, denn wenn auch England unwandelbar gegen Napoleon gekämpft und Petersburg die entscheidende Schwächung des Korsen herbeigeführt hatte, so war den Potentaten und ihren Ministern eine Reise in den äußersten Westen oder in den äußersten Nordosten Europas nicht zuzumuten. Man mußte sich wohl in Wien treffen, und gerade das war der zwar entschuldbare, aber verhängnisvolle Irrtum.

Es gibt Versammlungen, über die, damit sie zu einem schnellen und tauglichen Ergebnis gelangen, strikte Abgeschlossenheit verhängt wird, gelegentlich sogar die Rationierung der Speisen, das Verbot berauschender Getränke und wohl auch die Abstinenz von geschlechtlichen Genüssen. Der Wiener Kongreß aber konfrontierte neun Zehntel aller Delegierten mit Versuchungen, denen sie zu Hause nur in bescheidenem Maße ausgesetzt waren, und gestattete ihnen, zumindest was die Speisen, die Getränke und die Amouren betraf, eine ganze Skala von Genüssen anstelle ihrer gewohnten kleinstädtischen Hausmannskost, bei deren Konsum sie obendrein auch noch von den engsitzenden Untertanen beobachtet worden waren.

Wir wissen, wie 1918 in Paris und 1945 in New York gefeiert wurde; wir haben in unseren Städten noch immer eine ganze Reihe von Triumphbögen stehen, die an Siege erinnern, und beziehen unsere Straßennamen zum Teil von Schlachten, von denen kein Mensch mehr etwas weiß. Man sollte also nicht leichten Herzens den Stab brechen über ein im ganzen erleichtertes, vielleicht auch ein wenig beschämtes Völkchen von Fürsten und Ministern, das sich in Wien mit der Arbeit sehr viel Zeit ließ, um so mehr, als diese Arbeit ja ohnedies von einer kleinen Gruppe mächtiger Herren geleistet wurde, die sich nur ungern in die Karten schauen ließen.

Inzwischen kennen wir sie alle, den nun vom Außenminister zum Staatskanzler avancierten, vom Grafen zum Fürsten erhobenen Clemens Metternich und seinen ebenbürtigen Gegenspieler und gelegentlichen Zuträger, den Herzog von Talleyrand-Périgord. Neben ihnen standen, mehr durch den Geist als den hohen Adel glänzend, Herren wie Gentz oder der Freiherr vom Stein, der kluge Hardenberg, den man am 3. Juni 1814 ebenfalls gefürstet hatte, und natürlich die Souveräne selbst, von denen zumindest der Zar in die Verhandlungen des Kongresses ebenso überflüssig eingriff wie in die Operationen der russischen und später der verbündeten Armeen. Aber es gab Monarchen, die sich in Wien sehr viel schlechter betrugen . . .

Die Vorstellungen von dem, was man erreichen wollte, differierten naturgemäß, weil die vertretenen Länder ja unterschiedliche und oft gegensätzliche Interessen hatten, und weil Napoleon durch seine selbstherrlichen Aufteilungen, Zusammenschlüsse, Umordnungen und Erhebungen ein erhebliches Durcheinander gestiftet hatte, von dem sich nicht alle trennen zu können meinten. Es war doch etwas, König zu sein, und ging es auch nur um Württemberg! Und da ein württembergischer Prinz sich auf seiten der Russen so hervorragend geschlagen hatte, wollte man das kleine Land nun nicht über Gebühr kränken, ebensowenig wie

Sachsen, das unter den Kriegen so sehr gelitten hatte, oder auch Bayern, Napoleons treuesten Vasall, der aber immerhin tüchtige Soldaten für die Befreiungsarmee gestellt hatte.

Das sind, nur schnell angeschnitten, einige ganz wenige von einem Wust von Fragen, die *in summa* so weitgehend überholt sind, daß man sich ihnen heute nicht mehr zu widmen braucht. Der Kongreß im ganzen, als Amüsement, als Sittenbild, als amouröse und diplomatische Großveranstaltung mit Spioninnen, Spitzeln, Festen, Orgien und der Wiener Polizei dazwischen, das wäre jederzeit ein eigenes Buch wert; auf unserem Weg in eine größere Freiheit hat er jedoch herzlich wenig geleistet . . .

Ein Konzept hatte Metternich natürlich; aber ihm war Deutschland so gleichgültig wie das, was die erwachten Völker sich unter Freiheit vorstellten. Ein Konzept hatte natürlich auch Hardenberg, der mit großer Kunst unter Napoleon und gegen ihn regiert hatte, aber es hätte den deutschen Studenten und Freikorpsveteranen, den Dichtern, die damals so zahlreich waren wie nie zuvor, und den letzten rechtsrheinischen Jakobinern ganz und gar keine Freude gemacht. Also ruhten die Blicke und die Hoffnungen auf zwei Männern, von denen nur einer ein Amt hatte: auf dem preußischen Botschafter beim Kongreß, dem Denker, Essayisten und Polyhistor Wilhelm von Humboldt, und auf dem seit 1808 nur noch im Hintergrund wirkenden Freiherrn vom Stein.

Stein war durch eine Unbedachtsamkeit, die wir geschildert haben, in eine Randposition geraten, die er mit sehr vielen unbehausten Männern von geistigem Rang und gutem Namen teilen mußte – Europa wimmelte damals von Emigranten. Auf dem Kongreß und schon vorher, als man im Dezember 1813 in Frankfurt über die Zukunft beriet, ohne Napoleon endgültig besiegt zu haben, mußte der Praktiker Stein erkennen, daß er mit der Lebenswirklichkeit der deutschen Länder seit Jahren keinen tauglichen Kontakt mehr gehabt hatte. Seine Forderungen waren Postulate, über denen immer noch der Schatten Napoleons schwebte; was die Französische Revolution einst auch für den Freiherrn vom Stein bedeutete, das hatte er am Zarenhof vergessen.

Anders Humboldt, der in einer Metropole wie Berlin mit den klugen Jüdinnen der Salons, in Weimar mit einem freien Geist wie Goethe umgegangen war. Er hatte schon in Frankfurt an Stein eine

Denkschrift gerichtet, von der Gerhard Ritter, der große Biograph Steins, unumwunden sagt, sie sei die »schönste und geistreichste politische Abhandlung des Verfassers *(also Humboldts)* überhaupt. In ihr findet sich jener herrliche, gegen Steins Einseitigkeit gerichtete Passus, in dem das große Erlebnis der Zeit, die Erfahrung von der schicksalhaften Verbundenheit des deutschen Geistes mit dem deutschen Staate, mit seiner Freiheit und äußersten Stärke zum erstenmal in klassischer Klarheit formuliert wird.«

Nun schreibt jeder am besten, wenn er polemisiert und wenn ihm zudem das Herz übergeht. Aber wenn wir das Humboldtsche Konzept heute lesen, dann schnürt sich uns eher das Herz zusammen, weil es am Beginn eines großen deutschen Jahrhunderts genau zeigt, wo die Gefahren liegen und wo Irrtümer lauern, und weil alle diese Irrtümer und Gefahren es waren, die Preußen wie Österreich und endlich auch die anderen deutschen Staaten um die große Chance dieser Weltstunde gebracht haben. Wir zitieren ein paar Kernsätze:

»Man muß sich wohl hüten, bei dem beschränkten Gesichtspunkt stehen zu bleiben, Deutschland gegen Frankreich sichern zu wollen. Deutschland muß frei und stark sein, nicht bloß, damit es sich gegen diesen oder jenen Nachbarn oder überhaupt gegen jeden Feind verteidigen könne, sondern deswegen, weil nur eine auch nach außen hin starke Nation den Geist in sich bewahrt, aus dem auch alle Segnungen im Innern strömen; es muß frei und stark sein, um das . . . nothwendige Selbstgefühl zu nähren, seiner Nationalentwicklung ruhig und ungestört nachzugehen und die wohlthätige Stelle, die es in der Mitte der europäischen Nationen für dieselben einnimmt, dauernd behaupten zu können.«

So begeisternd dieses Ziel war und empfunden wurde, so weise begnügt sich Humboldt mit dem Erreichbaren und schlägt einen staats- und völkerrechtlich geschmiedeten Staatenbund vor, in dem Preußen und Österreich gleichberechtigt die Führung haben sollten; Hannover und Bayern, die nächststärksten, sollten Einfluß auf eine Schiedsrichter-Instituion in diesem Bund erhalten. Außenpolitik, Heerwesen, Gesetzgebung und Handelspolitik sollten vereinheitlicht werden, die Teilstaaten einander ähnliche demokratische Verfassungen ausarbeiten und in Kraft setzen: durchaus gangbare Wege ein Halbjahrhundert vor Bismarck und Königgrätz.

Was außerdem blieb von diesem Kongreß? Da sind einmal die keineswegs nur operettenhaften Verflechtungen der großen und der kleinen Schicksale, Begegnungen, die auch für Könige Bedeutung erlangten, Höhepunkte selbst in den Lebensläufen von Großintriganten wie Metternich oder abtrünnigen Gelehrten wie Gentz; und von den Frauen wäre zumindest zu sagen, daß es seit dem Verblassen der Kronleuchter von Versailles keinen Kampfplatz gegeben hatte, auf dem sie sich so glanzvoll schlugen wie eben dem des großen Kongresses. Seit dem Tag, da die Pompadour die Augen schloß, ist niemals so viel Licht auf die Rolle der Frau in der Weltpolitik gefallen wie in diesen Wochen und Monaten, ob es sich nun um die Fürstinnen handelte – Bagration, Eszterhazy, Thurn und Taxis, Wolkonska und andere – oder um charmante und geistvolle Frauen wie Fanny Arnstein, die Tänzerin Bigottini und die namenlosen Wiener Mädchen, die zwischen dem Zaren und Metternich nicht anders hin- und herwanderten als die Denkschriften.

Packender als dieses Fresko, das von einer Generation zur anderen mehr verblaßt, ist das große Schicksal der Unvergeßlichen. Und zumindest an einem von ihnen, an Napoleon, erleben wir die Irrtümer der Restauration und die Folgen aus den alten Fehlern; erleben wir, wie abermals Blut fließen muß, weil niemand etwas hinzugelernt hat, nicht die Bourbonen und nicht ihr Gegenspieler.

Manch einer könnte sich nichts Schöneres vorstellen, als in wirtschaftlicher Unabhängigkeit, ja praktisch sogar als Herr und Gebieter, auf Elba, diesem klimatisch begünstigten Eiland, zu leben. Für einen Napoleon freilich kam das Exil zu plötzlich und vor allem zu früh. Außerdem lag es zu nahe an Europas Küsten. Er war fünfundvierzig Jahre alt und durch die Wechselfälle des letzten Kriegsjahres tief getroffen, aber körperlich und geistig nicht geschwächt. In Frankreich, ja in ganz Europa waren die Dinge noch im Fluß. In Wien tagte seit September 1814 der große Kongreß, dessen Teilnehmer Napoleon alle kannte und über den die Zeitungen täglich berichteten. Da sollte ein Mann von seiner genialen Tatkraft, der den Gedanken an eine bessere Zukunft nicht lassen konnte, nur zwölf Kilometer vom Festland untätig bleiben?

Die versprochene Unterhaltssumme wurde nur zögernd und

auch nur zum Teil bezahlt. Napoleon erbitterte das naturgemäß, weil er ein Leben vor sich sah, in dem er ständig würde Bettelbriefe schreiben müssen – er, der jahrelang ganz Europa diktiert hatte! Noch beunruhigender aber war, daß die Gerüchte nicht verstummen wollten, die von einem anderen Exil sprachen. Zeitungen wollten wissen, daß man den gefährlichen Mann nach Madeira oder auf irgendeine andere Insel abschieben würde. Das führte Napoleon wieder die Machtlosigkeit vor Augen, in der er lebte. Er hatte zwar ein Abkommen unterzeichnet, sah aber keine Möglichkeit, dessen sinngemäße Durchführung zu erzwingen. Er war trotz dieses Vertrages seinen Gegnern auf Gnade oder Ungnade ausgeliefert. Nicht einmal sein Schwiegervater, der Kaiser von Österreich, tat etwas, um diese Lage zu bessern. Wäre wenigstens die Kaiserin, wäre wenigstens Marie Louise gekommen, um das Exil ihres Gemahls zu teilen! Aber eine angebliche Krankheit mußte zum Vorwand dienen, um sie Napoleon fernzuhalten, der ihr die zärtlichsten Briefe schrieb.

Napoleon traf am 4. Mai 1814 auf Elba ein. Die kleine Insel vermochte ihn zunächst noch zu fesseln. Seinem plötzlich aller Anregungen beraubten, stets arbeitenden Geist war selbst dieses Objekt nicht zu geringfügig. Er ließ einige Straßen anlegen, die Elba dringend nötig hatte, und traf auch andere Einrichtungen und Verbesserungen, soweit man auf einem Territorium von dreißig Kilometern Länge und achtzehn Kilometern Breite überhaupt etwas wirken konnte. Bald aber scheint während der langen Abende in der Villa di San Martino, sechs Kilometer von Porto Ferraio, der Gedanke an eine Rückkehr nach Frankreich und an einen neuen Kampf um die Macht entstanden zu sein.

Was sollte auch einem Mann unmöglich erscheinen, der stets sein Schicksal selbst geschmiedet und immer wieder Lösungen und Möglichkeiten gefunden hatte, die seine Zeitgenossen verblüfften?

Unter größter Geheimhaltung waren die Vorbereitungen getroffen worden. Selbst Offiziere, deren Treue über jeden Zweifel erhaben war, hatten Napoleons Pläne erst im letzten Augenblick erfahren. Nach etwa neun Monaten war es soweit. Am 26. Februar 1815 verließ Napoleon die Insel mit zwei Schiffen, deren jedes etwa sechshundert Mann trug. Seit Cortez ist wohl niemand mit so wenigen Getreuen ausgezogen, um ein Land zu erobern. Es hätte Napoleon wohl auch nie glücken können, hätten die in Frankreich wieder eingesetzten Bourbonen nicht in den wenigen Monaten, die sie nun regierten, einen Fehler nach dem anderen begangen.

Das Volk war jahrzehntelang von dem Genie des Jahrhunderts geführt worden. Nun mußte es sich Tag für Tag über Podagra und Stuhlgang des achtzehnten Ludwig berichten lassen. Nach einem Vierteljahrhundert weltgeschichtlicher Ereignisse, in denen Frankreich die Vormacht auf dem Kontinent und sein modernstes Land geworden war, herrschte nun plötzlich wieder höfisches Treiben mit Adelsvorrechten, Rachegelüsten, übereilter Vergeltung. Die Männer, die an den vielen Kriegen wirklich verdient hatten, die großen Bankiers und Heereslieferanten, hatten sich, noch ehe Napoleon gegangen war, mit den neuen Machthabern geeinigt und somit keinerlei Einbuße erlitten. Verhaßte Minister wie Fouché und Talleyrand waren zum Bourbonenstaat übergegangen. Das Volk sah ihren Verrat mit seinem natürlichen Rechtsempfinden als abscheuliche und eigensüchtige Handlung an. Die bemerkenswerte Dummheit des ganzen zurückgekehrten Hofklüngels, der glaubte, das Rad der Geschichte einfach zurückdrehen zu können, trug das ihre zu der schnell wachsenden Abneigung der Franzosen gegen die Bourbonen bei. Man hatte Napoleon besiegt, aber nicht die Revolution. Sie war eine Volksbewegung gewesen, und ihre Errungenschaften wollte man sich nicht so ohne weiteres wieder nehmen lassen. Aber Ludwig XVIII. fühlte sich in seiner Legitimität so sicher, daß er sein Volk zwar in regelmäßigen Bulletins über sein Befinden unterrichtete, darüber hinaus aber keine Versuche machte, echten Kontakt zu seinen Untertanen zu gewinnen.

Auf der großen, eben neu eingerichteten Telegraphenlinie von Paris nach dem Süden begegneten sich zwei Meldungen, die für die beiden Herrscher, den legitimen und den gewählten, sehr bezeichnend waren. Aus Paris meldeten die Brüder Chappe, die den optischen Telegraphen erfunden hatten, daß Seine Majestät leidlich geschlafen und sich am Morgen glücklich entleert habe. Und aus Mittelfrankreich kam eine Depesche, die inzwischen historisch geworden ist. In ihr meldete der Präfekt des Departements Yonne, daß Napoleon die vergangene Nacht in Autun verbracht habe, in zwei Tagen in Auxerre sein und, »wenn ihn nichts aufhält«, am 22. oder 23. März in Paris ankommen werde.

Napoleon war am 21. schon in Paris, was seine Anhänger zu dem Jubelruf veranlaßte, er sei pünktlich gekommen wie der Frühling. Das Kühnste an diesem Abenteuer aber waren seine Anfänge.

Am Abend des 1. März erfolgte die Landung der aus Elba auslaufenden Schiffe im sogenannten *Golfe Juan*, zwischen den heutigen Städten Juan-les-Pins und Antibes. Drei Tage lang war Napoleon auf See gewesen und hatte sich darauf konzentriert, den englischen Bewachungsschiffen zu entgehen. Auch durch ein leicht zu eroberndes Prisenschiff hatte er sich nicht aufhalten lassen.

Zwanzig Mann Napoleons, die das Kastell im Handstreich nehmen sollten, wurden kurzerhand gefangengesetzt. Während man auf sie wartete, kamen die ersten, noch halb ungläubigen Anhänger, um die kleine Stoßtruppe zu verstärken. Ein früherer Diener Napoleons, der nun Postillon des Fürsten von Monaco war, wußte zu berichten, daß Paris nur auf die Rückkehr des Kaisers wartete und Frankreich ihm wieder zufallen werde, wenn er nur erst den royalistischen Süden gut hinter sich gebracht haben würde.

Napoleon mußte aufbrechen, ohne seine zwanzig Mann wiedergewonnen zu haben. Er konnte ihretwegen nicht das ganze Unternehmen gefährden. Auf die Vorhaltungen eines Offiziers, daß dies ein schlechter Beginn sei, antwortete der Korse: »Es geht um ganz anderes, um Größeres. Wäre die Hälfte von euch hier gefangen, so müßte ich sie zurücklassen, und wäret ihr alle hier gefangen, so würde ich meinen Weg allein fortsetzen.«

In der ersten Phase kam es darauf an, daß Napoleon mit seinen lächerlich geringfügigen Kräften unbemerkt blieb. Der erste Zusammenstoß mit größeren gegnerischen Kräften mußte auf einen Zeitpunkt verschoben werden, da auch Napoleon schon über ein paar Regimenter gebieten würde. Darum hatte er in seinen Plänen mit einer neuen Straße gerechnet, die aus dem Herzen Frankreichs durch ziemlich unwegsame Gegenden an die Küste führt. Es war eine strategische Straße gewesen, und ihr Bau war auf dem Papier geblieben. Als Napoleon von Antibes nach Norden aufbrach, suchte er sie vergebens.

Heute ist sie längst gebaut worden und trägt den Namen des Mannes, der sie berühmt gemacht hat: die *Route Napoleon*. Sie nimmt ihren Ausgang von Grasse und windet sich in weiten Kurven ins Gebirge hinein, aber die kargen Hänge und kahlen Kuppen, die Steilabstürze und das felsige Terrain lassen auch heute noch erkennen, welch außerordentlichen Schwierigkeiten Napoleon sich bei seinem Vormarsch in Richtung auf Paris gegenübersah.

Kurz hinter Grasse gab es nur noch Maultierpfade. Die Fahrzeuge mußten zurückgelassen werden. Der Korse rastete auf dem heute *Plateau de Napoleon* genannten Platz an der Straße nach Saint-Vallier. Drei Zypressen bezeichnen der Überlieferung nach die Stelle. In Saint-Vallier, zehn Kilometer weiter, war Napoleon schon über siebenhundert Meter hoch. Er legte bei ständiger Steigung noch weitere siebzehn Kilometer zurück, ehe er hinter Escragnolles das Nachtlager aufschlug. Sie hatten jetzt über tausend Meter Meereshöhe erreicht und fühlten sich einigermaßen sicher. Aber es war doch möglich, daß ein paar Bauern den seltsamen Zug und die unverkennbare Gestalt Napoleons richtig gedeutet und darüber berichtet hatten.

Napoleon erreichte Castellane am 3. März, wo er sich in der *Sous-Prefecture* das Mittagessen servieren ließ. Nachmittags marschierte er weiter nach Barrême, einem Dörfchen von fünfhundert Einwohnern. Hier nächtigte Napoleon. Sein Zug hatte in schwierigstem Gelände in zwei Tagen 87 Kilometer zurückgelegt. Eine Marschleistung, die uns zeigt, daß Napoleon noch der alte war. Wie oft hatte er durch Schnelligkeit gesiegt, wie genau kannte er die Bedeutung des Zeitfaktors im militärischen Geschehen!

Die französische Riviera ist heute dicht besiedelt und alljährlich von Millionen Fremden besucht. Als Napoleon seine Landung dort vollzogen hatte, war sie jedoch noch ein ziemlich ödes Küstenland, das wegen der Bequemlichkeit des Bootsverkehrs nicht einmal über eine durchgehende Küstenstraße verfügte. Die hübschen alten Ansichten, die im Fürstenschloß von Monaco hängen, geben eine Vorstellung von dem beinahe wildnishaften Charakter dieses gleichwohl lieblichen Landstrichs.

→ Fliegendes Blatt nach der *Rückkehr Napoleons*, 1815

An die teutsche Nation.

Steckbrief hinter Nicolaus Bonaparte, genannt Napoleon, auch Père la violette, Prinz L'emballe &c. &c. von Teufels Gnaden.

Der genannte Delinquent, nachdem er in toller Verzweiflung aus seinem Gefängniß (der Insel Elba) entsprungen, ist von allen Europäischen Souverains für vogelfrei erklärt. Da nun an Habhaftwerdung dieses gefährlichen Menschen viel, sehr viel gelegen ist, so werden alle Civil- und Militairbehörden hiermit auf's dringendste ersucht, diesen Steckbrief nicht nur auf das beste zu verbreiten, sondern sich auch seiner Person zu bemächtigen zu suchen. Der erste Präsident setzt das Signalement nicht nur schriftlich, sondern auch bildlich hieher, um jeden braven teutschen Mann die Mittel zu erleichtern, diesen armen Sünder lebendig oder todt zu fangen, in welchem letztern Falle sein Kopf einbalsamirt, und herumreisenden Männern, die für Geld wilde Thiere sehen lassen, pachtweise übergeben werden soll; damit er, ein Gegenstand des Abscheues, als eine ewige Warnung für die Teutschen und abschreckendes Exempel für ähnliche Verbrechen dienen möge.

SIGNALEMENT.

Klein von Statur, untersetzt und von starken Knochenbau. Das Gesicht rund, und alle Züge von Gerechtigkeit, Mitleid und Erbarmen rein hinweggeschwollen, und aufgedunsten. Dagegen finster stieres, blutverlangendes, kleines schwarzes und blitzendes Auge, gebogne Nase, höhnisch aufgeworfnen Mund, dickes Kinn, schwarzes und struppiges Haar. Die Gesichtsfarbe blasgrünlich-braun. Auch ist er besonders an seinen unstäten Wesen kennbar, indem er bald rast, tobt und wüthet, bald wieder eine augenblickliche Ruhe zeigt, in welcher er gewöhnlich, diese hier angegebene Stellung annimmt.

Wem nun das unaussprechliche Glück beschieden, diesen Auswurf der Menschheit, diesen Nic. Bonaparte zu bekommen, der hat auf den dritten Theil der gewiß reichen Einnahme von dem aufzunehmenden Schaugelde, gerechten Anspruch, und wird ihm hiemit solches gesetzlich zugesagt. Die beiden ersten Theile dieser Summe, sollen zum Besten der Unglücklichen, die durch ihn zu Krüppel, Wittwen und Waisen geworden sind, verwendet werden. — Ausserdem aber wird diesen Glücklichen, das süße unbeschreiblich hohe Gefühl, der Trockner zahlloser Thränen, der Erhalter von Strömen kostbaren teutschen Blutes, gewiß die weit reellere Belohnung sein. Im Dankgefühl geretteter Väter und Söhne, in der Freudenthräne ihrer Weiber und Kinder, Brüder und Schwestern wird sein Name glänzen für und für.

Der Präsident des Tugendbundes
in Teutschland.

So war die Flucht des großen Mannes und seine Rückkehr auf französischen Boden in Frankreich länger unbemerkt geblieben als in Italien. Dort hatte die sensationelle Nachricht den schmalen Meeresstreifen zwischen der Insel Elba und dem Festland schon wenige Stunden nach dem Aufbruch der beiden napoleonischen Schiffe übersprungen. Graf de la Garde schreibt in seinem berühmt gewordenen »Gemälde des Wiener Kongresses«:

»Napoleon hatte in der Tat die Insel Elba verlassen. Der Gebieter und Gefangene Europas, wie man ihn zutreffend genannt hat, war, nur mit seinem Ruhm bewaffnet, dem Kerker entflohen und hatte einem zerbrechlichen Fahrzeug Cäsar und sein Glück anvertraut.«

Der Fürst Koslowski sagte: »Die Nachricht ist durch einen von Lord Burghess aus Florenz abgeschickten Kurier hierhergelangt. Er hat sie vom englischen Konsul zu Livorno. Wellington, der sie empfing, hat den Herrn von Metternich und die Souveräne davon in Kenntnis gesetzt. Die Minister der großen Mächte sind sofort davon unterrichtet worden. Man weiß nicht, welche Richtung Napoleon eingeschlagen hat. Wird er sich nach Frankreich begeben? Oder will er, wie einige gemeint haben, die Vereinigten Staaten gewinnen? Man verliert sich in Vermutungen. Wer aber wird ihn vor dem Sturm schützen, welcher sich drohend über ihm zusammenzieht? Wird das Glück einen Blitzableiter auf seine Stirn pflanzen, der die Gefahr von ihm abwendet? Die hohen Schiedsrichter des Kongresses wünschen, daß die Nachricht nicht bekannt werde, bevor sie nicht die entsprechenden Gegenmaßregeln treffen konnten.«

Die Kunde von der Flucht hatte also auf reichlich verschlungenem Wege Wien erreicht. Deshalb ahnte man noch nach Tagen, als Napoleon längst im Durancetal marschierte, nichts von dem, was über Europa nun wieder heraufzog. Nur unter den Diplomaten selbst, die sich zu einem Theaterstück unter dem bezeichnenden Titel »Der unterbrochene Tanz« eingefunden hatten, war naturgemäß von nichts anderem die Rede. Pozzo die Borgo schwor, daß man Bonaparte am nächsten Baum aufhängen werde, falls er es wagen sollte, einen Fuß nach Frankreich zu setzen. Der Herzog von Dalberg widersprach mit den Worten: »Herr Pozzo ist kein guter Prophet. Napoleon wird binnen kurzem in Paris sein.«

Es vergingen weitere fünf Tage, ehe man in Wien auch nur erfuhr, daß Napoleon im *Golfe Juan* gelandet sei und seinen Vormarsch ins Landesinnere angetreten habe. Fünf Tage, in denen sich die in Wien versammelten Monarchen vor allem damit beschäftigten, einander die Schuld an dem bestürzenden Ereignis zuzuschieben. Daß in Paris weite Kreise die Rückkehr Napoleons wünschten und die Bourbonen nichts taten, diesen Wünschen den Nährboden zu entziehen, stand fest. Ebenso sicher war, daß ganz Europa selbst den entmachteten Napoleon fürchtete, solange er nur auf Elba festgehalten wurde. So hatte denn im Januar 1815 Pozzo di Borgo in seinem nie versiegenden Haß als Exil die Insel Sankt Helena vorgeschlagen, deren Einsamkeit im weiten Ozean ebenso sprichwörtlich war wie ihr ungesundes Klima. Pozzo di Borgo hatte erklärt: »Europa wird nicht eher sicher sein, als bis es zwischen sich und diesen Mann den Ozean gelegt hat.«

Dieser Beschluß wurde geheimgehalten, doch scheint er aus dem engsten Freundeskreis des Zaren Alexander, in dem es einige Verehrer Napoleons gab, nach Elba berichtet worden zu sein. Napoleon wartete natürlich nicht, bis ihn dieses Schicksal erreichen würde. Er hatte angesichts dieses Wortbruchs zweifellos das Recht, an sich zu denken. Frankreich aber brachte er in eine sehr schwierige Situation. Der geniale Außenminister Napoleons und später der Bourbonen, der ehemalige Bischof Talleyrand, kämpfte in Wien um den Bestand eines Landes, in dem alle europäischen Staatsoberhäupter ihren Erzfeind sahen. Als Talleyrand endlich die Ansicht durchgesetzt hatte, dieser Erzfeind heiße Napoleon und nicht Frankreich, da berichtete man aus Paris, daß Napoleon dort kampflos Einzug gehalten habe. Die Bourbonen hätten die Flucht ergriffen, ohne auch nur den geringsten Widerstand zu wagen. Keine Hand hatte sich für sie gerührt, und sie selbst hatten keinen Versuch gemacht, den Thron aus eigener Kraft zu halten!

Die Truppen Zar Alexanders hatten die schwersten Verluste in Kämpfen gegen Napoleon erlitten. Er war ob der bourbonischen Feigheit so empört, daß er versicherte, nie wieder den Degen für diese Herrscherfamilie ziehen zu wollen. Kaiser Franz I. von Österreich murrte, das ganze Unglück komme daher, daß man in Paris zu viele Jakobiner am Leben gelassen habe. Niemand aber konnte sich darüber täuschen, daß Napoleon schon am ersten jener hundert Tage ein wahres Wort gesprochen hatte, als er proklamierte: »Der Kongreß ist aufgelöst.«

Mit Grenoble stand die Entscheidung unmittelbar bevor. Schon kurz nach der Landung hatte Napoleon erklärt, daß in seinem Fall Grenoble und Frankreich gleichbedeutend seien. Mit anderen Worten, Frankreich werde ihm zufallen, wenn er in Grenoble siegreich bleiben könne.

Die Nacht zum 7. März war die letzte friedliche des Vormarsches. Napoleon verbrachte sie in dem Dörfchen Corps, das beinahe tausend Meter hoch an der Straße nach Grenoble liegt. Es ist nur noch sechzig Kilometer von dieser wichtigen Stadt entfernt. Kurz vor Grenoble stellten sich Napoleon die ersten Soldaten entgegen. Bis dahin hatte man alle Bewaffneten von seinem Marschweg ferngehalten, weil man sich denken konnte, daß kleinere Detachements eher zu ihm überlaufen als ihm Widerstand leisten würden.

Napoleon stand nun einem kriegsstarken Bataillon gegenüber, und der Kommandeur weigerte sich, auch nur in Verhandlungen einzutreten. Da kam es zu der historischen Szene, die Anlaß zur Errichtung des Napoleondenkmals auf der *Prairie de la Rencontre*, der Wiese der Begegnung, geworden ist. Napoleon hatte nicht viel zu verlieren, aber alles zu gewinnen. Er ging allein, nur in der Ferne von hundert seiner Gardisten begleitet, auf die Linien des Bataillons aus Grenoble zu, als sei der Offizier nicht da. Sein Anblick, das vertraute graue Röckchen des Kaisers, wirkte Wunder. Keine Waffe erhob sich gegen ihn, und er ging weiter, bis er vor einem sichtlich altgedienten Soldaten stand. Den faßte er, wie er es bei Paraden oft getan hatte, vertraulich am Schnurrbart und fragte ihn, ob er wirklich das Herz haben würde, seinen Kaiser zu erschießen. Der Alte ließ sogleich den Ladestock in den Lauf fallen, um zu zeigen, daß das Gewehr noch gar nicht geladen sei. Dann blickte er Napoleon mit tränenfeuchten Augen an und sagte: »Schau her . . . hätte ich dir wirklich eines aufbrennen können? Und so wie mein Gewehr sehen alle aus . . .!«

Die Rufe *»Vive l'Empereur!«* brandeten aus den Reihen auf. Die Grenadiere, die Napoleon gefolgt waren, liefen herzu, und nach einer kurzen Szene der Begrüßung übernahm Napoleon das Kommando. Es lautete: »Rechts um – nach Paris, marsch!«

Die Stadt Grenoble war nun das erste Ziel, und Napoleon hielt seinen Einzug mit unerwartet starker Truppenmacht. Oberst Labedoyère hatte ihm zuvor noch sein ganzes Regiment zugeführt. Hinter den Soldaten aber hatten sich die Bauern der Dauphine dem Zug angeschlossen. Hätte Napoleon von Paris aus eine Rundreise in die Provinz angetreten, sein Einzug in Grenoble hätte nicht triumphaler ausfallen können. Man überreichte ihm Bittschriften, als sei er schon wieder an der Macht, und die Bauern taten ihr möglichstes, um die kleine Kerntruppe immer wieder zu ermutigen. So wie sie dächten inzwischen alle: Napoleon solle nur weitermaschieren und die unfähige Bourbonenregierung zum Teufel jagen.

Es war Nacht geworden, als Napoleon unter den Mauern von Grenoble anlangte. Seitdem er am *Golfe Juan* französischen Boden betreten hatte, waren mehr als zweihundert Kilometer in fünf Marschtagen zurückgelegt worden. Trotz aller Gerüchte über die Schnelligkeit seines Vormarsches hatten die Stadtväter es nicht für möglich gehalten, daß der Kaiser noch am 7. März vor Grenoble auftauchen würde. Die Brücken waren nicht hochgezogen, die Mauern nicht besetzt, lediglich die Tore der Stadt hatte man geschlossen. Die wenigen Soldaten, die zu sehen waren, riefen zwar wie alle anderen: »Es lebe der Kaiser«, aber auch sie wagten das Tor nicht zu öffnen, da dies ausdrücklich verboten worden war.

Napoleon mußte sich zur Gewalt entschließen. Die Offiziere der zu ihm übergegangenen Truppen versicherten ihm, daß er auf sie zählen könnte. Zwar seien ihre Soldaten ungehorsam gewesen, sie aber würden ihrerseits die Leute nicht im Stich lassen, sondern bei ihnen bleiben und für Napoleon kämpfen.

Die Bevölkerung öffnete einige Tore, andere wurden eingerammt. Auf dem Weg in die Herberge war Napoleon wiederholt in Gefahr, erdrückt zu werden, so begeistert drängten sich Soldaten und Zivilisten um ihn, umarmten ihn und versicherten ihn ihrer Treue.

Napoleon sagte später: »Da ich nun in Grenoble war, war ich zu einer Macht geworden. Im Besitz dieser Stadt konnte ich bereits Widerstand leisten und traute mir zu, auch einen längeren Kampf durchzuhalten.«

Es erwies sich als sehr nachteilig, daß keine gedruckten Proklamationen zur Verfügung standen. Aus Furcht, verraten zu werden, hatte Napoleon sie nicht auf Elba drucken lassen, wo dies möglich gewesen, zweifellos aber beobachtet worden wäre. Erst auf dem Schiff, während der Überfahrt, hatte Napoleon zwei Proklamationen, eine an das Volk, die andere an die Armee, diktiert und handschriftlich vervielfältigen lassen. Sie waren schnell verteilt, und es mußten unterwegs immer neue Exemplare angefertigt werden. Unter den schwierigen Verhältnissen des Marsches fielen sie oft recht mangelhaft aus. Sie waren schlecht leserlich, beschmutzt, und dennoch der kostbarste Schatz jener wenigen, die sich ein Exemplar verschaffen konnten . . .

Die Bevölkerung ging binnen weniger Tage zu dem Abenteurer über, ohne daß er Zeitungen oder gar Rundfunkstationen zur Verfügung hatte, um die Massen zu beeinflussen. Die kurze Zeit, die mündliche Propaganda hatten genügt, das französische Volk für einen Mann einzunehmen, der es zwar groß gemacht und über alle anderen Nationen erhoben hatte, dem es aber auch die bittersten Jahre und die furchtbarsten persönlichen Opfer, die Verluste der Familien an Menschen und Vermögen und zum Schluß den großen Aderlaß jener Armee verdankte, die aus den schneeigen Einöden Rußlands nicht mehr zurückgekehrt war.

Die Bevölkerung war am *Golfe Juan* noch feindselig gewesen. Kein Zuruf hieß den Kaiser willkommen. Wer immer konnte, wich ihm aus, sein Kommandotrupp wurde in Antibes gefangengesetzt. Noch in Cannes, während jener malerischen Szene im Mondschein, da sich Napoleon in der kühlen Märznacht am Lagerfeuer wärmte, waren die Umstehenden scheu und unschlüssig, keinesfalls aber glücklich über diese Wiederkehr. In Grasse stieß Cambronne, der Napoleons Vorhut kommandierte, auf eine Fülle bourbonischer Kokarden. Man hatte sie trotzig angesteckt, als sich die Nachricht vom Herannahen des Kaisers verbreitete. Und dann, als der Gewaltmarsch durch die Berge begann, als ein Maultier mit einem Teil der kärglichen Kriegskasse in die Tiefe stürzte und zweitausend *Napoleons d'or* verlorengingen, als die Artillerie zurückbleiben mußte und es an allem fehlte – da regte sich in der Bevölkerung noch keine Hand, da kam niemand dem Häuflein zu Hilfe. Sie ließen ihren Kaiser zu Fuß gehen, auf einen Bergstock gestützt. Sie sahen, wie er hinfiel, viermal insgesamt, wie seine Getreuen berichteten. Niemand ermutigte ihn durch ein paar Worte. Niemand brachte auch nur eine symbolische Gabe, Lebensmittel oder Wein. Die Stimmung unter der Truppe war schlecht.

Sisteron, die Pforte zum mittleren Frankreich und zum oberen Durancetal, das bis nach Grenoble führte, brachte den Umschwung. Die Zitadelle war frei, und nach dem Essen im *Bras d'or*, Rue Saunerie Nummer 20, einem heute nicht mehr existierenden Gasthof, kamen endlich die ersten spontanen Hochrufe. Für den kleinen Mann aus dem Volk, der so hoch gestiegen war, bedeuteten sie das eigentliche Lebenselixier. Das war die Wendung. Der Jubel pflanzte sich durch das Tal fort. In Gap empfingen den Kaiser schon Laternen und Fackeln und schufen mit ihren milden Lichtern eine Intimität der gemeinsamen Verschwörung. Napoleon und sein Volk waren wieder eins, fortan war der Bourbone in Paris der Ausgestoßene.

Mancher begann schon hier zu erkennen, daß jener Kaiser, dem man zujubelte, ein verwandelter Napoleon war. Er lebte mit seinen Soldaten, er trank wie sie den Wein aus den großen Eimern, in denen die Bauern ihn heranbrachten. Er kampierte mit ihnen, und die gleiche Gemeinsamkeit wie mit den Soldaten stellte sich mit den Arbeitern von Grenoble ein, als sie ihm statt der Schlüssel von Grenoble nun die Trümmer des Stadttores zu Füßen legten. Dieser Napoleon hatte in der Einsamkeit von Elba gelernt. Er brachte zwar nicht die Revolution, aber er hatte sich auf die Errungenschaften des großen Umschwungs besonnen, der ihn nach oben gebracht hatte.

Der Unermüdliche marschierte und diktierte in einem auf dem Weg nach Paris. Auf den Erlaß der Abschaffung der Kokarde mit den bourbonischen Lilien folgte die Wiedereinführung der Trikolore. Ein weiterer Erlaß hob die Vorrechte des Adels und der Feudalherren auf. Wieder ein anderer verkündete die Beschlagnahme des königlichen Eigentums. Die Kammern wurden aufgelöst und eine große Wählerversammlung für den Monat Mai nach Paris einberufen. Während der dicke Bourbonenkönig sich von seinen getreuen Schranzen Blacas und Duras über den Hof der Tuilerien schleppen und in den Wagen schieben ließ und unter dem Geschluchze einiger Hofdamen die indignierten Abschiedsworte sprach: »Diese Aufregung hätte man Mir unbedingt ersparen müssen«, regte Napoleon das Volk mit seiner rastlosen Aktivität zu einem neuen Leben an. Wer es bis dahin noch nicht bemerkt hatte, sah es jetzt, welchen Unterschied es für Frankreich bedeutete, von Ludwig XVIII. oder von Napoleon regiert zu werden.

In Paris bereitete sich das Volk schon auf seinen Empfang vor. Nun gab es gedruckte Aufrufe und Flugzettel. Die Bevölkerung der Hauptstadt wußte, was sie von diesem Kaiser erwarten durfte, der sich nur noch auf sein Volk stützen konnte, denn von den Großen waren allzu viele ohne Zaudern zu Ludwig XVIII. übergelaufen.

Die Stadt Paris und das Volk des französischen Landes waren sich einig. Napoleon hat später einmal gesagt, er hätte zwei Millionen Bauern mit nach Paris marschieren lassen können, wenn ihm daran gelegen gewesen wäre. In Paris standen die Arbeiter und das kleine Gewerbe ebenso zu ihm. Während man sich noch flüsternd von jener großen Szene der Versöhnung erzählte, in der Napoleon und sein tapferster Marschall, nämlich Ney, einander in die Arme sanken, zogen Fleischer, Drucker, Weber und all die anderen kleinen Leute aus den Pariser Vororten singend und jubelnd in die Innenstadt.

Die Stadt zeigte schon äußerlich die Scheidung der Geister. Die vornehmen Straßen mit den hohen kühlen Adelspalästen lagen wie ausgestorben da. Die Fenster waren geschlossen, höchstens eine neugierige Concierge lugte hinter den Vorhängen hervor. Wer nicht mit dem Bourbonen geflohen war, mochte eine Wiederkehr der Revolutionswirren befürchten – da es sich inzwischen ja erwiesen hatte, daß weder der Adel noch die königliche Familie aus den letzten fünfundzwanzig Jahren auch nur das geringste gelernt hatten.

Die Arbeiter und Handwerker versammelten sich vor den Tuilerien, um den Einzug des Kaisers mit anzusehen. Ein Gerücht besagte, er habe in der Nacht Schloß Fontainebleau erreicht, ein anderes wollte wissen, daß er sich den 20. März zum Tag des Einzugs ausersehen habe, weil dies der vierte Geburtstag seines Sohnes, des kleinen Königs von Rom sei. Aber Napoleon wartete und ließ seine Pariser warten. Er wollte den Bourbonen und ihrem Anhang Zeit zur Flucht lassen, das war die reinlichste Scheidung der Geister, und sie hatte obendrein den Vorteil, unblutig zu sein. Was hätte er auch mit dem dicken Ludwig machen sollen? Ihn gefangensetzen, damit ganz Europa sein Mitleid dem alten, kranken Mann zuwandte und sich der Makel des Königsmordes aufs neue an Frankreich heftete? Sollte er sich doch ruhig abermals ins Exil begeben, wo wenigstens niemand eine positive Leistung von ihm erwartete . . .

Napoleon ging es zunächst um den Frieden für die Festigung seiner eigenen Herrschaft und um die Sicherung des Throns für seinen kleinen Sohn, den Österreich nun als wertvolles Faustpfand bewahrte. Erst am Abend, als ungehemmte Freudenausbrüche und Ausschreitungen nicht mehr zu befürchten waren, hielt er seinen Einzug in die Stadt.

Viele Neugierige waren schon zurückgekehrt, andere waren von den Tuilerien abgewandert und erwarteten in ihrer Ungeduld den einziehenden Kaiser auf den äußeren Boulevards. In den Tuilerien trafen jene Männer ein, die sicher sein konnten, daß der Kaiser ihre Verdienste nicht vergessen hatte. Der General Exelmans, der sich eine riesige Trikolore um den Leib gewunden hatte, der Marschall Davout, Herzog von Auerstedt und Fürst von Eckmühl, der einzige, der sich Ludwig XVIII. nicht zur Verfügung gestellt hatte, Erzkanzler Cambacérès und andere. Aber es kamen auch jene, die sich nicht scheuten, aus einem Dienst in den anderen zu wechseln, so wie man aus einem Zimmer in das andere geht. Geldleute wie Gaudin, der sich den Titel eines Herzogs von Gaëta gekauft hatte, oder Savary, der Chef der Kaiserlichen Polizei.

Der Wagen mit dem Kaiser erreichte um neun Uhr abends das Gitter vor den Tuilerien. Zwölf Stunden hatten Volk und Garden gewartet. Nun stürmten sie gegeneinander an, das Volk, um in die Nähe des Kaisers zu gelangen, die Garden, um Napoleon vor dem Erdrücktwerden zu retten.

Die Karosse und die Pferde wurden in dem Gewühl erst eingekeilt, dann fortgeschwemmt. Pferde stürzten, Reiter mußten weichen, der Fahrer der Karosse knallte machtlos mit der Peitsche. Wie ein Märchengefährt fuhr der große Wagen, ohne den Boden zu berühren, von Hunderten Händen gehoben, dahin und kam erst beim *Pavillon de Flore* wieder auf seine Räder zu stehen.

Claude Manceron schildert diesen historischen Augenblick so:

»Es war ein Krachen wie von aufgeknackten Nüssen. Man öffnete den Wagenschlag nicht, sondern man zerbrach die Tür, man schlitzte dem Wagen gleichsam den Leib auf und zog aus seinem dunklen Raum die weiße und weiche Masse eines kleinen Mannes, der dicklich und bleich wie eine Wachspuppe aussah, wie ein Spielzeug, das auf den tobenden Wogen tanzte. Alles weinte, alles lachte, ein jeder tat, als streife er die alte Haut ab und hätte schon eine neue darunter. Nun war das Neue Wirklichkeit, nun war das andere zu Ende. Nun war Schluß mit dem aufgeschwemmten König, den scheinheiligen Prinzen, der tyrannischen Verwaltung und dem ganzen gespenstischen Reigen der Erinnerungen an das Mittelalter, dieser abgestorbenen Welt, die einige unbelehrbare Greise der Jugend des neuen Jahrhunderts hatten aufbürden wollen. Nun war es aus mit dem Winter, dem Dreck, der Ungerechtigkeit und dem Tod! Alles war vorbei und alles begann! Von Arm zu Arm weitergereicht und von begeisterten Rufen umbrandet, schwebte Napoleon I. in die Tuilerien. Das berühmte graue Jackett war nur noch ein Fetzen, dessen Teile die Menge glücklich in Händen hielt. Napoleon war barhäuptig. Er sah wohl nichts und hörte auch nichts, er wehrte sich nicht, fürchtete sich nicht. Er konnte offenbar überhaupt nichts tun. In jedem Augenblick hatte man den Eindruck, er würde aus Begeisterung zerrissen. Mit geschlossenen Augen, halb vorgestreckten Händen und einem kleinen starren Lächeln um die Lippen ließ er sich auf diese Weise bis ins Vestibül des Tuilerienpalastes tragen und schieben, wie das Korn zwischen den Mühlsteinen.«

Frankreich stand wieder hinter Napoleon, er hatte ihm eine freie Verfassung verliehen und Liberale wie Gernot berufen, denen das ganze Volk vertraute. Er hatte alle für sich eingenommen, angefangen von jenen, die eine aufgeklärte Monarchie wünschten, bis zu den anderen, die Frankreich als Republik sehen wollten. Und mit den auswärtigen Regierungen gedachte Napoleon zumindest zu einem Stillhalteabkommen zu gelangen. Am 4. April des Jahres 1815 schrieb er allen Staatsoberhäuptern, die an Frankreichs Schicksal interessiert sein konnten. Er versucht in diesem Brief bei jenen, die ihn nie in ihrer Mitte haben wollten, doch so etwas wie Gefühl zu erwecken und spricht die Monarchen als »liebe Brüder« an:

»Sie werden im Laufe des vorigen Monats meine Rückkehr an die französischen Küsten, meinen Einzug in Paris und die Abreise der Familie Bourbon erfahren haben. Die wirkliche Bedeutung dieser Ereignisse muß jetzt Euer Majestät bekannt sein. Sie sind das Werk einer unwiderstehlichen Macht, das Werk des einstimmigen Willens einer großen Nation, die ihre Pflichten und ihre Rechte kennt. Die Dynastie, welche die Gewalt dem französischen Volke zurückgegeben hatte, paßte nicht mehr zu ihm. Die Bourbonen haben sich weder seinen Gesinnungen noch seinen Sitten anschließen wollen. Frankreich hat sich von ihnen trennen müssen . . . Ich bin gekommen, und die Liebe meines Volkes hat mich bis in die Mitte meiner Hauptstadt getragen. Das erste Bedürfnis meines Herzens ist, so viel Liebe mit der Aufrechterhaltung eines ehrenhaften Friedens zu quittieren . . . Nachdem man der Welt das Schauspiel großer Kämpfe geboten hat, wird es schöner sein, von nun an keinen anderen Wetteifer zu kennen, als den, die Wohltat des Friedens zu verbreiten.«

Daß es Napoleon mit diesem Angebot ernst war, kann man nicht bezweifeln. Niemand brauchte den Frieden so wie er, niemand hatte so deutlich wie er bewiesen, daß er auch als Staatslenker und Organisator, als Gesetzgeber und Haupt der Verwaltung segensreich zu wirken verstand. Die große Aufgabe, sein Volk aus der Niederlage zum Aufstieg in das neue Jahrhundert zu führen, hätte seinen rastlosen Geist zweifellos befriedigt. Aber in Wien hatte man schon entschieden. Talleyrand, ein Franzose, hatte die Achterklärung durchgesetzt, durch die der zurückgekehrte Kaiser außerhalb des Gesetzes gestellt wurde wie ein Raubritter. Während das Volk in Paris noch jubelte, marschierten schon Deutsche, Österreicher und Russen und diesmal auch die Engländer gegen Frankreichs Grenzen.

In diesem Frankreich, das so schnell seinen alten Herrn zurückerhalten hatte, war inzwischen eine Art Volksabstimmung erfolgt, ein überwältigendes Plebiszit zugunsten Napoleons. Binnen weniger Wochen stellte sich ihm eine Armee zur Verfügung, wie sie andere Länder in Jahren nicht aufbauen konnten. Die Offiziere, die gesehen hatten, wie ihnen adelige Knaben vorgezogen wurden, die einfachen Soldaten, die erleben mußten, daß alles, was ihr Leben ausgemacht hatte, nichts mehr gelten sollte. Nie in der

Geschichte ist eine schlagkräftige Armee schneller aufgestellt und ausgerüstet worden, es glich einem Mirakel und es hätte wohl auch zum Sieg gereicht, wären auf der anderen Seite nicht die Männer ins Feld gezogen, die das Unmögliche schon wiederholt möglich gemacht hatten: der im harten spanischen Feldzug erprobte Wellington, dazu der Marschall Vorwärts, wie Blücher nun in der ganzen Armee hieß, und an seiner Seite Gneisenau.

Waterloo: Die Nacht oder die Preußen

Auch Napoleons Gegner hatten keine Zeit versäumt. Die Generale hatten ja nur zum geringsten Teil an den Zerstreuungen von Wien teilgenommen, und die Soldaten waren überwiegend unter den Waffen. Da es als sicher gelten durfte, daß Napoleon nicht noch einmal nach Spanien einfallen werde, standen gegenüber dem Jahr 1813 nun auch die Engländer und die Hannoveraner zur Verfügung, wohlgeübte Verbände, die auf allen Kriegsschauplätzen durch Festigkeit und Disziplin aufgefallen waren. Beides würde man brauchen, um den verzweifelten Kampfesmut der neuerlich für ihren Kaiser antretenden Franzosen niederzuringen.

Napoleon hatte zwei Möglichkeiten. Er konnte in Frankreich das Herannahen der Feinde abwarten und seinen Friedenswillen demonstrieren. Damit hätte er gegenüber seinem Volk dargetan, daß die Kaiser und Könige sich vereint hatten, um in Frankreich einzugreifen und ein Regime nach ihren Wünschen an die Macht zu bringen. Das war viel, aber es war nicht alles; es war zudem ein politisches Moment, und Napoleon dachte naturgemäß als Feldherr: Stand die gewaltige Koalition erst gegen ihn bereit, selbstsichere Sieger, die nun auch englische Truppen auf dem rechten Flügel miteinbeziehen konnten, so waren seine Chancen sehr gering. Drang er schnell vor, ehe die schwerfälligen Truppenmassen der Russen und der Österreicher – die alte Hauptarmee – bis Frankreich heranmarschiert waren, so bestand die Möglichkeit, zwar nicht die früheren Eroberungen, aber immerhin das Kaiserreich in seinen natürlichen Grenzen zu retten.

Vier Wochen ehe Russen und Österreicher die Stätten der Entscheidung erreichen konnten, marschierte Napoleon nach Norden, gegen das britische Expeditionskorps und die durch das norddeutsche Flachland in Eilmärschen herankommenden Preußen. Die nicht mehr starken Besatzungen der siegreichen Armeen hatten sich schon bei der Nachricht von Napoleons Landung in Antibes nach Norden zurückgezogen. Frankreich selbst gehörte also schon wieder dem Korsen, aber wie lange noch?

Man hat aus der Distanz der Jahrhunderte eingewendet, daß Napoleon zu früh von Elba geflohen sei. Er hätte zuwarten sollen, bis die Sieger untereinander völlig zerstritten, die große Allianz endgültig auseinandergebrochen sei. Ludwig XVIII. hätte bis dahin noch weitere schwere Fehler gemacht, und außer der Armee, die ja stets zu Napoleon gehalten hatte, wäre dann auch das Landvolk zu ihm übergegangen. Aber auch die klügsten Kommentatoren wissen nicht zu sagen, wie lange Napoleon zu diesem Zweck auf Elba hätte warten müssen, und es ist auch mehr als zweifelhaft, ob so virtuose Regisseure wie Metternich oder Talleyrand oder Humboldt den völligen Bruch zwischen den Siegermächten hätten geschehen lassen. Sicher ist allerdings, daß die Nachricht von Napoleons Rückkehr an die Macht die Gegensätze zum Schweigen gebracht hatte; über die Erneuerung der Koalition hatte es keine Debatten gegeben, und die Preußen als Vorkämpfer der Befreiung zeigten auch, daß sie bereit seien, mit dem großen Werk noch einmal von vorne zu beginnen.

Aber auch die Franzosen schienen nur gerastet zu haben, um mit noch größerem Elan angreifen zu können. In jenem nordfranzösisch-flämischen Grenzraum, der in allen Jahrhunderten so viele Armeen gesehen hatte, kam es im Schicksalssommer von 1815 zu drei erbitterten Schlachten, von denen freilich erst die dritte und letzte die Entscheidung brachte: Nach einem Sieg über die Preußen und einer unentschiedenen Begegnung mit Engländern besiegelte die Vereinigung der Gegner – eben das, was Napoleon hatte verhindern wollen – bei Waterloo sein Schicksal.

Napoleons früherer Generalstabschef Berthier lebte nicht mehr. Er hatte mit den Bourbonen paktiert, war vor dem zurückgekehrten Napoleon nach Deutschland geflohen und hatte sich am 1. Juni 1815 in Bayreuth von einem Balkon gestürzt. Dieser und Junots Selbstmord beweisen, unter welchen außerordentlichen Belastungen die Marschälle Napoleons standen, wieviel der Kaiser und Feldherr aus Korsika seiner nächsten Umgebung abverlangte. Neuer Stabschef war Marschall Soult, der Bauernsohn aus dem

Tarn, der beste Taktiker unter Napoleons Marschällen. Er hatte zwar Spanien nicht halten können, aber noch bis zum 19. April 1814 weitergekämpft. Kriegsminister unter Ludwig XVIII., hatte er nun sogleich alle Ämter niedergelegt und sich Napoleon wieder zur Verfügung gestellt.

Zahlenmäßig war Napoleon Wellington wie Blücher überlegen, wenn er sie einzeln stellen konnte; an Artillerie hatte er sogar mehr als der vereinte Gegner. Aber er mußte in einer regenreichen Gegend aufmarschieren, der große Artilleriepark behinderte die Bewegungen, und so hatte Napoleon schon bei Ligny gegen die Preußen nicht seine gesamte Streitmacht zur Verfügung: Er mußte Ney mit drei Korps gegen die wichtige Kreuzung von Quatrebras antreten lassen, um die Vereinigung der Briten mit den Preußen zu verhindern; das waren immerhin 44000 Mann Infanterie und die Reiterei Kellermanns mit noch einmal 3500 Mann.

Gelang Ney die Eroberung von Quatrebras und Napoleon die Einnahme von Sombreffe, so hatte man sich zwischen die Feinde geschoben und deren Vereinigung auf guten und leistungsfähigen Straßen unmöglich gemacht; sie wären dann zu kraft- und zeitraubenden Märschen auf Nebenwegen genötigt gewesen.

Am 16. Juni versuchte Ney, den wichtigen Hügel von Quatrebras gegen eine beinahe doppelt so starke britisch-holländisch-deutsche Streitmacht zu erobern. Der Name des kleinen Ortes kommt von den »vier Armen« (Wegen), die sich hier kreuzen; seine Eroberung war unerläßlich, aber sie war auch eine unlösbare Aufgabe. Die Vorwürfe, die Napoleon später, in Sankt Helena, seinem tapferen Ney deswegen gemacht hat, sind von der Forschung in allen Punkten widerlegt worden.

Napoleon selbst hatte richtig erkannt, daß er Sombreffe nehmen müsse, war sich aber über die Stellung und die Stärke der Preußen vollkommen im unklaren: Statt 124000 Mann erwartet er unter Blücher nur 40000 Soldaten, und da ihm keine genauen Berichte über ihre Standorte vorliegen, verliert er beinahe acht Stunden Tageslicht, ehe er am Nachmittag des 16. Juni bei Ligny auf die preußische Hauptmacht trifft und die Schlacht beginnt.

Die alten Tugenden sind dahin. Der General Bonaparte wäre flink aus den Federn gewesen, hätte selbst rekognosziert, hätte den Preußen im hellen Tageslicht keine Chance gelassen. Aber

Napoleon ist krank. Seine alten Leiden, die Blase und die Hämorrhoiden, machen ihm das Reiten beschwerlich, und in den Tagen der Verzweiflung, in Fontainebleau, wohin er Marie Louise nicht zu rufen wagte, hat er sich von einem Zufallsliebchen noch eine Geschlechtskrankheit zugezogen. Dennoch wird man nicht sagen können, daß diese drei Leiden oder ihre Kombination Weltgeschichte gemacht haben, weil sie den Korsen hinderten, in gewohnter Bravour die Stellungen selbst abzureiten. Es wird nur wieder deutlich, wie unzureichend informiert auch große Feldherren oft in die Schlacht gingen, solange man nur auf dem Boden aufklären konnte.

Wer gegen Blücher und Gneisenau siegen will, der hat einen harten Stand. Einen halben Erfolg hat Napoleon bereits errungen: Wellington nimmt das Treffen mit Ney zum Vorwand, den Preußen nicht zu Hilfe zu eilen, und es geschieht, was sie alle wissen, schon seit den Plänen von Prag im August 1813: Allein Napoleon gegenüberzustehen, ist gleichbedeutend mit einer Niederlage.

Es war ein Mißgeschick, wie man es in diesen ernsthaften und leidenschaftlich geführten Kriegen nicht mehr vermuten würde; im chevaleresken achtzehnten Jahrhundert hatte derlei sich noch öfter ereignet. Wellington war bis nach Mitternacht auf einem glänzenden Ball geblieben, den die Herzogin von Richmond für ihn gegeben hatte, war ohne eine Minute zu schlafen aufs Pferd gestiegen und losgeritten, um Blücher zu treffen, und hatte ihm das Eingreifen seiner Armee für sechzehn Uhr zugesagt. Daraufhin hatten Blücher und Gneisenau sich entschlossen, die Schlacht anzunehmen; aber wer nicht kam, war Wellington, der sich selbst seiner Haut wehren mußte.

Die Preußen hatten bei Ligny eine unglückliche, weil hakenförmige Aufstellung,so daß zwei Korps allein dem massierten französischen Angriff standhalten mußten. Zudem hatte Gneisenau den Anmarschbefehl für das Korps von Bülow – wie Treitschke meint – allzu höflich abgefaßt. Bülow, der Sieger von Dennewitz, war als hochbegabter Querkopf bekannt und sehr empfindlich. Er mußte vorsichtig herangebeten werden, was zur Folge hatte, daß auch er zu spät kam.

Wer aber auf dem Kampfplatz war, der focht mit größter Erbitterung. Selten hatte es in Feldschlachten von Kulturnationen so

Verteidigung des *Ligny*-Baches, Juni 1815, nach A. v. Rößler

wenige Gefangene gegeben wie bei Ligny und danach bei Waterloo; ja ein französischer General soll gedroht haben, jeden auf der Stelle zu erschießen, der ihm einen gefangenen Preußen brächte. In den Augen der Franzosen waren die Preußen ja abtrünnige, also verräterische Verbündete.

Bei stechender Hitze, danach lastender Gewitterschwüle tobte der Kampf vor allem um die Dörfer La Haye und Ligny. Vandamme, der Löwe von Kulm, griff mit dem ihm eigenen Temperament an, die Dörfer wechselten wiederholt den Besitzer, in den Dorfgassen türmten sich die Leichen. Ligny allein fraß neunzehn Bataillone, 14000 Mann. Gegen Abend gab es kein unversehrtes preußisches Regiment mehr, und statt der sehnlich erwarteten Armee Wellingtons kam lediglich das Gewitter, das ein wenig Erfrischung brachte. Noch um sieben Uhr abends erhielt Gneisenau durch den Verbindungsoffizier Hardinge die verbindliche Mitteilung, in einer halben Stunde würden die Briten auf dem Kampfplatz erscheinen – eine unentschuldbare Fehlinformation, die zur Katastrophe führte, als Napoleon seine Reserven, die Alte Garde und die Kavallerie, in die Schlacht warf, fünftausend Schwere Reiter.

Blücher selbst führte den Gegenangriff unter dem Jubel seiner Männer, doch wurde das Pferd unter ihm erschossen und fiel auf den alten Feldherrn, so daß man stundenlang nicht wußte, wo er sich befand. Major von Lützow, der Freischarführer, wurde schwer verwundet; Gneisenau holte, eifrig fechtend, den bereits verwundeten Major von Bardeleben aus dem wildesten Getümmel. Man kämpfte also mit letztem Einsatz, und auch die Kommandeure schonten sich nicht; aber bei Einbruch der Nacht mußten Saint-Amand-La Haye und Ligny geräumt werden. Die ermatteten Franzosen verfolgten nicht, was Blücher rettete: Man fand den bewußtlosen alten Marschall zerschunden und ein wenig benommen, und es gab großen Beifall, als er, zwar noch ein wenig wackelig, aber immerhin heil an Haupt und Gliedern, wieder im Sattel saß.

Inzwischen hatte Gneisenau jedoch allein die schwere, vermutlich kriegsentscheidende Anweisung geben müssen, nicht die bequeme breite Römerstraße ins Maastal als Rückzugsweg zu wählen, sondern nach Wavre zu ziehen, in Richtung auf Wellington. Ein Teil der geschlagenen Preußen hatte sich schon auf der Römerstraße in Marsch gesetzt; sie bot sich als Rückzugsweg ja geradezu an und man wäre auf deutsche Verstärkungen gestoßen. Aber Gneisenau fürchtete, daß sich dann der ebenfalls hart angeschlagene Wellington an die Kanalküste zurückgezogen hätte, womit der Feldzug zu Ende gewesen wäre. Napoleon hätte dann das Feld behauptet, ein neuer großer Krieg wäre nötig gewesen, sofern die Siegermächte nicht unter dem Eindruck dieser militärischen Niederlagen doch auf die Friedensvorschläge des Korsen eingegangen wären.

Es war dieser Entschluß Gneisenaus, der die Schlacht bei Waterloo entschied, noch ehe sie begonnen hatte. Das, was Napoleon mit allen Kräften vermeiden wollte, die Vereinigung der Preußen und der englisch-hannoverschen Truppen, das begann praktisch mit dem Abmarsch der geschlagenen Blücherschen Armee über Wavre. Nach tagelangen Eilmärschen, nach der mörderischen Schlacht von Ligny und nach einer Niederlage, die viele Tausende von Toten gekostet hatte, besaß diese Armee noch die Moral, sich in eine neue Schlacht zu stürzen. Und es gibt eine ganze Reihe von Kommentatoren, die der Meinung sind, Wellington habe in einer sehr ähnlichen Situation, nämlich nach dem schweren und unentschiedenen Treffen von Quatrebras, nicht mit vergleichbarer Energie gehandelt. Er hätte es also verstehen und entschuldigen müssen, wären die Preußen nicht rechtzeitig auf den Feldern von Belle Alliance und Waterloo erschienen . . .

Wieder leiteten die erstaunlichsten Irrwege den Tag ein, den 18. Juni 1815, der alles entscheiden sollte. Napoleon konnte sich nicht vorstellen, daß nach jener Schlacht von Ligny, die dem Sieger so arg mitgespielt hatte, der geschlagene Gegner bereits unterwegs war zu einem neuen Schlachtfeld. 33000 Mann unter dem Marschall Grafen Grouchy verfolgten die Preußen erst in östlicher Richtung, stießen endlich im Norden, bei Wavre, auf ein Korps und griffen es an, ohne sich um den Kanonendonner von Waterloo zu kümmern. Binnen drei Stunden hätte Grouchy dort eingreifen können, zumindest mit den Mannschaften; die Geschütze auf den tiefen Wegen voranzubringen, hätte mehr Zeit erfordert. Aber Grouchy war eben kein Hellseher, sein Kaiser ebensowenig, und Blücher wie Gneisenau handelten in diesen Tagen auch nicht nach der Stimme der Vernunft, sondern nach der des Herzens.

Der kühlste Denker unter ihnen allen war Sir Arthur Wellesley, Herzog von Wellington, Marquis von Vimeiro, Marquis von Douro und Viscount von Talavera, dritter Sohn des Grafen von Mornington und gerade sechsundvierzig Jahre alt geworden. Er hatte seinen Ruhm in dem außerordentlich schwierigen und an Zwischenfällen reichen Feldzug in Portugal und Spanien begründet, und er hatte für den 18. Juni eine jener Stellungen gefunden, die er liebte, vor leicht absinkendem Terrain, das dem Gegner die Truppen Wellingtons in ihrer Aufstellung, ihren Bewegungen und ihrer Stärke verbarg. Im Rücken hatte er jenes Dorf Mont Saint-Jean, nach dem die Franzosen lange Zeit die für sie so unglückliche Schlacht benannten; heute, da Waterloo so sprichwörtlich geworden ist wie Cannae für unsere Urgroßväter, verzeichnen auch die französischen Nachschlagewerke die Schlacht unter dem Namen, den Wellington ihr gegeben hat.

Kaum minder geschwächt als die Preußen, war Napoleons

Hauptmacht erst am Abend des 17. Juni auf dem Schlachtfeld eingetroffen. Während der Nacht und am nächsten Morgen gruben die Briten sich beinahe ungestört ein, während die Franzosen große Mühe hatten, in dem aufgeweichten Boden ihre Artillerie in Stellung zu bringen, ohne daß sie Schaden nahm. Wertvolle Stunden verstrichen, ehe Napoleon gegen Mittag die Schlacht eröffnete. Sein Hauptangriffsziel war der linke Flügel der Engländer, er mußte geworfen und vernichtet werden, ehe die Preußen herankamen, dann war die Vereinigung der Gegner unmöglich. Wütende Kavallerieangriffe brachten jedoch hier ebensowenig Erfolg wie in der Mitte, in der Richtung auf Mont Saint-Jean, und schon am frühen Nachmittag zeigten sich am Horizont die ersten Schwadronen des frischen Bülowschen Korps, das bei Ligny nicht in den Kampf gekommen war.

Napoleon tat alles, um seinen Truppen diesen neuen Gegner zu kaschieren, während Marschall Grouchy vor Wavre von seinen Offizieren bestürmt wurde, das Gefecht mit General von Thienemann abzubrechen und gegen Waterloo zu marschieren. Aber Grouchy berief sich auf den Befehl des Kaisers, nach Bülow kamen die abgekämpften, aber unvermindert angriffslustigen Kompanien Blüchers auf dem Feld von Waterloo an, und Napoleon mußte, den Tod im Herzen, alles einsetzen, was er hatte, die letzten Schwadronen, die Alte und die Junge Garde.

Inzwischen war Ney im Zentrum erfolgreich gewesen. Seine Leute, die nach Norden angreifen mußten und nicht sehen konnten, wie sich auf den Höhen immer mehr Preußen einfanden, eroberten La Haie-Sainte, einen Weiler vor dem Mont Saint-Jean. In der Annahme, daß nun, nach vier Uhr nachmittags, die Briten weichen würden, warf Ney seine ganze Kavalleriereserve in die Schlacht, aber Wellington wich nicht, und als die Franzosen nach zwei Stunden blutigsten Handgemenges die ersten britischen Stellungen eingedrückt hatten, erhoben sich vor ihnen ganze Reihen von Rotröcken aus England und Hannover, die in tadelloser Ordnung feuerten und nachluden, mitten hinein in die vor Erschöpfung taumelnden Gardisten des Kaisers.

Die Preußen, die seit vier Uhr angriffen und nur geringe Fortschritte erzielt hatten, setzten gegen sieben Uhr abends dann die Kavallerie unter Zieten ein; sie brach von Nordosten her gegen jene Truppen vor, die seit Stunden vergeblich auf das Eingreifen Grouchys gewartet hatten und statt der Entlastung durch eigene Regimenter nun preußische Kavallerie vor sich sahen. Diese Enttäuschung war zuviel für sie. Zuletzt kämpften nur noch zwei Karrees der kaiserlichen Gardegrenadiere, das eine unter dem Befehl des ebenso treuen wie tapferen Generals Cambronne, der mit Napoleon auf Elba gewesen war. Bei dieser Gelegenheit soll er die berühmten Worte »Die Garde stirbt, aber sie ergibt sich nicht« gesprochen haben.

Wie weit dieses *mot de Cambronne* in dieser Form authentisch ist, das bildet seit Jahrzehnten ein Streitthema zwischen deutschen und französischen Autoren, aber auch zwischen den großen französischen Lexikon-Verlagen Larousse und Bordas. Sicherlich hat die Tradition Cambronnes Antwort an den Parlamentär zusammengezogen und damit stilisiert; wer kann schon mitten im härtesten Kampf seine Worte zu Mirabeauscher Prägnanz drechseln! Cambronne wurde nach seiner Weigerung, sich zu ergeben, mehrfach verwundet, blieb als vermeintlich Toter auf dem Schlachtfeld liegen und geriet in englische Gefangenschaft. 1816 fühlten sich die Bourbonen bemüßigt, diesem tapferen Mann den Prozeß zu machen, aber nach einem brillanten Plädoyer seines Verteidigers wurde er einstimmig freigesprochen und blieb noch bis 1822 im Dienst.

Sein Gegenstück auf preußischer Seite, der unbeugsame Blücher, berichtete ähnlich kernig über die große Schlacht, die er nach dem Weiler Belle-Alliance benannt wissen wollte – denn nur die schöne Allianz, die wohlgelungene Zusammenarbeit zwischen allen verbündeten Truppen, habe schließlich den Sieg gebracht. An den vorsichtigen Knesebeck, Generaladjutanten des Königs von Preußen, schrieb Blücher in seinem unnachahmlichen phonetischen Briefstil:

»Mein freind die schönste Schlagt ist geschlagen. Der herligste sig ist er fochten. Daß Detaillie wird er vollgen. ich denke, die Bonaparttsche geschigte ist nun wol zimlig wider zu ende. La Bellaliance, den 19. früh: ich kan nicht mehr schreiben den ich Zittere an alle glider, die anstregung wahr zu groß.«

Nach dieser Pflichtmeldung kam dann gleich die Familie. An seine Frau schrieb Blücher, als er sich ein wenig erholt hatte, noch

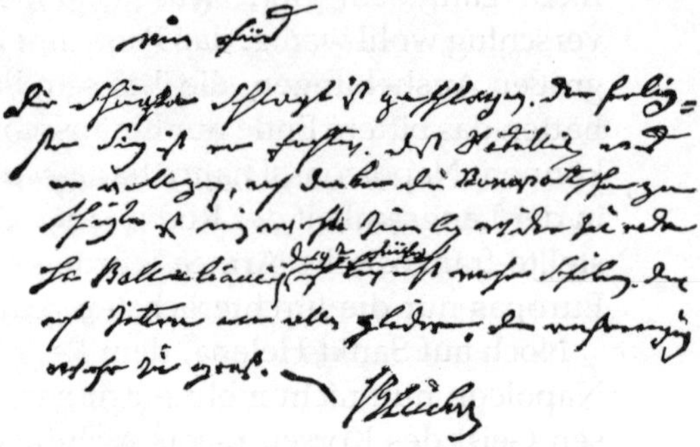

Arthur Wellesley Herzog von *Wellington* (links)
Blüchers Siegesbotschaft an Knesebeck (rechts)

auf dem Schlachtfeld: »Waß ich versprochen habe ich gehallten, den 16. wurde ich gezwungen, den gewalld zu weichen *(Ligny)*, den 18. habe ich in Verbindung meines Freundes Wellington Napoleon daß Gahrauß gemacht. Wo er hingekom weiß kein mensch. Seine Armeh ist völlig en de routte *(auseinandergelaufen)*, seine attellerie ist in unsern henden. Seine Orden, die er selbst getragen, sind mich so eben gebracht. Sie sind in *(aus)* einen seiner wagen genom . . .«

Es war wie nach dem Verlust der *Grande Armée* im Spätherbst 1812. Napoleon gab noch nicht auf; er ließ Grouchy mit jenen 35 000 Mann, die bei Waterloo so bitter gefehlt hatten, den Rückzug der Geschlagenen decken und begab sich selbst eilends nach Paris. In einem vorausgesandten Brief finden sich jene Zahlenspiele, die wir nun schon kennen, Phantasien eines Gehirns, das sich anders nicht mehr beruhigen kann, das rastlos arbeiten muß, um seinen knöchernen Kerker nicht zu sprengen. Napoleon war, nach einer grenzenlosen Anspannung seit dem Tag der Flucht von Elba und der Wiederaufrichtung des Empires am 20. März, vermutlich nicht mehr ganz sein Herr, was die Entscheidungen betraf, und es verschlug wohl wenig, daß Paris nun nicht mehr auf ihn hörte. Die großen Aushebungen, die ihm sein Feldherrngehirn vorgaukelte, hätten das bittere Ende nur hinausschieben, nicht aber verhindern können. Napoleons Chance hatte in der Schnelligkeit gelegen und in der Langsamkeit der Russen und Österreicher. Eine neu aufgestellte französische Armee würde gegen die versammelte Macht Europas nur die fürchterlichsten Blutopfer zu bringen haben.

Noch auf Sankt Helena, dem Regeneiland im Südatlantik, dem Napoleon nun nicht mehr entrinnen konnte, marterte den rastlosen Geist des Korsen nichts mehr als der Umstand, daß er diese Schlacht verloren hatte; von keiner anderen spricht er mit gleicher Bitterkeit. »Ich kann den Verlust der Schlacht bei Waterloo nicht begreifen«, sagte er zu General Gourguaud, der von 1815 bis 1818 die Einsamkeit mit seinem Kaiser teilte. »Mit 20 000 Mann weniger hätte ich immer noch die Schlacht gewinnen müssen. Das Schicksal hat's gewollt, daß ich sie verlor . . . Die Engländer verdanken ihren Sieg vor allen Dingen ihrer guten Disziplin. Sie konnten dreißig Schritte vorrücken, dann kam ›Halt! Feuer! Zurück! Feuer! Vorwärts dreißig Schritte!‹ – und das alles, ohne in Verwirrung oder Unordnung zu geraten.«

Man kann bei so manchem preußischen Historiker bittere Worte über Wellington lesen, einmal, weil er bei Ligny zu spät gekommen sei, zum andern, weil er bei Waterloo den vollen Glanz des Sieges auf sich zu vereinigen suchte. Aber das sind Fragen der Kriterien. War der Marschall von Sachsen ein schlechter Feldherr, weil ihm die schönsten Schauspielerinnen gerade gut genug dünkten für sein Bett? War Blücher hinter Wellington zurückzusetzen, weil er sich mit Stiefeln und Sporen in sein feines Pariser Bett warf?

Die Sieger von Waterloo waren grundverschieden, soviel steht fest, man braucht nur die lange Liste der Dotationen zu lesen, die Wellington annahm und die vielen Titel, die er auf sich vereinigte, und die Briefe Blüchers dagegenhalten. Aber vermutlich war Napoleon nur durch eine solche Mischung endgültig zu schlagen. Was dem einen fehlte, das hatte der andere, und in der Summation

→ *Napoleons Flucht* nach der Schlacht von Belle-Alliance, nach A. C. Gow (folgende Seiten)

A.C.GOW

dieser Eigenschaften taten sie als Feldherrn das, was ihre Truppen auch taten – Schulter an Schulter zu siegen.

Eines freilich hat England ganz für sich allein, und es schmerzt sehr, dies sagen zu müssen: die Asche, die es auf den Ruhm von Trafalgar und Waterloo streute, indem es den geschlagenen Napoleon auf Sankt Helena nicht nur würdelos, sondern sinnlos grausam behandelte und an dem wehrlosen und kranken Gegner von einst jene Rache zuließ, in der uralter Haß der Rivalen am Ärmelkanal noch einmal ausbrach.

Sir Hudson Lowe, Sohn eines Feldschers und zuletzt Generalquartiermeister in den Niederlanden, ist unter den nicht allzu zahlreichen namentlich bekannten Kerkermeistern der Geschichte wohl die abstoßendste Erscheinung; sein Instrumentarium der kleinen Erschwernisse war ebenso perfekt wie die geheimen Grausamkeiten – ob er nun dem Kranken die Bewegungsfreiheit nahm oder ob er eine Familie, mit der Napoleon sich angefreundet hatte, in die Heimat befördern ließ. Seltsamerweise spricht man bis heute von Hudson Lowes Gegenstück, dem kongenial-grausamen Captain Bligh von der *Bounty*; Lowe selbst aber ist vergessen. Als Napoleon im Mai 1821 noch nicht zweiundfünfzig Jahre alt auf Sankt Helena gestorben war, kehrte Sir Hudson Lowe nach England zurück und empfing den Dank seines Souveräns, des inzwischen gekrönten einstigen Regenten George IV.

Abgesang der Freiheit

Europa war seinen Tyrannen losgeworden. Aber hatte es wirklich nur diesen einen gegeben? Napoleon war der erfolgreichste und der begabteste unter allen Alleinherrschern unseres Kontinents; seine Gegner hatten kluge Minister und begabte Feldherren, aber in ihren eigenen Fähigkeiten nahmen sie sich gegenüber dem nun abgetretenen Korsen recht kläglich aus. Einzig der Zar machte einigermaßen gute Figur, und es war Napoleons letzter und verhängnisvollster Irrtum gewesen, sich nicht dem Kaiser von Österreich oder dem Zaren auszuliefern, sondern den Engländern. Auch Franz I. war zwar kleinlich, aber er hätte seinen Schwiegersohn doch kaum anderswo festsetzen können als auf einem gut bewachten Draculaschloß im hintersten Siebenbürgen. Und Alexander I., der Mann der großen Gesten, hatte auf den kampflos entwichenen Ludwig XVIII. und die Bourbonen insgesamt so herzhaft geschimpft, daß er einem gefangenen Napoleon vermutlich sogar die feuchte Schlüsselburg erspart hätte. Napoleon aber hatte sich an Bord des britischen Kriegsschiffes *Bellerophon* begeben, freiwillig und nachdem er in einem Brief an den Regenten von England gebeten hatte, nach England ins Exil gehen zu dürfen. Aber das burgenreiche Albion hatte ihn nicht auf Lindisfarne, nicht auf Iona, nicht auf die entlegenste Orkney-Insel verbannt, sondern eben auf Sankt Helena. In einem der Gespräche, die Napoleon dort mit seinem treuen Las Cases führte, sagte er: »Mein Guter, was heißt denn volkstümlich und was heißt milde? Wer war volkstümlicher und milder als der unglückselige Ludwig XVI.? Und welches Schicksal ist ihm zuteil geworden? Man hat ihn umgebracht. Man muß einem Volk würdig dienen, sich aber keine Mühe geben, ihm um den Bart zu gehen.«

Wenige Wochen bevor dieses Gespräch stattfand, nämlich am

26. September 1815, war gleichsam als Abschluß der Friedensverhandlungen in Paris ein seltsames Dokument unterzeichnet worden. Es berief sich wortreich auf die Heilige Schrift und verpflichtete die drei unterfertigenden Monarchen »vereinigt zu bleiben durch die Bande einer wahren und unauflöslichen Brüderlichkeit . . . und sich insgesamt nur als Glieder ein und derselben christlichen Nation zu betrachten, während die drei verbündeten Fürsten sich selbst nur als die Werkzeuge der Vorsehung ansehen.« Im letzten Punkt wurde erklärt, daß diese *Heilige Allianz* allen gleichgesinnten Mächten offenstehe.

Nach Jahrzehnten blutigster Kriege stand es den Herrschern zweifellos gut an, neben den militärischen Triumph die Einkehr zu setzen, und da sie sich ja alle auf ihr Gottesgnadentum beriefen und als gesalbte Kaiser und Könige verstanden, lag es nahe, jene fromme und wohl auch dem Frieden dienende Versicherung abzugeben. Die kühleren Köpfe der zweifellos nicht gesalbten, sondern sehr weltlich agierenden Minister vermochten an diesem Dokument wenig Nützliches zu finden. Metternich hatte die reine Absichtserklärung vergeblich nach konkreten Abmachungen abgeklopft und endlich ärgerlich als ein »lauttönendes Nichts« bezeichnet; der britische Unterhändler Castlereagh sagte sogar, die Erklärung sei »ein Dokument des sublimen Mystizismus und des Unsinns«.

Damit war für alle Beteiligten auch klargeworden, wer hinter diesem Text stand: die fromme Muse des Zaren, die trotz aller Schwärmerei höchst energische und zielbewußte Juliane von Vietinghoff, verwitwete von Kruedener, eine Baltin also, eine Frau von beträchtlicher galanter Vergangenheit, Verfasserin von Schlüsselromanen und seit 1808 einer phantastischen Religiosität hingegeben. Swedenborg hatte sie ebenso beeinflußt wie Jung-Stilling und die elsässische Seherin Marie Gottliebin Kummer, mit der sie jahrelang Umgang hatte. Und im Frühjahr 1815 wurde ihr dann klar, daß Napoleon der apokalyptische Vernichter der Welt sei, Zar Alexander aber der Retter der Schöpfung und der Christenheit. Nun, wer läßt sich dergleichen nicht gerne sagen, vor allem, wenn man wie der Zar ein Leben unter dem Vorwurf des Vatermordes zugebracht hatte?

Das Dokument, aus dem die spöttischen Minister sehr bald

machen werden, was ihnen paßt, war von Alexander aufrichtig gemeint. Der nicht sehr starke, aber tiefe Verstand des Zaren hatte unter den Eindrücken der Kriegsjahre und der Hekatomben von Toten jene Wendung zur Mystik genommen, der sich in diesen Zeiten auch robustere Naturen nicht hatten entziehen können: Wir haben von den Selbstmorden unter Napoleons Marschällen berichtet.

Wie sich noch im selben Jahr herausstellte, war die Stiftung dieser Heiligen Allianz ein Art Abschied von der Bühne der Weltpolitik. »Nachdem der Kaiser 1815 heimgekehrt war«, lesen wir in den Memoiren des Dekabristen Jakuschkin, »bat er die Minister um einen Monat Ruhe; dann übergab er fast die ganze Herrschaft über den Staat dem Grafen Araktschejew. Alexanders Seele war in Westeuropa geblieben.«

Beeindruckt durch den englisch-preußischen Sieg ohne Mitwirkung der russischen Armee, bevorzugte Alexander I. seine baltendeutschen Untertanen, von denen besonders ein Oberst von Taube – es handelt sich wohl um den späteren Gouverneur Magnus Freiherrn von Taube – bekannte russische Offiziersfamilien beim Zaren anschwärzte und damit indirekt zur Entstehung einer Offiziers- und Adelsopposition gegen Alexander beitrug. Sie führte später zu der Dekabristenverschwörung.

Auch in Frankreich war ein Günstling des Zaren zu Einfluß gekommen: Der Herzog von Richelieu, nach Rußland emigriert, war unter Alexander Gouverneur auf der Halbinsel Krim geworden und ersetzte nach den Hundert Tagen den nun nicht mehr tragbaren Talleyrand. Die Anmaßungen des ehemaligen Bischofs und napoleonischen Ministers waren selbst Metternich zuviel geworden. Frankreich war nun zweimal geschlagen und mußte sich mit dieser Rolle abfinden. Das gelang dem keineswegs genialen, aber rechtschaffen bemühten Richelieu zuletzt auch besser als dem Großmacht-Kanzler Talleyrand, hinter dem niemand mehr stand.

Die Unzufriedenheit der Russen hatte aber neben der Abneigung gegen die einflußreichen Ausländer noch einen zweiten Grund: die tiefe Enttäuschung über das Ausbleiben aller Reformen nach dem Ende des Vaterländischen Krieges. Daß die Deutschen schon seit Peter dem Großen vielfach dem einheimischen Adel vorgezogen worden waren, rief in erster Linie die großen Familien auf den Plan, die Murawjow, Trubetzkoi, Bestushew und andere. Zutiefst betroffen aber waren Volk und Studentenschaft über die Fortdauer mittelalterlicher Zustände und Gesellschaftsformen auch nach dem Sieg. Sie hatten alle für Rußland gekämpft; sie hatten in Deutschland und Frankreich freie Bauern gesehen, sie hatten Gelegenheit gehabt, mit Soldaten zu sprechen, die nicht fünfundzwanzig (!) Jahre dienen mußten und dabei behandelt wurden wie Zuchthäusler. Die Offiziere hatten Verwaltungen und Beamten kennengelernt, die ungleich effektiver arbeiteten als die vergleichbaren russischen, und die sich in der verächtlichen Abwehr der Bestechungen im wesentlichen einig waren. Selbst im Kaisertum Österreich, dem traditionsreichsten der europäischen Staaten, lagen die einschneidenden Reformen schon um Jahrzehnte zurück und funktionierte das Staatswesen – allerdings ohne alle neuen Ideen – ungleich besser als im Zarenreich.

Die Enttäuschung war um so tiefer, als man gerade Alexander große Erwartungen entgegengebracht hatte. Zum Unterschied von manchem seiner männlichen oder weiblichen Vorgänger war er persönlich integer, mit zureichenden Geistesgaben ausgestattet, gebildet und von den Pflichten seines hohen Amtes durchdrungen. Sein Volk war widerspruchslos in die schweren Kriege gegangen, aber der Lohn dafür blieb aus. Bestushew zitiert, was er vielfach zu hören bekam: »Wir haben unser Blut vergossen, und nun zwingt man uns wieder, im Frondienst zu schwitzen. Wir haben unsere Heimat von einem fremden Tyrannen befreit, aber unsere eigenen *(Guts)*Herren tyrannisieren uns aufs neue.«

Es gab Hoffnungszeichen. Der Zar hatte in Warschau, in seiner Eröffnungsrede vor dem polnischen Sejm, vage versprochen, auch seinem Land eine Verfassung zu geben, was praktisch ein Mitspracherecht für die Stände bedeutete. Einige Generale, die aus westlichen Vorbildern gelernt hatten, versuchten, ihre Leibeigenen freizugeben, ernteten damit aber nur den Haß und die Intrigen anderer Gutsherren, die dazu nicht bereit waren.

Es gärte, man redete, man diskutierte und tat sich zusammen, hatte das ganze russische Volk doch in einer gewaltigen Bewegung, in zehn Kriegsjahren, Eindrücke und Erfahrungen gesammelt, wie sie den Generationen vorher verwehrt geblieben waren. Und solange man über all dies reden und seine Meinung äußern konnte, hielt die Spannung sich auch in Grenzen. Aber bald ging Alexander zu jenen Methoden über, die ihm die französische und die österreichische Polizei vorexerziert hatten. Eine Armee von Spitzeln vergiftete die Atmosphäre der freien Diskussionen, und der Druck der schwelenden Revolution nahm zu. Dazu kam es vor allem auch, weil das besitzende und damit friedliche Bürgertum in Rußland weitgehend fehlte, da die Bürger arm und rechtlos waren, die Offiziere und die Soldaten aber maßlos enttäuscht. Das war der Beginn jener geheimen Gesellschaften und revolutionären Zirkel, die vom Dekabristenaufstand an bis zu der großen Revolte von 1905 und zum Ende des Zarentums 1917 die russische Innenpolitik beherrschten. Daß Alexander I. sein Heil in religiöser Schwärmerei suchte statt in praktischer politischer Arbeit für sein Volk, legte den Grund zu einer Entwicklung, die hundert Jahre später in der blutigen Oktoberrevolution der Bolschewiki gipfelte.

Nicht zum erstenmal gewinnen Ereignisse, die in anderen Staaten zum Völkerschicksal werden, in Österreich eher operettenhaften Charakter. Das liegt nicht nur an der Natur des Wieners, der den großen Kongreß beobachtete und schließlich nicht mehr ernst nehmen konnte, das liegt auch an der spielerisch-lässigen Manier, in der Metternich, nun auch des Rivalen Talleyrand ledig, jene Geschäfte abwickelt, die eben noch große Politik waren und nun, nach der zweiten Verbannung Napoleons, eigentlich nur noch Affairen sind. Und wenn so mancher biedere Preuße in den Jahren der Befreiung allen Grund hatte, die Nonchalance Metternichs zu verdammen und den großen Zeiten nicht angemessen zu finden – für das, was sich jetzt noch an Erledigungen aufdrängt, ist die leichte Hand des Staatskanzlers gewiß besser geeignet als der schwerfällige Tritt des Beamtenstaates an der Spree.

Das erste Problem schafft die Kaiserin, also Marie Louise, mit ihrem Sohn, dem König von Rom und späteren Herzog von Reichstadt. Die beiden spielen eine große Rolle für jene Partei, die zwar keinen Napoleon will, aber auch keine Bourbonen, also für den alten Verschwörer Fouché. Napoleon ist noch nicht geschlagen; er marschiert erst seinem Waterloo entgegen, als Fouché und Metternich sich bereits in einem intensiven brieflichen Dialog über eine mögliche Regentschaft für den Napoleon-Sohn von der Habsburgerprinzessin befinden. Napoleon liefert die Schlacht seines Lebens, aber sein Polizeiminister gibt ihm schon vorher keine Chance mehr – und was Fouché bei dieser Gelegenheit an Abfälligem über die Bourbonen sagt, ist nur allzu richtig. Metternich scheint solchen Plänen nicht abgeneigt, auch der russische Außenminister Nesselrode wäre zu gewinnen; für den Zaren aber, der in seiner Schwäche ausschließlich auf den mephistophelischen Pozzo di Borgo hört, kommt derlei nicht in Frage: Pozzos Sankt-Helena-Plan, der ja bereits eine der Ursachen für die Flucht Napoleons von Elba war, vereitelt auch alle Thronansprüche Napoleons II.

Marie Louise schreibt in dieser Situation ihrem geschlagenen und auf der Fahrt durch Frankreich maltraitierten Gatten liebevolle Briefe. In den Hundert Tagen und nachher hat sie jedoch nur noch Angst, daß der große Korse sie an seine Seite zurückbefehlen könnte, denn sie hat ja einen Liebhaber – den Baron und späteren Grafen Neipperg, dessen Familie sich künftig, um den Klatsch ein wenig zu verwischen, Montenuovo nennen wird.

Metternichs zweites Sorgenkind ist die hübsche Caroline Murat, Königin von Neapel. Auch hier kreuzen sich die Interessen der Verbündeten mit jenen des Staatskanzlers. Er weiß, daß die in Neapel herrschenden spanischen Bourbonen den am stärksten kretinisierten Zweig dieser niedergehenden Familie bilden. Caroline Murat hat für Neapel in den wenigen Jahren ihrer Herrschaft dort mehr getan als ganze Generationen von legitimen Monarchen – und außerdem ist es nicht so leicht, einer Frau, mit der man so viele schöne Pariser Nächte verbracht hat, etwas abzuschlagen. Auch hier aber wagt es Neipperg, einem Metternich entgegenzutreten. Er führt österreichische Truppen nach Neapel hinein, nimmt Madame Murat gefangen und entläßt sie erst auf Intervention Metternichs zunächst nach Triest und später nach Hainburg. Murat selbst, der mit 250 Mann Neapel zurückerobern will, wird von König Ferdinand nicht als Kriegsgefangener behandelt, sondern standrechtlich erschossen.

Caroline Murat, die mit fünfundfünfzig Personen ein beträchtliches Gefolge nach Triest führt, tröstet sich mit einem General. Alles, was sie an Kostbarkeiten aus dem Königspalast von Neapel mitgehen ließ, darf sie – trotz wütender Proteste Ferdinands – dank eines Metternichschen Machtwortes behalten. Sie stirbt 1839 in Florenz.

Ferdinand, als Ferrante I. König beider Sizilien und wohl der blutigste Tyrann seines Jahrhunderts auf europäischem Boden, wagte gegen Metternich, der ihn verachtete, nur eine hämische Rache: Er machte den Staatskanzler zu einem Fürsten von Macaroni und verband diese Ernennung mit einer Jahresrente von 60000 Francs, die abzulehnen der ungemein geldgierige Metternich nicht über sich brachte. Er lief indessen nicht allzulange als *Principe di Macaroni* herum, sondern drang in Neapel auf eine Namensänderung. Das neue Fürstentum klang nicht viel besser, es hieß nach dem Grenzort, über den die Österreicher einmarschiert waren, Portella.

Liquidationen dieser Art waren für Metternich jedenfalls Routine; er ließ keinen Zweifel daran, daß seine Personalpolitik und seine Pläne auch das Erzhaus miteinbezogen, und als zwei Brüder des Kaisers, die Erzherzoge Karl und Palatinus, nun, im Frieden, endlich nach ihrem Gutdünken heiraten wollten, warteten sie wohlweislich, bis Metternich in Geschäften einige Monate von Wien abwesend war. Der verärgerte Brief, den er nach dem *fait accompli* an Franz I. schreibt, ist für das Verhältnis zwischen Kaiser und Minister jedenfalls sehr bezeichnend.

Mit dem Volk oder eigentlich den Völkern verstand Metternich weit weniger gut umzugehen, und seine lieben Wiener werden ihn dereinst auch *in effigie*, als Strohpuppe, an eine Laterne hängen. Aber sie lassen ihm zunächst einmal Zeit: dreißig Jahre! Um so viel scheint die innenpolitische Opposition in Österreich hinter den freiheitlichen Strömungen und Parteiungen in Preußen und sogar in Rußland herzuhinken. Friedrich Anton von Schönholz hat in seinen unsterblichen *Traditionen zur Charakteristik Österreichs* geschildert, wie er die Zeit Franz I. erlebte: »Auf der einen Seite wurde der Staat wie ein Gichtkranker gegen jedes Lüftchen gehütet: er schien so schwach, daß ihn der armseligste Zeitungsartikel umstürzen konnte. Auf der anderen Seite sah man den Volksgeist im Dunkel der festverschlossenen Krankenstube sich auf die seltsamste Weise gebärden: weil ihm der Anblick der Wirklichkeit entzogen, erbaute er sich eine Fabelwelt, und welche!«

Seit 1818, als in Preußen, Rußland und Italien einzelne Geheime Gesellschaften entdeckt worden waren, wurden in Wien selbst die medizinisch-wissenschaftlichen Zusammenkünfte unter der Ägide des Grafen Harrach verboten, und jeder Wiener Kaffeehauszirkel wurde von Spitzeln überwacht – ziemlich überflüssigerweise. Denn die Zeiten, in denen ein Lenin oder ein Trotzki vom Kaffeehaus aus Revolutionen vorbereitet, war noch lange nicht da. Höhere Beamte, Rechtsanwälte, Ärzte, kurz die geistig regsame Schicht des Bürgertums, diskutierte im Café die Tagesereignisse, und wenn es wirklich einmal heiklere Themen gab, so bewegte sich das Gespräch »um angebliche oder wirkliche Mängel, Mißgriffe gewisser damals allgemein unbeliebter (Subaltern-)Machthaber, Einflüsse der sogenannten Jesuiten, der Maitressen und -Juden, und kann in dieser Beziehung als normal für sämtlichen geselligen Diskurs jener Periode gelten« (Schönholz).

Die Dichter, die jungen Gelehrten, die in Preußen und in Rußland die eigentliche Fronde der Freiheit bildeten, sie gefielen sich in Österreich überwiegend in einer Huldigungshaltung, ja Claudio Magris, der hochbegabte Triestiner Germanist, sieht den Habsburgischen Mythos in der österreichischen Literatur eben damals, nach dem Kongreß entstehen, während sich anderswo die Literaten zur Opposition formieren:

»In dieser Zeit nimmt auch das bürokratische Ideal Gestalt an, das für Österreich, wie wir es kennen, so typisch ist: es geht nicht mehr um den aufgeklärten Wunsch der Staatserneuerung, sondern um ein System fleißiger Schlamperei; dieses war zugleich skrupelhafte, umsichtige Ehrfurcht vor dem Gesetz und saumseliger Immobilismus, der vor jeder wirksamen Reform oder gar Verfassung – diesem gottlosen Wort des Aufklärungszeitalters – zurückschreckt, könnten sie doch verhängnisvoll soziale Kräfte, dynamische Erneuerungsglut und folglich Zerfallskeime wecken.«

Die Ereignisse wecken natürlich ein patriotisches Echo in der Literatur, aber keinen Ruf nach Freiheit, allenfalls – wie etwa bei dem pseudonymen Anastasius Grün, einem Fürsten Auersperg – vage Sehnsüchte nach einem großen, einigen Deutschland. Österreichs größter Dichter aber, der spätere Hofrat Franz Grillparzer, stellte 1817, im Jahr der ersten großen revolutionären Kundgebungen auf deutschem Boden, seine Tragödie *Die Ahnfrau* auf die

Bühne und hatte auch noch überwältigenden Erfolg mit diesem Schauerdrama. Aber selbst dieser *Poeta laureatus* des Habsburgerstaates, der mitten im Vormärz seine große Reihe österreichischer Historien aufs Wiener Burgtheater brachte, hatte Schwierigkeiten mit der Zensur, und es kam zu der ziemlich einmaligen und echt österreichischen Tragikomödie, daß ihm der Kaiser ein unliebsames Stück geradezu abkaufte: es werde von Zeit zu Zeit, aber immer seltener gegeben werden und schließlich verschwinden . . .

Man hatte also behutsamere und feinere Methoden als der ungebildete und schlecht erzogene Ferrante I. und ging mit den schüchtern opponierenden Berühmtheiten viel zarter um, als dies der Zar tat. Es wird sich für Österreich lohnen, denn 1848 scharen sich seine besten Geister, Feuchtersleben, Grün, Grillparzer, Stifter und andere um den alten Radetzky, 1813 vor Leipzig noch Generalstabschef, im Schicksalsjahr 1848 vielleicht der Retter der Monarchie. Anastasius Grün, der vordem »die edle Maid Germania« besang und den »alten deutschen Rhein« wird nun Radetzky ebenso besingen wie es Grillparzer tut, der ausdrücklich sagt: »In deinem Lager ist Österreich.« Der Vielvölkerstaat wird in diesem Jahrhundert noch gewaltige Schwierigkeiten haben; mit Napoleon und den Befreiungskriegen aber haben sie nur sehr wenig zu tun.

Warum dies so ist – und an dem Faktum selbst wird heute nicht mehr gezweifelt –, das wäre ein reizvolles Thema für die rückgewandte Völkerpsychologie. Denn die Klischees, etwa das von der österreichischen Oberflächlichkeit, reichen zu einer Erklärung bei weitem nicht aus. Eher könnte man anführen, daß das alte Österreich, der Kaiserstaat, als europäische Vormacht von militärischen Erfolgen nicht in dem Maß abhängig war wie das kleine Brandenburg-Preußen, das sich erst durch den großen Friedrich neben die Großmächte Frankreich, Österreich und Rußland geschoben hatte und bei so schweren Niederlagen wie jenen von Jena und Auerstedt wieder ins Mittelmaß zurückfallen konnte. Aber es spielte gewiß auch eine Rolle, daß Österreich sich seit der Hinrichtung der Marie Antoinette in einem ähnlich andauernden Kriegszustand mit Frankreich befunden hatte wie England; es hatte dabei keineswegs nur Niederlagen gegeben, und die Besatzungszeiten waren – von Tirol abgesehen – nur kurz gewesen. Diese wechselhafte, nunmehr Jahrzehnte währende Entwicklung hatte keinen Anlaß geboten, Napoleon zu einem überlegenen und verabscheuungswürdigen Monstrum aufzublähen, und in der letzten Phase der Auseinandersetzung war er ja sogar zum Schwiegersohn des Kaisers Franz geworden. Die preußische Publizistik, aber auch die zahlreichen Freiheitsdichter, die seit dem Herbst 1812 in mehr oder minder gelungenen Poesien die große Rache einläuteten, sie fehlten an der Donau bis auf wenige Ausnahmen, und diese wenigen erfreuten sich keineswegs der obrigkeitlichen Sympathien. Ja als einer von ihnen nach dem Abzug der Franzosen Entschädigungen für erlittene Unbill verlangte und sich auf seine mutigen Lieder berief, fragte Franz I. nur unwirsch: »Wer hat's ihm den g'schafft?«

An der Spitze der österreichischen Politik stand seit 1809 jener Staatskanzler Metternich, der aus seiner Frankophilie nie ein Hehl gemacht hatte; er war in Paris ebenso zu Hause wie an der Donau, hatte mit der intelligentesten Schwester des Korsen nicht nur eine Liebschaft gehabt, sondern eine jahrelange *Entente cordiale* unterhalten und gleichsam als Gegenleistung eine österreichische Erzherzogin dem Erzfeind Europas ins Bett gelegt. Angesichts solcher Verflechtungen war die nachbarliche Wut auf die Tirol besetzenden Bayern zeitweise deutlicher ausgeprägt als der Franzosenhaß, für den Wien auch viel zu sehr Weltstadt war.

Im Gegensatz zu Österreich war Brandenburg-Preußen ein Staat vergleichsweise junger Ausprägung und schnell gewachsenen Selbstbewußtseins, Siedelland auf Slawengrund, Ordensstaat und als Kurfürstentum erst in harten Auseinandersetzungen mit Schweden und Polen zu seinen Grenzen und einiger Ausdehnung gekommen. Vier Jahrzehnte unter dem genialen Friedrich II. hatten Größe, aber auch Erstarrung gebracht, und die Wende vom achtzehnten zum neunzehnten Jahrhundert war keinem anderen Land so viel schuldig geblieben wie gerade Preußen: das große Erwachen am Ausgang des achtzehnten Jahrhunderts, das man *le siècle de lumiére* genannt hat, war in Preußen ausgeblieben; was Joseph II. in Österreich schon eingeleitet hatte, als Friedrich der Große noch lebte, das stellte sich in Preußen sehr zögernd erst ein, als der alte Staat nach der tiefen Bestürzung von 1806 zum Umdenken und zu Reformen gezwungen war.

Die Armee, zunächst Ursache der großen Enttäuschung, hatte in der verblüffend kurzen Zeit von sieben Jahren dann den Vorsprung aufgeholt, den die anderen Gegner Napoleons gegenüber Preußen gehabt hatten, und schon Monate vor der Völkerschlacht von Leipzig war es klar, daß Preußen militärisch gesehen der Vorkämpfer der Befreiung sein würde – allerdings erst nach der katastrophalen Niederlage Frankreichs auf den Schneefeldern des westlichen Rußland.

Mit einem ungeheuren Impetus, der keineswegs nur durch einige wenige Generale repräsentiert war, setzte sich Preußen auch bei der zweiten Niederwerfung des Korsen am Ende der Hundert Tage wiederum an die Spitze der militärischen Aktion, und Wilhelm von Humboldt und Hardenberg hatten bei ihren Bemühungen für Preußen auf dem Wiener Kongreß wohl keine tüchtigere Hilfe gehabt als den alten Blücher, der von Politik und Diplomatie so wenig hielt. Trotz Wellington und seinen britisch-hannoverschen Schlachtreihen war es der Schwung Blüchers, Gneisenaus und ihrer Generale aus den alten preußischen Familien gewesen, der die Entscheidung herbeigeführt hatte. Das geschah in den Tagen, als der Zar noch überlegte, ob er überhaupt noch einmal für die Bourbonen in die Schlacht ziehen sollte, während sich Fürst Schwarzenberg von allen Damen seiner Bekanntschaft verabschiedete, um die Hauptarmee gemächlich gegen den wiedergekommenen Napoleon zu führen. Dieser erfolgreiche Elan aus wiedergefundenen, wiederbelebten großen Traditionen wirkte jedoch nicht nur nach außen, gegen Frankreich und zugunsten preußischer Geltung in Europa, sondern er wirkte vor allem auf diesen Staat zurück, den nicht nur Napoleon in Frage gestellt hatte. Das alte, kläglich unterlegene Preußen war durch die Siege der Reformer endgültig Vergangenheit geworden, eine Vergangenheit, aus der so mancher nur eben die Hohenzollern zu bewahren gedachte.

Jahrelange Besetzung durch die arroganten Franzosen hatte zudem einen über Preußen hinausreichenden deutschen Patriotismus neu belebt, der etwa unter Friedrich dem Großen noch geschlummert hatte. Gegen Friedrich waren noch Reichstruppen eingesetzt gewesen; nach den Siegen von Leipzig und Waterloo aber waren es gerade die führenden Köpfe Preußens, die eine Wiedererrichtung des Deutschen Kaiserreichs, des alten Heiligen Römischen Reiches, als die natürliche Folge der Befreiung ansahen und nur nach und nach auf einen Deutschen Bund, einen Bund der souveränen Länder deutscher Zunge, umschwenkten. Steckten die Politiker sich also erreichbare Ziele, so sangen doch die Dichter, schrieben die Literaten von einem großen, einigen Reich der Deutschen, in dem die Fürsten, die gegen Napoleon so schlechte Figur gemacht hatten, nicht mehr die Rolle spielen sollten, an die sie sich im Lauf der Jahrhunderte allzusehr gewöhnt hatten. Und es ist gewiß kein Kuriosum, sondern ein bemerkenswertes Zeugnis von einer über dem Nationalen schwebenden Perspektive, wenn ein reines und tiefes Gemüt wie der Schweizer Pestalozzi in den *Berlinischen Nachrichten* vom 30. März 1816 ausruft:

»Wie Napoleon war und wie er lebte, schien er selber nicht zum Mittelpunkt alles Reinen, Edlen und Hohen, er schien nicht zum Souverain geboren. Ach! Er hätte es seyn, er hätte es werden können – wäre er gegen sich selbst der Held gewesen, der er gegen die Welt war, hätte er für seine Brüder, die Menschen, sich selbst überwunden, er wäre der menschliche Erlöser unseres gesellschaftlich so tief gesunkenen Geschlechts, er wäre der Engel des Welttheils, er wäre der Souverain aller europäischen Herzen geworden.«

Man denkt bei diesen Zeilen hymnischer Enttäuschung an Beethoven, an die *Eroica* und jene Widmung an Napoleon, die er zerrissen haben soll, als auch der Heros der Revolution sich zum Kaiser krönen ließ und sich damit zumindest der Form nach in die Reihe jener Souveräne stellte, von denen sich die Elite der Nationen und der Geister an der Wende zu einer neuen Zeit nicht mehr viel erhoffte.

Dieses Gefühl, an einer Zeitenwende zu stehen und sich auf sie einstellen zu müssen, war im märkischen und preußischen Adel häufiger anzutreffen als in den russischen und österreichischen Adelsfamilien, vielleicht, weil diese durch ihre größere Weltoffenheit und im Schnitt wohl auch höhere Bildung die Zäsur, die Napoleon bedeutete, nicht so schockierend empfinden konnten oder ihn doch in größeren Zusammenhängen sahen. »Damals machten sich schon überall die inneren Anforderungen in den Ländern geltend«, schreibt Karoline von Rochow, eine geborene von der Marwitz, in ihren Erinnerungen vom preußischen Königshof. »Es liegt wohl in der Natur der Dinge, daß man einen gewissen Lohn erwartet, wenn man viele Schwierigkeiten überstanden, viele Opfer an Leben und Gut willig gebracht hat, und so machte sich jeder seine Ideen über das, was den Völkern jetzt gebühre. So erinnere ich mich, Schleiermacher begegnet zu sein, wobei die Clausewitz und ich ihm unsere Freude über alles Errungene ausdrückten. Er stimmte zwar lebhaft ein, fügte jedoch hinzu: ›Aber wieviel bleibt uns noch zu erringen übrig!‹, was mich mit einiger Verwunderung erfüllte, da mir schon alles erreicht schien.«

Frau von Rochow stellt mit ihrem Hofdamen-Scharfblick auch fest, daß es rund um sie herum zwar nicht gerade eine Revolution gegeben habe, aber doch eine bemerkenswerte Entwicklung. Seit Beginn der Reformen hätten die Fachleute, oft bürgerliche Minister oder höhere Beamte, mit ihren Damen Zutritt bei Hof gefunden und seien auch so gestellt worden, daß sie in ihren Häusern Empfänge geben und gesellschaftlich mithalten konnten. Naserümpfend resümiert sie: »So fing nach und nach der vergrößerte Kreis der gesellschaftlichen großen Welt an sich zu bilden, der in neuere Zeit in die *cohue* (= Haufen) von Tausenden ausgeartet ist, die jetzt mit dem Anspruch erscheinen, an jedem Hoffeste teilzunehmen.«

Der König und die Prinzen machen das Beste daraus, sie fischen sich aus der *cohue,* was ihnen gefällt, also Schauspielerinnen und Tänzerinnen von einigem Rang. Dabei kam es auch im sonst ziemlich steifen Berlin zu gewissen Folgeerscheinungen des Wiener Kongresses. Es gab »persönliche Bekanntschaften, welche dies zu kleinen Gunstbezeugungen und Geschenken exploitierten *(= ausnützten)* und es wurde die Einrichtung bei jenen kleinen *(Hof-)*Festen so getroffen, daß diese Damen nicht nur auf den Brettern erschienen. Man fand sie in irgendeinem Nebenzimmer, wohin der König, die jungen Prinzen und einige dahinneigende Geister sich begaben, um sich mit ihnen zu unterhalten . . . Hier war es, wo Prinz Adalbert die Bekanntschaft jener Demoiselle Elßler machte, die als seine Gemahlin endete«.

Die Schwester dieser Demoiselle Elßler, die gleichermaßen gefeierte Fanny, wurde bekanntlich die Geliebte des Wiener Publizisten Friedrich von Gentz, der auf dem Wiener Kongreß und bei den Ministerkonferenzen in Wien als Geheimsekretär fungiert hatte und von dem einige historisch bedeutsame Proklamationen,

Denkschriften und Aufrufe der Befreiungsjahre stammen. Er wird sein Leben als bisexueller Libertin und Schuldenmacher dadurch krönen, daß er die erzreaktionären Karlsbader Beschlüsse vorbereitet und den Feldzugsplan gegen die Studenten entwirft: Eine der stärksten Intelligenzen und besten Federn jener Jahre stellt sich der Reaktion zur Verfügung und hilft mit, die Revolution zu begraben.

Gewiß darf man dem preußischen Königshaus nicht jene grenzenlose Naivität andichten, mit der die aus der Emigration zurückgekehrten Bourbonen unmittelbar an 1790 anknüpfen zu können meinten; aber der schlichte und fromme Sinn des Königs war doch nicht allzuweit von der Überzeugung entfernt, Gott habe nun alles wieder zum Guten gewendet und die Franzosen in Preußen, das sei ein Intermezzo von sieben Jahren gewesen, auf dem Hintergrund ebenso vieler Jahrhunderte.

Dieses Erstarren und Erkalten, von den Helden der Freiheitskriege ebenso bedauert wie von den Denkern der Reformjahre, erfüllte einige tausend junger Menschen mit Trotz und Erbitterung – die Studenten an den deutschen Universitäten. Und da sie nach ihrer Art immer etwas mehr Lärm machten, als eigentlich notwendig war, hatten es die Konservativen leicht, dieses in seinen Beweggründen unangreifbare Treiben als gefährlich hinzustellen und nach dem alten Wort, daß man den Anfängen wehren müsse, sogleich zu verteufeln.

»In den Jahren 1816–1818«, schreibt Karoline von Rochow, »wurden auch zum erstenmal die sogenannten demagogischen Umtriebe genannt: geschah es auf Veranlassung des bekannten Studentenfestes auf der Wartburg mit den dabei erfundenen deutschen Farben schwarz-rot-gold, oder schon vorher; genug, es erschien die Sensation erregende Broschüre des Professors Schmalz, welche . . . auf die Gefahren aufmerksam machte, die den Regierungen daraus erwachsen müßten.« Unter vielen anderen unabhängigen Geistern trat Schleiermacher gegen den Berliner Rechtsgelehrten Theodor Anton Heinrich Schmalz auf »und schleuderte die Waffen des Witzes und Spottes in schärfster Form gegen die Furchtsamkeit seines Kollegen« (Rochow).

Was war geschehen? Zwei Jahrestage waren zusammengefallen, der dreihundertste der lutherischen Reformation und der dritte der Völkerschlacht bei Leipzig. Die Jenaer Burschenschaften hatten den (nunmehrigen Groß-) Herzog Karl August von Sachsen-Weimar um die Erlaubnis gebeten, auf der Wartburg feiern zu dürfen, der größten deutschen Burg im Herzen der deutschen Länder. Goethes hochgeborener Mentor, einer der standhaftesten Gegner Napoleons, hatte seine Einwilligung dazu gegeben. Karl Friedrich von Beyme, soeben geadelter Minister und die liberale Autorität der neuen Gesetzgebung, hatte seine Teilnahme zugesagt, war dann aber doch nicht erschienen, ebensowenig Goethe selbst, der sich lediglich vom Weimarischen Hofmedikus über das Wartburgfest berichten ließ, das Geschehene aber mit keiner einzigen Tagebuchzeile kommentierte. Den Skandal müssen also wohl ein paar Schriftsteller verantworten, deren Bücher von den auf der Wartburg versammelten Studenten verbrannt wurden, und daß man auch noch einen hessischen Offizierszopf in das Feuerchen warf und einen Korporalsstock, dazu eine Schnürbrust als Symbole alten Dünkels und einst geforderten Kadavergehorsams, das waren zunächst wirklich nur symbolische Handlungen. Im übrigen blieb man brav und fromm, besuchte am 19. Oktober gemeinsam Eisenach und empfing das Abendmahl nach Festgottesdiensten, Siegesfeiern, Siegesfeuern und vielen Reden.

Man hatte natürlich die denunzierende Schrift von Schmalz verbrannt, aber auch Werke des russischen Staatsrats und zeitweiligen Konfidenten August von Kotzebue, dazu die Werke des konservativen Staatsdenkers Haller und, ziemlich inkonsequent, das fortschrittlichste Gesetzbuch jener Zeit, den *Code Napoléon*. Während zunächst nur die verbrannten Bücher zum Himmel stanken und ihre Autoren so taten, als habe man ihnen das Dach über dem Kopf angezündet, ging es dem Berühmtesten der reaktionären Literaten, nämlich dem Komödiendichter Kotzebue wirklich schlecht: Der Theologiestudent Karl Ludwig Sand aus dem Jean-Paul-Städtchen Wunsiedel hatte am Wartburgfest teilgenommen und seither in patriotischer Begeisterung nichts anderes mehr im Sinn gehabt, als Kotzebue zu töten. Am 23. März 1819, also eineinhalb Jahre später, machte er seinen Vorsatz wahr, ließ sich als Student aus dem baltischen Mitau in Kotzebues Mannheimer Wohnung melden und stieß ihm nach kurzem Wortwechsel einen Dolch ins Herz.

Das Wartburgfest hatte ungeheures Aufsehen erregt und heftige Diskussionen ausgelöst, aber die zunächst verhafteten Hochschullehrer Lorenz Oken und Jakob Friedrich Fries waren freigesprochen worden, wohl weil Großherzog Karl August die Untersuchung, die er auf Wunsch der Großmächte hatte einleiten müssen, mit der gebotenen Fairneß führte und beide Herren schonte. Vor allem Fries galt allen, die ihn kannten, als eine der reinsten und über jeden Vorwurf erhabenen Ausprägungen des deutschen Hochschullehrer-Ideals, während Oken als Zoologe überhaupt noch nicht politisch publiziert hatte. Von 1817 an gelang ihm allerdings das Kunststück, in einer naturhistorischen Zeitschrift im Sinn der Aufklärung und der liberalen Politik zu wirken. Der erste Gegenschlag der Heiligen Allianz war also im Sand verlaufen, aber jener schwärmerische Theologe, der sich zu seiner Mord-Tat bekannte und sie als Ausfluß seiner Ideen bezeichnete, schuf nun ein Faktum, das Gegenmaßnahmen motivierte. Sand wurde am 20. Mai 1820 vor dem Heidelberger Tor der Stadt Mannheim enthauptet; ein Theologieprofessor, der es gewagt hatte, Sands Mutter einen Beileidsbrief zu schreiben, wurde seines Amtes enthoben.

Mit den obrigkeitlichen Maßnahmen gegen die Universitäten – gegen Professoren wie Studierende – hatte man nicht so lange gewartet; sie wurden schon wenige Monate nach dem Attentat auf Kotzebue formuliert, niedergelegt und unterzeichnet und sind als *Geheime Beschlüsse der Ministerialkonferenzen zu Karlsbad* in die Geschichte eingegangen. Im August 1819 einigte man sich dort auf Überwachungseinrichtungen, die eine uralte gesamteuropäische Tradition beendeten, nämlich die Unabhängigkeit der Universitäten, die ja zeitweise sogar ihre eigene Gerichtsbarkeit hatten. Sand hatte zwar keine Mittäter gehabt, aber bald nach ihm war ein (erfolgloses) Attentat auf den nassauischen Regierungspräsidenten von Ibell verübt worden; die von Metternich zusammengeholten Minister hatten also nur wenige Argumente, wenn der österreichische Staatskanzler und »Don Quijote der Legitimität in Europa« (Grillparzer) die Unterwerfung der Universitäten unter ein neues Kontrollsystem forderte. Bevollmächtigte der Landesherren sollten nicht, wie bisher, die geheimen Gesellschaften überwachen, sondern auch die Burschenschaften, die Turnvereine, die

Vorlesungen selbst. Ein Dolchstoß hatte genügt, die 35 monarchischen Staaten und vier Freien Städte des Deutschen Bundes unter Metternichs Fuchtel zu zwingen. Im Juni 1815 als lose Vorform eines neuen Reiches gegründet, hatte der Deutsche Bund nur fünf Jahre lang die Hoffnungen der Deutschen auf sich vereinigen können, aber fünfzig Jahre bestanden.

Das bis tief in Adelskreise hineinreichende Gefühl, man müsse die Völker für die ausgestandenen Leiden und die großen Opfer entschädigen, für Mut und Ausdauer belohnen, erlosch in der übertriebenen Angst vor ein paar unruhigen Studenten, und es verblüfft uns heutige Beobachter eines sich weltweit intensivierenden Terrorismus, daß auch kundige und besonnene Männer, die in den Befreiungsjahren Verfolgung und Todesgefahr ausgestanden haben, schon wenige Jahre nach Waterloo wieder ganz ähnlich reagieren wie die Bürger, die hinter ihrem Ladentisch nie hervorgekommen sind.

Die Bürokratie und das Denunziantentum, die beiden bevorzugten Machtinstrumente der Mittelschichten, traten schon bald nach der Begründung der Heiligen Allianz und mit neuem Verve nach den Karlsbader Beschlüssen eine neue Herrschaft an. Selbst die großen Barden der Freiheitskriege waren vor Verdächtigungen nicht mehr sicher, und gegen den Dichter und Publizisten Ernst Moritz Arndt wurde ein Strafverfahren eröffnet: Man zog alles heran, was er zwischen 1807 und 1815 gegen die mit Napoleon verbündeten deutschen Fürsten und ihre Diener geschrieben hatte, und er mußte, um sich seiner Haut zu wehren, den unangreifbaren Freiherrn vom Stein beinahe erpresserisch unter Druck setzen, damit er ihm beisprang: »Hierum bitte ich Euer Exzellenz inständigst, denn nicht gern möchte ich in meinem Besitz befindliche Briefe und Anweisungen von Euer Exzellenz, die jenes mein Verhältnis genau bezeichnen, die aber noch manches andere nebenbei enthalten, anstelle eines Zeugnisses den Gerichten übergeben.«

Arndt befürchtete offenbar, daß Stein auf eine simple Bitte um Hilfe nicht energisch genug einschreiten würde – und Arndt war nach dreijähriger Verfolgung zweifellos auch schon am Ende seiner Nervenkraft: Man hatte ihn sogar über seine berühmtesten, in Hunderttausenden von Exemplaren nachgedruckten Schriften vernommen, über *Der Rhein Deutschlands Strom* oder *Über Landsturm und Landwehr*.

Die Gegenbewegung hatte voll eingesetzt, die Verdienste, die sich die besten deutschen Köpfe in den schweren Jahren der napoleonischen Herrschaft errungen hatten, waren ausgelöscht oder weckten sogar Verdacht, und die Helden selbst waren ängstlich geworden, weil ein paar Studenten ihrer jugendlichen Begeisterung für neue Formen deutschen Lebens allzu sorglos Luft gemacht hatten. Der Freiherr vom Stein, der wie kaum ein anderer an die Jugend Deutschlands geglaubt und auf ihre Begeisterungsfähigkeit sein ganzes Aktionskonzept gebaut hatte, schreibt seinem alten Mitstreiter Gneisenau, dem militärischen Genius der Befreiungskriege, am 18. Februar 1831, kurz vor Gneisenaus Tod:

»Noch hat man es mit einem Geschlecht zu tun, das an die monarchisch-bürokratischen Formen gewöhnt ist, aber es rückt ein neues Geschlecht heran, es drängt sich in alle Kanäle des bürgerlichen Lebens, es bildet sich unter dem Einfluß der neuesten Weltgeschichte, der Zeitungen, der politischen Schriften, es fühlt Jugendkraft, Drang zum Handeln – Ehrgeiz, Habsucht, Neid unter den verschiedenen Ständen der Nation beseelen es, religiöse Grundsätze werden durch den Rationalismus untergraben. Daß der Funke des politischen Brandes überall glimmt, das zeigt sich in ganz Europa; ratsam ist es, die Flamme zu leiten, ehe sie zerstörend wirkt.«

Eine große Generation hat sich die Chance der Erneuerung entwinden lassen, in Rußland, in Österreich, in Deutschland; die Männer, die 1848 auf die Barrikaden steigen, entstammen nicht mehr der Generation von Leipzig oder Waterloo, von Aspern oder Wagram. Arbeiter und Handwerker stehen neben den Studenten. In den zwanziger Jahren hatten englische Mechaniker die ersten Maschinen in Berlin aufgestellt, 1840 gab es allein in Berlin sechstausend Almosenempfänger, die von der Armenkasse monatlich zwei Taler erhielten, weil sie in bitterster Not lebten – zwei Taler, von denen sie freilich auch nicht leben konnten. Bettina von Brentano, verwitwete Arnim, schrieb darüber ein Buch, das ihr die königliche Ungnade zuzog. Von Napoleon sprach niemand mehr: Die Not der deutschen Arbeiter und Handwerker hatte aus ihm ein blasses, fernes Gespenst gemacht.

Zeittafel

1760–1820	Georg III. König von England
27. 10. 1760	A. W. A. (Graf) Neidhardt von Gneisenau im sächsischen Schildau geboren
15. 8. 1769	Napoleon Bonaparte in Ajaccio auf Korsika geboren
15. 5. 1773	Clemens Lothar Wenzel (Fürst) von Metternich in Koblenz geboren
1776–1810	Lebenszeit der Königin Luise von Preußen
1777–1825	Lebenszeit Alexander I. von Rußland (Zar seit 1801)
1783–1806	William Pitt der Jüngere brit. Premierminister (mit einer Unterbrechung 1801–1804)
1789	Beginn der Französischen Revolution
1792–1835	Regierungszeit Franz II. (deutscher Kaiser bis 1806), eines Enkels der Maria Theresia
1793	Ludwig XVI., Marie Antoinette und die Dubarry sterben durch die Guillotine. Österreich, Preußen, England, Holland und Spanien bekriegen Frankreich
1796	Siegreicher Feldzug Bonapartes in Italien
1799	Bonaparte Erster Konsul, Talleyrand Außen-, Fouché Polizeiminister
1804	Bonaparte als Napoleon I. Kaiser der Franzosen

1804–1808	Freiherr vom und zum Stein Mitglied der preuß. Regierung
1805	England, Rußland und Österreich führen Koalitionskrieg gegen Frankreich und unterliegen bei Ulm und bei Austerlitz. England siegt in der Seeschlacht vor Kap Trafalgar, Lord Nelson fällt
14. 10. 1806	Vernichtende Niederlage Preußens in der Doppelschlacht von Jena und Auerstedt. Begründung des frankreichhörigen Rheinbunds deutscher Fürsten
1807	Im Frieden von Tilsit verliert Preußen Hannover und wird besetzt. Hohe Kriegsentschädigung. Kgr. Westfalen unter Napoleons Bruder Jérôme. Beginn der Reformpolitik in Preußen, Einschränkung der Adelsvorrechte und der Bauernuntertänigkeit
1808	Napoleons Fürstentag in Erfurt. Begegnung mit Goethe. Erste Siege Wellingtons in Spanien. Napoleons Schwager Joachim Murat König von Neapel. Aufgefangene Briefschaften führen zu Steins Entlassung
1809	Krieg Österreichs gegen Frankreich. Erzherzog Karl siegt bei Aspern, unterliegt jedoch bei Wagram. Verlobung Napoleons mit Erzherzogin Marie Louise (Februar 1810)
1809–1848	Metternich erst als Außenminister, dann als Staatskanzler Leiter der österr. Politik. Karl XIII. von Schweden adoptiert den frz. Marschall Bernadotte und läßt ihn zum Thronfolger wählen
1811–1832	Napoleons Sohn (zuerst König von Rom, dann Herzog von Reichstadt)
1812	Napoleon und seine (Zwangs-)Verbündeten eröffnen Feindseligkeiten gegen Rußland. Das eroberte Moskau geht in Flammen auf. Der Winter-Rückzug vernichtet die Armee
Jahreswende 1812/13	General von Yorck, Führer des preuß. Hilfskorps, schließt mit dem russ. General Diebitsch die Konvention von Tauroggen (Neutralität der preuß. Truppen) und wird von seinem König des Kommandos enthoben. Auftakt der Befreiung Deutschlands von Napoleon. Kriegsvorbereitungen in Österreich

1813 (Frühjahr)	Preußens Kriegseintritt auf der Seite Rußlands. Niederlagen gegen Napoleon. In der Schlacht bei Großgörschen wird Scharnhorst verwundet und stirbt wenige Wochen später in Prag
(Sommer)	Österreich als Vermittler zunächst neutral. Waffenstillstand und Verhandlungen in Prag
(Spätsommer)	Nach unbefriedigenden Zugeständnissen Napoleons Wiederaufnahme der Feindseligkeiten. Nordarmee (Schweden und Preußen unter Bernadotte), Schlesische Armee (Preußen und Russen unter Blücher), Hauptarmee (Russen und Österreicher unter Schwarzenberg) Erfolge vor allem Blüchers (Katzbach), Bülows (Dennewitz), Niederlage der Verbündeten bei Dresden, Sieg der Verbündeten im böhm. Kulm
16.–19. 10. 1813	Völkerschlacht bei Leipzig. Sieg der Verbündeten unter Schwarzenberg. Napoleon entrinnt nach schweren Verlusten über den Rhein
1814 (Frühjahr)	Wechselhafte und verlustreiche Kämpfe in der Ile de France, Eroberung von Paris, Abdankung Napoleons I. Ludwig XVIII. besteigt den frz. Thron. Napoleon auf die Insel Elba verbannt
1814/15	Auf dem glanzvollen Wiener Kongreß wird über die Neuordnung Europas nach Napoleon beraten. Führende Köpfe: Metternich, Hardenberg, Talleyrand, Humboldt, Gentz
1815 (März/Juni)	Die Hundert Tage. Napoleon kehrt von Elba zurück und wird wieder Kaiser. Nach Sieg über die Preußen bei Ligny Niederlage bei Waterloo gegen Wellington und Blücher. Zweite Abdankung und Verbannung auf die Insel St. Helena
26. 9. 1815	Abschluß der Heiligen Allianz
1817	Wartburgfest der deutschen Burschenschaften
1819	Karlbader Beschlüsse als Folge der Hl. Allianz (Verpflichtung zu christlicher Politik): Vereinigung europ. Regierungen gegen die erstarkenden politischen u. geistigen Freiheitsbewegungen. Tod des ›Marschalls Vorwärts‹ Gebh. Leberecht Fürst Blücher

1820	Wien widerruft die Zusage einer Verfassung (die einzelne deutsche Staaten, so Baden und Bayern, inzwischen erlassen hatten)
1821	Tod Napoleons auf Sankt Helena
1830/31	Es sterben Yorck von Wartenburg, Gneisenau und der Frh. vom Stein
1832	Tod Goethes

Bibliographie

Bedürftig, Friedemann (Hrsg.): *Preußisches Lesebuch,* Stuttgart 1981;
Beitzke, Heinrich: *Geschichte der Deutschen Freiheitskriege,* Berlin 1859;
Brunschwig, Henri: *Gesellschaft und Romantik in Preußen im 18. Jh.,* Berlin 1975;
Büsch, Otto (Hrsg.): *Das Preussenbild in der Geschichte,* Berlin 1981;
Büsch, Otto u. Neugebauer Wolfgang (Hrsg.): *Moderne Preußische Geschichte 1648–1947,* Berlin 1981;
Deutsche Akademie der Wissenschaften zu Berlin: *Der Befreiungskrieg 1813,* Berlin (Ost) 1967;
Eckermann, Walther: *Ferdinand von Schill,* Berlin 1963;
Füßler, Heinz (Hrsg.): *Leipzig 1813,* Leipzig 1953;
Griewank, Karl: *Der Wiener Kongress und die europäische Restauration,* Leipzig 1954;
Hubatsch, Walther: *Stein-Studien,* Köln 1975;
Jubel-Kalender zur Erinnerung an die Völkerschlacht bei Leipzig, 8. Aufl., Leipzig 1863;
Klein, Tim (Hrsg.): *Die Befreiung 1813–1814–1815,* Ebenhausen b. München 1913;
Kröger, Alfred: *Die Zeitung erlebt Napoleon,* Berlin 1939;
Lange, Fritz (Hrsg.): *Neithardt von Gneisenau,* Berlin 1954;
Lorenz, Ludwig (Hrsg.): *Denkwürdigkeiten und Briefe des Freiherrn vom Stein,* Berlin;
Mayr, Josef Karl: *Wien im Zeitalter Napoleons,* Wien 1940;
Orieux, Jean: *Talleyrand, die unverstandene Sphinx,* Frankfurt 1972;
Otto, Hans: *Gneisenau, Preußens unbequemer Patriot,* Köln 1979;
Preußen, Versuch einer Bilanz, Katalog in fünf Bänden, Reinbek bei Hamburg 1981;
Ritter, Gerhard: *Stein, eine politische Biographie,* Stuttgart 1931, 1958, 1981;
Rochow, Caroline von: *Vom Leben am preußischen Hofe 1815–1852,* Berlin 1908;
Schmidt, Günther (Hrsg.): *Freiherr vom und zum Stein, Briefe von ihm und an ihn,* Berlin 1955;
Schoeps, Hans-Joachim: *Neue Quellen zur Geschichte Preußens im 19. Jahrhundert,* Berlin 1968;
Schoeps, Hans-Joachim: *Preussen, Geschichte eines Staates,* Berlin 1966;
Steiner, G. u. Häckel, M.: *1813 – Ein Lesebuch für unsere Zeit,* Weimar 1953;
Straube, Fritz (Hrsg.): *Das Jahr 1813,* Berlin 1963;
Thiele, Gerhard (Hrsg.): *Scharnhorst, der Schöpfer der Volksbewaffnung,* Berlin 1953;
Yorck v. Wartenburg, Graf Maximilian: *Napoleon als Feldherr,* Berlin 1901.

Register

NÖRDLICHES
Nord Cap
Reikianäs
ISLAND
Langanäs
Hornnäs
Vestre Horn
Portland Sp.
Nördlicher Polar Kreis
ATLANTISCHER OCEAN
Loffodden In
Bodoe
Faröer In
Fröi In
Christiansund
Romsdals In
Drontheim
Östersund
Umeå
Shetland In
Orkneys In
Hebriden
Huddiksvall
Bergen
Falun
Bottnisch
Stavanger
Upsala
Stockh
C. Lindesnaes
Christiansand
Skager Rack
Göthenburg
Nyköping
Gottland
Kalmar
Oeland
Karlskrona
Memel
SCHOTTLAND
Kinnaird
Edinburg
Londonderry
Belfast
Newcastle
NORD SEE
IRLAND
Dublin
Limerik
Cork
C. Clear
Liverpool
Manchester
Hull
Aarhuus
Kopenhagen
DÄNEMARK
Ystadt
Bornholm
Schleswig
Helgoland
Lübeck
Rügen
Danzig
Birmingham
ENGLAND
Norwich
Bristol
London
Portsmouth
C. Landsend
Canal
Calais
Amsterdam
HOLLAND
Hamburg
Bremen
Schwerin
Stettin
Berlin
Posen
Hannover
Magdeburg
Cassel
Brüssel
BELGIEN
Lille
Düsseldorf
Erfurt
Dresden
Breslau
Frankfurt
Rouen
Rennes
Nantes
Orleans
Paris
Rheims
Metz
DEUTSCHLAND
Würzburg
Prag
Krakau
Stuttgart
Regensburg
Brünn
Ulm
München
Linz
Wien
Salzburg
Pressburg
Pesth
Ofen
Tours
Dijon
Zürich
SCHWEIZ
Genf
Lyon
Innsbruck
Gratz
La Rochelle
Clermont
FRANKREICH
Bordeaux
Aurillac
Toulouse
Bayonne
Mailand
Turin
Venedig
Triest
Laibach
Agram
Essegg
Avignon
Marseille
Nizza
Genua
Bologna
Livorno
Florenz
Ancona
Perpignan
C. Ortegal
Corunna
Santander
Oviedo
Leon
Bilbao
Oporto
Zamora
Valladolid
Coimbra
Ciudad Rodrigo
Zaragoza
SPANIEN
Lissabon
Madrid
Tortosa
PORTUGAL
Toledo
Alcantara
Barcelona
Valencia
Badajoz
Ciudad Real
Sevilla
Jaen
Murcia
Alicante
Cadix
Malaga
Carthagena
Tanger
Gibraltar
Ceuta
Balearen
Menorca
Mallorca
Iviza
Corsica
Ajaccio
Elba
Rom
Sardinien
Sassari
Cagliari
ITALIEN
ADRIATISCHES MEER
Pescara
Manfredonia
Gaeta
Benevento
Neapel
Taranto
Policastro
Cattaro
Skutari
Banjaluka
Sebenico
Spalatro
Berat
Corfu
Cosenza
Catanzaro
Liparische In
Palermo
SICILIEN
Messina
Siragosa
Cephalonia
Zante
MITTELLÄNDISCHES
C. Cantin
Fez
MAROCCO
Marocco
Oran
Algier
Bugia
ALGERIEN
Constantine
Bona
Tunis
TUNIS
Kairwan
I. Malta
Cabes
AFRIKA
Adjedi
Melgig Sumpf